H. BRIAND

TABLEAUX D'HISTOIRE CONTEMPORAINE

TABLEAUX SYNOPTIQUES

D'HISTOIRE CONTEMPORAINE

De 1789 à nos jours

RÉDIGÉS D'APRÈS LE PROGRAMME OFFICIEL DE L'ENSEIGNEMENT SECONDAIRE CLASSIQUE
ET DE L'ENSEIGNEMENT SECONDAIRE MODERNE

Par M. H. BRIAND

PROFESSEUR D'HISTOIRE.

TREIZIÈME ÉDITION

PARIS

IMPRIMERIE ET LIBRAIRIE CLASSIQUES

Maison Jules DELALAIN et Fils

DELALAIN FRÈRES, Successeurs

56, RUE DES ÉCOLES, 56

TABLE DES MATIÈRES

I. — 1789-1815.

II. — 1815 à nos jours.

HISTOIRE CONTEMPORAINE

DE 1789 À NOS JOURS

PREMIÈRE PARTIE

La Révolution et l'Empire (1789-1815).

1° PRÉLIMINAIRES ET CAUSES GÉNÉRALES DE LA RÉVOLUTION.
**L'ANCIEN RÉGIME : L'ARBITRAIRE ET LE PRIVILÈGE; LA COUR, LE GOUVERNEMENT
ET L'ADMINISTRATION; IMPOT, JUSTICE, ARMÉE. — LES TROIS ORDRES.**

LA RÉVOLUTION FRANÇAISE.
LA RÉVOLUTION est cette terrible crise sociale qui éclata en France, en 1789, et se poursuivit jusqu'aux dernières années du XVIIIᵉ siècle, — consacrant, au prix de *ruines* et de *catastrophes* inouïes, au milieu de *passions soulevées jusqu'au délire*, de *crimes sans nom*, et aussi de *gloires incomparables*, le triomphe de la bourgeoisie ou du Tiers État sur les deux autres classes de *l'ancienne société française*.

La Révolution française inaugura en Europe l'ère des *sociétés nouvelles*, — comme la *révolution d'Angleterre* (1648) avait inauguré l'ère des *gouvernements nouveaux*.

SES CAUSES.

1° Causes lointaines.

La Révolution n'a pas été un *accident*, un *événement fortuit* dans notre histoire; elle a été préparée et amenée par **un passé de sept siècles** :

Au XIIᵉ siècle, par *l'affranchissement des communes* et par le développement des *villes de bourgeoisie;*

Au XIIIᵉ siècle, par les *Croisades*, qui, en éloignant les *seigneurs*, affaiblissent la *Féodalité;*

Au XIVᵉ siècle, par l'émancipation des *paysans* (la *Jacquerie*), et par la création des *États Généraux* (1302);

Au XVᵉ siècle, par *les désastres du pays* pendant la guerre de Cent ans, — par l'invention de *l'Imprimerie* (1440) (ou plutôt 1450), la découverte de *l'Amérique* (1492), et la *Renaissance* dans les lettres, les arts et les sciences;

Au XVIᵉ siècle, par la *Réforme protestante*, le principe du *libre examen de Luther*, les *idées égalitaires de Calvin*, les *guerres de Religion*, — par l'émancipation de la raison humaine avec *Descartes, Bacon, Locke*, etc.;

Au XVIIᵉ siècle, par l'avènement du *Tiers État*, l'élévation de la *Bourgeoisie* enrichie par l'industrie, le commerce et l'épargne;

Au XVIIIᵉ siècle enfin, par le désaccord devenu complet entre les *mœurs* et les *institutions*, les *idées* et les *faits*, entre *l'inertie* du Gouvernement et *l'activité fiévreuse* des esprits.

2º Causes prochaines.

1º L'absolutisme du pouvoir royal ; — les *abus de l'ancien régime ;* — *l'inégale répartition des impôts ;* — *l'esprit de révolte et d'indépendance ;* — l'affaiblissement des *croyances religieuses ;* — la *corruption des mœurs* dans les hautes classes de la société.

2º Le discrédit où étaient tombés : 1º la *royauté* (scandales de *Louis XV,* faiblesse de *Louis XVI,* impopularité et légèreté de *Marie-Antoinette*) ; — 2º la *noblesse* (rendue responsable des *échecs militaires* et participant aux *scandales de la Cour*) ; — 3º le *clergé* (attaqué par les *incrédules* et représenté par quelques prélats indignes, tels que les cardinaux *de Rohan* et *Loménie de Brienne*) ; — 4º l'*armée* (échecs de la guerre de *Sept ans* et esprit d'insubordination) ; — 5º la *magistra- ture* (ridiculisée par *Beaumarchais* et faisant une *opposition aveugle* au Gouvernement).

3º L'engouement : pour la *démocratie américaine* (*La Fayette*) ; — pour l'*anglomanie* (*Voltaire* et *Montesquieu*) ; — pour *l'état de nature* et les *républiques de l'antiquité* (*Jean-Jacques Rousseau*) ; — pour le *philosophisme* (*Voltaire, d'Alembert, Diderot, Condillac, Condorcet,* etc.) ; — pour la science naissante de l'*Économie politique* (*Gournay, Quesnay*) ; — pour la *Franc-Maçonnerie,* l'*Illuminisme,* le *Magnétisme* (*Weishaupt, Cagliostro* et *Mesmer*).

3º Causes immédiates.

1º L'effervescence des esprits en 1789, qui présage infailliblement et à courte échéance une crise sociale. Les idées allaient se traduire en faits. — « *Avant la fin de ce siècle,* écrivait Lord Chesterfield, *le métier de roi et de prêtre déchoira de moitié en France. Tout ce que j'ai jamais rencontré dans l'histoire de symptômes avant-coureurs des grandes révolutions y existe actuellement et s'augmente de jour en jour.* » — « *A moins que Dieu n'y mette la main,* disait Mme de Tencin, *il est physiquement impossible que l'État ne culbute!* » — « *Il faut refondre la cloche* », s'écriait le cardinal de Bernis, après une série de lamentations sur la décadence du pays.

2º La détresse financière, qui, mettant la royauté dans l'*impossibilité de gouverner,* la force de rassembler la nation, de convoquer les États Généraux, *comme un négociant aux abois dépose son bilan et rassemble ses créanciers.* — Mais, en appelant la nation à *partager sa responsabilité,* la royauté l'appelait forcément à *partager son pouvoir.*

3º La double représentation accordée par Louis XVI au Tiers État ; — ce qui amenait, par con- séquence logique et forcée, le vote par tête, et, par suite, la prédominance du Tiers sur les deux autres ordres, auxquels il avait été jusque-là *soumis.*

L'Ancien Régime.

L'Arbitraire et le Privilège.

Les institutions politiques et sociales, flétries en France sous le nom d'Ancien Régime et ren- versées par la Révolution, ne méritèrent réellement ce discrédit qu'à partir du XVIIIe siècle. — C'est alors seulement que la vieille monarchie française, qui avait créé l'*unité* et la *grandeur* de la France, désormais avilie dans la *débauche* et répudiée par la *victoire,* avec son *absolutisme gouvernemental,* sa *fiscalité ruineuse,* l'odieux de ses *privilèges* et de son *arbitraire,* apparut, dans son *cadre du Moyen Age,* comme une *institution vieillie,* un *ensemble d'abus* condamnés par l'expérience et la raison.

Le besoin de réformes était, d'ailleurs, également senti et par ceux *qui en souffraient* (*Tiers État,* ouvriers et paysans) et par ceux *qui en bénéficiaient* (*Noblesse et Clergé*). — On espéra un moment que le Gouvernement les réaliserait ; car jamais il n'y eut, chez les *dépositaires du pouvoir,* volonté plus active et intentions plus pures ; — mais la Cour entrava toujours les *idées libérales et généreuses* de Louis XVI et de ses ministres.

Le privilège et l'arbitraire furent les *deux plaies* de l'ancien régime. — On s'en convaincra facilement par l'*exposé* de l'état politique et social de la France en 1789.

1.

LE ROI.

La royauté au XVIIIe siècle exerce *le pouvoir le plus absolu.* — Au pouvoir exécutif le plus complet elle joint le **pouvoir législatif** : ses *édits* ont force de loi par tout le royaume, et **Louis XVI** n'hésite pas à dire, à la veille de la Révolution : « *C'est légal, parce que je le veux !* » — Elle a la disposition pleine et libre de tous les biens qui sont possédés aussi bien par les *gens d'église* que par les *séculiers : « Les bornes du domaine royal,* ose écrire l'intendant Basville, *se confondent exactement avec les limites du royaume.* » Sous **Louis XV,** *l'abbé Terray,* contrôleur général des finances, put dire : « *Apprenez, Monsieur, que les biens des citoyens sont ceux du roi, et que les dettes du roi sont celles de l'État !* » — Quant au **pouvoir judiciaire,** elle l'exerce encore arbitrairement dans une large mesure par son *droit d'évocation,* ses *lettres d'abolition de surséance et de répit,* et enfin par ses *lettres de cachet.* — **L'omnipotence royale** était quelquefois contrariée par les *privilèges de la noblesse* et les *droits de l'Église,* mais elle n'était jamais entravée ; *la nation n'avait pas de droits contre le roi.* — Aussi le jurisconsulte anglais *Blackstone* allait-il jusqu'à assimiler, comme pays despotique, la France à la *Turquie !*

Cette monarchie absolue avait un tempérament dans les **États Généraux,** formés des députés des trois ordres : *Clergé, Noblesse, Tiers État,* et réunis à des intervalles irréguliers de 1302 à 1614 ; mais l'usage de délibérer dans *trois salles séparées,* de voter par *ordre,* et non par *tête,* paralysait toute opposition et anéantissait par avance toute *tentative de réforme.* — D'ailleurs, à partir de 1614, la représentation nationale ne fut plus convoquée ; Louis XVI eut seulement recours à des *Assemblées de Notables* nommés par lui. — Le **Parlement** essaya plusieurs fois, à défaut des États Généraux, de *limiter* l'autorité royale ; mais, lorsqu'il refusait d'*enregistrer* les édits royaux, il y était contraint par les *lits de justice,* ou par des *arrêts en commandement* du Conseil d'État.

C'était à la Cour surtout que l'on voyait, par les *honneurs* rendus au roi, ce qu'était devenue l'autorité royale ; — un contemporain de Louis XIV a pu dire : « *S'il n'avait eu peur du diable, il se serait fait adorer !* » — Le **séjour de Paris** rappelait à la royauté, avec les troubles de la Fronde, qu'elle n'avait pas toujours été si *absolue.* On lui bâtit, **à Versailles,** un palais fastueux, qui coûte 153 millions, c'est-à-dire 750 millions d'aujourd'hui, et où la **noblesse** forme autour du roi *la Cour la plus brillante qui ait jamais existé.* — De plus, c'est par centaines qu'il faut compter les *hôtels* et autres *bâtiments* occupés à Versailles pour le service du roi et des siens. — « *Jamais, depuis les Césars, une vie humaine n'a tenu tant de place au soleil.* »

Le service domestique du roi n'est pas un service ordinaire, c'est un **culte** ; — « *la majesté de la personne royale est à ce point, qu'aucune de ses fonctions ne peut s'accomplir sans témoins ;* » — son lever, son coucher, sont des *cérémonies presque religieuses,* réglées avec un soin minutieux, c'est *privilège* et *grand honneur* d'y être admis ; — et les descendants de ces fiers vassaux qui jadis tenaient le roi *en tutelle* se disputent, comme une grâce insigne, la faveur de lui *présenter sa chemise* ou *de porter son bougeoir !* — L'almanach de Versailles donne le dénombrement des *charges innombrables* de la **Maison du roi** : on y voit défiler la *solennelle hiérarchie* des officiers de la chambre et de la bouche du roi, des cuisines, des chasses, des écuries, etc. — Viennent ensuite la maison de *la Reine,* celle de *Monsieur,* celle de *Madame,* celle du comte et de la comtesse *d'Artois,* celle de Mme *Élisabeth,* celle du duc *d'Orléans,* etc. — En tout, 16 000 personnes avec une dépense annuelle de 45 millions, c'était le *dixième* du revenu public d'alors.

| | La Cour est un grand salon permanent ouvert à tous les grands seigneurs; un règlement de 1760 voulut cependant en interdire l'accès à tous ceux qui n'étaient pas *nobles de race depuis 1399*. — **La présence à la Cour** est d'obligation, cela s'appelle « *rendre ses devoirs* » au roi. Aux yeux du prince, l'absence est une marque d'indépendance, autant que d'indifférence : « *C'est un homme que je ne connais point* », répondra-t-il aux sollicitations de ses amis. — La pire disgrâce pour un **courtisan**, c'est d'être renvoyé dans ses *terres* : « *Sire*, disait le marquis de Vardes à Louis XIV après son rappel, *loin de Votre Majesté, on n'est pas seulement malheureux, on est ridicule!* » |

LA COUR. Une **étiquette minutieuse** règle les *rangs*, les *préséances* et le droit au tabouret, « *le divin tabouret* », comme dit Mme de Sévigné, l'ambition suprême et la convoitise de toutes les *femmes titrées*. — Une seule chose relève ce cérémonial ridicule, c'est l'*exquise politesse* de tout ce monde de courtisans. — La Cour de Versailles est pour l'Europe une *école d'urbanité et de savoir-vivre*, où, de Russie, d'Allemagne, d'Angleterre, les jeunes gens viennent *se dégrossir*.

La Cour et la ville, c'est-à-dire *Versailles* et *Paris*, formaient deux mondes entièrement distincts; mais, si *polie* que fût la société de Paris, elle n'approchait pas de celle de Versailles; comparé à la Cour, Paris semblait *province*. — **La Cour** *méprisait* et *détestait* la ville, et **Paris**, délaissé depuis Louis XIV, *frondait le roi*, et *calomniait* la Cour. — Sous Louis XVI, en qui le *prestige royal* s'était singulièrement amoindri, **Paris** prit le pas sur la *Cour* : on délaissait Versailles pour la *capitale*, centre de la grande agitation intellectuelle du monde entier.

LE GOUVERNEMENT. **PRÈS DU ROI** se trouvent les **Conseils**, qui éclairent ses décisions, les **Secrétaires d'État**, qui les transmettent aux **Intendants** et veillent à leur exécution.

Louis XIV, asservi par l'*écrasante étiquette* de la Cour, trouvait encore du temps pour travailler chaque jour, trois heures, avec ses ministres, *il règne et gouverne*.

Louis XV ne sut ou ne voulut point prendre ce temps, *il règne, mais ne gouverne pas*; le pouvoir royal est aux mains des *ministres* et des *favorites*. — Bientôt les ministres eux-mêmes se laissent entraîner dans le *tourbillon* des fêtes et des réceptions de *Versailles*; le pouvoir passe de leurs mains à celles de leurs *premiers employés*.

Sous Louis XVI, la royauté absolue de droit divin de Louis XIV n'est plus qu'une *bureaucratie*, un gouvernement de *commis*; — « *C'est du fond des bureaux que la France est gouvernée* », disait Necker.

Les Conseils.

1° **Le Conseil d'en haut** ou *Conseil étroit*, *Conseil secret*, où siègent, sous la présidence du roi, les *secrétaires d'État* et les *ministres d'État*, en façon de Conseil de cabinet.

2° **Le Conseil des dépêches** pour les affaires de l'*intérieur*; on y lisait la correspondance des *intendants*.

3° **Le Conseil royal des finances et du commerce**, qui s'occupe des impôts, des emprunts, des douanes, etc., et arrête chaque année le *brevet* ou chiffre de la taille.

4° **Le Conseil d'État**, appelé aussi *Conseil des parties* ou *Conseil privé*, composé, en 1789, de *42 conseillers d'État*, sous la présidence du *Chancelier* ou du *Garde des Sceaux*, et de *80 maîtres des requêtes*. — Le Conseil d'État, sans caractère politique, était plutôt un *tribunal de justice administrative*, analogue à la *section du contentieux* au Conseil d'État actuel, avec quelques attributions de la Cour de Cassation. — Ajoutons le *Conseil de la Guerre* siégeant peu en temps de paix, le *Conseil de Conscience* pour les affaires et nominations ecclésiastiques, et le *Conseil de Commerce*.

Les Secrétaires d'Etat.

1° **Le Secrétaire d'Etat des affaires étrangères,** qui donnait des instructions aux *ambassadeurs* et *ministres* accrédités près des gouvernements étrangers.

2° **Le Secrétaire d'Etat de la guerre,** qui avait la *direction des guerres*, l'*entretien* et la *subsistance des armées*; — il était secondé par *cinq premiers commis* avec le titre d'*ordonnateurs des guerres*.

3° **Le Secrétaire d'Etat de la marine,** qui avait les *flottes*, les *galères*, les *colonies*, etc.; — il était assisté d'un *Conseil de la marine* analogue à notre *Conseil d'amirauté*.

4° **Le Secrétaire d'Etat de la maison du Roi,** qui avait la *maison civile* du roi, les *menus plaisirs*, espèce de direction des *beaux-arts*, le *clergé*, les affaires de la *religion prétendue réformée*, la *feuille des bénéfices* et l'administration de la plupart des *provinces centrales*, y compris Paris (les *provinces frontières* ressortissaient au secrétariat de la guerre). — C'était un véritable ministre de l'intérieur, des cultes et des beaux-arts.

Le Contrôleur général des finances, le directeur réel de l'État, et, de fait, le *premier ministre*. — Au contrôle général des dépenses des autres ministères et à la gestion du *Trésor royal*, il joignait la direction du *commerce*, de l'*industrie*, de l'*agriculture*, etc.; — il n'était pas secrétaire d'État, mais entrait de droit au Conseil, comme *ministre d'État*.

Le Chancelier, chef de la justice, était *le premier dignitaire du royaume*. — Il siégeait au-dessus du *premier président* du Parlement de Paris, et avait le pas sur les *ducs et pairs*. — *Inamovible* et dépositaire du *sceau royal*, il pouvait refuser de l'apposer sur les *édits* qui lui paraissaient contraires aux lois du royaume; — le roi pouvait l'*exiler*, mais non le *destituer*; en cas de disgrâce, il était suppléé dans ses fonctions par un **Garde des Sceaux**. — Le *Bureau général de la Librairie* était sous la dépendance du Chancelier, qui nommait les *censeurs* des manuscrits dont on demandait l'impression.

Cumul.
Premier ministre
et
Polysynodie.

Sous Louis XIV, *Colbert, Louvois, Pontchartrain, Chamillart,* réunirent en leurs mains plusieurs secrétariats d'État. — **Sous Louis XV,** le *duc de Choiseul* dirigea à la fois la guerre, la marine et les affaires étrangères.

Le Roi a parfois près de lui un premier ministre, à qui il abandonne la direction générale des affaires (*duc d'Orléans, duc de Bourbon, cardinal Fleury, de Choiseul, Maurepas*).

Sous la Régence, on entreprit de remplacer le contrôleur et les quatre secrétaires d'État par **cinq Conseils,** qui dégénérèrent bientôt « *en vraie pétaudière,* dit d'Argenson; *on n'y aurait pas entendu Dieu tonner!* » — La *Polysynodie* (pluralité des *Conseils*) ne dura que trois ans; les *ministères* furent rétablis en 1718.

Influence
désastreuse
de
la Cour
et des femmes
sur le
Gouvernement.

La Cour, cette armée « *de parvenus de nouvelle et de vieille race* » qui entoure et peuple le palais de Versailles, a malheureusement *une place trop large* dans le gouvernement. — « *La Cour,* s'écrie d'Argenson dans ses mémoires, *dans ce mot est tout le mal. La Cour est devenue le Sénat de la nation : le moindre valet de chambre est sénateur, les femmes de chambre ont part au gouvernement, sinon pour ordonner, du moins pour empêcher les lois et les règles; et, à force d'empêcher, il n'y a plus ni lois, ni ordres, ni ordonnateurs.... La Cour est le tombeau de la nation!* »

La honteuse influence des favorites, sous Louis XV, tient en échec l'autorité des ministres et souvent provoque leur *disgrâce*. — Sous le faible **Louis XVI,** les conseils trop écoutés de la reine *Marie-Antoinette* et de son entourage (*Mme de Lamballe*, la *comtesse de Polignac*) amènent le renvoi des ministres réformateurs, *Turgot, Malesherbes* et *Necker.*

La **véritable division de la France**, en 1789, n'est point la *division en provinces* (elle est purement *historique*), ni la *division en gouvernements* (elle est surtout *militaire*), — c'est la division en **34 généralités**, à la tête de chacune desquelles il y a **un intendant**, espèce de *préfet* de nos jours, mais avec des pouvoirs bien plus étendus.

Les **Gouverneurs de province** ne sont plus, au XVIII⁰ siècle, que des *grands seigneurs* largement appointés et menant un train magnifique, mais d'ailleurs parfaitement *annihilés* par les intendants et se résignant difficilement à vivre loin de la Cour : — « *Ils sont si passionnés pour la personne du roi*, écrit Mᵐᵉ de Sévigné, *qu'ils ne souhaitent que de quitter ces grands rôles de comédie pour venir le regarder à Versailles, quand même ils devraient n'en être pas regardés.* »

Les **Intendants**, instruments tout-puissants et dociles du *pouvoir central*, généralement de *naissance obscure ou moyenne* et choisis parmi les *maîtres des requêtes au Conseil d'État*, sont nommés par le *Contrôleur général des finances* et révocables à sa volonté. — **Law** caractérisait ainsi leur omnipotence : « *Sachez, disait-il, que ce royaume de France est gouverné par trente intendants commis aux provinces, de qui dépendent le malheur ou le bonheur de ces provinces, leur abondance ou leur stérilité.* » — Les **Subdélégués**, espèce de *sous-préfets*, sont nommés uniquement par les intendants et révocables par eux. — Les intendants, devenus, au XVIII⁰ siècle, de **véritables agents politiques** du pouvoir central, commencèrent aussi à suivre, comme nos préfets actuels, le sort des ministres : *Fleury* les renouvela tous, et, au début de Louis XVI, il y eut *une véritable Saint-Barthélemy* de ces fonctionnaires.

A Paris, l'administration municipale se compose : d'un *prévôt des marchands*, de quatre *échevins*, un *procureur du roi*, un *avocat du roi*, un *substitut* et un *greffier*, tous, en fait, nommés par le roi.

Dans les villes de province, le *maire* (*consuls* à Marseille, *capitouls* à Toulouse, *bourgmestre*, *mayeur*, etc.), les *échevins*, les *conseillers* et le *receveur-syndic* forment la *municipalité*.

Dans chaque paroisse, il y a un *syndic* ou *maire* nommé par l'intendant ou le seigneur.

1° **LA TAILLE** ou **impôt de la terre**, aujourd'hui l'*impôt foncier*, était payée seulement par les *roturiers*. Le *clergé* et la *noblesse* en étaient toujours restés *exempts*, ainsi que nombre de bourgeois, magistrats, officiers royaux ou municipaux. « *C'est*, dit Colbert, *la plus forte recette pour soutenir les dépenses de l'État.* » — Suivant les pays, la taille était *réelle* (sur les fonds de terre), *personnelle* (sur le revenu) ou *mixte* (sur les terres et le revenu). — Votée sous Charles VII pour l'entretien des premières troupes permanentes, la taille n'avait cessé de *grandir*. **Necker** fit décider, en 1780, que le chiffre ou *brevet* de la taille serait *invariable*.

Dans les pays d'État, c'étaient les *assemblées des États* qui votaient et répartissaient la taille. — **Dans les pays d'élection**, ce n'étaient plus les *élus*, mais le *Contrôleur général* qui fixait le chiffre de la taille; les *Intendants* et leurs *Subdélégués* le répartissaient. — La taille rapportait, en 1789, 110 millions de livres.

2° **La Capitation**, notre *cote personnelle*, avec 24 *catégories* d'imposés. — Cet impôt, qui devait, en principe, *atteindre tous les citoyens*, le Dauphin lui-même, mais qui, en réalité, ne touchait que bien légèrement les *privilégiés*, rapportait, en 1789, 41 millions.

3° **Les Vingtièmes**, impôt *des trois vingtièmes sur les revenus de toute espèce*; — il atteignit pendant les guerres de Sept ans et d'Amérique *le quart du revenu* (25 0/0).

1° **La Gabelle** ou *impôt sur le sel*, le plus lourd, le plus impopulaire et le plus odieux de tous les impôts. — Le roi avait *le monopole de la vente du sel*, comme aujourd'hui l'État a celui de la vente des tabacs ; mais la *consommation*, chose incroyable, était **obligatoire**. — N'avait-on ni pain, ni vin, il fallait quand même *acheter du sel*, qui était vendu par le roi 12 *sous et demi* la livre ; et, chaque jour, *on voyait saisir, vendre, exécuter, pour n'avoir pas acheté de sel, des malheureux qui mouraient de faim !* — La prison et les galères attendaient les *faux-sauniers* et les *contrebandiers*. **La répartition de cet impôt** donnait lieu aux plus choquantes *inégalités :* la France était divisée en 6 régions de gabelles : *grandes gabelles, petites gabelles, pays de salines, pays de quart de bouillon, provinces rédimées et provinces franches ;* — dans l'Artois, par exemple, *province franche*, le sel ne valait que deux livres le quintal, tandis qu'à Amiens, pays voisin, mais *de grande gabelle*, il valait soixante-deux livres : quelle prime offerte aux *contrebandiers* que cette étrange différence de prix ! — Les magistrats, les officiers, les maisons de charité et les hôpitaux avaient généralement le *franc-salé* ou privilège d'avoir le sel en franchise. — Le *rendement* des gabelles, en 1789, est de 80 millions.

2° **Les Aides** comprennent : — 1° les **droits** sur la vente des *boissons*, sur le *bois*, le *poisson*, le *bétail*, les *suifs*, les *huiles*, les *fers*, les *papiers*, les *cartes*, les *ouvrages d'or et d'argent*, le monopole des *poudres* et des *tabacs* (51 millions) ; — 2° les **octrois des villes**, dont une partie revenait à l'État (27 millions) ; à Paris, un *muid de vin* (268 litres) payait 47 francs d'entrée. — On connaissait déjà, comme aujourd'hui, les *passe-debout*, les *acquits-à-caution* et autres formalités de *l'exercice*.

3° **Les Domaines** : *enregistrement, timbre, hypothèques* et *centième denier* (50 millions).

4° **Les Traites** ou *droits de transit, de péages* et *de douanes* (22 millions) ; — le royaume était couvert de *barrières intérieures*, qu'aucun objet de commerce ne pouvait franchir sans payer. — En 1789, le royaume était partagé entre trois régimes **douaniers** : les provinces des *cinq grosses fermes* ou réunies, les provinces *réputées étrangères* et les provinces de *l'étranger effectif*. — « *La législation de ces droits est tellement embrouillée*, disait Necker, *qu'à peine un ou deux hommes par génération viennent-ils à bout d'en posséder complètement la science.* »

5° **Les Postes et Messageries** (11 millions) ; la *loterie* (10 millions) ; les *corvées ;* les *dîmes ;* les *redevances seigneuriales ;* etc. — De plus, chaque année, le *clergé* offrait au roi un **don gratuit** de 10 millions. — Enfin, pour associer le peuple aux joies de la monarchie, on lui faisait payer le *droit de joyeux avènement*, la *ceinture de la reine*, etc.

1° **La Taille, la Capitation, les Vingtièmes**, étaient perçus directement. — Des mains des *collecteurs de paroisses*, les deniers royaux passaient dans celles des *receveurs particuliers*, puis dans celles des *receveurs généraux*, sous la surveillance du *Contrôleur général*. — Les Collecteurs *élus*, à *tour de rôle*, dans chaque paroisse, répartissaient l'impôt entre chaque habitant et étaient chargés de le *percevoir :* besogne odieuse et grande perte de temps. — Souvent on ne trouvait point d'*hommes* pour faire ces corvées : en Auvergne, où les hommes valides s'expatrient l'hiver pour chercher du travail, on prend les femmes : « *Il y a plusieurs villages*, dit M. Taine, *où les quatre collecteurs sont en jupon.* » — S'il y avait du retard dans la perception, le *receveur* envoyait dans la paroisse, aux frais des contribuables, des **garnisaires**, à *deux francs* par jour, qui prêtaient main-forte aux *collecteurs*.

2º **La Gabelle, les Aides, les Traites et le Tabac** étaient perçus par **50 Fermiers généraux**, qui, tous les six ans, prenaient l'*adjudication;* — derrière eux venaient les *traitants* ou *financiers*, dont la richesse, au XVIIIe siècle, était devenue *proverbiale*, qui avançaient des fonds aux fermiers et *participaient* à leurs bénéfices, et les courtisans en faveur, qui, sous le nom de *croupiers*, prélevaient encore *de honteuses rognures*. — C'était une véritable **exploitation commerciale**, qui se faisait avec une *âpreté incroyable*, et procurait des *gains odieux;* de là, la **haine** qui s'attachait aux *fermiers généraux*, et qui les poursuivit, en 1793, jusqu'au pied de l'*échafaud*. — Les agents du fisc : le *gabelou* pour le sel, le *maltôtier* pour le vin, font, à domicile, les plus odieuses perquisitions : aussi, de toutes parts, en 1789, s'élève cette supplication : « *Délivrez-nous des gabelous et des maltôtiers !* » — Les tribunaux qui jugeaient pour le fait de la gabelle s'appelaient **greniers à sel**.

3º **Les postes, poudres et salpêtres, cartes à jouer, loterie, octrois, forêts, etc.**, étaient perçus par des *régisseurs généraux, receveurs généraux* et *receveurs particuliers.*

Le **chiffre des impôts** atteignit, en 1789, 558 millions; mais *les recettes réelles* n'étaient que de 475 millions, car les *frais de recouvrement* s'élevaient à plus de 10 0/0. — *Les dépenses* montaient à 531 millions : — le **déficit** annuel était donc de 56 millions, plus une **dette** de 4 milliards et demi.

L'ancienne royauté n'eut jamais de *finances sérieuses*, car elle n'osa jamais établir l'*égalité* devant l'impôt, ni consentir à limiter l'*arbitraire royal* dans la dépense. — Le Roi ordonnançait des sommes considérables, sans que personne en connût l'emploi; — c'étaient les **acquits au comptant**, sur lesquels le prince se bornait à écrire : « *Je sais le motif de cette dépense* », et les porteurs de ces billets signés du roi touchaient l'argent *sans donner de reçu*. — Avec cela, il était impossible d'établir un **budget régulier**; on ne savait même pas *le chiffre des dépenses et des recettes*, et la Cour ne pardonna pas à Necker d'en avoir publié un **compte rendu** *(conte bleu)*, pourtant *fort incomplet*.

Un jour vint, où les embarras financiers furent si grands qu'il fallut *en appeler à la nation*. — Ce sont **le déficit** et **la dette** qui furent les *introducteurs* de la Révolution.

1º **Le Parlement de Paris**, qui se composait : — d'un **premier président**, distingué par un *mortier* ou toque de velours noir, à double galon d'or; — de 30 *présidents*, dont neuf, dits *à mortier*, avec un seul galon; — de 200 *conseillers clercs ou laïques*, portant la robe écarlate et le chaperon doublé d'hermine, — et des gens du roi : *un procureur général*, 3 *avocats généraux* et 16 *substituts* du procureur général. — **Le Parlement de Paris** comprenait, en 1789, sept chambres : — 1º la **Grand'Chambre**, la *Chambre par excellence*, consacrée aux séances solennelles, aux *lits de justice :* 50 *pairs de France* y siégeaient alors; elle jugeait les *appels des présidiaux et des bailliages*, et autres causes majeures; — 2º *La Tournelle*, qui jugeait les *appels criminels;* — 3º Trois *Chambres des Enquêtes;* — 4º *La Chambre des Requêtes;* — 5º *La Chambre de la Marée*, qui jugeait « *sur le fait de la marchandise du poisson de mer et d'eau douce* ». — *La Chambre des vacations* n'était qu'une commission, nommée tous les ans, pour continuer l'expédition des affaires *pendant les vacances* (du 7 septembre au 27 octobre). — Ajoutez 567 *avocats* au Parlement et 331 *procureurs* en la Cour (avoués). — *La communauté des clercs de procureur au Parlement* formait une corporation unie et joyeuse, la *Bazoche*, qui avait ses fêtes bruyantes et ses mascarades.

I.

JUSTICE ORDINAIRE.

1° **Juridiction supérieure.** (*Suite.*)

Le Parlement de Paris, le plus ancien, puisqu'il remontait à *Philippe le Bel* (1302), avait *le ressort* le plus étendu : sa *juridiction* s'étendait sur 10 millions d'habitants. — Ses magistrats, dont les charges étaient devenues *héréditaires* par l'impôt de **la Paulette**, voulaient joindre à leurs attributions judiciaires des *prétentions politiques* et suppléer les *États Généraux*. — Non contents du *droit de remontrance*, qui leur permettait de contrôler les édits qu'ils enregistraient, on les a vus, au XVIIe et au XVIIIe siècle, *aviser à la réforme de l'État* et s'habituer à braver les *arrêts du Conseil*, les *lits de justice*, les *arrestations* et les *exils*. — **L'opposition** qu'ils avaient souvent faite à l'établissement de nouveaux impôts leur avait créé *une véritable popularité* ; mais le refus de cette *noblesse de robe* d'accorder au Tiers État la *représentation double* et le *vote par tête* aux États Généraux de 1789, **les déconsidéra complètement.**

2° **12 Parlements de province** : *Toulouse, Bordeaux, Rennes, Rouen, Dijon, Aix, Nancy, Besançon, Grenoble, Douai, Metz* et *Pau.*

3° **4 Conseils souverains** : ceux d'*Alsace*, de *Roussillon*, d'*Artois* et de *Corse.*

2° **Juridiction inférieure.**

1° **Les Présidiaux**, véritables tribunaux de première instance, avec un *parquet* de procureur et de substituts. — Le premier des Présidiaux était **le tribunal du Châtelet à Paris,** que présidait le *prévôt de Paris* assisté du *lieutenant civil*, du *lieutenant criminel* et du *lieutenant de police*, dont l'autorité avait, depuis le XVIIe siècle, l'importance d'un petit ministère, comme notre *préfecture de police.*

2° **Les Bailliages** (au nord) et les **Sénéchaussées** (au midi), qui perdaient chaque jour de leur importance au profit des présidiaux ; — en 1789, c'étaient plutôt des *divisions électorales.* — Les *Prévôtés, Vicomtés* et *Vigueries* avaient été supprimées en 1749.

3° **La Justice municipale des villes** était rendue par les *prévôts*, les *échevins*, les *syndics* ; — et **la Justice consulaire**, par des *juges consuls* élus, à la façon de nos *tribunaux de commerce.*

II.

JUSTICE SUPÉRIEURE.

Le Grand Conseil, qui avait l'examen des *procès* relatifs aux évêques, des *conflits* entre Parlements et présidiaux, des *arrêts contradictoires* rendus par différents Parlements. Son chef était le *Garde des Sceaux*, qui portait *mortier* de toile d'or, retroussé d'hermines. — **Son procureur** était dit *le premier* de tous les procureurs du roi.

III.

JUSTICE ADMINISTRATIVE.

1° **Les Chambres des Comptes**, qui vérifient les opérations de ceux qui *manient* les deniers publics. — Au nombre de onze au moment de leur *suppression* (1790).

2° **Les Cours des Aides**, qui jugent les procès relatifs aux *tailles, aides* et *gabelles.* — Il n'y en avait plus que deux en 1789 : celles de *Paris* et de *Montpellier.*

3° **La Cour des Monnaies**, à Paris, qui juge les causes relatives aux *monnaies*, aux *orfèvres.*

IV.

JUSTICE FÉODALE DU ROI.

1° **La Prévôté de l'Hôtel du Roi**, qui juge les *crimes* et *délits* commis dans les palais du roi, et les causes civiles de tous les gens de cour qui possèdent le privilège de *Committimus.*

2° **Les juridictions de la Table de marbre du Palais de Justice de Paris** : la *Connétablie*, l'*Amirauté de France* et le *Tribunal des eaux et forêts.* — Les *Capitaineries.*

V.

JUSTICES PARTICULIÈRES.

La Chambre souveraine du clergé ; — les huit *bureaux ecclésiastiques* ; les *officialités primatiales, archiépiscopales, épiscopales* ; — les *bailliages ecclésiastiques.* — Tous ces tribunaux n'ont plus guère qu'une *juridiction spirituelle.*

Les justices seigneuriales, qui ne sont plus que des *tribunaux de finances* des propriétaires de terres nobles. — Les *hautes* et *basses justices* du moyen âge sont réduites, en 1789, au rôle de *petites justices de paix*, avec un bailli. — Le *Tribunal de l'Université de Paris.*

<table>
<tr>
<td>DÉFAUTS
DE LA JUSTICE
sous
l'ancien régime.</td>
<td>

Vénalité des charges judiciaires, qui, par l'impôt de *la Paulette* et *l'hérédité*, attribuait à quelques centaines de familles le **monopole de la justice** en France, et excluait de la magistrature des hommes de talent et de mérite. — On héritait du *droit de juger*, comme on héritait d'une *maison*, et, sauf le cas de *forfaiture* constatée par un jugement, le magistrat était **inamovible**. — La vénalité des charges avait pour conséquence la **vénalité de la justice** : un écrivain du XVIe siècle, *Holman*, disait : « *Les juges achètent en gros la justice, pour la débiter en détail, comme les bouchers dépècent un bœuf pour le vendre par morceaux.* » — *Peu payés* par le roi (le *premier président* du Parlement de Paris recevait 10 000 livres, les autres *présidents* 5 000, et les *conseillers* 375), **les juges se faisaient payer par *les plaideurs*** ; cela s'appelait **recevoir des épices**; ces *honoraires* coûtaient aux *justiciables* plus de 80 millions par an.

Privilèges et arbitraire. — Le cours régulier de la justice, fréquemment arrêté par des *évocations au Grand Conseil*, des *lettres de répit*, des *arrêts de surséance* (qui permettaient de ne pas payer ses dettes), des *lettres d'abolition*, accordés trop facilement aux privilégiés. — Multiplication inouïe des **lettres de cachet** (ordres d'arrestation, *en blanc*, signés du roi) qui jetaient à **la Bastille**, sans procédure ni jugement, *le premier citoyen venu*. Louis XV en distribua plus de *150000 !* On en faisait *trafic :* la comtesse *de Langeac*, maîtresse du ministre *La Vrillière*, les vendait 25 louis ! Louis XVI lui-même en donna *14000*. — La correspondance des particuliers était journellement *violée*, sur l'ordre du lieutenant de police ou du roi, dans le célèbre **cabinet noir**.

Confusion, multiplicité et enchevêtrement dans les juridictions et la législation. — *Ordonnances royales, droit féodal, droit canonique, droit coutumier et droit romain.* — Les **pays du Midi**, régis par le vieux *droit de Rome*; les pays du Nord, régis par le *droit coutumier* (285 coutumes diverses). « *En voyageant en France, dit Montesquieu, on changeait de lois à chaque relai.* »

Rigueurs du Code pénal appliquées avec une déplorable facilité : — *l'exposition* au carcan, au pilori ; le *fouet*, la *marque*, les *galères*, le *poing coupé*, la *langue coupée ou percée*, la *pendaison* (pour les *roturiers*), la *décapitation* (pour les *nobles*), la *roue*, la *confiscation des biens*, etc. — **La mort** applicable au *blasphème*, à *l'hérésie*, au *vol dans une propriété royale*, au *faux-monnayage*, au *vol domestique*, etc.

Procédure criminelle lente, secrète et barbare. — Tout accusé de crime était *présumé coupable :* on lui refusait l'assistance d'un *avocat ;* on le *torturait* avant le jugement (question *préparatoire* abolie par Louis XVI, en 1780), pour lui arracher un aveu ; on le *torturait* avant l'exécution (question *préalable* abolie en 1788), pour qu'il nommât ses complices. — *Énormité des frais de justice:* exactions des magistrats, qui éternisaient les procès et en augmentaient les frais sans règle ni mesure, ce qu'on appelait le *brigandage de la justice.*

Erreurs judiciaires fréquentes : — affaires *Latude, Labarre, Calas, Sirven, Montbailly,* etc.

</td>
</tr>
<tr>
<td>L'ARMÉE.</td>
<td>

La France, au XVIIe siècle, est *la première nation militaire du monde*. — Au XVIIIe siècle, la **Prusse** de *Frédéric II* tient en Europe la place qu'y avait occupée la France.

L'armée française, encore remarquable sous l'administration de *Barbezieux*, fils de Louvois, ministre de la guerre de 1691 à 1701, commença à décliner sous ses successeurs, *Chamillart* (1701-1709) et *Voysin* (1709-1715), pendant la guerre désastreuse de la Succession d'Espagne. — Plus tard, malgré **les réformes de** *d'Argenson* (1744-1757), de *Choiseul* (1761-1771) et de *Saint-Germain* (1775-1777), l'armée se laissa envahir par des *abus.* — La guerre de Sept ans avait, d'ailleurs, été *le tombeau de sa gloire militaire !*

</td>
</tr>
</table>

2.

I.

Sa composition en 1789.

1° **La maison du roi,** qui, depuis la réforme du comte de Saint-Germain, ne comprend plus que les *gardes-françaises*, les *gardes du corps* et les *gardes suisses* (9 000 hommes).

2° **L'armée régulière :** 101 *régiments d'infanterie*, dont 24 régiments *étrangers* (12 *régiments suisses*, 8 *allemands*, 3 *irlandais* et 1 *suédois*), 7 *régiments de chasseurs à pied* et 7 *régiments coloniaux* (131 000 hommes) ; — 31 *régiments de cavalerie*, carabiniers, cuirassiers, dragons, hussards et chasseurs (33 000 hommes) ; — 7 *régiments d'artillerie* (9 000 hommes).

3° **Les milices provinciales** (60 000 hommes), qui n'étaient appelées qu'*en temps de guerre*.

II.

Son recrutement.

1° **Par des racoleurs,** vieux sergents aux noms de guerre, *Sans-quartier*, *Champagne*, *Bel-Amour*, que le *colonel* propriétaire d'un régiment envoie dans les villes, et qui n'ont d'autre préoccupation que de gagner la *prime de 12 livres* qui leur est donnée par recrue. — Assis dans un cabaret, ils *régalent*, payent le vin *et font l'article* ; — bientôt *grisé*, le malheureux *volontaire* signe son engagement et reçoit 50 francs ; dès qu'il a pris *l'argent du roi*, il est *enrôlé* et ne peut plus se dédire. — Pitoyable système, qui ne verse dans l'armée que l'*écume des grandes villes* et les *vagabonds de grandes routes*. L'armée, au lieu d'être l'*image* de la nation, semblait en être le *rebut*.

2° **Par le tirage au sort** pour la *milice* ; — mais, non seulement les *nobles*, les *ecclésiastiques*, les *fils de bourgeois* ou de *paysans aisés*, les *employés* de tout grade en étaient exempts ; les *domestiques, jardiniers, gardes-chasse, laquais* des privilégiés l'étaient également ; et, comme on n'osait faire tirer au sort le *peuple de Paris et des grandes villes*, le tirage ne tombait que sur **les paysans pauvres**, qui, pour échapper au sort, ne craignaient pas souvent de se *couper le pouce*, ou de *fuir* dans les bois ; — la maréchaussée est toute occupée à poursuivre les *réfractaires*.

III.

Progrès réalisés au XVIII° siècle.

1° **Dans l'infanterie,** « *devenue souveraine chose aux batailles* », **Saint-Germain** met tous les régiments à deux *bataillons*. — **La fabrication du fusil,** jusqu'alors abandonnée, sans contrôle, à l'*industrie privée*, est réservée à l'État, qui le fabrique lui-même dans ses manufactures de *Charleville, Maubeuge* et *Saint-Étienne*. — *Le premier fusil régulier* date de 1754 ; mais **le fusil à pierre de 1777** lui est très supérieur ; c'est ce fusil qui fera toutes les guerres de la Révolution et de l'Empire ; *la baguette de fer* y remplace avantageusement la *baguette de bois*. — Sous l'influence du *maréchal de Saxe*, le vainqueur de Fontenoy, s'introduit l'exercice **à la prussienne**, qui fatigue et désespère les soldats, surtout les *vieux* : c'est le *pas emboîté et cadencé*, la *charge en douze temps* ; ce sont les mouvements réglés par les *sonneries*. — On réglemente les *batteries de tambours*, qui, avec un *fifre* et deux *clarinettes*, forment alors toute la *musique du régiment*. — **L'uniforme** cesse d'être *large* et *flottant* ; il est retroussé sur les cuisses avec des agrafes, pour ne pas gêner le maniement rapide du fusil ; mais on conserve les *bas blancs*, la *culotte courte* et la *coiffure poudrée*, avec les cheveux noués sur la nuque en *bourse* ou en *queue*. Le costume, d'ailleurs très simplifié, fut uniformément *gris-blanc*, la couleur seule des *parements* distinguant les régiments entre eux. — **D'Argenson** fait décider (1750) que le grade de *capitaine* conférera la *noblesse*, et que la *croix de Saint-Louis* exemptera de la *taille*. — L'*épaulette*, que le **duc de Choiseul** avait inventée, comme une récompense, pour les *meilleurs soldats*, devient aussi recherchée qu'elle était dédaignée auparavant par ceux qui l'appelaient « *la guenille de Choiseul* » ; il est vrai que le **maréchal de Ségur** y attache une *haute paye*.

2° Dans la cavalerie. — Saint-Germain porte tous les régiments à *cinq escadrons*. — Création de six régiments de *hussards* et de douze régiments de *chasseurs à cheval*.

3° Dans l'artillerie. — Le lieutenant-général **Gribeauval** forme, en 1765, de la masse incohérente du corps royal d'artillerie, 7 *régiments*. — L'artillerie de Louvois était *lourde* et *encombrante*; Gribeauval crée deux catégories de pièces : celles de **siège** et celles de **campagne**, dont il raccourcit le *canon* et rend l'*affût* plus léger. — Il perfectionne la *fonte* et le *forage* des pièces de canon, les munit d'un *point de mire*, d'une *hausse*, d'une *vis de pointage*, ce qui porte le *tir* de 400 mètres à 1 600! — Il fait fabriquer des **gargousses** ou *cartouches à boulet*, qui permettent désormais d'enfoncer, à la fois, dans le canon, la *poudre et le boulet*. — Enfin, à l'*uniformité des calibres* il ajoute l'*uniformité de construction* des voitures d'artillerie, ce qui permet à une *vis* fabriquée à Metz de s'adapter à un *écrou* fabriqué à Valence. — C'est **le maréchal de Ségur** qui fit accepter par Louis XVI la double création du *corps de l'artillerie légère* et du *corps de l'État-major* (1783).

4° Dans le génie. — Le plus célèbre *ingénieur militaire* du XVIIIe siècle fut le maréchal de camp **Cormontaigne**, qui supprima les *lignes courbes* dans le tracé des places et construisit les *forts de Metz*. — D'Argenson fonde, à *Mézières* (1748), une *École du génie*, qui devient, en 1756, une *École d'application pour l'artillerie*.

5° Dans la tactique. — Saint-Germain prescrit, outre l'emploi de l'*ordre profond* pour les colonnes d'attaque ou d'assaut, l'emploi de l'*ordre mince*, qui donne moins de prise aux balles et aux boulets. — Pour faciliter le *passage du pied de paix au pied de guerre*, il achève d'annuler les *gouverneurs*, partage l'armée en *divisions militaires permanentes* et place à la tête de chacune d'elles le **général** qui doit la conduire à l'ennemi.

6° Dans le service de santé et l'intendance. — Aux *chirurgiens de hasard* et aux *simples barbiers*, qui, sans uniforme ni grades, n'avaient rien qui pût les défendre de « *l'outrage du soldat* », Saint-Germain substitue des *chirurgiens* et des *médecins militaires diplômés*, à qui il donne un uniforme, des grades, une hiérarchie, et fonde le **corps de santé militaire**, qui devait rendre de si précieux services à l'armée pendant les longues guerres de la République et de l'Empire. — Il réforme l'**Hôtel des Invalides**, où de *faux invalides* (portiers de couvent, palefreniers, vieux laquais de grands seigneurs, etc.) occupaient la place de *vieux soldats* infirmes ou blessés, laissés sans secours. — Le maréchal de Ségur arrête que *chaque lit*, dans les casernes, ne contiendra plus que deux hommes, au lieu de *trois*; le pain de munition et le biscuit de campagne remplacent *la boule de son*.

7° Dans l'administration centrale. — Choiseul décide qu'on ne pourra *acheter* un régiment, avant d'avoir *servi sept ans*, enlève aux capitaines l'*entretien* et le *recrutement* de leurs compagnies, impose *aux colonels* un officier comptable appelé *capitaine-trésorier*, et prend au compte de l'État l'*uniforme*, l'*équipement*, l'*armement* et les *vivres*. — Désormais, *tous les services* aboutissent aux **bureaux du ministère**, dont les *commis*, tout-puissants, reçoivent avec morgue et hauteur les *officiers-généraux*.

8° Fondation de l'École militaire. — D'Argenson fonde l'**École militaire** (1751), pour remplacer les *Écoles de cadets*, qui n'avaient donné aucun résultat sérieux. — On n'exigeait des candidats à l'École que de *savoir lire et écrire*; mais ils devaient faire preuve de *quatre quartiers de noblesse*. — Aucun examen ne *classait* les élèves *sortants*, et les colonels des régiments choisissaient parmi eux, suivant leurs caprices ou leurs relations de famille et de société. — Choiseul essaya de *relever* l'École, en fondant, en 1762, à **La Flèche**, une École préparatoire, le *Prytanée militaire*, et en établissant un *examen* plus sérieux à l'entrée de l'École militaire.

III.
Progrès
réalisés
au
XVIIIe siècle.
(*Suite.*)

1° **Vénalité des grades,** qui exclut de l'armée les *nobles pauvres.* — Une compagnie dans les *Gendarmes de la Maison du Roi* valait 150 000 francs; une lieutenance, 120 000 fr.; un grade d'enseigne, 80 000 fr. — Pour satisfaire les ambitions de la Noblesse, on a démesurément *multiplié les grades*; il y avait 60 000 officiers pour 170 000 hommes; un régiment de cavalerie comptait 142 officiers ou sous-officiers, et 482 soldats. — Les officiers n'étaient pas moins braves que les soldats et savaient se faire tuer à la tête de leurs régiments; mais *il ne fallait pas leur en demander davantage.*

2° **Orgueil nobiliaire,** qui exclut les *roturiers* du corps des officiers. — Les clabauderies de la Noblesse arrachent au *maréchal de Ségur*, à la veille de la Révolution, *l'ordonnance de 1781*, aggravée par *l'Édit royal de 1788*, et qui exigeait, pour le grade d'officier, dans tous les régiments de l'armée, la preuve de *quatre quartiers de noblesse,* non compris celle du postulant; ce qui supposait un siècle et demi de *gentilhommerie.* — Cette ordonnance, qui dépouillait le **Tiers État** du droit de servir et de commander dans les armées, foulait aux pieds la vieille maxime française, que « *nulle porte d'honneur n'était fermée aux membres du Tiers* ». — **Les bas-officiers,** pour qui tout espoir *d'avancement* est anéanti, et dont la Révolution fera plus tard ses premiers et meilleurs généraux, comme les *Jourdan,* les *Kléber,* les *Joubert,* les *Championnet,* les *Éblé,* les *Masséna,* les *Soult,* les *Ney,* les *Augereau,* etc., quittent l'armée ou semblent voués à rester éternellement dans *le rang.* — Rien d'étonnant si les *états-majors* sont mal composés, et si les *sous-officiers,* désormais sans avenir, sont au premier rang des révolutionnaires.

3° **Misère du soldat.** — Les soldats sont exploités par les capitaines et les colonels propriétaires, qui *fraudent* sur la paye, *spéculent* sur l'habillement, la nourriture et l'armement. — En 1774, d'après *Necker*, sur **90 millions** consacrés annuellement à la solde de l'armée, 46 *millions* étaient donnés aux officiers, 44 *millions* seulement aux soldats. — Mauvaise nourriture : *pain de son.* — « *La misère du soldat est si grande,* écrit le comte de Saint-Germain pendant la guerre de Sept ans, *qu'elle fait saigner le cœur; il passe ses jours dans un état abject et méprisé, il vit comme un chien enchaîné qu'on destine au combat.* » — Aussi 4 000 *désertions* par an! — Quatre mois après l'ouverture des États Généraux, 16 000 *soldats déserteurs* rôderont autour de Paris, conduisant les émeutes au lieu de les *réprimer.*

4° **Multiplicité des régiments étrangers** qui coûtent fort cher; — aussi *d'Argenson*, tout en reconnaissant « *que le flegme des hommes du Nord fixait le feu follet des Français* », avouait qu'avec l'argent employé à entretenir les seuls *régiments Suisses,* on aurait pu entretenir 100 000 hommes de *milices provinciales.* — **L'Allemagne** fournissait non seulement des soldats, mais aussi des généraux : deux maréchaux de France, *Maurice de Saxe,* le vainqueur de Fontenoy, et *Lowendal,* qui prit Berg-op-Zoom, étaient des Allemands.

5° **Rigueurs de la discipline.** — Les soldats battus à coups de *canne,* de *baguette de fusil,* de *courroies,* de *verges d'osier.* — Saint-Germain, à l'imitation des armées prussiennes, introduisit l'usage des *coups de plat de sabre*; mais on l'accusa de déshonorer à la fois le sabre et le soldat : « *Je ne connais du sabre que le tranchant!* » avait dit un grenadier, dont le mot courut toute la France.

6° **Opposition des bureaux de la guerre,** déjà tout-puissants, qui entravent tout projet de réforme : *Choiseul* leur reprochait leur *hostilité* et leur *paperasserie inutile.*

La Marine.

La marine française, réorganisée par les ministres **Machault** (1754-1757) et de **Choiseul** (1761-1766), jeta seule *un peu de gloire sur les derniers jours de l'ancienne monarchie.* — Les amiraux français *d'Orvilliers, d'Estaing, Lamotte-Piquet, Suffren,* avaient, pendant **la guerre d'Amérique,** glorieusement tenu tête à la marine anglaise. — **Louis XVI** avait la *passion* des choses de la marine; son plaisir était de *dessiner des cartes :* c'est lui qui *rédigea* les instructions pour le voyage de *La Pérouse* en Océanie.

1° Matériel naval. — Les progrès accomplis par la *marine à voile* avaient fait délaisser la *marine à rames;* en 1748, les *galères* furent supprimées. — Louis XVI eut **80 vaisseaux de ligne et 80 frégates,** plus un certain nombre de *corvettes, bricks, flûtes, goélettes, galiotes à bombes, batteries flottantes* et *brûlots.* — L'École de **construction navale,** fondée par *Maurepas,* réalisa de grands progrès avec les ingénieurs *Forfait* de Rouen et *Sané* de Brest; ce sont eux qui construisirent les *flottes* de Louis XVI, de la Révolution et de l'Empire. — Outre la marine royale, il y avait les *corsaires,* munis de *lettres de marque* pour la course; *Dunkerque* et *Saint-Malo* étaient de véritables *nids* de ces pirates autorisés des mers.

2° Équipages. — 1 300 *officiers* partagés en 9 *escadres,* avec 81 compagnies de *canonniers* et 90 000 *matelots* portés sur les registres de **l'inscription maritime.** — Mais, déplorable antagonisme entre les officiers *nobles* ou du pavillon *blanc,* et les officiers *roturiers* ou du pavillon *bleu.*

L'Instruction Publique.

1° L'Enseignement supérieur était donné, en 1789, par 21 **Universités,** la plupart complètes, c'est-à-dire possédant les quatre facultés : *Théologie, Droit, Médecine* et *Arts* (Sciences et Lettres), qui conféraient, comme aujourd'hui, le *baccalauréat,* la *licence* (donnant le droit d'enseigner) et le *doctorat* (le bonnet de docteur s'obtenait après thèses soutenues en grandes séances publiques). — Les deux principales étaient : pour *le Nord,* l'**Université de Paris,** *« la fille aînée des rois »,* établie à *la Sorbonne;* et pour *le Midi,* l'**Université de Toulouse.**

2° L'Enseignement secondaire se partageait entre les *Collèges universitaires* et les *Collèges de Jésuites;* on y suivait la **méthode classique** tracée par *Rollin,* dans son *Traité des Études.* — A part l'instruction *gréco-latine* et l'éducation *religieuse,* le reste était à peu près négligé : peu de sciences, point de géographie, l'histoire nationale sacrifiée à celle de l'antiquité, Rollin estimant qu'il n'était pas possible de *« trouver du temps pendant le cours des classes pour cette étude. »*

3° L'Enseignement primaire était donné, par des *prêtres* ou des *magisters de village,* dans les *petites écoles,* sous la surveillance du *curé* et de l'*Évêque.* — Les **Frères des Écoles chrétiennes,** fondés par le bienheureux *Jean-Baptiste de la Salle,* donnaient gratuitement, dans les villes, l'instruction aux *enfants pauvres.* Cet institut s'était répandu, depuis 1679, avec une grande rapidité, et, en 1789, presque toutes *les grandes villes* de France avaient des *écoles* et des *pensionnats* tenus par ces pieux religieux.

Les Trois Ordres.

Le peuple français, évalué, en 1789, à 26 millions d'âmes, est *officiellement* partagé en trois ordres : — **1° le Clergé,** proclamé, en 1665, *le premier ordre de l'État;* — **2° la Noblesse;** — **3° le Tiers État.** — Ces trois ordres réunis forment les **États Généraux.**

On a pu dire avec assez de vérité qu'il y avait, en 1789, comme trois *castes* distinctes ou deux *nations* en présence : les *privilégiés* (Clergé et Noblesse) et les *non-privilégiés;* — d'un côté, 270 000 personnes environ (130 000 prêtres ou moins et 140 000 nobles); de l'autre, plus de 25 millions de Français sur qui portait tout le poids de l'impôt; — *« le Clergé priait, la Noblesse combattait »;* donc ils devaient être exempts de toute autre charge.

1° Le Haut Clergé, qui comprenait **18 archevêques**, dont **trois cardinaux**, et **121 évêques**, presque tous *cadets de famille*, souvent plus illustres par leur naissance que par leurs vertus. On n'y compte, en 1789, que **trois noms roturiers** : pour être *évêque*, comme pour être *officier*, il fallait compter dans sa généalogie *quatre quartiers de noblesse*. Sous Louis XVI, *Chevert* n'eût pu être sous-lieutenant, ni *Bossuet* devenir évêque.

Les diocèses sont d'*inégale étendue* et d'inégal revenu. — Le cardinal *de Fleury* fut d'abord évêque de *Fréjus*, diocèse si pauvre, qu'il s'intitulait lui-même évêque « *par l'indignation divine* »; on appelait ces diocèses des *évêchés crottés* ou des *évêchés de laquais*. — Le roi, pendant la *vacance* du siège, percevait le **droit de régale**; Rome, de son côté, sous le nom d'**Annates**, recevait les revenus de la *première année* d'un bénéfice; le **droit** d'indult, accordé par le pape à des laïques, à des nobles, à des magistrats, leur conférait le pouvoir de *nommer* à certains bénéfices.

2° Le Bas Clergé, composé des **curés** et des *vicaires* qui vivaient du *casuel* et de la *dîme*; — cette dernière source de revenu, quand ils avaient à la percevoir *en nature*, les mettait constamment aux prises avec leurs paroissiens pour une *poule* ou un *sac de blé*; **Voltaire** lui-même s'*apitoyait* sur leur sort. — Le Gouvernement s'était occupé de remédier à cet état de choses : en 1785, le *curé* doit recevoir 700 livres, et le *vicaire* 350; c'est *la portion congrue* fixée par Louis XVI.

Les curés et *vicaires* sortis des rangs du peuple sont le *Tiers État* de l'Église et s'élèvent avec lui; beaucoup sont hommes instruits, animés d'*idées libérales*, ennemis des *abus*, dont ils sont les premiers à souffrir, et tout préparés à suivre le *mouvement populaire* qui va commencer. — En 1789, les curés *se confédérèrent* de toutes parts pour n'envoyer aux États Généraux que des curés, à l'exclusion des *chanoines*, abbés, *prieurs* et autres *bénéficiers*; sur 300 députés du Clergé, on compte aux États Généraux 208 *curés*. — Et si, plus tard, les deux premiers ordres sont contraints de se réunir au Tiers État, c'est qu'*au moment critique*, **les curés font défection**. — Comme la religion catholique est *religion d'État*, les curés des paroisses tiennent les *registres de l'état civil*. — Le Clergé séculier, *indépendant de l'État*, vivait de la *dîme*, du *casuel* et du revenu des **biens** que lui avaient donnés les fidèles, biens inaliénables et connus sous le nom de *biens de main-morte*. — En 1789, 70 000 *prêtres*.

Le Clergé régulier, qui, pendant tout le Moyen Age, a éclipsé le *Clergé séculier* par la *sainteté de ses mœurs* et *l'éclat de ses lumières*, est bien déchu de son influence. — Il y avait en 1789, en France, 23 000 *religieux* et 37 000 *religieuses*; le dénombrement de 1886 a donné 19 000 *religieux* et 87 000 *religieuses*.

Le relâchement s'est introduit, par suite des *exemptions* de la juridiction de l'*ordinaire* (évêque *diocésain*), et des *abus* de la *commende* (*de commendare*, confier). — Par la commende, le roi confiait à un *laïque*, qui se munissait de la *tonsure* pour acquérir la qualité de *clerc*, la charge d'une abbaye, dont il touchait *les deux tiers des revenus*, sans y résider jamais, sans même savoir, parfois, *où elle était située*. Les religieux, sous le gouvernement spirituel d'un *prieur*, vivaient du *tiers* que leur laissait l'*abbé*. — Vie scandaleuse des **abbés commendataires**, *abbés de cour*, *abbés de salon*, qui n'avaient d'ecclésiastique que le nom.

Le roi, depuis le concordat de 1516, *nommait* aux archevêchés, évêchés et grandes abbbayes; mais, pour la *collation* des autres bénéfices et la nomination des curés, c'était un *conflit perpétuel* entre tous ceux qui prétendaient avoir **droit de nomination** par suite de *vieux droits féodaux*, du *droit d'indult* ou autres *privilèges*.

II.
LA NOBLESSE.

1° Catégories. — **Haute Noblesse** ou *noblesse de race, noblesse d'épée, noblesse présentée*; grands seigneurs qui pouvaient justifier de *filiation nobiliaire* jusqu'au XIVe siècle, qu'on décorait seuls du *cordon bleu* (ordre du *Saint-Esprit*), et qui montaient dans les *carrosses du roi*; tout noble présenté était *courtisan*. — **Petite noblesse**, *noblesse de province, noblesse non présentée*, gentilshommes qui n'avaient pas 140 ans de *noblesse prouvée, hobereaux*, gentilshommes campagnards à demi ruinés, grands *chasseurs* et grands *buveurs*, entichés de leurs aïeux et généralement *mécontents*. — **Noblesse de Robe**, celle des *robins*, acquise par des charges de judicature. — **Noblesse d'échevinage**, *noblesse de cloche* (du *beffroi* des hôtels de ville), conférée par certaines charges municipales (celle de *capitoul* à Toulouse). — **Noblesse universitaire** accordée aux *docteurs* professeurs de droit, après vingt ans d'exercice. — **Noblesse achetée** : on a vendu, au XVIIIe siècle, pour 100 millions de *titres de noblesse*; tout acquéreur d'une *terre titrée* avait le droit d'en prendre le *titre*, s'il était *noble*; sinon, il fallait obtenir l'autorisation du roi et *payer*, pour s'en parer. *L'argent, c'est la vraie savonnette à vilain*. — **Noblesse usurpée** : ceux qui, en tapinois, changent l'*orthographe* de leur nom, y ajoutent *la particule*. — La royauté qui, par mesure fiscale, *vend* les titres de noblesse, supprime aussi, par mesure fiscale, les *gentilhommeries mal fondées* et ramène les faux nobles *à la roture*, c'est-à-dire à l'obligation de payer l'impôt.

2° Hiérarchie. — **Les princes du sang** (le duc d'*Orléans*, le prince de *Conti*, le prince de *Condé*, le duc de *Bourbon*, son fils, et le duc d'*Enghien*, son petit-fils); — **34 ducs et pairs** (*d'Uzès, de Rohan, de Luynes, de Brissac, de Chaulnes, de Richelieu, de Bouillon, de Saint-Aignan, de Grammont, de Mortemart, de Nouailles, d'Aumont, d'Harcourt, de Fitz-James, de Villars-Branças, de Biron, d'Aiguillon, de Choiseul, de Praslin, de Duras, de la Rochefoucauld, de Clermont-Tonnerre*, etc.); — enfin les *marquis, comtes, vicomtes, barons, chevaliers*. — Pour certaines familles, *l'antiquité de la race* constituait, à elle seule, la noblesse : l'aîné *des Montmorency* n'était pas pair, et s'appelait simplement *baron*; mais c'était *le premier baron de la chrétienté*.

3° Mœurs. — Vivre noblement, *c'est vivre sans travailler!* Le travail *agricole* ou *industriel* est une *dérogation*; il vaut mieux se ruiner que travailler; car « *la pauvreté obscurcit la noblesse, mais ne l'ôte pas* ». — Pour « *redorer leur blason* », ou « *fumer leurs terres* », les gentilshommes ruinés ont la ressource des mariages riches avec les filles de gens de robe ou de finances. — La décomposition des mœurs était effrayante dans la noblesse condamnée à l'énervement de l'*oisiveté* et du *luxe*.

4° Privilèges nobiliaires. — **Honorifiques** : droits de *préséance* dans les cérémonies; *titres et armoiries; banc seigneurial* à l'église; droit de *sépulture* dans le chœur, etc. — **Réels** : exemption de *tailles*, de *corvées personnelles*, de la *gabelle* et des *logements militaires*; monopole de toutes les *charges* de la Cour et de toutes les *hautes dignités* dans l'Église et dans l'armée; droit de *haute et basse justice* dans certains fiefs; droit de *juridiction spéciale* pour ses procès; privilège de la *décapitation* en cas de condamnation à mort (un roturier était *pendu*); **droit d'aînesse**, qui donne *les deux tiers du patrimoine* au fils aîné, s'il y a deux enfants, et *la moitié*, s'il y en a plus de deux, et jette dans l'armée et le Clergé les *cadets de famille*, ces *gueux de la Noblesse*, à qui l'on réserve les *grades militaires* et les *meilleurs bénéfices*.

5° Droits féodaux. — *Variés* à l'infini; mais, en 1789, plutôt *ridicules qu'onéreux* : droits de *péage* ou *barrage*, de *vente* ou de *lods*, de *banalité* au moulin, au four, au pressoir du seigneur; droits de *chasse*, de *colombier*, de *garenne*, etc.

**III.
LE
TIERS ÉTAT.**

1° **La Bourgeoisie,** classée, comme la Noblesse et le Clergé, en *Haute* et *Petite Bourgeoisie.*

2° **Les ouvriers** groupés en *corps d'états,* **corporations** qui avaient chacune leur *patron,* leur *bannière,* leur *trésor* et leurs *statuts.* — De plus, une *hiérarchie* établissait des droits et des privilèges et créait des distinctions sociales entre chacun de leurs membres; c'étaient : — 1° **les maîtres,** qui avaient le *privilège exclusif* d'exercer le métier; qui siégeaient, à **la maîtrise,** sorte de bureau d'examen chargé de juger *le chef-d'œuvre* de l'ouvrier compagnon qui désirait passer maître, et à **la jurande,** chargée de surveiller rigoureusement l'exécution des *règlements* et *procédés* de la corporation, c'est-à-dire d'enfermer l'artisan dans la *routine établie;* — 2° **les compagnons,** simples *ouvriers,* à qui il était souvent aussi difficile de devenir *maîtres* que d'entrer dans la Noblesse; — 3° **l'apprenti.** — Les corporations, maîtrises et jurandes fourmillaient d'*abus* et étaient la plaie de l'industrie; elles furent abolies un instant, en 1776, par *Turgot,* mais rétablies bientôt après.

3° **Les paysans,** tous *libres,* et même *petits propriétaires,* en 1789, sauf *les serfs* de l'abbaye de Saint-Claude dans le Jura. — Mais, obligés de payer seuls la *taille,* d'acquitter la *dîme* et les *droits seigneuriaux,* rançonnés par l'intendant du roi et par l'intendant du seigneur qui dépense follement à la Cour plus que ses revenus, *ils plient sous le fardeau;* — aussi leur vie est-elle *précaire;* ils ont juste le peu qu'il faut pour ne pas *mourir de faim,* et plus d'une fois, ce peu leur manque. — Dans la société de l'ancien régime, le paysan, suivant le mot de **Richelieu,** est *le mulet qui porte toute la charge;* aussi est-il réputé *personne vile.* — La Révolution va complètement *émanciper* le paysan : elle lui donnera *la terre* et *la richesse;* le suffrage universel (1848) lui assurera, quand il le voudra, *la prépondérance politique.*

2° LES ÉTATS GÉNÉRAUX ET LA CONSTITUANTE.

LES CAHIERS. LES ORATEURS DE LA CONSTITUANTE. SUPPRESSION DE L'ANCIEN RÉGIME ET CONSTITUTION DU NOUVEL ÉTAT DE CHOSES.

**Élections
aux États Généraux.**

LOUIS XVI, sur le conseil de Necker, qui croyait « *que la grande habileté dans les affaires consiste à se procurer le mérite du sacrifice, avant que ce sacrifice ne paraisse obligatoire* », et, malgré l'avis contraire du **Parlement** et des **Notables,** accorde le DOUBLEMENT DU TIERS. — **Les États Généraux** étaient convoqués pour le 1ᵉʳ mai 1789. — Le nombre des députés était fixé à *douze cents :* trois cents pour le *Clergé,* trois cents pour la *Noblesse* et six cents pour le *Tiers État.*

Était électeur et éligible *tout Français* âgé de vingt-cinq ans et payant l'*impôt.* — On choisissait d'abord, dans chaque *paroisse,* des *délégués,* qui, réunis au *chef-lieu de bailliage,* nommaient les députés aux États Généraux. — Mais **tout noble** possédant un *fief* et **tout ecclésiastique** pourvu d'un *bénéfice* étaient de droit *délégués au bailliage.*

Vingt-cinq mille votants sur soixante mille *électeurs* nommèrent 1145 députés : 270 pour la *Noblesse,* 291 pour le *Clergé* (dont 208 *curés* favorables au *Tiers*), et 584 pour le *Tiers État* (2 *prêtres,* 12 *nobles,* 162 *magistrats,* 210 *avocats,* 16 *médecins,* 176 *négociants, propriétaires* ou *cultivateurs*). — En résumé 584 députés du Tiers contre 561 de la Noblesse et du Clergé.

Les assemblées électorales de Bailliages avaient été invitées à rédiger des **cahiers de doléances et de réformes**, que *les députés* devaient porter aux États Généraux. — A part *le Dauphiné*, où les trois ordres, préparés par les fameux **États de Vizille** (1788), rédigèrent leurs cahiers en commun, dans tous les bailliages *chaque ordre eut le sien.*

Le Clergé demandait : — que la religion catholique fût proclamée *religion d'État*, et que *l'éducation de la jeunesse* lui fût confiée ; — quant aux questions politiques et sociales, il suivait le *mouvement général et faisait bon marché* des privilèges de la noblesse.

La Noblesse demandait : — le maintien du *vote par tête et des droits féodaux*, et le monopole des *grades supérieurs* dans l'armée ; — mais elle aurait vu avec plaisir qu'on diminuât les *privilèges du clergé*, qu'on *tolérât* tous les cultes, qu'on réduisît les *fêtes chômées*, et qu'on supprimât une partie des *couvents.*

Le Tiers État, dont les cahiers contiennent le *véritable programme de la Révolution*, demandait :

1° dans l'ordre politique : — une *Constitution écrite* fixant les pouvoirs du roi et les droits de la nation ; le *droit de voter l'impôt* ; la garantie de la *liberté individuelle* ; l'abolition des *droits féodaux* ; l'admissibilité de tous aux *emplois publics* ; etc.

2° dans l'ordre judiciaire : — l'unité de *législation* et de *jurisprudence* ; l'égalité de tous devant *la loi* ; la gratuité de *la justice* ; l'abolition du *droit d'aînesse* et de *substitution* ; la publicité des *débats judiciaires* et le *jury* en matière criminelle, etc.

3° dans l'ordre financier : — la *répartition égale* de l'impôt entre les trois ordres ; l'abolition de *la gabelle*, etc.

4° dans l'ordre économique : — la liberté du *commerce* et de *l'industrie* ; la suppression des *douanes intérieures* ; l'unité des *poids et mesures* ; etc.

5° dans l'ordre religieux : — la liberté de *conscience* ; la liberté et l'égalité de tous les cultes ; l'amélioration du sort des *curés* et des *vicaires* ; la suppression d'une partie des couvents, la réforme des autres ; le rachat des *dîmes* ; la vente d'une partie des *biens du clergé* pour éteindre la dette publique et secourir les pauvres, etc.

Les vœux des cahiers du Tiers État « resteront, dit M. de Tocqueville, *comme le Testament de l'ancienne société française, l'expression suprême de ses désirs, la manifestation authentique de ses volontés dernières* ». — Ils forment ce qu'on appelle **les principes de 89**, et ce que Napoléon appelait avec raison *les vérités de la Révolution.*

Les députés aux États Généraux, réunis à *Versailles*, se rendent (4 mai 1789) processionnellement de l'église *Notre-Dame* à l'église *Saint-Louis*, pour la *messe d'ouverture.* — **Les représentants du Tiers**, vêtus de noir avec le manteau court, le rabat blanc et le chapeau tricorne sans plumes et sans ganses, ouvraient la marche ; parmi eux : *Mirabeau, Barnave, l'abbé Siéyès, Mounier, Malouet, Bailly, Tronchet, Guillotin, Robespierre, Volney, Pétion, Boissy d'Anglas, Lanjuinais, Garat, Barère, Rewbell, La Révellière-Lépeaux, Mollien, Brillat-Savarin,* etc. — Venait ensuite la brillante troupe de **la Noblesse** avec le manteau fourré d'hermine et brodé d'or, la cravate de dentelle, l'épée au côté et le chapeau à plumes blanches, retroussé à la Henri IV ; parmi eux : *Cazalès, La Fayette, Lally-Tollendal, Lameth, le duc d'Orléans, Custine, Menou, Puisaye, Victor de Broglie, Alexandre de Beauharnais, M. de Montlosier,* etc. — Puis **le Clergé en habit de chœur** : *l'abbé Maury, le cardinal de Rohan, Le Franc de Pompignan,* archevêque de Vienne, *Talleyrand,* évêque d'Autun, *La Luzerne,* évêque de Langres, *l'abbé Grégoire, l'abbé de Montesquiou,* le chartreux *dom Gerle,* etc.

Demandes des Cahiers.

Ouverture des États Généraux à Versailles.

3.

La foule applaudit le Tiers État : — elle applaudit le *duc d'Orléans*, lorsqu'il se détacha des rangs de la Noblesse pour se mêler à ceux du Tiers ; — **elle se tut** sur le passage de la *Noblesse* et du *Clergé*. — L'évêque de Nancy, *La Fare*, porta la parole dans l'église Saint-Louis : « *Sire*, dit-il au roi, *recevez les hommages du Clergé, les respects de la Noblesse et les très humbles supplications du Tiers État.* »

La séance royale d'ouverture eut lieu le lendemain (5 mai), dans la salle des *Menus-Plaisirs*. **Louis XVI** se plaça sur son trône, et, dès qu'il eut mis son *chapeau*, les deux ordres privilégiés *se couvrirent*; — mais alors le **Tiers État**, contrairement aux usages reçus, *imita sans hésiter le Clergé et la Noblesse : le temps était passé où le troisième ordre devait se tenir découvert et parler à genoux.* — **De vives protestations** s'étant élevées, le roi prévint, avec esprit, cette querelle naissante : *il se découvrit* en prenant la parole, et *tout le monde dut en faire autant.*

Necker parla ensuite pendant trois heures, « *ennuyant par ses longueurs ceux qu'il ne fatiguait pas par ses leçons* » ; — il avoua un *déficit annuel* de 58 millions et 250 millions d'*anticipations* ; — mais il n'osa trancher la **question capitale du vote par ordre ou par tête**. — « *Il n'y a personne à la barre !* » s'écria **Mirabeau** en sortant de la séance. — La France, pour son malheur, allait bien vite s'en apercevoir.

La vérification des pouvoirs fit éclater les *premières difficultés*. — Le Tiers, assuré d'une *majorité de 23 voix dans l'assemblée plénière*, et sentant que sa *double représentation devenait illusoire*, si on procédait par ordre; en possession, d'ailleurs, vu son nombre, de la *grande salle des séances générales*, **agit avec décision**. — Il avisa, comme si la question était déjà tranchée en sa faveur, les députés de la Noblesse et du Clergé qu'il les attendait pour *procéder en commun à la vérification.*

Après cinq semaines d'attente, le Tiers, soutenu par *l'opinion publique*, commence la vérification des pouvoirs de **tous les députés**, tant *absents* (Noblesse et Clergé) que *présents* (12 juin). — *Onze membres du bas Clergé* se réunissent aussitôt au Tiers, qui, sur la motion de *Siéyès*, rejette la dénomination d'États Généraux, et se constitue en **Assemblée nationale**. — La *Noblesse* proteste, mais le *Clergé vote sa réunion.*

Le Gouvernement stupéfait veut s'opposer à cette réunion, et, sous le *prétexte puéril* de préparatifs à faire pour une séance royale, *ferme la salle des États.* — Mais le *président de l'Assemblée nationale*, **Bailly**, savant modeste et courageux, réunit les députés dans la **salle du Jeu de Paume**, et tous, debout, la main levée, *jurent avec lui de ne pas se séparer avant d'avoir donné une Constitution à la France* (20 juin 1789).

Le roi, dans la *séance royale* du 23 juin, prescrit aux États *le vote par ordre*, et ordonne, en se retirant, aux députés de se séparer et de se rendre à leurs salles respectives. — Le *Clergé* et la *Noblesse* obéissent, mais le *Tiers* reste à sa place. — Le grand maître des cérémonies, *de Dreux-Brézé*, s'adresse au président : « *Vous avez entendu, Monsieur, l'ordre du roi !* » — Tout dépend de la résolution de **Bailly**, qui, tourné vers ses collègues : « *Il me semble*, dit-il, *que la nation assemblée ne peut pas recevoir d'ordre.* » — Alors **Mirabeau**, d'une voix tonnante, lance l'apostrophe célèbre : « *Allez dire à votre maître que nous sommes ici par la volonté du peuple et qu'on ne nous en fera sortir que par la force des baïonnettes !* » — « *Nous sommes aujourd'hui ce que nous étions hier*, ajoute *Siéyès*, d'une voix calme, *continuons nos travaux.* »

Cette résistance inattendue arrête le roi ; — et, lorsque *Dreux-Brézé* vient prendre ses ordres, **Louis XVI** se promène quelques minutes, et, du ton d'un homme ennuyé : « *Eh bien*, dit-il, *s'ils ne veulent pas quitter la salle, qu'on les y laisse !* »

Réunion des trois Ordres.

Le duc d'Orléans et 47 *députés de la Noblesse* se réunissent au *Tiers* les jours suivants ; — Le roi lui-même *ordonne* à la Noblesse et au Clergé de *se réunir* à l'Assemblée nationale : « *Messieurs*, dit Bailly, en les recevant, *il nous manquait des frères, la famille est complète.* » L'Assemblée se divisa alors en 30 *bureaux*, dont elle donna par déférence et courtoisie la *présidence* aux privilégiés, puis elle se déclara **Constituante**, avec Bailly comme *président* (9 juillet).

Camille Desmoulins au Palais-Royal.

Le Palais-Royal, résidence du *duc d'Orléans*, est le centre le plus actif du mouvement révolutionnaire. — Ses *galeries* et ses *jardins*, centre de la prostitution, du jeu, de l'oisiveté et des brochures, sont le *rendez-vous* de tous les *désœuvrés*, les *libertins* et les *nouvellistes* ; car ils sont, par privilège, affranchis de la *surveillance de la police*. Camille Desmoulins, *pamphlétaire républicain, plein d'audace et de vanité, au style vif et coloré*, monte sur une table, le dimanche 12 juillet, et soulève la foule. « *Le renvoi de Necker*, s'écrie-t-il, *est le signal d'une Saint-Barthélemy des patriotes.* » Et avec une précision satanique, il formule d'ores et déjà le *programme* de la Terreur : « *Puisque la bête est dans le piège, qu'on l'assomme !* » — Il inaugure, ce jour-là, l'usage de la cocarde, en distribuant à tous les assistants *une feuille verte de marronnier.* — Le lendemain (13 juillet) on constitue, à Paris, la première **commune**, avec *Bailly* comme *maire*, et on décrète la formation de la **garde nationale**, avec la *cocarde tricolore* (blanc de *France*, bleu de *Navarre* et rouge de *Paris*), et **La Fayette** comme *commandant*.

Prise de la Bastille (14 Juillet 1789).

Le 14 juillet, la populace de Paris se répand à flots pressés dans la *rue Saint-Antoine* et prend d'assaut la **Bastille**, cette forteresse crénelée, séjour des *arrestations arbitraires* et des *captivités légendaires*, qui symbolisait, à ses yeux, *l'arbitraire* et le *despotisme royal*. — Le gouverneur **de Launay** et sept *invalides* sont massacrés au mépris d'une capitulation. — Mais, en entrant dans la vieille prison d'État, le peuple fut grandement surpris de n'y trouver qu'*un fou et quatre malfaiteurs* ; il avait, en effet, peu visité la Bastille ; la Noblesse la connaissait mieux que lui. Flesselles, le *prévôt des marchands*, est tué dans la soirée ; l'intendant *Foulon* et son gendre *Berthier* sont massacrés quelques jours après. — C'est le commencement des odieux massacres qui déshonoreront la Révolution française.

Faiblesse de Louis XVI.

« **C'est une révolte !** » s'écrie Louis XVI à cette nouvelle. — « *Non, sire*, répond M. de Liancourt, *c'est une révolution !* » — Le roi effrayé rappelle **Necker**, puis il se rend à Paris, où Bailly lui offre les clefs de la ville, en disant : « *Ce sont les mêmes qui furent présentées à Henri IV ; il avait reconquis son peuple, aujourd'hui c'est le peuple qui a reconquis son roi.* » — Louis XVI se montre au balcon de l'*Hôtel de Ville* avec la *cocarde tricolore*, qui, suivant la prophétie de La Fayette, *devait faire le tour du monde*, et reconnaît tout ce qui a été fait. Lorsque dans un édifice, dit M. Taine, *la maîtresse poutre a fléchi, les craquements se suivent et se multiplient, et les solives secondaires s'abattent une à une, faute de l'appui qui les portait.* — Ainsi l'autorité du roi étant brisée, tous les pouvoirs issus de cette autorité *tombent à terre.* — **Une véritable Jacquerie** se développe et grandit tous les jours en Alsace, en Bourgogne, en Dauphiné, en Provence, en Normandie. — C'est alors que, voyant leur vie menacée, le *comte d'Artois*, les *princes de Condé* et de *Conti*, le *maréchal de Broglie*, MM. *de Polignac, de Lambesc*, etc., donnèrent le signal de l'émigration, aggravant, par leur fuite, la situation du roi.

<table>
<tr><td style="vertical-align:top; width:18%; text-align:center;">

**La nuit
du 4 août 1789.**

</td><td>

Le soulèvement des paysans contre les châteaux inspire à l'Assemblée une grande résolution : « *Commençons par détruire les abus*, avaient dit quelques députés, *nous aurons ensuite le droit d'être rigoureux envers les agitateurs.* » — Dans **la séance de nuit du 4 août**, dans cette *nuit de généreux délire*, que les députés appelaient le lendemain *une orgie parlementaire*, le *vicomte de Noailles*, appuyé par le *duc d'Aiguillon*, le plus riche propriétaire de France, propose, au milieu d'un indescriptible enthousiasme, **l'abolition de tous les droits féodaux.** — Aussitôt, par une généreuse émulation de sacrifices, le Clergé abandonne son *casuel* et ses *dîmes*, les députés du Tiers *les franchises de leurs villes, de leurs provinces, et les privilèges des corporations;* — à deux heures du matin, *le régime féodal avait vécu !*

Une seule nuit avait renversé *l'œuvre des siècles;* c'était dépasser toute mesure. — « *Voilà bien nos Français*, disait Mirabeau; *ils sont un mois entier à disputer sur des syllabes, et, dans une nuit, ils renversent tout l'ancien ordre de la monarchie.* » — Cette **Saint-Barthélemy** de privilèges et de droits déplaisait aussi à Siéyès : « *Ils veulent être libres*, disait-il, *et ils ne savent pas être justes.* » Le roi, effrayé de ces ruines politiques, *sanctionna* cependant ces décrets; il reçut, en retour, le titre pompeux de *Restaurateur de la liberté française.*

</td></tr>
<tr><td style="vertical-align:top; text-align:center;">

**Journées
des
5 et 6 octobre 1789.**

**L'Assemblée
Constituante suit
le roi à Paris.**

</td><td>

Le 2 octobre, le roi et la reine, autour desquels règne « *un bourdonnement de conseils violents* », ayant paru à un *banquet d'officiers*, des manifestations enthousiastes se produisirent. — Mais la malveillance répandit le bruit que la *cocarde tricolore avait* été foulée aux pieds. Le peuple de Paris y vit une *provocation* et une *insulte à sa misère*

Le 5 octobre, sept à huit mille femmes des faubourgs, ameutées *par la cherté du pain*, et conduites par l'huissier *Maillard*, se dirigent sur Versailles : « *Les hommes ont eu leur tour le 14 juillet, s'écrient-elles; c'est aujourd'hui le nôtre !* » — Elles envahissent l'Assemblée, s'asseoient côte à côte avec les députés, sur leurs bancs, les interpellent et les gourmandent : « *Qui est-ce qui parle là-bas ? Faites taire ce bavard. Il ne s'agit pas de ça, il s'agit d'avoir du pain. Qu'on fasse parler notre petite mère Mirabeau, nous voulons l'entendre !* »

15 000 gardes nationaux, conduits par **La Fayette**, qui, *étant leur chef*, est bien forcé de les suivre, arrivent à minuit, *apportant une émeute par-dessus l'émeute.* — **Le roi**, bloqué dans son palais par toute cette multitude, confie, dans son *optimisme ordinaire*, les postes extérieurs du château à la garde nationale et défend à ses propres gardes *de faire usage de leurs armes.* — Dès le lendemain matin (6 octobre), **une populace** armée de piques et de bâtons enfonce les portes du palais, massacre les *gardes du corps* et arrive jusqu'aux appartements de **la reine**, qui n'a que le temps de s'échapper *en jupon.*

La Fayette arrive juste à temps pour sauver la famille royale. — Le roi et la reine se montrent au *balcon du château;* mais une clameur impérieuse retentit : *Le roi à Paris !* — Le roi se soumet, *pour ne pas laisser*, dit-il, *la place au duc d'Orléans;* il quitte *Versailles*, qu'aucun roi n'habitera plus, après cette *journée sinistre.* — La famille royale rentre à Paris au milieu d'une multitude hideuse qui crie : « *Nous ne mourrons plus de faim maintenant; nous amenons le boulanger, la boulangère et le petit mitron !* » C'est le *convoi funèbre* de la monarchie, au milieu d'une effroyable *descente de la Courtille.* — Le roi s'établit **aux Tuileries**, et l'Assemblée s'installa près de lui, dans la *salle du Manège.* — « *Consummatum est !* » s'écrie Camille Desmoulins dans son journal; désormais, véritablement, *c'en est fait de la royauté !*

</td></tr>
</table>

Fête de la Fédération (14 juillet 1790).

L'Assemblée, qui avait le goût des *représentations théâtrales*, décrète, pour le 14 juillet 1790, jour anniversaire de la prise de la Bastille, **la Fête de la Fédération universelle.** — *Le Champ de Mars*, à Paris, est transformé par 200 000 *travailleurs volontaires*, en un *cirque colossal*, au milieu duquel s'élève *l'autel de la Patrie.* — L'évêque *d'Autun*, **Talleyrand**, y célèbre la *messe*, sous une pluie torrentielle, entouré de 400 prêtres.

La Fayette, au nom de la *garde nationale*, prête serment à la Constitution nouvelle; le *président de l'Assemblée*, au nom des *députés*, puis le **roi** lui-même jurent également fidélité à la Constitution. — Au bruit du canon qui annonce leur serment, les Parisiens restés au logis *lèvent la main du côté du Champ de Mars, en criant qu'ils jurent aussi.* Malheureusement, cette belle fête ou plutôt *cette mascarade de bonne foi n'eut pas de lendemain.*

Mort de Mirabeau.

Necker, fatigué de ses luttes avec la Cour, se retire, *sans que personne y prenne garde* (4 septembre 1790). — **Mirabeau**, plus royaliste encore par conviction que par corruption, essaye en vain d'arrêter l'anarchie et de *réconcilier la royauté et la révolution.* — Il y dépensa ce qui lui restait de forces, et mourut, le 2 avril 1791, usé par le travail et les excès, à l'âge de 42 ans. — Sa mort fut *un deuil public;* le peuple, qui criait quelques jours auparavant, dans les rues, « *la grande trahison du comte de Mirabeau* », ne se souvint plus que de l'orateur incomparable qui semblait *le génie de la Révolution.*

Tout Paris assista à ses funérailles; ses restes furent inhumés à l'église *Sainte-Geneviève*, qui devint dès lors le **Panthéon**, avec cette inscription : *Aux grands hommes, la Patrie reconnaissante.* — Mais, quand plus tard la Convention eut découvert, dans *l'armoire de fer*, la correspondance du grand orateur avec la Cour, « *les restes impurs du royaliste Mirabeau* » furent expulsés du Panthéon.

Tentative d'évasion du roi (1791).

Louis XVI, croyant *sa liberté menacée*, décide de se retirer dans une place frontière du nord, d'où il notifierait ses ordres à l'Assemblée. — *Le marquis de Bouillé*, commandant l'armée de Lorraine, devait protéger sa fuite et son arrivée à *Montmédy.* Mais le roi, en retard d'un jour, manque l'escorte, et est reconnu à *Sainte-Menehould* par le fils du maître de poste *Drouet*, qui prévient la municipalité de *Varennes* (*Meuse*), où la voiture du roi *est arrêtée.* — La berline royale rentre à Paris, au milieu d'une foule immense, mais silencieuse. En beaucoup d'endroits, on avait placardé ces mots : « *Celui qui applaudira le roi sera battu; celui qui l'insultera sera pendu.* »

La fuite du roi enhardit les partis avancés, notamment le parti républicain, qui jusqu'alors n'était qu'une *infime minorité.* — « *Nous ne reconnaitrons plus Louis XVI* », déclarait le club des **Jacobins**; « *ni un autre roi* », ajoutait le club des **Cordeliers**. — L'Assemblée saisit le pouvoir, écarta la proposition de *déchéance*, proposée par *Robespierre*, et se borna à *suspendre le roi de ses fonctions*, jusqu'à ce qu'il eût prêté serment à la Constitution.

L'affaire du Champ de Mars.

Fin de l'Assemblée Constituante.

Une pétition, rédigée en termes violents par *Brissot*, et sommant l'Assemblée de prononcer la déchéance de Louis XVI, est portée, le dimanche 17 juillet, au **Champ de Mars**, sur *l'autel de la Patrie.* — L'Assemblée nationale n'hésite pas : par ses ordres, La Fayette et Bailly se rendent au Champ de Mars, proclament la *loi martiale* et déployent le *drapeau rouge.* — Le feu ne fit qu'une trentaine de victimes; mais la *popularité* de La Fayette et de Bailly en reçut un *coup mortel.* De ce jour date la scission entre les *constitutionnels* (les **Feuillants**) et les *républicains* (les **Jacobins**), entre la *bourgeoisie* et le *peuple.*

Le roi fut rétabli dans ses fonctions, le 14 septembre, et jura fidélité à la nouvelle Constitution. — L'Assemblée Constituante se sépara ensuite (30 septembre), après avoir déclaré, sur la proposition de Robespierre, par un *désintéressement funeste et ridicule*, ses membres **inéligibles** pour la prochaine Assemblée.

L'Assemblée Constituante, à ne considérer que l'*éloquence* et la *générosité* de sentiments de ses membres, peut passer pour une *grande Assemblée;* il lui manqua malheureusement la *connaissance pratique des hommes et des choses.* — Nourris des *théories métaphysiques* de **J. J. Rousseau**, la plupart des députés ne sont que des *utopistes*, extravagants en théorie et novices dans la pratique. — « *La Constituante*, dit M. Taine, a été le chef-d'œuvre de la raison spéculative et de la déraison politique. »

Verbiage et déclamation, *rhétorique ampoulée et sensibilité mélodramatique*, voilà le style de presque tous les orateurs de la Constituante. — Quelques-uns cependant méritent d'*être signalés* à l'histoire.

I° A DROITE : — 1° dans le Clergé : **l'abbé Maury** (1746-1817) : « *Un style constamment soutenu,* dit Lacretelle, *fleuri, harmonieux, une mémoire prodigieuse, qui donnait l'éclat de l'improvisation à plusieurs de ses discours écrits, le don des reparties* » : voilà quels étaient ses avantages à la tribune; mais il semblait *plus occupé du plaisir d'humilier ses adversaires que du désir de les persuader ou de les vaincre.* « *Quand l'abbé Maury a raison, je le bats,* disait Mirabeau, *quand il a tort, nous nous battons.* » — 2° dans la Noblesse : **de Cazalès** (1758-1805), capitaine de dragons, *cœur de preux, impétueux, plein de chaleur, d'une conviction ardente;* il improvisait ses harangues, que sa mémoire colorait *de citations héroïques,* et qu'il déclamait avec la *flamme méridionale.*

LES ORATEURS
DE LA
CONSTITUANTE.

Maury.
Cazalès.

Barnave.
Duport.
Lameth.

Robespierre.
Grégoire.

Siéyès.
Mirabeau.

II° A GAUCHE : — **Barnave** (1761-1793), avocat de Grenoble : à un *organe d'une douceur pénétrante,* à une *physionomie pleine de charme,* il joignait une *éloquence logique, précise et claire, mais un peu froide,* que Mirabeau a caractérisée ainsi : « *Je n'ai jamais entendu parler si bien, si clairement et si longtemps, mais il n'y a pas de divinité en lui.* » — **Duport**; **Lameth**. — A L'EXTRÊME GAUCHE : **Robespierre** (1758-1794), dont *la parole, embarrassée, diffuse ou animée d'une chaleur factice, n'éveille aucun écho sympathique;* son heure n'est pas encore venue; — **l'abbé Grégoire** (1750-1831), le premier à se réunir au Tiers, *aussi infatué de sa raison que simple de mœurs;* — **Pétion**.

III° AU CENTRE : — **Mounier, Lally-Tollendal, Malouet, Clermont-Tonnerre, La Fayette,** *esprits modérés, disciples de Montesquieu et engoués de la Constitution anglaise.* — Mais la plus grande influence appartient à deux hommes éminents : Siéyès et Mirabeau.

Siéyès (1748-1836), le théoricien de l'Assemblée, *esprit supérieur, mais géométrique, qui croyait possible toute élucubration de la pensée;* sec et obscur, il fatiguait la Chambre par ses *affirmations hautaines et absolues,* par ses *définitions métaphysiques.*

Mirabeau (1749-1791), « *le Jupiter tonnant de l'Assemblée Constituante* », esprit supérieur, tribun puissant, mais perdu de vices, « *satyre colossal et fangeux* », dit **M.** Taine. — A l'âge de neuf ans, son père disait de lui : « *C'est un péroreur à perte de vue..... C'est une intelligence, une mémoire, une capacité, qui saisissent, ébahissent, épouvantent.* » — Cet homme était né **orateur**; sa face énorme, grossie par son énorme chevelure, et sillonnée de coutures de *petite vérole,* offrait la laideur la plus admirable, la plus puissante qui fût jamais. **A la tribune,** son *débit, d'abord lourd et embarrassé, sa voix âpre et dure, longtemps traînante avant d'éclater, excitaient une attente mêlée d'anxiété;* — *lui-même, il attendait sa colère; mais qu'un mot s'échappe de la tumultueuse enceinte, ou qu'il s'impatiente de sa propre lenteur, tout hors de lui, l'orateur s'élève; ses paroles jaillissent énergiques et nouvelles; son improvisation devient pure et correcte, en restant véhémente, hardie, singulière; la passion oratoire éclate enfin dans un de ces coups d'éloquence qui subjuguent et maîtrisent l'Assemblée tout entière.*

La royauté absolue avait sombré dans les journées du 20 *juin*, du 14 *juillet* , des 5 *et* 6 *octobre*; l'ancien **ordre social** s'était pareillement effondré dans la fameuse *nuit du* 4 *août*; — les députés, qui s'étaient attribué la mission de donner une *constitution* à la France, se mirent à l'œuvre. — Mais, avant de faire des lois pour réorganiser la France *« régénérée »*, **l'Assemblée Constituante** décida, sur la demande de *La Fayette*, de proclamer les principes sur lesquels elle entendait fonder la *société nouvelle*.

C'est la fameuse Déclaration des Droits de l'homme; en voici les principaux articles : — Les hommes naissent et demeurent *libres* et *égaux* en droits. — Ces droits sont la *liberté*, la *propriété*, la *sûreté* et la *résistance à l'oppression*. — Le principe de toute souveraineté réside essentiellement dans la nation. — La loi est l'expression de la *volonté générale*, elle doit être la même pour tous. — Tous les citoyens, étant égaux, sont également *admissibles* à toutes dignités, places et emplois publics, selon leur capacité, et sans autre *distinction* que celle de leurs vertus et de leurs talents. — Nul ne peut être *accusé*, *arrêté* ni *détenu*, que dans les cas déterminés par la Loi. — Nul ne doit être inquiété pour ses *opinions*, même *religieuses*, quand leur manifestation ne trouble pas l'ordre public. — La libre communication des pensées et des opinions est un des droits les plus précieux de l'homme : tout citoyen peut donc *parler*, *écrire*, *imprimer* librement. — L'impôt doit être *également réparti* entre tous les citoyens, en raison de leurs facultés. — La propriété est un *droit inviolable et sacré*.

Cette Déclaration, tirée de la *Constitution des États-Unis* et du *Contrat social* de J. J. Rousseau, forme ce qu'on appelle **les Principes de 89**. Toutes les *réformes* de la Constituante découlent de *l'application* de ces principes. — Liberté, égalité, fraternité, telle est la *devise* que revendiquait la Révolution.

Montesquieu avait dit que la *séparation des trois pouvoirs*, le pouvoir **législatif** qui fait la *loi*, le pouvoir **exécutif** qui *l'applique* en administrant, le pouvoir **judiciaire** qui la fait respecter en *jugeant*, était nécessaire à la liberté; — c'est dans cet *esprit* que fut rédigée la **Constitution** : la monarchie *absolue* faisait place à la *monarchie constitutionnelle*.

Le POUVOIR LÉGISLATIF est délégué à une **Assemblée Législative** de 745 membres *inviolables*, élue pour deux ans, qui se réunit, *sans convocation*, discute et vote les lois dont elle a seule *l'initiative*; — elle vote *l'impôt*, fixe les *dépenses publiques* et possède le droit exclusif de *paix* et de *guerre*. — **L'élection**, en contradiction flagrante avec le dogme proclamé de *l'égalité de tous les citoyens*, se faisait à **deux degrés**. — Tous les citoyens **actifs**, c'est-à-dire âgés de 25 ans, *gardes nationaux*, et payant une *contribution*, forment les **assemblées primaires**; — celles-ci choisissent dans leur sein, dans la proportion *d'un pour cent*, les *électeurs* qui nomment les députés; ils nommeront aussi les *membres* des administrations locales et les *juges* des tribunaux.

Le POUVOIR EXÉCUTIF appartient au **roi**, dont la personne est *inviolable et sacrée*; — il promulgue et fait exécuter les lois; — mais ses **ministres** sont *responsables* devant l'Assemblée; — il peut, par un **veto suspensif**, qui donna lieu à de violents débats où intervint *Mirabeau*, s'opposer pendant *deux législatures*, c'est-à-dire pendant quatre ans seulement, aux décrets votés par l'Assemblée; il n'a pas le droit de la *dissoudre*.—On lui accorde une *liste civile* de 25 millions.

C'est la Constitution de 1791 : « *Cette loi constitutionnelle*, disait Mirabeau, *est trop républicaine pour une monarchie; et pour une république, il y a un roi de trop.* »

<table>
<tr><td valign="top">

**RÉFORMES
ADMINISTRA-
TIVES.**

———

**Départements,
districts, cantons,
communes.**

</td><td>

Les **32 anciennes provinces** sont supprimées ; — puis, sur l'avis de **Siéyès**, on découpe la France *géométriquement*, comme un *damier*, en **83 départements**. — Mirabeau pensait « *qu'un pareil bouleversement ne se ferait pas sans arracher des cris aux pierres* ».

Les **départements** sont divisés en *districts ;* — les districts en *cantons ;* — les cantons en *communes.*

Chaque département a un *Conseil général* de 36 membres nommés par les électeurs, un *Directoire* permanent de huit membres et un *procureur général syndic.* — **Chaque district** a un *Conseil* de douze membres, un *Directoire* permanent de quatre membres et un *procureur syndic.* — **Chaque commune** a un *Conseil* et une *municipalité* composée d'un *maire*, d'un *procureur syndic*, d'un *greffier* et d'un *trésorier.*

Tout est à l'élection : aucun *pouvoir local* n'est délégué par le *pouvoir central*, qui ressemble à un homme sans mains ni bras dans un *fauteuil doré.* — **Les 40 000 communes** sont autant de *corps souverains et indépendants* qui ont la force en main, et qui en usent ; — l'une d'elles, la **commune de Paris**, profitant du voisinage, assiégera, mutilera, gouvernera la *Convention nationale* et par celle-ci la France.

</td></tr>
<tr><td valign="top">

**RÉFORMES
JUDICIAIRES.**

———

**Tribunal
de cassation,
tribunaux criminels
et civils,
justices de paix.**

</td><td>

Le pouvoir judiciaire, absolument distinct du pouvoir *législatif et exécutif*, est délégué à des *juges* nommés pour dix ans par *leurs concitoyens électeurs*, mesure peu favorable à leur *indépendance* et à leur *impartialité.* — Les **Parlements**, *présidiaux*, *justices seigneuriales*, *prévôtés royales*, *bailliages* et *sénéchaussées*, tout est supprimé.

Pour toute la France : — un **Tribunal de Cassation**, chargé de veiller à l'observation des *lois de procédure* et de décider, pour les jugements rendus en dernier ressort par les tribunaux, sur la *question de droit*, non de fait.

Pour chaque Département : — un **Tribunal criminel**, composé, à l'instar de l'Amérique et de l'Angleterre, d'un *jury*, qui prononce sur la culpabilité, et de *juges*, qui appliquent la peine.

Pour chaque District : — un **Tribunal civil**, qui juge, non seulement en *première instance*, mais encore *en appel*, les causes déjà portées à un tribunal voisin : c'est l'**appel circulaire** ; — mais ce défaut de *hiérarchie* enlevait aux sentences d'appel quelque chose de leur *autorité morale.*

Pour chaque Canton : — une **Justice de paix**, innovation excellente, magistrature *prochaine* et *paternelle*, qui rend aux ouvriers, aux paysans, une justice *prompte et peu coûteuse.*

L'Assemblée Constituante prescrivit la *publicité de la procédure*, pourvut l'accusé d'un *défenseur*, et enjoignit au juge de rendre un *jugement motivé.* — **Elle abolit** *la question préparatoire*, le *fouet*, la *marque*, la *mutilation*, le *carcan* ; restreignit l'application de la *peine de mort* et adopta un mode d'exécution moins inhumain, la *guillotine* (du nom du docteur *Guillotin*, son inventeur). — *La justice était gratuite et uniforme pour tous.*

</td></tr>
<tr><td valign="top">

**RÉFORMES
SOCIALES.**

———

**Les actes
de l'état civil.**

</td><td>

La création des actes de l'état civil consacre l'*égalité sociale*, proclamée dans la nuit du 4 Août. — Le curé n'enregistrera plus que les *actes de baptême*, de *mariage* et de *sépulture* ecclésiastique. — **La municipalité** dressera indistinctement pour tous les citoyens, *catholiques*, *protestants*, *juifs* ou autres, les *actes de naissance*, de *mariage civil* et de *décès.*

Suppression du *droit d'aînesse* et de *substitution* ; — partage égal de l'héritage entre tous les enfants, qui deviennent *majeurs à 21 ans* : désormais un fils peut être *impunément ingrat* envers son père.

</td></tr>
</table>

Réformes financières.

Nouveau système d'impôts.

Les biens nationaux et les assignats.

L'Assemblée supprime, avec une précipitation imprévoyante, tous les anciens impôts, *tailles, capitation, vingtièmes, aides* et *gabelles, péages* et *corvées*. — **Elle établit** trois contributions directes : 1° la **contribution foncière**, qui remplace la *taille*, mais pèse sur toutes les propriétés indistinctement ; — 2° la **contribution mobilière** ou **personnelle**, qui remplace la *capitation* ; — 3° les **patentes**, qui remplacent les anciens droits de *jurande* et de *maîtrise*. — En fait de **contributions indirectes**, elle n'autorise que les droits d'*enregistrement*, de *timbre*, d'*hypothèque* et de *douanes*. — Elle eut le tort de confier aux administrations locales le soin de *dresser les rôles des contributions*.

La dette était évaluée à 2 *milliards 400 millions*, et le Trésor était vide. — Pour échapper « *à la hideuse banqueroute* », **Mirabeau** avait fait voter une contribution patriotique du *quart du revenu*, qui produisit peu. — L'Assemblée aux abois, sous le prétexte que le **Clergé** est *simplement dépositaire et non propriétaire*, confisque, au mépris du principe de *l'inviolabilité de la propriété*, tous les biens de l'Église. — 77 millions furent inscrits annuellement, au *budget*, pour *l'entretien du culte*, et l'on procéda à la vente de 400 millions de biens du clergé, dits désormais **biens nationaux**.

Pour éviter la dépréciation qu'eût amenée la *vente en bloc*, Mirabeau propose la création des **assignats**, c'est-à-dire d'*assignations hypothécaires* sur la valeur de ces biens-fonds. — Dans la pensée de Mirabeau, les assignats allaient *démocratiser* la propriété et *créer l'armée des intérêts révolutionnaires* : c'était *la dot de la Révolution !*

Réformes économiques.

Suppression des *jurandes* et des *maîtrises*, des *douanes intérieures* et des *monopoles*. — **Création** des **brevets d'invention** pour garantir la *propriété* des *découvertes*.

Le prêt à intérêt, prohibé jadis, est autorisé, mais au *taux légal* de 5 pour 100.

Réformes militaires.

Tous les soldats, sans distinction de *religion* ou de *naissance*, pouvaient prétendre à tous les grades militaires.

Les grades ne devaient plus être donnés qu'à l'ancienneté ; — désormais plus de « *colonels à la bavette* ».

Réformes ecclésiastiques.

La Constitution civile du Clergé.

L'Assemblée, dominée par un besoin aveugle d'*uniformité*, voulut appliquer à la *société ecclésiastique* l'organisation nouvelle qu'elle venait de donner au *territoire* et à la *justice* ; — elle **réduisit** les 135 évêchés ou archevêchés du royaume à 83, *un par département*, et décréta que les *évêques* et les *curés* seraient nommés par les *électeurs* (12 juillet 1790). — C'était rompre le *Concordat de François Ier*, bouleverser gratuitement la *discipline de l'Église*, et ajouter la *guerre religieuse* à la *guerre civile*. — De plus, défense était faite à l'*évêque* de recourir au *pape*, pour l'*institution canonique* ; le *métropolitain* donnait la *juridiction* à l'*évêque*, comme celui-ci aux *curés*. — C'était vouloir établir en France une *église nationale*, c'est-à-dire *schismatique*.

Le roi, trompé sur les caractères de cette *Constitution civile* du Clergé, l'approuva ; ... le pape la *condamna*. — 4 évêques seulement sur 135, et 10 000 prêtres sur 60.000 *prêtèrent serment* à la constitution schismatique, et les fidèles, imitant le Clergé, s'attachèrent, malgré la persécution, aux prêtres **réfractaires** ou *insermentés*. — Les incrédules eux-mêmes admiraient la fermeté du Clergé français : « *Nous avons leur argent*, disait Mirabeau, *mais ils ont conservé leur honneur.* »

La Constitution civile du Clergé, « *fausse en théorie et tyrannique dans ses effets* », fut une des fautes les plus graves de la Constituante. — **Le Clergé** avait été *le premier* à se rallier au Tiers État et à sacrifier ses dîmes et ses privilèges ; — mais on semblait prendre à tâche de s'en faire un ennemi : « *Avant tout*, disait Mirabeau, *il faut décatholiciser la France.* »

4.

3° LES MONARCHIES EUROPÉENNES VERS 1789.

LA QUESTION D'ORIENT. IMPRESSION PRODUITE PAR LA RÉVOLUTION. ROLE DE L'ÉMIGRATION.

La Question d'Orient au XVIIIᵉ siècle.

Dès la fin du XVIIIᵉ siècle, **la Question d'Orient** se pose : *les Turcs seront-ils maintenus à Constantinople, ou refoulés en Asie ? Et, dans ce dernier cas, quelle sera la part de la Russie et de l'Autriche dans ces riches dépouilles ?*

L'Empire Ottoman, en sa qualité d'*empire musulman*, n'avait jamais été admis dans le concert des puissances chrétiennes, qui formaient une *sorte de famille*. — Le sultan restait *un étranger en Europe* : ses États étaient hors du *droit international*, comme un domaine vacant que chacun peut occuper. — Il n'avait qu'*un ami*, la France, depuis l'alliance de Soliman avec François Iᵉʳ.

Ses deux ennemis étaient : — 1° la Russie, qui voulait à tout prix *Constantinople* (*la clef de leur maison*, disaient les czars), et qu'animait contre les Turcs une *haine nationale et religieuse*; — 2° l'Autriche, ennemie héréditaire de la Turquie, qui voulait s'emparer des *Provinces Danubiennes*. — *L'Angleterre* ne s'intéressera directement à la question d'Orient que lors de l'expédition de *Bonaparte* en Égypte.

L'Empire Ottoman vers 1789.

L'Empire Ottoman, *grand corps malade*, en pleine décadence, depuis la fameuse *bataille de Lépante* (1571), était, au XVIIIᵉ siècle, dans une *dissolution complète*. — **Mustapha III**, poussé par l'ambassadeur français, *de Vergennes*, avait déclaré la guerre à **Catherine II** (1769); — mais **Abdul-Hamid**, son successeur, est contraint de signer la paix de *Kaïnardji* (1774), qui reconnaît l'*indépendance de la Crimée*, et stipule, au profit du czar, une sorte de *protectorat sur les schismatiques grecs de Turquie*, qui devait être plus tard, pour la Russie, la base des prétentions les plus dangereuses au point de vue de l'*indépendance* de la Porte Ottomane.

Le sultan possède encore cependant : la *Roumélie*, la *Bulgarie*, la *Macédoine* et l'*Albanie*, la *Thessalie*, la *Livadie*, la *Morée*, la *Serbie*, la *Bosnie*, l'*Herzégovine*, la *Croatie turque*, la *Valachie*, la *Moldavie*, la *Bessarabie*, la *Podolie*, *Candie* et les *îles de l'Archipel*, la *Turquie d'Asie*, la *Syrie* et l'*île de Chypre*, l'*Égypte*, avec la suzeraineté de *Tripoli*, *Tunis* et *Alger*.

Nouvelle guerre de la Turquie contre l'Autriche et la Russie (1787-1792).

Catherine II, poussée par son favori *Potemkin*, entreprend, en 1787, un voyage triomphal en Crimée. Elle y est rejointe par **Joseph II**, avec qui elle traite du *partage de l'Empire Turc*. — Elle avait même fait des ouvertures à notre ambassadeur, le comte de Ségur : « *Rien ne serait plus facile*, lui disait-elle, *que de rejeter les Turcs en Asie. La France aurait pour son lot Candie ou l'Égypte.* »

Le **Divan** répond aux *provocations de la czarine* par une *déclaration de guerre* (1787). — La France, circonvenue par les cabinets de *Londres* et de *Berlin*, se renferme dans une *neutralité sympathique* vis-à-vis de la Turquie, qui n'a d'autre allié que *Gustave III de Suède*.

Les Turcs, attaqués à la fois par les *Autrichiens* et les *Russes*, sont écrasés par le farouche *Souvarow*, qui voit un instant la route de Constantinople s'ouvrir devant lui. — Mais l'Angleterre, alarmée des projets ambitieux de Catherine, forme une alliance avec la *Prusse* et la *Hollande*, pour y mettre un terme, et les hostilités étaient sur le point de commencer, lorsque l'empereur Joseph II *mourut* (1790).

La Révolution française sauve l'Empire Ottoman.

Léopold II, successeur de *son frère* Joseph II, effrayé des événements de France, où règne sa sœur *Marie-Antoinette*, et pressé par la *Prusse*, consent à restituer ses conquêtes et à signer la paix de *Sistowa* (1791). — **Catherine II**, restée seule contre les Turcs, continue la guerre; mais bientôt, voyant la *Prusse* menaçante, et préoccupée, d'ailleurs, d'opposer avec les autres souverains une digue au débordement de la *Révolution française*, elle signe le traité de *Jassy* (1792), qui fait du *Dniester* la limite des deux empires. **La Révolution française**, en effrayant les grandes puissances, s'est trouvée *prolonger* l'existence de l'Empire Ottoman : — **elle oblige** la *Russie*, l'*Autriche*, la *Prusse*, l'*Angleterre* et la *Suède à laisser de côté* leurs dissentiments au sujet de la **question d'Orient**, pour se tourner toutes ensemble vers le *volcan révolutionnaire* qui menaçait d'embraser l'Europe.

IMPRESSION PRODUITE PAR LA RÉVOLUTION.

1° Sur les peuples.

Caractère universel de la Révolution française.

Le XVIII° siècle avait tendu, de tous ses vœux, par la voix de ses *philosophes* et par l'initiative courageuse de quelques *hommes d'État*, à la transformation sociale et économique de l'ancienne société. — Il faut tenir compte de ce *courant réformateur*, qui s'est alors formé d'un bout à l'autre de l'Europe, pour comprendre l'*enthousiasme* avec lequel la Révolution française fut accueillie *à ses débuts*.

De tous les points de l'Europe, on bénissait les efforts de ce peuple généreux et vaillant *« qui faisait, à ses risques et périls, les affaires du genre humain »*. — *« Quoique la Bastille ne fût assurément menaçante pour personne à Saint-Pétersbourg, écrit* notre ambassadeur, **M. de Ségur**, *je ne saurais exprimer l'enthousiasme qu'excitèrent parmi les négociants, les marchands, les bourgeois et quelques jeunes gens d'une classe plus élevée, la chute de cette prison d'État et le premier triomphe d'une liberté orageuse. Français, Russes, Anglais, Danois, Allemands, Hollandais, tous dans les rues se félicitaient, s'embrassaient comme si on les eût délivrés d'une chaîne trop lourde qui pesait sur eux. »* — L'historien de la Suisse, **Jean Muller**, proclame cette victoire du peuple, *« le plus beau jour qu'on ait eu, depuis la chute de l'Empire romain »*. — **En Allemagne**, un publiciste écrit : *« Nul doute qu'on n'ait chanté le* Te Deum *au Ciel !*

Une longue chaîne d'abus était, d'ailleurs, à *briser* d'un bout à l'autre de l'Europe; et ce fut un des traits originaux de la Révolution française, d'avoir tout d'abord revêtu ce *cachet de rédemption universelle*. — Dès les premiers jours, elle regarde comme indigne d'elle de *rétrécir* son objet et de stipuler *pour les Français seuls*; en publiant se décalogue célèbre de **la Déclaration des Droits de l'homme et du citoyen**, elle veut en faire l'*Évangile de l'humanité*. — *« C'est le plus grand pas fait pour l'affranchissement total du genre humain, »* a dit **Fox**. — *« Désormais*, ajoute l'Américain **Jefferson**, *tout homme a deux patries, celle où il est né et la France. »*

2°

Sur les souverains d'Europe.

Indignation puis indifférence

Dans les cours d'Europe, il y eut d'abord une explosion d'indignation à la vue de la *majesté royale violée en France*;—mais, quand l'anarchie parut engloutir tout Gouvernement régulier, survint une *satisfaction mal dissimulée* ou une *grande colère*, suivant que la France *gênait* ou *favorisait* la politique de tel ou tel prince. — Puis, satisfait, en général, de l'*effacement de la France*, on abandonna les Français à leur **crise intérieure**. **La France**, d'ailleurs, n'était engagée dans aucun des *conflits* qui divisaient les États de l'Europe; *elle était en paix avec tous*. — C'était la politique de *Vergennes*, ministre des Affaires étrangères de Louis XVI; **la Constituante** l'adopta en rendant le décret suivant : *La Nation française renonce à entreprendre aucune guerre dans la vue de faire des conquêtes, et n'emploiera jamais ses forces contre la liberté d'aucun peuple.*

Mais il ne dépendait pas de l'Assemblée de maintenir *l'entente* avec les Gouvernements de l'Europe. — La Révolution était par elle-même un *acte d'hostilité* contre les monarchies absolues, qui devait dégénérer fatalement *en coups de canon*. — Poser, en effet, devant la vieille Europe, où les rois se considéraient comme *propriétaires de leurs États*, ce nouveau principe, *que toute souveraineté réside dans la nation*, c'était saper tous les trônes *par la base;* — et les souverains étrangers, malgré le *libéralisme* de la plupart, ne pouvaient voir longtemps avec indifférence et sans émoi cette *association redoutable des Jacobins de France*, qui multipliait de tous côtés ses *affiliés*, tenait partout école *d'insubordination et de haine contre les rois :* — « *C'est mon métier, à moi, d'être royaliste,* » disait spirituellement l'empereur Joseph II.

La défiance générale des souverains aboutit aux *Conférences de Mantoue*, puis à la *Déclaration de Pilnitz*. — C'est alors qu'à cette *croisade* des rois contre la Révolution, le fougueux *Isnard* proposa, à l'Assemblée Législative, de répondre par *la guerre des peuples contre les rois !* — Toutefois, les *différentes monarchies d'Europe*, profondément désunies, avaient besoin de se réconcilier entre elles, avant *d'agir en commun.* — C'est ainsi que la Révolution put *grandir et se développer* pendant près de deux ans. — Mais bientôt il n'y eut plus *qu'une pensée, qu'une colère, qu'un effroi*, la Révolution Française, qui fit comprendre aux différents cabinets le *danger* de leurs querelles et la *nécessité impérieuse* de s'entendre et de se coaliser contre l'ennemi commun.

L'émigration, à la fin de 1791, avait atteint des proportions effrayantes : — près de 80 000 *émigrés*, officiers, nobles, prêtres réfractaires, avaient déjà passé la frontière.— Le quartier général de l'émigration était Coblenz, où le *comte de Provence*, Monsieur, frère du roi, qui avait pris le titre de *régent du royaume*, tenait cour au milieu de 15 000 gentilshommes.

Une folle confiance régnait dans cette *petite cour :* on s'y refusait à tout accommodement avec la Révolution, et on y parlait de *représailles* et de châtiments, comme si l'on eût déjà triomphé. — Au lieu de *serrer les rangs*, on créait des démarcations et des catégories : on tenait registre de la *date des émigrations*, et on envoyait ironiquement des *quenouilles* aux nobles restés en France, en les menaçant de les *reléguer* dans la bourgeoisie, à la rentrée.

Louis XVI désirait ardemment le retour des émigrés, qui auraient fait revivre le parti royaliste, entièrement désorganisé ; — il sentait tout le danger de leurs *bravades*; il voyait le peuple *plein de défiance*, les journaux et les clubs parlant déjà de *trahison*, et l'Assemblée disposée à des *lois de rigueurs*. — D'autre part, la régence décernée au *comte de Provence* par l'émigration avait humilié profondément le roi et la reine; cette *usurpation de leurs droits*, bien que revêtue des prétextes du dévouement et de la tendresse, leur paraissait *plus amère* peut-être que les outrages de l'Assemblée et du peuple. — Louis XVI écrivit donc ostensiblement aux *émigrés* et à ses *frères* pour les exhorter au retour.

Les princes, qui regardaient le roi comme en *captivité morale et physique*, et qui étaient encouragés à ce sentiment par leur *correspondance secrète* avec la Cour, s'en expliquèrent ouvertement avec Louis XVI : — « *Si l'on nous parle de la part de ces gens-là* (*l'Assemblée*), *lui écrivirent-ils, nous n'écouterons rien; si c'est de la vôtre, nous écouterons, mais nous irons droit notre chemin. Ainsi, si l'on veut que vous nous fassiez dire quelque chose, ne vous gênez pas.* »

Les émigrés **intriguaient** auprès des Gouvernements étrangers, afin de les décider à envoyer des armées en France, pour délivrer *Louis XVI et châtier un peuple rebelle.* — Mais, jusqu'à la fin de janvier 1792, les **souverains de Prusse et d'Autriche** songeaient peu à entrer en campagne pour *ramener les émigrés;* — *l'Angleterre* paraissait résolue à garder la neutralité; il n'y avait que *l'Espagne,* la *Suède* et la *Russie* qui témoignassent d'une malveillance peu redoutable.

La **Déclaration de Pilnitz** (août 1791), que *Léopold* et *Frédéric-Guillaume* avaient accordée aux sollicitations du *comte d'Artois,* n'était réellement que « *de l'eau bénite de Cour* » : — cette *promesse de rétablir la monarchie en France,* subordonnée au concert unanime de toute l'Europe, avait tout de suite été rangée par les hommes politiques dans la classe des « *comédies augustes* » qui n'engagent à rien. — Mais les émigrés eurent soin de la présenter comme **un engagement formel;** et les partisans de la Révolution, prenant au mot les déclarations des émigrés, publièrent partout que les souverains d'Europe, *à l'instigation* des émigrés et même du roi, ou du moins de sa cour, avaient formé **une coalition,** pour forcer la France à rétablir l'ancien régime.

Louis XVI ne poussait point à la rupture : il savait trop bien que les hasards de la guerre retomberaient *en dangers mortels* sur sa tête et sur celles des siens. — Deux partis, *français tous deux,* la préparèrent: les **Girondins** à l'*Assemblée Législative,* et les émigrés à l'*étranger.*

4° ASSEMBLÉE LÉGISLATIVE ET CONVENTION.

CHUTE DE LA ROYAUTÉ. GIRONDINS; MONTAGNARDS. LES CLUBS; LES JACOBINS;

LA COMMUNE DE PARIS. LE COMITÉ DE SALUT PUBLIC. LA TERREUR.

L'**Assemblée Législative compte 745 députés,** sur lesquels 400 *avocats de bas étage,* des *médecins,* des *commis de bureau,* une vingtaine de *prêtres constitutionnels* et autant de *littérateurs de troisième ordre.* — « *Il n'y a plus ici, comme à la Constituante, des hommes à grand titre ou à grands noms, plus de personnages féodaux, plus même de fronts chauves, de têtes blanchies; la moyenne d'âge des nouveaux venus est de vingt-sept ans.* »

1° A droite : — les *royalistes constitutionnels,* appelés aussi **Feuillants,** du nom du couvent où se tenait leur principal club. — Ce parti, qui était à gauche sous la Constituante, passe à droite sous la Législative : la Révolution se développait avec tant de fougue, que les *démocrates* de la première Assemblée devenaient les *aristocrates* de la seconde. — **Les principaux étaient :** *Mathieu Dumas, Ramond, Vaublanc, Jaucourt, Bigot de Préameneu, Pastoret, Beugnot.*

2° A gauche : — les *Républicains* ou **Girondins,** ainsi nommés parce que les membres les plus influents de ce parti appartiennent au département de la Gironde. — « *Témoins des travaux de la Constituante,* dit Thiers, *et impatients comme ceux qui regardent faire, ils avaient trouvé qu'on n'avait pas encore assez fait.* » Ils rêvaient la République. — Ce parti, qui comptait si peu à la Constituante, que Mirabeau put lui crier un jour, d'un ton dédaigneux : « *Silence aux trente voix* », était devenu la majorité.

Composition de l'Assemblée Législative. (Suite.)

Les principaux étaient : — VERGNIAUD (1753-1793), qui, né à Limoges, était *avocat à Bordeaux*, lorsqu'il fut envoyé à l'Assemblée Législative. Ce fut *le grand orateur de la Gironde.*—Jeune, ardent, audacieux, parlant la langue sonore et musicale du midi de la France, Vergniaud, improvisateur brillant et passionné, nourri des plus purs souvenirs de la tribune antique, avait de Mirabeau, « *dont il rallumait parfois les foudres entre ses mains* », la parole chaude et entraînante, les éclairs de génie, les coups d'audace ; — mais il n'eut jamais ni son énergie, ni sa ténacité, ni son sarcasme amer, ni son invincible passion. *Mélancolique et rêveur*, il devenait indolent et oisif après la lutte, incapable d'un effort continu. *Son insouciance lui coûta la vie.* — Brissot, le grand meneur du parti qui s'affubla parfois de son nom (les *Brissotins*), « *journaliste ambulant*, dit Taine, *qui, ayant roulé en Angleterre et aux États-Unis, semble compétent dans les affaires des deux mondes…. ; un de ces bavards outrecuidants et râpés, qui, du fond de leur mansarde, régentent les cabinets et remanient l'Europe* ». En lui se personnifiait la Révolution à l'étranger, ce qui explique cette parole du *roi de Suède*, tombant frappé par Ankarstroem : « *Je voudrais bien savoir ce que Brissot dira de ma mort !* » — Après eux, Guadet, à la repartie vive et acérée ; Gensonné, d'une logique mathématique ; le provençal Isnard, d'une éloquence passionnée, chauffée au soleil du Midi ; Condorcet, le collaborateur de l'*Encyclopédie*, fanatique à froid, niveleur par système ; Roland, de manières simples et de mœurs austères, passionné pour la liberté, mais qui eût peu marqué sans sa *femme*, esprit supérieur et républicaine enthousiaste, qui fut la *nymphe Egérie*, *l'âme* et la *reine de la Gironde.* — *Valazé, Clavière, l'abbé Fauchet, Ducos.*

A l'extrême gauche : — les démagogues, noyau du futur parti de la Montagne : *Couthon, Bazire, Merlin de Thionville, Chabot, Cambon* et *Carnot.*

3° AU CENTRE : — trois cents députés indécis et flottants, inscrits d'abord aux *Feuillants*, puis entraînés vers la *Gironde.*

Ses premiers actes.

Les premiers rapports du Roi et de l'Assemblée Législative accusent un dissentiment profond : — Louis XVI ayant fait faire *antichambre* à la députation de l'Assemblée, celle-ci y répondit par un décret qui supprimait les titres de *Sire* et de *Majesté*, et qui, dans la salle des séances, remplaçait le trône royal par un *simple fauteuil.* — On revint le lendemain sur ce décret ; mais, le jour de la séance royale, lorsque le *roi* fut *assis*, tous les députés l'imitèrent, et le *président* lui adressa la parole, *sans se lever.* Cette violation de l'étiquette consterna Louis XVI.

Le peuple de Paris est armé de *piques*, en souvenir de Rome et d'Athènes ; on lui met sur la tête le *bonnet rouge*, coiffure de l'esclave affranchi. — Ces mesures imprudentes alarment *Bailly* et *La Fayette*, qui donnent leur démission, l'un, de maire de Paris, l'autre, de commandant général de la garde nationale. — C'est alors que *Pétion* fut élu *maire de Paris*, et que *Manuel* fut nommé procureur-syndic, avec *Danton* comme substitut.

L'Assemblée s'attaqua ensuite aux *émigrés* et aux *prêtres réfractaires.* — Un député, apprenant le redoublement de l'émigration, s'était écrié avec joie : « *Tant mieux, la France se purge !* » Malheureusement, elle se vidait de son meilleur sang. — L'Assemblée décréta successivement que les *émigrés* seraient dépouillés de leurs biens, s'ils ne rentraient pas en France avant le 1er janvier 1792, et que les *prêtres insermentés* qui n'auraient pas prêté le serment civique avant huit jours seraient privés de leur traitement. — Le roi sanctionna le premier décret, mais opposa son *veto* au second.

Louis XVI.

Louis XVI (1754-1793) n'avait, il faut bien le dire, *rien d'un roi*, ni l'allure, ni la majesté, ni le geste de commandement : — un nez romain, une bouche souriante, mais une physionomie molle et nulle, un front fuyant, une taille courte, le corps gros, l'attitude gauche, timide, embarrassée, en somme un *extérieur vulgaire* empreint d'une bonhomie presque triviale. — Il avait les mœurs pures, l'âme honnête, un cœur généreux et bon, une grande piété, un désir sincère de faire le bien ; il ne tenait de Louis XV, son aïeul, que la *passion de la chasse*. — Studieux et instruit, il possédait en histoire et en géographie des connaissances peu communes, et maniait même avec adresse la *lime du serrurier*.

Mais il était faible, indécis, irrésolu, facile d'influences, inexpérimenté dans les affaires publiques ; il ne montrera de force et d'énergie qu'*en face de l'échafaud*.

La reine Marie-Antoinette.

Marie-Antoinette (1755-1793), grande, élancée, souple et gracieuse, d'une beauté irrégulière, mais captivante, qui avait autrefois ébloui Versailles et frappé le vieux roi Louis XV, au point d'inquiéter Mme du Barry, était vive, généreuse, avide de plaire, passionnée pour les fêtes et les plaisirs, mais altière et dédaigneuse, légère et imprudente, compromettant dans des parties de plaisir excentriques la majesté royale. — D'une grande énergie de caractère, intrépide et fière en sa frivolité, elle bravait les mécontentements populaires et voulait tenir tête à l'orage révolutionnaire : « *Le roi n'a qu'un homme*, disait Mirabeau, *c'est sa femme !* »

Instrument des intrigues de la Cour sur le cœur du roi, elle poussait Louis XVI à ressaisir le lendemain ce qu'il avait concédé la veille au Conseil. — Sa main se sentait dans tous les tiraillements du Gouvernement, et ses appartements étaient *le foyer* d'une conspiration perpétuelle contre l'esprit nouveau. — La nation finit par s'en apercevoir et par la haïr. Tous ses amis étaient à *Coblenz* ; on la supposa de complicité avec eux : c'était à elle qu'on reprochait les trahisons de la Cour, les dilapidations du Trésor et surtout la guerre acharnée de l'Autriche : « *Louis XVI*, disait le peuple de Paris, *avait tout laissé faire, mais Marie-Antoinette avait tout fait* », et sa haine aveugle poursuivra *l'Autrichienne* jusque sur l'échafaud.

La question de la guerre à l'Assemblée.

Ministère girondin.

L'Assemblée mit ensuite le roi *en demeure* de se prononcer contre les princes étrangers, qui toléraient chez eux les armements des émigrés : « *Dites-leur*, écrivait-elle au roi, *que nous porterons chez eux, non le fer et la flamme, mais la liberté ; c'est à eux de calculer les suites de ce réveil des nations.* » — « *Disons à l'Europe*, s'écriait à la tribune l'enthousiaste et fougueux Isnard, *que si les cabinets engagent les rois dans une guerre contre les peuples, nous engagerons les peuples dans une guerre à mort contre les rois !* » — Jamais guerre ne fut présentée à un peuple sous des couleurs plus éblouissantes. Jamais *appel de clairon* plus entraînant et plus sonore n'excita ce ferment d'héroïsme et d'orgueil, cet esprit d'aventures, cette ardeur de prosélytisme *qui courait alors confusément dans toutes les veines françaises.*

Louis XVI, qui avait dû congédier son ministère feuillant (*de Narbonne, Delessart, Bertrand de Molleville*), le remplaça par un ministère entièrement girondin. — C'étaient : *aux affaires étrangères*, Dumouriez, brillant aventurier plein d'audace et d'activité, avec un pied dans tous les partis ; — à *l'intérieur*, Roland, « *mannequin administratif et phraseur*, dit Taine, *dont le ressort était poussé par sa femme* » ; — aux finances, Clavière ; — à la guerre, *Servan* ; — à la marine, *Lacoste*. — La belle et enthousiaste Mme Roland, dont le salon était depuis longtemps un centre politique, était *l'âme de ce ministère.*

Déclaration de guerre à l'Autriche.

En Autriche, *François II,* qui a succédé à Léopold II, répond aux sommations de *Dumouriez* en réclamant le rétablissement de la *monarchie absolue,* la réintégration des *princes allemands possessionnés* en Alsace dans leurs droits féodaux et la restitution au pape du *Comtat d'Avignon,* qui venait de voter sa réunion à la France. — « *Ah, ils veulent la guerre, dit* l'empereur, *eh bien, ils l'auront !* »

Louis XVI, cédant aux sollicitations de Dumouriez, se rendit à l'Assemblée et proposa la guerre contre *François II,* roi de Hongrie et de Bohême ; elle fut votée à l'unanimité moins 7 voix. « *Votons,* s'écria Merlin de Thionville, *votons la guerre aux rois et la paix aux nations.* » — Les Jacobins avaient été opposés à la guerre : « *Le mal est à Coblenz !* » disait Brissot, le chef du parti de la Gironde. — « *Le mal est aux Tuileries* », répliquait Robespierre, qui s'effrayait de voir les armées aux mains du roi.

La déclaration de guerre fut accueillie en France avec joie : on se sentait soulagé d'une pesante équivoque, et on espérait que le champ de bataille absorberait toutes les turbulences enfantées par la Révolution. — Ce coup d'audace étonna l'Europe. « *C'était la grande guerre de la Révolution qui commençait.* »

Échecs de Quiévrain et de Tournai.

Renvoi des ministres girondins.

La campagne débute mal : — *Dumouriez* avait lancé nos troupes sur la Belgique, possession indocile et frémissante de l'Autriche. — Mais les déroutes de *Quiévrain* et de *Tournai* font crier partout à la *trahison.*—L'Assemblée, affolée et défiante, décrète la déportation des prêtres *réfractaires* et la formation sous Paris d'un camp de 20 000 fédérés : « *C'était,* disait la reine, *livrer la capitale à une armée de 20 000 brigands !* »

Louis XVI oppose son *veto,* et, après une lettre insolente lue par Roland en plein Conseil, congédie les *ministres girondins* et les remplace par d'obscurs *Feuillants.*

Journée du 20 juin 1792.

Offres de La Fayette.

Les Girondins furieux soulèvent, de concert avec les Jacobins, la populace des faubourgs, qui, sous la conduite du brasseur *Santerre* et du boucher *Legendre,* envahit l'Assemblée le 20 juin, puis se rue sur les Tuileries jusque dans les *appartements du roi.*

Louis XVI, à peine protégé par quelques gardes nationaux, *tient tête,* pendant trois heures, avec un sang-froid remarquable à la foule hurlante et avinée qui l'entoure, et qui crie : « *A bas le Veto ! le rappel des ministres ! le décret sur les prêtres ! le camp de vingt mille hommes !* » — Il boit un verre de vin à la santé de la nation, et coiffe le *bonnet rouge,* mais refuse absolument de sanctionner les décrets : « *Ce n'est ni le moment, ni le moyen de l'obtenir de moi* », répond-il avec fermeté. — Enfin, vers le soir, parut Pétion, *le maire de Paris,* qui parvint sans peine à faire évacuer le palais aux émeutiers. « *Allez,* leur dit-il, en les congédiant, *vous avez agi avec la fierté et la dignité d'hommes libres. Mais en voilà assez ; que chacun se retire.* »—« *Comment a-t-on pu laisser entrer aux Tuileries cette canaille ?* s'écriait le jeune Bonaparte, qui assistait à cette lamentable scène de la terrasse des *Feuillants; il fallait en balayer quatre à cinq cents avec du canon, et le reste courrait encore !* » — C'était une journée manquée ; on prendra mieux ses mesures le 10 août.

Les attentats du 20 juin avaient ému la France entière. —*La Fayette,* indigné, accourt à Paris réclamer la punition des émeutiers, et propose même à la famille royale de l'enlever. — Mais Marie-Antoinette repousse ses offres chevaleresques : « *Mieux vaut périr,* s'écrie-t-elle, *que d'être sauvé par La Fayette et les constitutionnels* »; et Madame Élisabeth ajoutait : « *Si M. de La Fayette nous sauve, qui nous sauvera de M. de La Fayette ?* » — La Fayette, découragé, retourna à son camp, en Lorraine.

Cependant les progrès de l'armée **prussienne** alarment l'Assemblée, qui, comme autrefois les consuls à Rome, déclare solennellement : « *Que la patrie est en danger !* » et se livre, quelques jours après, à la ridicule scène du *baiser Lamourette*.

Le duc de Brunswick, *généralissime* de la coalition, lance, avant de franchir la frontière, un manifeste odieux, menaçant de *fusiller tout garde national saisi les armes à la main, et de livrer Paris à une exécution militaire, si le roi souffrait encore quelque outrage ou violence.* — A ce langage inouï, la France répondit par **la Marseillaise**, cet hymne des batailles, que *Rouget de l'Isle* venait de composer à Strasbourg pour l'armée du Rhin, et dont les *Marseillais* popularisaient à Paris les paroles enflammées, la musique ardente et grandiose. Ce fut le *chant de guerre* de la Révolution.

Cette croisade des rois en faveur de Louis XVI précipite sa chute : — une nouvelle insurrection s'organise dans les faubourgs pour renverser la royauté, *cause*, dit-on, *de l'invasion étrangère.*

Le 10 août, à minuit, au signal du tocsin, les insurgés s'emparent de l'*Hôtel de Ville*, et s'y installent à la place de la *Commune.* — *Mandat*, commandant en chef de la garde nationale, est tué d'un coup de pistolet, et les émeutiers, sous la conduite de *Santerre*, se dirigent vers les **Tuileries**, défendues par 900 *Suisses* et 200 *gentilshommes*.

Louis XVI, par *horreur instinctive du sang*, envoie imprudemment l'ordre de cesser le feu à ses courageux défenseurs, qui sont bientôt *massacrés* par la populace. — Puis, sur l'avis du syndic *Rœderer*, **il se réfugie à l'Assemblée**, où les députés, sous la présidence de *Vergniaud*, se sont déclarés en permanence : « *Messieurs*, leur dit le roi, *je suis venu ici pour éviter un grand crime, et je pense que je ne saurais être plus en sûreté qu'au milieu de vous.* » — Après seize heures passées dans la tribune du *logographe*, l'infortuné monarque entend l'Assemblée voter sa *suspension provisoire*, puis la réunion d'une **Convention nationale**, pour statuer définitivement sur le sort de la royauté ; — les *ministres girondins* sont réintégrés dans leurs fonctions, et on leur adjoint **Danton** comme ministre de la justice.

Les ambassadeurs des puissances étrangères quittent immédiatement Paris. — Au reste, ce n'était plus maintenant l'Assemblée qui était à la tête du mouvement révolutionnaire, c'était **la Commune** ou *municipalité de Paris.* — Elle fit transporter la famille royale, non pas au *Luxembourg*, comme l'avait décrété l'Assemblée, mais à la *prison du Temple.*

L'origine de la Commune de Paris remonte aux premiers jours de la Révolution. — Après l'élection des députés aux États Généraux, un *comité d'électeurs* s'établit en permanence à l'Hôtel de Ville, pour dicter les ordres du peuple à ses représentants ; — ce comité correspondait avec les comités particuliers des 48 *districts* ou *sections* de la capitale, et les milices bourgeoises ou *bataillons de districts* lui obéissaient. — Après la prise de la Bastille, l'assemblée des électeurs confia à **Bailly**, sous le titre de *maire*, les pouvoirs du *prévôt des marchands* et du *lieutenant de police*, et à **La Fayette** le commandement des bataillons de districts, qui prirent le nom de *garde nationale.* — La Constituante et le roi *reconnurent* cette institution (1789).

La Commune réorganisée en 1790 comprenait : — 1° le **maire** et *seize administrateurs* ; — 2° le **Conseil municipal**, formé de 32 conseillers ; — 3° le **Conseil général** de la Commune, résultant de la réunion de 96 *notables* au corps municipal : c'était là, en y comprenant le *procureur syndic* et ses *deux substituts*, un personnel de 148 membres. — Les séances du Conseil général de la Commune étaient *publiques.*

**La
patrie en danger !**

**Le manifeste
de Brunswick.**

La Marseillaise.

Journée du 10 août.

**Chute
de la royauté.**

**LA COMMUNE
ou municipalité
de Paris.**

5.

La Commune était organisée pour le commandement et l'action ; car près d'elle, à l'**Hôtel de Ville**, siégeait un *bureau central* en correspondance immédiate avec les 48 *sections* de la capitale. — Chacune des 48 sections avait son *bataillon* et ses *canons*, ce qui formait un effectif de 32 000 hommes à *l'absolue discrétion* de la Commune. — Toutefois la Commune ne fit peser sa **tyrannie** qu'à partir du 10 *août*, époque où l'ancienne municipalité fut remplacée par une nouvelle, où figuraient *Hébert, Danton, Rossignol, Billaud-Varennes*, et surtout *Robespierre*, qui en devint bientôt le véritable chef.

L'Hôtel de Ville, siège et palais de la Commune, était devenu les *Tuileries du peuple*. — Après La Fayette et Bailly, **Pétion** y régnait : c'était le *roi Pétion*, comme l'appelait la populace. — Mais, quant à son autorité et à ses fonctions, « *elles étaient*, comme il l'a raconté lui-même, *éparses entre toutes les mains, chacun les exerçait* ».

La garde nationale était commandée par *Santerre*. — Mais, sur 132 000 citoyens inscrits, 4 ou 5 000 seulement faisaient le service ; tous les honnêtes gens préféraient payer un *sans-culotte* pour monter la *garde* à leur place. — Ainsi Paris restait entre les mains de quelques *bandes d'assassins* légalement organisés en *bataillons de la garde nationale*.

Cependant les Prussiens avaient franchi la frontière. On apprend successivement la capitulation de *Longwy* (20 août), puis l'investissement de *Verdun*. L'ennemi n'était plus qu'à quelques lieues de la capitale. — Une fermentation immense régnait à Paris : le peuple, exalté et exaspéré, ne voyait partout que des *traîtres*, des *complices des Prussiens* ; les prisons étaient pleines de *prêtres*, de *nobles*, de *royalistes*, de *suspects* ; on résolut de les **massacrer** pour briser toutes les résistances par la terreur. — Avant de vaincre les ennemis du dehors, jugeait **Danton**, il fallait exterminer ceux du dedans : « *Le canon que vous allez entendre*, s'écrie le fougueux tribun à l'Assemblée Législative, *n'est point le canon d'alarme, c'est le pas de charge sur les ennemis de la patrie ! Pour les vaincre, Messieurs, pour les atterrer, que faut-il ? De l'audace, encore de l'audace, toujours de l'audace !* » — Il poussa l'audace jusqu'à la *démence sanguinaire*.

Le dimanche 2 septembre, au son du canon et du tocsin, deux ou trois cents *égorgeurs*, soudoyés par la Commune de Paris, se répandent dans les **prisons** de l'*Abbaye*, des *Carmes*, du *Châtelet*, de la *Force*, de la *Conciergerie*, de *Bicêtre* et de la *Salpêtrière*, et en massacrent les prisonniers, parmi lesquels l'archevêque d'*Arles*, les évêques de *Beauvais* et de *Saintes* ; on épargna l'abbé *Haüy*, et l'abbé *Sicard*, l'instituteur des sourds-muets. — **La princesse de Lamballe**, *amie intime de Marie-Antoinette*, fut du nombre des victimes ; elle avait bien voulu jurer amour à la liberté et à l'égalité, mais avait refusé de jurer haine au roi et à la reine, « *parce que, dit-elle, ce n'était pas dans son cœur !* » Sa tête, frisée et poudrée, est portée sous les *fenêtres du Temple*, au bout d'une pique, et reconnue par la reine, qui s'évanouit en la voyant. — *Six à sept mille personnes* périrent dans ces épouvantables journées.

Vergniaud protesta bien contre ce qu'il appela « *une boucherie de chair humaine, contre ces hommes qui ne se montrent que dans les calamités publiques, comme ces insectes malfaisants que la terre ne produit que pendant les orages* ». — Mais il était trop tard, et l'Assemblée, impuissante, laissa les *massacreurs de septembre* impunis. — Quinze jours après (20 septembre 1792), **la Législative**, « *la plus idiote des assemblées révolutionnaires* », dit Taine, se retirait pour faire place à **la Convention** ; — et ce jour-là même, les *intrépides volontaires de 1792* prouvaient, à **Valmy**, qu'on pouvait sauver la France autrement que par ces *effroyables assassinats*.

LA CONVENTION NATIONALE (1792-1795).

L'Assemblée qui succéda à la Législative fut la **Convention nationale** : ce nom avait déjà servi à désigner *l'assemblée souveraine* qui avait donné aux États-Unis leur constitution républicaine. — Elle aussi fut souveraine et absolue, et au mot de Louis XIV : « *L'État c'est moi* », elle peut opposer avec vérité celui-ci : « *L'État c'est nous* ». — Mais cette **dictature** qu'elle va s'arroger sur la France, *douze membres* (Comité de Salut public) se l'arrogeront un jour sur elle.

Les **élections**, faites au milieu de la *frénésie révolutionnaire*, et sous la pression des *Jacobins*, amènent **749 conventionnels**, qui se partagent bientôt en *trois grands partis*.

Sa composition.

1° A droite, — LES GIRONDINS, devenus des républicains modérés : *Vergniaud, Guadet, Ducos, Roland, Gensonné, Brissot, Condorcet, Isnard*, auxquels s'étaient adjoints le Marseillais *Barbaroux, Louvet, Buzot*, et le Breton *Lanjuinais*. « *C'étaient les hommes d'État* », comme les appelait ironiquement Marat. — La Révolution poursuivant son invincible cours, on remarquait à la Convention ce qui s'était déjà passé à la Législative : le *côté gauche* de la veille devenait le *côté droit* du lendemain.

2° Au centre, — pressés sur les bancs inférieurs, et formant la *Plaine*, le *Ventre*, le *Marais*, sont les députés qui, enveloppés dans leur prudence ou accroupis dans leur lâcheté, feront l'appoint de toutes les majorités meurtrières. — C'est *Cambacérès, Boissy d'Anglas, Siéyès, Barère, Marie-Joseph Chénier, Barras, Daunou, de Pontécoulant, La Réveillière-Lépeaux*, etc.; — hommes compétents d'ailleurs, laborieux et expérimentés, et qui ont attaché leurs noms aux lois les plus utiles.

3° A gauche, — LA MONTAGNE avec ses orateurs passionnés à outrance, ses haines terribles, son énergie sauvage et sanguinaire, ses résolutions héroïques, ses erreurs criminelles, ses rêves grandioses. — Disciples de *Rousseau*, les **Montagnards** voulaient transférer de la *bourgeoisie* au *peuple* l'influence politique, qui, en 1789, était passée des *privilégiés* à la bourgeoisie. Ils régnaient en maîtres aux **Cordeliers**, aux **Jacobins** et à la **Commune de Paris**, devenue *la première autorité de l'État*. — Leurs chefs étaient :

ROBESPIERRE.

MAXIMILIEN ROBESPIERRE (1758-1794), espèce de *Calvin de la politique*, qui, avant 1789, était avocat à Arras : **c'est l'homme le plus considérable de la Révolution.**

Au physique, petit de taille, visage pâle, froid et anguleux, « *physionomie de chat* », dit Taine, avec des cheveux bien poudrés, un éternel habit bleu-barbeau bien brossé, une attitude nerveuse et raide; *son aspect était triste et fâcheux.*

Au moral, sobre et laborieux, assidu aux séances de l'Assemblée, d'une probité rigide, *l'austérité de sa vie* lui assurait auprès des classes pauvres un ascendant particulier, et lui donnait des séides enthousiastes; car il est *l'irréprochable, le pur, l'incorruptible.* — Souvent, tandis que, l'œil fixe, le front contracté et d'une voix sourde et rauque, qu'accompagnait un geste sec, Robespierre plaidait à la tribune la cause du peuple, au milieu des chuchotements et des sarcasmes de l'Assemblée Constituante, on avait vu **Mirabeau** contempler, avec une curiosité pensive et inquiète, ce petit orateur monotone et bilieux, au sourire étrange, qui semblait l'incarnation glacée d'un principe implacable : « *Cet homme fera quelque chose*, disait le grand tribun, *car il croit ce qu'il dit!* » — Robespierre était, en effet, *l'homme le plus convaincu* de la Révolution; toute sa force est là. Qu'aucun des partis ne le réclame; il est du parti de son orgueilleuse conviction, cela lui suffit; il les sacrifiera tous, *Girondins, Montagnards, Dantonistes, Hébertistes*, à son ambition, à son rêve. Quiconque n'est pas avec lui est un factieux, un traître, un pervers, un corrompu, dont il lui faudra *abattre la tête.*

A la tribune, rhéteur compassé, sophiste sentencieux et déclamateur, c'est un « *esprit creux et gonflé*, dit Taine, *qui, parce qu'il est plein de mots, se croit plein d'idées, jouit de ses phrases et se dupe lui-même pour régenter autrui* ». — Pas un accent vrai dans son éloquence industrieuse et fatigante : des lieux communs grecs et latins, « *Socrate et sa ciguë; Brutus et son poignard* »; des métaphores classiques, « *le flambeau de la discorde; le vaisseau de l'État* »; des alliances de mots et des *réussites de style* comme en cherche un rhétoricien sur les bancs de son collège; c'est un rabâchage perpétuel de formules apprises de Rousseau sur les *droits de l'homme*, la *souveraineté du peuple*, la *nature*, la *raison*, la *liberté*, les *tyrans*, les *factieux*, la *morale*. S'il condamne, c'est la *justice* qui l'y oblige; quand il demande du sang, c'est pour assurer le triomphe de la *vérité* et de la *vertu*; il pose perpétuellement en *martyr*, en *persécuté*, en *victime*. — Toutefois, c'est un **adversaire redoutable dans la discussion** : sous un débit maussade et glacial, on sent l'*âpre passion du sectaire*; ses discours, corrects et élégants, bien enchaînés et bien déduits, produisent sur l'auditeur une impression profonde en même temps qu'une sensation de froid : « *c'est comme l'acier de la guillotine* »; sa logique, impitoyable et serrée, répand tour à tour la terreur sur la tête des modérés et des exagérés. — Cette éloquence larmoyante et meurtrière, cet odieux mélange d'intégrité, de sentimentalité, de respect du droit et de mépris barbare de la vie humaine, en font *un des pires hommes qui aient jamais existé*.

ROBESPIERRE. (*Suite.*)

DANTON (1759-1794), né à Arcis-sur-Aube, était petit *avocat au Conseil du roi*, quand éclata la Révolution.

Au physique, c'est un *colosse à tête de Tartare* couturée de petite vérole, d'une laideur tragique et terrible, avec de petits yeux enfoncés sous les énormes plis d'un large front, une *voix de stentor*, qui semblait un tocsin d'émeute, une surabondance, un bouillonnement inouï de sang, de vie, de colère et d'énergie.

Au moral, ce *révolutionnaire gigantesque*, monceau de vices et de sentiments généreux, avait du *cœur*, une large et vive sensibilité, sensibilité de l'homme de chair et de sang, qui a bien pu laisser faire les *odieux massacres de septembre,* mais qui ne sera jamais le *froid et systématique bourreau* du Comité de Salut public. — Rœderer, qui avait connu Danton, le juge ainsi : « *Capable d'une atrocité, mais point atroce, il n'a été un grand scélérat que pour pouvoir être tranquillement un bon drôle!* » — Chose étrange, l'indulgence, la modération, la pitié, je ne sais quelle suspicion de royalisme, furent les griefs principaux sous lesquels succomba le terrible conventionnel.

A la tribune, ce *Mirabeau de la populace*, au geste impétueux et dominateur, était une tempête vivante : tout en lui était mouvement, passion, turbulence, improvisation, avec une déclamation effrénée, des images grandioses, des périodes enflammées, une émotion emphatique et démesurée, mais sincère, des *jurons*, des *gros mots de portefaix*, des cris, des tressaillements soudains d'indignation et de patriotisme qui remuaient au cœur ses adversaires les plus déclarés. — Chez lui, comme chez Mirabeau, la parole s'aidait beaucoup du regard, du geste, et surtout de cette *énergique laideur de la face*, supérieure à la beauté elle-même pour produire effet sur les masses. — D'une *initiative révolutionnaire* prompte et audacieuse, sans peur ni scrupules, Danton, en ces jours de convulsion nationale, personnifia la *fièvre populaire;* il avait *l'éclair du moment*. Ce fut lui qui, en 1792, souffla sur la France cette *flamme patriotique* qui la sauva de l'invasion étrangère.

DANTON.

Marat (1744-1793), véritable *incarnation de l'anarchie révolutionnaire*, petit, maigre, osseux, d'une saleté repoussante, vêtu comme un cocher de fiacre malaisé, avec un visage de crapaud livide ; pour coiffure, un mouchoir brutalement noué sur la tête ; — *« ce maniaque homicide, atteint du délire soupçonneux et de la monomanie du meurtre et de l'extermination, rédige chaque nuit, en lettres de sang, un journal épileptique,* **l'Ami du peuple,** *espèce de rugissement sauvage, si monotone dans son paroxysme continu, qu'à le lire plusieurs fois de suite, on croit entendre le cri incessant et rauque qui sort d'un cabanon de fou. »* — Explique qui pourra l'incroyable passion de la populace de Paris pour ce monstre : *c'était son idole, son fétiche !*

Camille Desmoulins (1762-1794), âme vive et tendre, cœur ardent, spirituel, étourdi, devenu cruel comme tant d'autres dans le bouillonnement révolutionnaire. — Pamphlétaire redoutable et redouté dans ses *Révolutions de France et de Brabant,* cet enfant terrible de la Révolution mêle le langage des harengères en fureur à l'ironie la plus fine et aux allusions les plus heureuses tirées de l'histoire de Rome et d'Athènes. — Son journal, le **Vieux Cordelier,** satire sanglante de la Terreur, chef-d'œuvre étincelant de verve sarcastique et d'esprit voltairien, fut l'honneur de ses derniers jours, mais *jeta sa tête à l'échafaud.*

Saint-Just (1769-1794), *« l'archange de la mort, »* dit Michelet, jeune monstre d'une beauté étrange et triste, sorte de *Sylla* précoce, qui, à force d'atrocités et d'énergie sanguinaire, se fait, à vingt-cinq ans, sa place parmi les plus farouches proconsuls de la République. — A la tribune, sa parole sèche, métallique et absolue, ses expressions condensées, ses phrases brèves, tranchantes et hautaines, lui faisaient dire par Collot d'Herbois : *« Tu n'es qu'une boîte à apophtegmes ! »* — Camille Desmoulins, raillant sa raideur et sa solennité, avait dit qu' « *il portait sa tête comme un Saint-Sacrement. — Et moi,* répliqua Saint-Just, *je lui ferai porter la sienne comme un saint Denis ! »*

Couthon, fanatique impitoyable dans un corps à demi paralysé ; l'ancien comédien *Collot d'Herbois ;* le boucher *Legendre ; Robert Lindet ;* le peintre *David ; Carrier ; Lebas ; Fabre d'Eglantine ; Joseph Lebon ; Chabot ; — Billaud-Varennes ;* l'abbé *Grégoire, Prieur de la Marne ; Merlin de Thionville ; Fouché ; Cambon ; Carnot ; Bourdon de l'Oise ; Tallien ; Héraut de Séchelles ;* — le journaliste *Fréron ;* le baron prussien *Anacharsis Clootz ;* le *duc d'Orléans,* affublé du nom bizarre de *Philippe-Égalité,* etc.

Au-dessus de cette agitation immense de la Révolution flottaient, comme autant de *navires sur un océan furieux,* **les Clubs,** clubs des *Jacobins,* des *Cordeliers,* des *Feuillants.*

1° Le club des Jacobins. — Ce club (autrefois *club breton*), *le plus influent* comme le plus ancien (1789), établi dans le couvent des *Dominicains* de la rue *Saint-Honoré,* était le point central de l'agitation révolutionnaire ; il avait des *succursales* dans toutes les villes de la province qu'il gouvernait presque souverainement. — Les **Montagnards** s'en étaient rendus maîtres, après en avoir éloigné les nobles et élégants Jacobins de 89, *Duport, Barnave, Lameth,* etc., et chassé les Girondins, à force de dénonciations et de dégoûts. — **Les séances** avaient lieu le soir, afin que le peuple ne fût pas empêché par ses travaux d'y assister. — Les *actes* de l'Assemblée, les *événements* du jour, l'*examen* des questions sociales, plus souvent les *accusations* contre le roi, les ministres et le côté droit, étaient le texte de ses discussions. — **Robespierre** était l'âme *et le dieu de ce foyer du fanatisme révolutionnaire.* — Autour de lui se groupaient *Couthon, Saint-Just, Billaud-Varennes et Collot d'Herbois.*

Club des Cordeliers.

Club des Feuillants.

2° Le club des **Cordeliers**, qui était établi dans l'ancienne chapelle des *Cordeliers* (franciscains), presque en face de l'*École de Médecine* actuelle. — C'est là que les *natures indépendantes* comme **Camille Desmoulins**, ou *fougueuses* comme **Danton**, ou *sauvages* comme **Marat**, ou *débraillées* comme **Hébert**, se réunissent pour *crier, hurler, rêver tout haut, s'indigner, prophétiser et paradoxer tout à leur aise*. — *L'audace* et la *grande initiative* sont aux Cordeliers; mais ils n'ont point de *ramifications* en province.

3° Le **club des Feuillants** fut un *schisme* avec le club des Jacobins. — Les dissidents (*La Fayette, Duport, Barnave*, les *Lameth*, etc.), partisans de la *monarchie constitutionnelle*, allèrent former (1791) une réunion particulière, rue *Saint-Honoré*, en face de la *place Vendôme*, dans un vaste et splendide local qui avait été un couvent, lui aussi, le *couvent des Feuillants*. — N'est-ce pas là chose curieuse, que de voir les divers **partis révolutionnaires** se combattre *sous le nom de moines* qu'ils s'étaient empressés de détruire.

Les Journaux.

Les **journaux** propageaient dans la foule l'agitation des *Clubs* et de l'*Assemblée*, et discutaient fiévreusement les *actes du Gouvernement*. C'étaient :

1° Dans la **presse royaliste** : — *Les Actes des Apôtres* de Rivarol; le *Mercure de France* de Mallet du Pan; la *Gazette de France*; le *Journal de la Cour et de la Ville* de Gautier; le *Journal de Suleau*; etc.

2° Dans la **presse modérée**, plus tard girondine : — *Les Révolutions de Paris* de Prudhomme et Loustalot; le *Journal de Paris*; le *Journal des Débats*; le *Moniteur universel* de Panckoucke; le *Patriote français* de Brissot; la *Sentinelle* de Louvet; etc.

3° Dans la **presse jacobine** : — *Les Révolutions de France et de Brabant*, puis le *Vieux Cordelier* de Camille Desmoulins; l'*Orateur du peuple* de Fréron; l'*Ami du Peuple* de Marat; le *Père Duchêne* d'Hébert; le *Journal des Sans-Culottes*; etc.

Abolition de la royauté.

Le premier acte de la **Convention** fut de déclarer *la royauté abolie en France*, et de proclamer **la République** : — « *Les rois*, avait dit Grégoire à la tribune, *sont dans l'ordre moral ce que les monstres sont dans l'ordre physique. Les cours sont l'atelier des crimes et la tanière des tyrans. L'histoire des rois n'est que le martyrologe des peuples !* »

Les actes durent être désormais datés de *l'an I de la République* (22 septembre 1792); — un *arbre de la liberté* était planté devant chaque mairie, et on imposait à tous, avec le *tutoiement révolutionnaire*, la qualification de *citoyen* et de *citoyenne*.

Division des Girondins et des Montagnards.

Les **Girondins**, effrayés des *massacres de septembre*, et désireux de fonder, avec la *bourgeoisie* et l'appui des *départements*, une **République modérée**, accusent *Robespierre, Danton* et *Marat* d'avoir ordonné ces assassinats et d'aspirer à la *dictature*. — Ceux-ci les accusent de vouloir faire de la France *une fédération de petites républiques et d'attenter ainsi à l'unité nationale*. — **Marat** paraît à la tribune, en carmagnole, en bonnet rouge et en sabots, et, avec une cynique audace, « *rappelle tous ses ennemis à la pudeur !* » — L'Assemblée passe à l'ordre du jour, après avoir décrété que la République était *une et indivisible*.

Les **Montagnards**, pour rompre irrévocablement avec le passé, proposent le jugement du roi. — C'était une bravade à la *coalition*, à qui *Danton* voulait qu'on jetât en défi *une tête de roi*, et un piège tendu aux **Girondins**, qui allaient se compromettre, en essayant *de sauver le roi*. — Après la découverte des papiers de *la fameuse armoire de fer*, qui révélait la *correspondance de la Cour* avec les émigrés et le « *traître* » Mirabeau, la Convention décida qu'elle jugerait « **Louis Capet** ».

Louis XVI comparut, le 11 décembre 1792, devant l'Assemblée, assisté de l'ancien ministre *Malesherbes*, du jurisconsulte *Tronchet* et du jeune avocat *De Sèze*. — « *Je cherche parmi vous des juges*, s'écria ce dernier, *et je n'y trouve que des accusateurs !* » — 387 voix contre 334 se prononcèrent **pour la mort**; pas une voix pour l'innocence; *le duc d'Orléans* vota la mort sans sursis et sans appel.

L'infortuné Louis XVI fut décapité, le 21 janvier 1793, sur *la place de la Révolution* (actuellement *place de la Concorde*). Il mourut avec une fermeté héroïque et toute chrétienne, en protestant de son innocence et en pardonnant à ses bourreaux. — « *A quoi*, dit E. Quinet, *a servi le supplice de Louis XVI? Que gagnèrent les révolutionnaires à cette mort? Ils se donnèrent la joie de punir leurs anciens maîtres dans la personne d'un seul; et, comme presque toujours, le châtiment tomba sur le plus débonnaire. Ils étonnèrent par leur inflexibilité; ils devaient étonner plus encore par leur prompt retour sous un joug semblable à celui qu'ils venaient de briser. Bientôt, de ce supplice il ne devait rester, chez une nation mobile, qu'une immense pitié pour la victime et un reniement presque universel des justiciers.* »

La mort de Louis XVI soulève toute l'*Europe monarchique*, dans une coalition générale, contre la *France régicide*.—La Convention, avec une énergie sauvage, fait face à tous ses ennemis. — **Contre les ennemis du dehors**, elle décide une *levée extraordinaire* de 300 000 hommes, l'émission de *deux milliards d'assignats*, et l'envoi de 82 *de ses membres* aux armées comme *commissaires extraordinaires*.

Contre ses ennemis du dedans, elle décrète l'établissement d'un **tribunal révolutionnaire** composé de cinq juges, d'un accusateur public et d'un *jury*, pour juger sans appel les traîtres et les conspirateurs. — Ce fut là que s'exerça la sanglante fureur de **Fouquier-Tinville**, *l'accusateur public*, et du président *Herman*. — La seule peine prononcée était *la mort*. — **Danton**, victime plus tard de cette sanglante juridiction, demanda pardon à Dieu et aux hommes d'avoir été l'un des créateurs de cet *odieux tribunal*.

Les Girondins, pour atteindre Marat, font décréter que désormais les députés ne seront plus *inviolables*, mais pourront, sur un *vote de l'Assemblée*, être déférés, eux aussi, au *tribunal révolutionnaire*, imprudence fatale qui ouvrait aux membres de la *minorité* le chemin de l'échafaud. — **Danton** s'était opposé de toutes ses forces à ce décret : « *N'entamez pas la Convention!* » criait-il à la Gironde. — Bientôt, suivant le mot de Vergniaud, « *la Révolution, comme Saturne, allait dévorer ses propres enfants!* »

Un Comité de Salut public, sorte de pouvoir exécutif de la Convention, composé de **neuf** membres, renouvelables tous les mois, dont *les délibérations étaient secrètes et l'action illimitée*, était chargé de surveiller les ministres, de diriger les généraux et de prendre toutes les mesures nécessitées par les circonstances. — A partir du 10 juillet 1793, ce fut une *véritable dictature à neuf têtes*; car les mêmes membres sont toujours réélus. C'étaient : — *Carnot, Robert Lindet* et *Prieur de la Côte-d'Or*, qui s'occupaient silencieusement de l'*administration des armées et de la guerre*; — *Billaud-Varennes, Collot d'Herbois, Barère*; — mais surtout **Robespierre**, *Couthon* et *Saint-Just*, les maîtres politiques du Comité et de la Convention. — **Cet odieux triumvirat** correspondait avec 40 000 *comités et tribunaux révolutionnaires*, disséminés sur toute la France. C'était lui qui envoyait *en mission* dans les départements les terribles *représentants du peuple* ou *proconsuls* chargés d'établir partout le régime de la terreur.

Le Comité de Sûreté générale, espèce de *commissariat de haute police*, était chargé de dénoncer les *suspects* et d'envoyer les ennemis des *Jacobins* devant le tribunal révolutionnaire.

Procès et mort de Louis XVI.

Mesures révolutionnaires.

Le tribunal révolutionnaire.

Le Comité de Salut public.

Le Comité de Sûreté générale.

La trahison de Dumouriez, après la défaite de *Nerwinde* (18 mars 1793), rendit plus vive que jamais la lutte entre la Gironde et la Montagne : « *Vous étiez les amis de ce traître* », crient les Montagnards à leurs adversaires. — **Les Girondins et les Montagnards** étaient *inconciliables* : ils différaient en tout : c'était la lutte de la *bourgeoisie* contre le *peuple*, la lutte des *départements* contre la *domination de Paris*. — **Les Girondins** commirent la grande faute de se faire les organes d'une *rivalité des provinces* contre la capitale ; on abusa de cette disposition d'esprit pour les accuser de *fédéralisme*.

Les Girondins, au lieu de s'attaquer à **Robespierre**, le chef des Montagnards et *l'âme damnée de la Révolution*, s'attaquent à **Danton** et réclament le châtiment « *des cannibales de Septembre* » ; — et pourtant, « *l'espérance des gens, qui observaient et réfléchissaient, désignait Danton comme l'intermédiaire par lequel le génie qui devait organiser la République pouvait communiquer avec les passions qui l'avaient enfantée !* » — Lui-même inclinait vers les Girondins : « *Vingt fois, je leur ai offert la paix,* disait-il plus tard, *ils ne l'ont pas voulue ; ce sont eux qui nous ont forcés de nous jeter dans le sans-culottisme qui les a dévorés, qui nous dévorera tous, qui se dévorera lui-même.* »

Cette inimitié mortelle entre les deux partis transforme **les séances de la Convention** en de véritables *batailles*, dont la vie des vaincus est souvent *l'enjeu*. — La situation s'exaspérait encore de l'**influence des tribunes**, regorgeant d'une foule houleuse, turbulente, agitée des mêmes passions que les députés, qui *applaudissait, sifflait, huait, provoquait* les orateurs, intervenant à chaque instant dans les débats.

Robespierre, rassemblant contre les *Girondins* toutes les accusations qui traînaient dans les clubs, leur reproche à la tribune (10 avril) *d'avoir voulu la guerre* et d'être les *complices de Dumouriez*. — L'éloquence de **Vergniaud** sauva ce jour-là les Girondins, qui, prenant l'offensive, obtiennent à quelques jours de là l'envoi de *Marat* au tribunal révolutionnaire. — **Marat**, acquitté à *l'unanimité*, est ramené en triomphe à l'Assemblée, une couronne de lauriers sur sa hideuse tête ; ce qui le réjouit le plus dans sa victoire, c'est la défaite des Girondins : « *Je leur ai mis la corde au cou,* écrit-il, *il n'y a plus qu'à tirer.* »

Les Girondins obtiennent la création d'un *Comité de douze membres* chargé de pourvoir à la sûreté de la Convention, et dont le premier acte est l'emprisonnement d'**Hébert**, substitut du procureur de la Commune et rédacteur d'une feuille ignoble et violente, *le Père Duchêne*. — **La Commune de Paris**, appuyée de vingt mille pétitionnaires, vient réclamer son élargissement à la barre de l'Assemblée ; — c'est alors que le fougueux **Isnard**, qui la présidait, lance contre *la capitale* cette véhémente imprécation, dont l'effet fut immense et désastreux pour les Girondins : « *Si jamais par une de ces insurrections qui, depuis le 10 mars, se renouvellent sans cesse, il arrivait qu'il fût porté atteinte à la Convention nationale, je vous le déclare, au nom de la France entière, Paris serait anéanti ! Bientôt on chercherait sur les rives de la Seine si Paris a existé !* »

Le 31 mai, des sectionnaires armés envahissent l'Assemblée. — **Robespierre** monte à la tribune, sollicite la suppression du *Comité des Douze* et se répand en accusations vagues contre la Gironde : « *Concluez donc !* » lui crie Vergniaud impatienté. — « *Oui,* réplique Robespierre, *je vais conclure, et contre vous..... Ma conclusion c'est le décret d'accusation contre les complices de Dumouriez !* » — On se contenta néanmoins de voter la suppression du *Comité des Douze*. **La Commune** n'était pas satisfaite.

Lutte entre les Girondins et les Montagnards.

Robespierre attaque violemment la Gironde.

Acquittement de Marat.

Discours imprudent d'Isnard.

Journée du 31 mai 1793.

**Journée
du 2 juin 1793.**

**Chute
des Girondins.**

Le 2 juin, à la nouvelle de l'insurrection *girondine* de Lyon et du massacre des *Jacobins* lyonnais, 80 000 sectionnaires commandés par **Henriot**, « *sacripant toujours ivre* », entourent la Convention avec 160 bouches à feu, et réclament l'arrestation de *vingt-deux Girondins*. — Le Breton **Lanjuinais** défend ses collègues avec une fermeté héroïque : insulté, frappé par les Montagnards, il lance à la tête de l'ex-capucin *Chabot* cette vigoureuse apostrophe : « *Lorsque, dans l'antiquité, on traînait les victimes à l'autel, le prêtre qui les immolait ne les insultait pas !* » — L'Assemblée, cernée par une multitude houleuse et menaçante, essaye de sortir, son président *Hérault de Séchelles* en tête, pour affirmer sa liberté et haranguer la foule. — Les soldats lui barrent le passage : « *Hérault*, lui crie Henriot du haut de son cheval, *le peuple ne s'est pas levé pour écouter des phrases; vous ne sortirez pas que vous n'ayez livré les traîtres..... Canonniers à vos pièces !* » et six pièces de canon, chargées à mitraille, sont braquées sur les représentants. — La Convention atterrée recule, rentre en séance, et, *de guerre lasse*, vote la mise en accusation de **trente-trois Girondins**. — Ils ne furent pas mis en prison, mais *consignés* chez eux. Bientôt ceux qui n'auront pas fui seront *incarcérés*, traduits devant le tribunal révolutionnaire et envoyés à la guillotine.

Ainsi tomba le grand parti de la Gironde, état-major brillant sans général et quelquefois sans soldats, « *artistes égarés dans la politique* », dit **Louis-Blanc**; avec plus d'éloquence que de capacité, plus d'illusions que de savoir et de caractère. « *Nous avions des talents*, dit l'un d'eux, *et pas une tête en état de conduire une si vaste machine.* » — **On doit leur reprocher** leur *complaisance coupable* pour les crimes populaires du 20 *juin* et du 10 *août*, et leur *lâcheté* dans le *procès de Louis XVI*. — « *Ceux qui font les Révolutions à demi*, avait dit le froid et mélancolique **Saint-Just**, *ne savent que creuser leur tombeau !* » Les Girondins éprouvèrent la vérité de cette parole.

Mort de Marat.

Charlotte Corday, jeune fille de *Caen*, arrière-petite-nièce du *grand Corneille*, exaltée par les discours des *Girondins*, résolut de les venger. — Elle s'introduit chez **Marat**, et le poignarde dans son bain (13 juillet 93); — traduite devant le tribunal révolutionnaire, elle se glorifie de son action : « *J'ai tué un homme, dit-elle, pour en sauver cent mille* », et elle monte héroïque et fière à l'échafaud.

Les obsèques de Marat furent environnées d'un enthousiasme funèbre dont les transports allèrent jusqu'à la *superstition*. — Marat eut *des temples*; il eut des *arcs de triomphe*. On suspendit son *cœur* à la voûte du club des Jacobins, et ses restes allèrent au *Panthéon* remplacer ceux de Mirabeau.

Robespierre et la Montagne sont désormais les maîtres de la France. — « *L'Assemblée*, dit C. Desmoulins, *engourdie par ce froid poison de la crainte qui figea la pensée jusqu'au fond de l'âme et l'empêcha de jaillir à la tribune et dans les écrits, ne fut plus qu'une machine à décrets.* »

**Situation
presque désespérée
de la
République.**

La situation était terrible : — tout *le Midi* embrasé par la guerre civile; *l'Ouest* en proie à l'insurrection royaliste et catholique de la Vendée; les partisans des Girondins, nombreux en province, s'armant pour les venger et organisant la guerre civile à *Caen, Évreux, Bordeaux*, etc.; — soixante départements, sur 83, sont à un moment insurgés.

Le long des frontières, les armées de l'Europe enveloppant la France, *la refoulent sur elle-même de tous côtés*, pendant que les flottes *anglaise, hollandaise, espagnole* et *napolitaine* bloquent nos *ports* et attaquent partout nos **colonies**. — C'était à *désespérer de la patrie*.

6.

<table>
<tr><td style="width:18%; vertical-align:top; text-align:center;">

**Énergie
de la Convention.**

</td><td style="vertical-align:top;">

Dans cette crise suprême, les Montagnards, placés entre la victoire ou la mort, déploient une énergie farouche : « *La République*, dit Barère, *n'est plus qu'une grande ville assiégée ; il faut que la France ne soit plus qu'un vaste camp.* » — En conséquence, la Convention décrète successivement **la levée en masse** de tous les citoyens de 18 à 60 ans, *le droit de réquisition* pour pourvoir aux besoins de l'armée en chevaux, voitures, vivres, fourrages ; **la loi du maximum,** qui oblige les marchands, sous peine de mort, à vendre leurs marchandises à un prix fixe ; *la loi sur les accaparements ; le cours forcé des assignats* sous peine des galères ; *un emprunt d'un milliard* sur les riches, etc. **Ces mesures** étaient complétées par **la loi des suspects,** qui autorisait l'arrestation de tous les partisans de la royauté ou du fédéralisme girondin. — **Une armée dite révolutionnaire,** forte de 7 000 hommes, « *espèce d'institution à la Robert, chef de brigands* », disait plus tard Barère, auteur de ce décret, devait se porter partout où sa présence serait nécessaire pour écraser la *contre-révolution.*

</td></tr>
<tr><td style="width:18%; vertical-align:top; text-align:center;">

La Terreur.

</td><td style="vertical-align:top;">

La Convention, sur la proposition de Saint-Just, rendit le 10 octobre le décret suivant : *Le Gouvernement provisoire de la France sera révolutionnaire jusqu'à la paix.* — C'était mettre la France tout entière *en état de siège :* jamais dictature ne fut plus franchement avouée. — Cette dictature échut au **Comité de Salut public,** où régnait Robespierre. — Deux instruments terribles, le *Comité de Sûreté générale* et le *tribunal révolutionnaire,* assuraient la domination du Comité, en plaçant toutes les existences entre ses mains. — Bientôt plana sur toute la France *une véritable Terreur.* **L'Histoire** ne pouvait adopter un mot plus expressif et plus vrai pour caractériser *l'époque lamentable* qui s'étend de la chute des Girondins au supplice de Robespierre (9 thermidor), c'est-à-dire pendant près de 14 mois. — Pendant tout ce temps, **la guillotine fut en permanence ;** le sang coule sur les échafauds avec une *atroce indifférence,* une *exécrable facilité* : « *Frappons,* disait Barère, *il n'y a que les morts qui ne parlent pas.* »

</td></tr>
<tr><td style="width:18%; vertical-align:top; text-align:center;">

**Les exécutions
à Paris,
en province.**

</td><td style="vertical-align:top;">

A Paris, on exécutait plus de *soixante personnes* par jour. — Les principales victimes furent : la reine **Marie-Antoinette** (16 oct. 1793), vainement défendue par *Chauveau-Lagarde* et *Tronson du Coudray* ; **Madame Élisabeth,** sœur de Louis XVI ; **le duc d'Orléans** (*Philippe-Égalité*), qui aborda la guillotine sans le moindre trouble, et aux valets de bourreau qui se mettaient en devoir de lui ôter ses bottes : « *C'est du temps de perdu,* leur dit-il, *vous me débotterez bien plus aisément mort, dépêchons-nous* » ; **Madame Roland,** qui s'écria en montant à l'échafaud : « *O liberté ! que de crimes on commet en ton nom* » : son mari se suicida à la nouvelle de sa mort ; **Bailly,** le premier président de la Constituante ; *Barnave, Manuel, d'Éprémesnil, Étienne Pasquier, Lamoignon de Malesherbes, Lavoisier* ; les généraux *Custine, Biron, Beauharnais, Brunet, Houchard* ; 21 Girondins, *Vergniaud, Brissot, Fauchet, Gensonné, Fonfrède, Ducos,* etc., qui allèrent au supplice en chantant la Marseillaise (31 octobre). **En province,** d'impitoyables bourreaux envoyés par la Convention, sous le titre de *proconsuls,* multipliaient les victimes sous prétexte « *de faire assaut d'énergie* ». — C'étaient *Lebon* à **Arras,** *Tallien* à **Bordeaux,** *Fréron* à **Toulon,** *Barras* à **Marseille,** *Maignet* dans le **Vaucluse,** *Fouché* à **Nevers** et à **Moulins,** et surtout *Collot d'Herbois,* l'ordonnateur des *mitraillades* à **Lyon,** et *Carrier,* l'inventeur des *noyades* à **Nantes** : « *Nulle part,* dit Taine, *le sabbat révolutionnaire n'a ronflé plus furieusement et trépigné si fort sur les vies humaines* », que dans cette dernière ville.

</td></tr>
</table>

Les **Montagnards**, victorieux des Girondins, se divisent bientôt en trois partis : les **Hébertistes** ou les enragés, les **Dantonistes** ou les modérés, et les **Robespierristes** ou les justes.

Les **Hébertistes** avaient pour chefs *Hébert*, substitut du procureur de la Commune, rédacteur du *Père Duchêne*, feuille cynique et ordurière, *Chaumette*, procureur de la Commune, *Anacharsis Clootz*, « *l'ennemi personnel de Jésus-Christ* », *Gobel, Ronsin, Carrier, Fouché, Collot d'Herbois*, athées énergumènes qui avaient rêvé de remplacer le catholicisme par le culte de la *déesse Raison*, et qui furent les promoteurs de la fête sacrilège de Notre-Dame. — *C'était l'écume de la Révolution.*

Les **Dantonistes**, dirigés par *Danton, Camille Desmoulins, Fabre d'Églantine*, trouvaient qu'il y avait assez de sang de versé, et que, la République étant maîtresse du champ de bataille, il était temps de ramener le règne des lois et de la justice pour tous; ils demandaient qu'on ouvrît les prisons et qu'on nommât un *Comité de clémence.* — Ces indulgents n'étaient pour les Jacobins que des *repus*, des *pourris*, qui voulaient jouir en repos de leurs vols.

Robespierre, qui désapprouvait également les *violences* et l'*athéisme* des Hébertistes et la *modération* et l'*indulgence* des Dantonistes, entreprit de ruiner l'une par l'autre ces deux factions extrêmes de la République et d'élever sa domination sur leurs débris

Les **Hébertistes**, attaqués par les *Dantonistes* et flétris par les *Robespierristes*, essayent une insurrection, qui échoue; — on les envoie à l'échafaud (24 mars 1794).

Restaient les Dantonistes. — On essaya de réconcilier *Robespierre* avec son ancien ami *Danton*; — mais il n'y avait plus d'accord possible entre le sectaire envieux et dissimulé, qui, avec une réserve sauvage, une austérité presque monacale, vivait sous le toit et à la table du menuisier *Duplay*, et le révolutionnaire bouillant, expansif, généreux, adoré de ses amis, mais à qui il fallait des hôtels, des festins, la compagnie des aristocrates et des débauchés. — « *Ma vie entière*, dit hypocritement **Robespierre**, *n'a été qu'un sacrifice de mes affections. Si mon ami Danton est coupable, je le sacrifierai à la République!* » — Six jours après, **Danton**, *Camille Desmoulins, Westermann*, etc., dénoncés comme corrompus et modérés, étaient livrés au tribunal révolutionnaire.

Les prévenus se défendirent avec une telle énergie et un tel mépris de leurs adversaires que l'on jugea prudent de les mettre « *hors des débats* ». — « *J'entraîne Robespierre* », s'écria Danton en entendant son arrêt de mort. — Le fougueux tribun, averti du péril, avait refusé de fuir : « *Emporte-t-on*, disait-il, *la patrie à la semelle de ses souliers! Et puis la vie n'en vaut pas la peine, l'humanité m'ennuie. J'aime mieux être guillotiné que guillotineur.* » — Pendant le trajet fatal, **Desmoulins**, assis à ses côtés, s'indignait des injures de la populace : « *Laisse donc là cette vile canaille* », lui dit Danton. — Sur l'échafaud, il voulut embrasser *Hérault de Séchelles*; le bourreau l'en empêcha : « *Imbécile*, lui dit Danton, *tu n'empêcheras pas nos têtes de se baiser tout à l'heure dans le panier.* » — « *Comme Mirabeau*, dit Thiers, *il expira fier de lui-même, croyant ses fautes et sa vie assez couvertes par ses grands services et ses derniers projets.* » — D'où vient cependant que, à Paris, la *popularité de Danton* avait fini par céder à l'ascendant de **Robespierre?** Rien ne prouve mieux que, en dépit d'une *effervescence prodigieuse de passions*, la Révolution française fut, avant tout, **une idée**, un principe. — A celui qui représenta cette idée avec le plus d'*orthodoxie. de fermeté et de rigidité morale*, à celui-là resta la force : si bien que, pour le renverser plus tard, il fallut *renverser la Révolution elle-même.*

Robespierre, débarrassé des *Hébertistes* et des *Dantonistes*, reste seul maître de la Convention et de la France. — Pour régénérer la société et assurer désormais, comme il le disait, « *le règne de la justice et de la vertu* », le dictateur remplace le *culte de la Raison* des Hébertistes par **le culte de l'Être suprême**, dont il préside lui-même, au *Champ de Mars*, la théâtrale et ridicule fête; — puis il fait voter par la Convention la terrible loi **du 22 prairial**, qui met à sa discrétion toutes les vies, supprimant l'*instruction préalable*, l'*audition des témoins*, la *parole du défenseur*. C'est ce qu'on appelle la **grande Terreur.**

Les exécutions par fournées suivaient les condamnations en *feux de file*, « *les têtes tombaient comme des ardoises* », dit l'odieux Fouquier-Tinville. — L'acte d'accusation était signifié à *dix heures du matin* à l'accusé, qui comparaissait à *midi* devant le tribunal, était condamné à *deux heures* et exécuté à *quatre!* — En ces jours tellement extraordinaires qu'on n'y remarque plus l'*héroïsme*, la **nature humaine**, en proie à une exaltation inouïe, paraît *agrandie outre mesure;* la mort même a perdu tout pouvoir d'effrayer; — on cessa bien vite de remarquer, tant la chose devint commune, ceux *qui mouraient de bonne grâce;* il y en eut qui *allèrent* à **l'échafaud** comme à une *partie de plaisir; Hébert* et la *du Barry* seuls ne surent pas mourir. — **Les tricoteuses** disaient qu'il y avait là quelque chose de surnaturel.

Robespierre avait essayé d'introduire dans la loi du 22 *prairial* une disposition qui permettait aux Comités d'envoyer les représentants du peuple devant le tribunal révolutionnaire, *sans le consentement préalable de l'Assemblée;* celle-ci refusa : « *Tu veux donc guillotiner la Convention nationale* », lui cria **Billaud-Varennes**, qui commençait à craindre pour lui-même. — D'ailleurs, les membres du Comité de Salut public, sauf *Couthon* et *Saint-Just,* se tournaient contre Robespierre, et, parmi les Montagnards, les corrompus, comme *Tallien, Barras* et *Fouché,* les indépendants, ou les anciens amis d'*Hébert* et de *Danton,* effrayés des *dénonciations vagues de* l'implacable dictateur, tremblaient pour leur vie. — *La peur leur donna de l'audace.*

Tallien, Barras, Billaud-Varennes, accusent, le 8 thermidor, Robespierre d'aspirer à la dictature. — En vain Robespierre s'efforce-t-il, le lendemain (9 *thermidor*), dans un grand discours, de faire l'apologie de sa conduite, sa voix est couverte par les cris : « *A bas le tyran!* » Il veut protester, les cris redoublent; il s'épuise en efforts, sa voix s'éteint : « *C'est le sang de Danton qui t'étouffe* », s'écrie un député. — « *Pour la dernière fois, président d'assassins, s'écrie Robespierre, je te demande la parole.* » Mais l'Assemblée décrète l'arrestation de Robespierre avec *Couthon* et *Saint-Just; Robespierre le jeune* et *Lebas* demandent à partager leur sort. — Dans la soirée, **la Commune délivre** Robespierre, qui, dans son *formalisme légal,* s'était écroué lui-même à la *prison du Luxembourg,* et l'entraîne, *malgré lui,* à l'Hôtel de Ville : « *Vous me perdez, criait-il, vous vous perdez, vous perdez la République.* » La Convention, en effet, le met aussitôt *hors la loi;* c'était supprimer tout jugement.

Barras, à la tête des troupes de la Convention, marche vers les insurgés. — Robespierre, supplié par ses compagnons de convoquer *les sections,* s'y refuse par scrupule de la légalité : « *Au nom de qui?* » demande l'inflexible légiste! — *Henriot* est abandonné par ses artilleurs, et les troupes de la Convention pénètrent dans l'Hôtel de Ville. — Alors *Lebas* se brûle la cervelle, *Robespierre* se fracasse la mâchoire d'un coup de pistolet, son *frère* se jette par la fenêtre. — Le lendemain soir, Robespierre était conduit à l'échafaud avec son *jeune frère, Couthon* et *Saint-Just.* Ils moururent en silence : rien de la terrible énergie de Danton, ni du tragique enthousiasme des Girondins.

La mort de Robespierre, en qui s'était *personnifiée* la Terreur, amena la fin de ce régime odieux. — Ce fut un résultat *tout à fait inattendu* des Comités, qui avaient sacrifié Robespierre, comme celui-ci avait sacrifié Danton, parce qu'*il voulait adoucir et modérer la Révolution*. — Mais « *toute la nation criant que la journée avait été contre la tyrannie, cette croyance la fit finir* ». — **Les vainqueurs de Thermidor** procédèrent ensuite à une véritable *liquidation* du parti Robespierriste : *Henriot, Fleuriot, Dumas, Payan*, le savetier *Simon* et seize membres de la **Commune** avaient partagé le supplice de Robespierre ; le lendemain et le surlendemain, quatre-vingt-deux autres de ses membres furent conduits *sans jugement* à l'échafaud.

La Révolution du 9 Thermidor fut, selon Cambacérès, *un procès jugé et non plaidé*. « *Nous l'avons assassiné* », dira plus tard Vadier. — « *On imputa à Robespierre*, dit Napoléon, *tous les crimes commis par Hébert, Collot d'Herbois et autres.... C'étaient des hommes plus affreux et plus sanguinaires que lui qui le firent périr.... Ils ont tout jeté sur lui.* » — Quels que furent les moyens employés par ses adversaires pour le perdre, la tête de cet *idéologue fanatique et sanguinaire*, qui avait envoyé à la mort tant de victimes, *appartenait de droit au bourreau*.

La Réaction fut vive et violente : le Comité de Salut public, le Comité de Sûreté générale et le tribunal révolutionnaire perdirent leurs *pouvoirs discrétionnaires* ; on abolit la *loi du maximum*, celles des *suspects* et du 22 *prairial* ; les *comités révolutionnaires furent dissous* ; dix mille *captifs* sortent des prisons de Paris, et des *commissaires* vont délivrer ceux des provinces ; les *Girondins proscrits* sont rappelés, les décrets contre les *nobles* et les *prêtres* rapportés. — **Carrier**, dont « *le procès*, dit Louis Blanc, *avait mis au jour un ensemble de forfaits tels, que Paris s'était cru en présence d'une révélation de l'enfer* », est envoyé à l'échafaud.

Girondins, Feuillants, Royalistes, relèvent la tête et commencent à demander des *vengeances*. — La presse, devenue libre, poursuit avec acharnement la « *queue de Robespierre* » ; l'*Orateur du peuple*, rédigé par *Fréron*, invite la jeunesse à sortir de son sommeil léthargique. — La *jeunesse dorée*, les *muscadins*, armés de cannes plombées, assaillent sur la place publique les *sans-culottes* débraillés et chassent les *Jacobins* de leur club, qui est fermé. — **Le club de Clichy** est le rendez-vous des *thermidoriens*, des *royalistes* et des *contre-révolutionnaires*.

A Paris, les salons se rouvrent : *Madame Tallien* (*Notre-Dame de Thermidor*), *Madame de Staël, Madame Récamier, Madame Hamelin*, la *veuve de Beauharnais*, y donnent le ton à la société nouvelle : on y danse les *bals à la victime*, où ne sont admis que ceux qui ont eu des proches parents *guillotinés*, et, dans la *toilette de l'échafaud*, habits de deuil et cheveux coupés ras ; on y salue d'un *coup sec de tête* imitant le jeu du fatal couperet. — **Siéyès**, à qui l'on demandait, au lendemain du 9 thermidor, ce qu'il avait fait pendant les jours de la Terreur, répondait ces deux mots, qui résument bien toutes ses vertus civiques : « *J'ai vécu !* »

En province, la *Terreur blanche* remplace la *Terreur rouge* ; une Saint-Barthélemy politique s'étend sur toute la France. — Lyon, Marseille, Aix, Tarascon, sont parcourus par les *Enfants du Soleil* et les *Compagnons de Jéhu*, bande d'égorgeurs royalistes enrôlés comme pour une croisade, qui se livrent aux plus effroyables représailles.

Les autorités, complices de ces assassinats, les excusaient en disant : « *Le peuple a cru pouvoir donner la mort à ceux qui la lui donnaient depuis trop longtemps.* »

Insurrections
de Germinal
et de Prairial 1795.

Le 12 germinal, le peuple des faubourgs, excité par les Jacobins et exaspéré par la *cherté des vivres* et l'arrestation de *Billaud-Varennes, Barère* et *Collot d'Herbois*, essaye d'envahir la Convention. — Mais **la jeunesse dorée** et les *sections fidèles* délivrent l'Assemblée, qui condamne les trois anciens membres du Comité de Salut public à la *déportation* et envoie à la guillotine *Dumas, Lebon* et **Fouquier-Tinville**.

Le 1er prairial, nouvelle tentative : la populace envahit la Convention en criant : « *Du pain, et la Constitution de 1793* ! » — Le **député Féraud** se fait tuer en couvrant de son corps le président **Boissy d'Anglas**: sa tête, toute sanglante, est présentée au bout d'une pique au président, qui se découvre avec respect. — Enfin *Legendre* arrive avec les sections fidèles et délivre la Convention. Ce fut la *dernière insurrection du peuple de Paris*. La bourgeoisie reprendra désormais la direction de la Révolution.

Louis XVII mourut quelques jours après, au *Temple* (20 prairial 1795), après trente-quatre mois de douloureuse captivité. — Sa sœur, **Marie-Thérèse**, fut remise aux Autrichiens en échange des commissaires de la Convention que leur avait livrés *Dumouriez*.

LUTTE CONTRE L'EUROPE ET CONTRE LES SOULÈVEMENTS A L'INTÉRIEUR.
LES ARMÉES ET LES GÉNÉRAUX DE LA RÉPUBLIQUE. TRAITÉS DE BALE.

PREMIÈRE
COALITION
(1792-1797).

———

Ses causes.

———

Préparatifs
de la France.

LA PREMIÈRE COALITION de l'Europe contre la Révolution française commença en 1792, sous la **Législative**; — elle se termina par les *traités de Bâle* (1795) avec la Prusse et l'Espagne, sous **la Convention**; et par le *traité de Campo-Formio* (1797) avec l'Autriche, sous **le Directoire**.

Elle fut provoquée par les *intrigues des émigrés* à Coblenz, auxquelles *la cour* prêtait une oreille trop sympathique; — par la *convention de Mantoue* et la fameuse *déclaration de Pilnitz*; — et enfin par l'*ardeur belliqueuse des Girondins*.

La coalition, d'abord partielle et formée seulement de l'*Autriche*, de la *Prusse* et du *Piémont*, devint générale en 1793, à la mort de Louis XVI. — Elle dura cinq ans.

De *Narbonne, ministre de la guerre*, avait échelonné sur la frontière, de *Dunkerque* à *Bâle*, 164 000 hommes divisés en **trois corps**, sous *Rochambeau, La Fayette* et *Lückner*; — un quatrième corps, sous *Montesquiou*, était en observation devant les *Alpes*. — Les débuts de la lutte ne furent pas *heureux* pour nous.

CAMPAGNE
DE 1792.

———

1º Revers.

1° **Dans le Nord** : — L'armée française envahit **la Belgique**, où pesait la domination autrichienne, et dont on espérait *le soulèvement*. — Mais, à peine en contact avec l'ennemi, nos soldats pris d'une incroyable panique et mal soutenus, d'ailleurs, par *les Belges*, lâchent pied à *Mons* et à *Tournay* et massacrent dans leur fuite un de leurs généraux, *Dillon* (30 avril), qu'ils accusaient de **trahison**. « *Mon espoir*, écrivait Marat dans son odieux journal, *est que l'armée ouvrira les yeux, et qu'elle sentira que la première chose qu'elle ait à faire est de massacrer tous ses généraux !* »

2° **Sur la frontière de l'Est** : — Le **duc de Brunswick** s'empare successivement de *Longwy* et de *Verdun* : le commandant de cette dernière place, *Beaurepaire*, s'était brûlé la cervelle plutôt que de signer la capitulation, et l'officier qui la porta au roi de Prusse pleurait en la lui remettant : c'était *Marceau*.

1° Dans l'Est : — **Dumouriez**, nommé *général en chef*, accourt dans les *Ardennes*, montre à ses lieutenants les **défilés de l'Argonne** : « *Ce sont là*, dit-il, *les Thermopyles de la France, je serai plus heureux que Léonidas !* » — Mais le *prince de Ligne* force deux de ces passages, et coupe en deux l'armée française. — Alors Dumouriez, par une audacieuse conception, s'installe sur les derrières de l'armée prussienne, et appelle à lui *Kellermann*. — Les **Prussiens** placés entre Paris et Dumouriez se retournent contre lui pour assurer leurs communications ; — mais, à leur stupéfaction, ils ne peuvent enfoncer cette armée, dont les canons, rangés autour du **moulin de Valmy** (Marne), les couvrent de mitraille, et ils battent en retraite. — Les Français et les Prussiens n'avaient perdu que *huit cents hommes* ; mais l'effet moral de cette première victoire de la Révolution fut immense en France et en Europe. — Le soir, au bivouac, **Gœthe** disait à des officiers allemands : « *Aujourd'hui une ère nouvelle a commencé pour le monde, et vous pourrez dire que vous l'avez vue s'ouvrir* » ; et les coalisés ne se moquèrent plus de ce qu'ils appelaient auparavant « *une armée de cordonniers et de tailleurs !* » — **Lille**, assiégée par les *Autrichiens*, résiste héroïquement à un bombardement de quinze jours. — Dumouriez, poursuivant ses succès, franchit la frontière et remporte la brillante victoire de **Jemmapes**, qui nous livre toute la *Belgique*.

2° Sur le Rhin : — **Custine** s'empare de *Worms*, de *Spire* et de *Mayence*, dont les habitants virent avec stupéfaction défiler dans leurs rues « *ces vainqueurs poudreux, sales, déguenillés, qui, sur leurs baïonnettes rouillées, avaient piqué leur pain de munition ou leur portion de viande* ».

3° Au Sud : — **Montesquiou** avait conquis *la Savoie* ; **Anselme** avait pris *Nice*. — Partout la France était triomphante : les alliés, chargés de châtier la France comme un enfant rebelle, « *ont trouvé un Hercule au berceau* ».

La canonnade de Valmy arrêta l'invasion. — La Prusse, mécontente de l'**Autriche**, qui tardait à *entrer en ligne*, et inquiète de la Russie, qui profitait de l'éloignement des armées prussienne et autrichienne pour *intervenir en Pologne*, évacua le territoire français.

L'exécution de Louis XVI reforma la coalition, qui devint alors *générale*. — L'Angleterre, la Hollande, la Russie, l'Espagne, l'Autriche, l'Allemagne, la Prusse, Naples, le Piémont, s'associèrent dans un effort commun contre la *France régicide*. **William Pitt** était *l'âme de la coalition*. — La Turquie, la Suisse, Venise, la Suède et le Danemark restèrent *neutres*.

C'était une sorte de croisade pour rétablir le *trône et l'autel* foulés aux pieds par les républicains ; — mais les alliés voulaient aussi profiter de l'occasion pour *s'agrandir* aux dépens de la France, et, comme disait **François II** d'Autriche, « *se procurer tout le dédommagement que nous sommes en droit de prétendre* ».

La France, envahie à toutes ses frontières, dévorée à l'intérieur par la *guerre royaliste de Vendée*, les insurrections de *Lyon*, *Marseille*, *Toulon*, *Bordeaux*, *Nîmes*, *Montauban*, semblait perdue.

Elle fut sauvée par la *division* des alliés et l'*impéritie* de leurs généraux, par l'*indomptable énergie* de la Convention, mais surtout par l'**admirable patriotisme** des armées républicaines : — soldats et officiers étonnent par leur *bravoure*, leur *discipline*, leur *solidarité*, leur *mépris incroyable* de la souffrance, leur *gaieté héroïque* au milieu des plus terribles épreuves ; — la vertu militaire ne s'est peut-être jamais élevée plus haut.

Pour refaire l'armée, désorganisée par l'*émigration* de ses anciens officiers et la *désertion*, on fit appel, en 1792, **aux gardes nationaux volontaires**. — Mais, au lieu de former, comme précédemment, en régiments distincts, ces volontaires inexpérimentés, **on amalgama** (ce fut *le terme*) *l'armée des volontaires* avec l'ancienne *armée de ligne*, en formant *un régiment* ou *demi-brigade* d'un bataillon de *ligne* et de deux bataillons de *volontaires*. — On obtint ainsi 196 **demi-brigades** d'infanterie composées d'*anciens soldats instruits, disciplinés, de sang-froid*, et de *volontaires* indisciplinés, turbulents, mais d'un patriotisme ardent, d'un enthousiasme inouï : « *J'en ressens encore*, écrira plus tard Marmont, *la chaleur et la puissance à cinquante-cinq ans, comme au premier jour!* »
Pour résister à l'Europe entière coalisée, la Convention, sur la proposition de *Carnot*, décréta plus tard **la levée en masse** (août 1793). — Cette conception hardie eut des *effets prodigieux*; la République lui dut sa conservation et ses victoires : elle put mettre en ligne jusqu'à 1 200 000 combattants.

L'amalgame.

La levée en masse.

Carnot, qu'on a appelé avec raison le *Louvois de la Terreur*, fut le **créateur des forces militaires de la Révolution**. — Simple capitaine du génie, il fut le véritable *généralissime* des armées de la République, et « *organisa la victoire* », suivant le mot de Napoléon. — Au Comité de Salut public, où il entra malgré *Robespierre*, il dirigeait le *personnel* et le *mouvement des armées*. — Contre la *froide tactique* des généraux allemands, il fait adopter à nos troupes un système plus en rapport avec le caractère français et les ressources que procurait la levée en masse. — Désormais, les généraux devront agir par **grandes masses**, porter rapidement sur un point jugé décisif le plus grand nombre possible de bataillons, puis *fondre à la baïonnette* sur les lignes ennemies, les attaquer *au pas de course*, les rompre à tout prix, pour les tourner et les culbuter ensuite; en un mot, « *mener la guerre au pas de charge!* » — Cette offensive devint irrésistible.

Le péril national donnait, d'ailleurs, l'essor à une *splendide génération militaire*. — Des hommes supérieurs, auxquels leur naissance roturière eût fermé l'accès des grades sous l'ancien régime, obtenaient *l'épée d'officier* par le suffrage de leurs camarades, et, quelques années plus tard, devenaient généraux : *Hoche* à 25 ans, *Marceau* à 26, *Joubert* à 28, *Moreau* à 30, *Jourdan* à 31, *Pichegru* à 32. — **Carnot** fouillait les rangs pour en faire *émerger* les supériorités et trouver des chefs énergiques et capables. — Pourtant le *brevet de commandement* devint souvent alors un **brevet d'échafaud** : les généraux, surveillés, dénoncés par les *représentants en mission*, étaient destitués ou emprisonnés sur le moindre soupçon et pour la moindre faute. *Il fallait vaincre ou mourir!*

Carnot organise la victoire.

Nouvelle tactique.

Les généraux de la République.

La science et le travail accomplissent alors des *prodiges* : les femmes et les enfants cousent des *vêtements*, font des *tentes*, des *linges*, de la *charpie pour les blessés*; Paris fabrique 140 000 *fusils* par an et 7 000 *bouches à feu*; on fond jusqu'aux *cloches des églises* pour faire des canons : tout ce qui était métal devint *canon, fusil ou épée*.
Nos savants trouvent des procédés jusqu'alors inconnus pour préparer en quelques jours le *fer* et l'*acier*, la *poudre à canon* et les *cuirs*. — On *lessive* les caves pour en extraire le *salpêtre*; on tire du pin résineux le *goudron* pour la marine; on utilise les *ballons captifs* pour observer les mouvements de l'ennemi. — **Larrey** crée les *ambulances volantes*, et le *télégraphe aérien* de **Chappe** accélère les communications avec la frontière, et devient le messager de nos victoires.

La science et le travail au service de la patrie.

Énergie merveilleuse de la France en face du danger.

Heures vraiment prodigieuses, où sous l'influence de l'énergie révolutionnaire, la France émue, frissonnante, *en rupture avec tout son passé, résolue à se faire elle-même son destin*, montra ce que renferme son âme puissante, indomptable et profonde ! — Une fureur patriotique aussi fatale à l'intérieur qu'invincible au dehors anime alors la nation tout entière et enfante ces innombrables *légions de volontaires* qui courent sans hésiter à la frontière, impatients de combattre et de mourir pour la patrie immortelle ! — En ces jours extraordinaires, le peuple français *sortit*, on peut le dire, *de l'histoire, pour entrer dans les régions de l'épopée !*

La fortune répondit enfin à tant d'efforts, d'énergie et de patriotisme. — Après une *première période de revers*, la victoire reprit, et pour longtemps, *le chemin de nos drapeaux !*

Campagne de 1793.

1°

Période de revers.

Trahison de Dumouriez.

Capitulation de Mayence.

1° Au Nord : — *Dumouriez* veut envahir la *Hollande* ; mais il est battu à *Nerwinde* (mars 1793) et obligé d'évacuer la *Belgique*. — Furieux contre la Convention, « *composée, disait-il, de 400 imbéciles et de 300 scélérats* », il médite de marcher contre elle avec les Autrichiens, et de *rétablir la royauté* ; il ose même jeter en prison les commissaires envoyés par la Convention pour l'arrêter dans son camp. — Mais les soldats refusent de s'associer à la *trahison* de leur général, qui *passe honteusement à l'ennemi*, et, depuis lors, disparaît de l'histoire. — Son successeur, le brave *Dampierre*, est vaincu et tué à *Famars.* — Le fougueux *Custine*, appelé de l'armée du Rhin pour le remplacer, perd *Condé* et *Valenciennes* : la route de Paris est ouverte

2° Sur le Rhin : — *Mayence*, vainement défendue par *Beauharnais*, avait capitulé après une héroïque résistance (juillet 1793) : la garnison obtint les *honneurs de la guerre* et put se retirer avec armes et bagages, drapeaux déployés et chantant la *Marseillaise*, à la condition de ne pas servir avant un an à la frontière.

3° Dans le Midi : — les *Espagnols* envahissent le *Roussillon* ; — *Toulon* se livre aux Anglais, qui s'emparent de notre escadre et des immenses approvisionnements de l'arsenal (août 1793) ; — le général *Brunet* échoue devant les *Austro-Sardes*, qui ont repris la *Savoie* et nous menacent dans la position formidable de *Saorgio.*

2°

Période de succès.

Hondschoote.

Wattignies.

Hoche délivre la frontière.

1° Au Nord : — *Houchard* bat les Anglais à *Hondschoote* (septembre 1793) et délivre *Dunkerque* ; — mais une panique ramène en désordre son armée sous le canon de *Lille* ; il est remplacé par *Jourdan*, traduit devant le tribunal révolutionnaire et exécuté avec *Custine.*

2° Dans la vallée de la Sambre : — *Jourdan* délivre *Maubeuge* par sa belle victoire de *Wattignies* (octobre 1793). — Les hauteurs de Wattignies paraissaient imprenables : « *Si les républicains viennent là*, disait le prince de Cobourg, *je me fais jacobin.* » Les hauteurs furent enlevées au chant de la *Marseillaise*. — « *Ce sont des enragés* », criait Cobourg, obligé de mettre la Sambre entre lui et ses vainqueurs.

3° Sur le Rhin et la Moselle : — *Hoche*, à la tête de l'armée de la Moselle, prend en flanc *Brunswick* et *Wurmser* dans les Vosges, pendant que *Pichegru*, à la tête de l'armée du Rhin, les attaque de front. — *Hoche*, d'abord vaincu à *Kaiserslautern* (novembre), franchit les Vosges, chasse les Prussiens de *Reichshofen*, de *Frœschwiller* et de *Wœrth* (noms marqués de *triomphes* et de *revers* dans l'histoire de nos destinées), enlève les hauteurs du *Geisberg*, ressaisit les lignes de *Wissembourg* et débloque *Landau* (décembre). — Les Autrichiens repassent le Rhin, et les Prussiens se retranchent sous *Mayence*. — **La frontière est délivrée**, et l'armée française hiverne dans le *Palatinat* reconquis.

4° Dans le Midi : — Le jeune *Bonaparte* reprend *Toulon* aux Anglais (19 décembre).

7.

1° **Pichegru**, à la tête de l'armée *du Nord*, secondé par *Moreau*, bat les Autrichiens à *Mouscron*, à *Courtrai*, à *Tourcoing* et à *Hooglède* (avril-juin 1794).

2° **Jourdan**, à la tête de la glorieuse *armée de Sambre-et-Meuse*, avec *Kléber* et *Marceau* comme lieutenants, franchit la Sambre, s'empare de *Charleroi* après un siège vivement conduit par *Marescot*, le *Vauban* de la République, et bat, à **Fleurus** (juin 1794), les 80 000 Autrichiens de *Cobourg*. — Cette brillante victoire, suivie de *la jonction* de Jourdan et de Pichegru, nous livre *toute la Belgique*.

Les deux armées se séparent : — Pichegru entre en **Hollande**, chasse le duc d'York *d'Anvers*, et s'empare de *Nimègue*; — Jourdan marche **sur le Rhin**, enlève *Liège* et *Maëstricht*, bat le général autrichien *Clairfayt* à *Aldenhoven*, et entre à *Coblenz* (septembre-octobre 1794). — L'armée française est maîtresse de *la rive gauche du Rhin*.

3° L'armée des **Alpes**, sous *Dumerbion* et le jeune *Bonaparte*, bat les Austro-Sardes à *Saorgio*, et s'empare du *comté de Nice*, pendant que le général *Alexandre Dumas*, père du célèbre romancier, occupe le *petit Saint-Bernard* et le *Mont Cenis*.

4° L'armée des **Pyrénées orientales**, sous les ordres de *Dugommier*, s'empare du camp du *Boulou*, prend *Collioure*, *Port-Vendres*, et force l'entrée de l'Espagne par la victoire de la *Montagne-Noire*, où périt malheureusement son général.

5° L'armée des **Pyrénées occidentales**, sous les ordres de *Moncey*, envahit *la Navarre*.

6° Sur mer, nous sommes moins heureux : — **Les Anglais** nous enlèvent *les Antilles*, *Pondichéry* et *la Corse*. — *Villaret-Joyeuse* est contraint par le représentant *Jean-Bon Saint-André* de livrer combat à l'amiral anglais *Howe*, pour protéger un grand convoi de blé qui arrive d'Amérique. — Après trois jours de lutte héroïque, l'amiral français dut battre en retraite, abandonnant sept vaisseaux, dont le **Vengeur**, qui, avant de sombrer, amena son pavillon, quoi qu'en ait dit *Barère* à la Convention, mais après avoir toutefois lutté jusqu'aux dernières limites de la résistance. — Le convoi de blé put rentrer à Brest; mais la France dut renoncer pour longtemps à *la guerre d'escadre*, et se venger des Anglais par *ses corsaires*.

La conquête de la **Hollande**, commencée en 1794, s'achève rapidement, malgré *un froid de 17 degrés*. — Le *stathouder*, très impopulaire, abdique et se retire à *Londres*.

L'armée française entre presque sans combat dans la riche et populeuse cité d'**Amsterdam**, qui ne voyait pas sans étonnement et sans admiration défiler dans ses rues ces *soldats déguenillés, sans souliers, sans bas, presque nus, qui placent leurs armes en faisceaux, bivouaquent plusieurs heures au milieu de la glace et de la neige, attendant sans murmurer que l'on pourvût à leurs besoins.* — La *Haye* fut occupée quelques jours plus tard, et des escadrons de hussards et d'artilleurs coururent au galop sur le *Texel* prendre d'assaut la *flotte hollandaise* immobilisée dans les glaces.

Toutes les places de la **Hollande** ouvrirent leurs portes à nos soldats et les accueillirent comme des *libérateurs*. — La *République batave* fut proclamée et devint l'*alliée* de la République française. — Cette conquête de la Hollande, accomplie dans des *circonstances si étranges*, porta aux nues la renommée de *Pichegru*.

Tant de succès rompirent *l'union des coalisés*: plusieurs puissances consentirent à traiter de la paix; — elle fut signée à **Bâle** (1795) entre :

1° Le grand-duc de **Toscane**, puis *le roi de Naples*, *le pape* et *le duc de Parme*, qui reconnaissent la République française et se déclarent neutres;

Traités de Bâle.
(Suite.)

2° **Le roi de Prusse,** *Frédéric-Guillaume II*, qui abandonne à la France *toute la rive gauche du Rhin.* — Les *électeurs de Saxe, de Hanovre et de Hesse-Cassel* signent également la paix ;

3° **La République batave,** qui donnait à la France la *Flandre hollandaise* avec *Maëstricht*, et la libre navigation sur l'*Escaut*, la *Meuse* et le *Rhin* ;

4° **Le roi d'Espagne,** *Charles IV*, qui nous cédait la partie espagnole de *Saint-Domingue*.

C'était la première transaction de la *vieille Europe monarchique* avec la *France révolutionnaire* ; mais les intérêts avaient été plus forts que les principes. Restaient encore l'*Autriche*, le *Piémont* et l'*Angleterre*.

Fin de la campagne de 1795.

Trahison de Pichegru.

Sur le Rhin : — *Jourdan* marche sur *Mayence* ; mais l'inaction calculée de *Pichegru*, qui intrigue avec le *prince de Condé*, fait échouer son plan. — *Pichegru* « commit, dit Napoléon, *le plus grand crime qu'un homme puisse commettre sur la terre* », en faisant écraser deux de ses divisions pour favoriser la jonction des ennemis. — *Pichegru* est destitué et remplacé par *Moreau* ; mais *Jourdan* dut repasser le Rhin.

Aux Alpes : — *Schérer* et ses lieutenants *Masséna*, *Serrurier* et *Augereau* remportent sur les *Austro-Sardes* la victoire de *Loano*, qui ouvre aux Français la route de *Gênes*.

GUERRE DE LA VENDÉE.

Commencements de l'insurrection.

Ses chefs.

L'insurrection éclata à *Saint-Florent*, le dimanche 10 mars 1793, jour du *tirage au sort* pour la levée de 300 000 hommes. — Les *conscrits* chassent les gendarmes et s'emparent de l'*Hôtel de Ville*. Puis ils choisissent pour chefs le *colporteur* **Cathelineau** et le *garde-chasse* **Stofflet**, s'emparent de deux canons, la *Marie-Jeanne* et le *Missionnaire*, et attaquent partout les faibles garnisons républicaines perdues, comme des *îlots*, au milieu des campagnes insurgées.

La noblesse s'associe au mouvement, qui s'étend bientôt de *Nantes* à la *Rochelle*, et lui fournit des *chefs :* — **Charette de la Contrie**, ancien officier de marine, *caractère dur et opiniâtre* ; le **marquis de Bonchamps**, *âme loyale et généreuse* ; le *doux et pieux* **d'Elbée** ; **de Lescure**, le « *Tancrède* » de l'épopée vendéenne ; **Henri de la Rochejaquelein**, *M. Henri*, comme l'appelaient les paysans, jeune homme d'une valeur bouillante et aux allures héroïques : « *Si j'avance*, disait-il à ses troupes, *suivez-moi ; si je recule, tuez-moi ; si je meurs, vengez-moi !* »

Organisation de l'armée vendéenne.

Sa tactique.

Les Vendéens s'organisent *en trois corps* de dix à douze mille hommes chacun : — l'**armée d'Anjou** sous *Bonchamps* ; l'**armée du Centre** sous *d'Elbée* ; l'**armée du Marais**, dans la basse Vendée, sous *Charette* ; — **Cathelineau**, *le saint de l'Anjou*, était le généralissime de la grande armée royale et catholique. — *Chez le paysan insurgé*, peu de discipline, mais un enthousiasme et une bravoure incomparables ; un *Sacré-Cœur de Jésus* lui sert de cocarde ; — *chez les chefs*, rivalité et jalousie de commandement.

Leur tactique est des plus simples : *marcher droit sur les bleus* (soldats de la *République*) et les assaillir à coups de fusil, puis « *s'égailler* » ensuite, à la première décharge d'artillerie. — *Tireurs rapides et inévitables*, leurs victoires étaient au plus haut point meurtrières ; tandis que, *vaincus*, ils disparaissaient en un clin d'œil, dans un labyrinthe de bois, de gorges et de buissons, dont tous les sentiers leur étaient connus : « *Que les généraux*, s'écrie Turreau, *qui ont fait cette affreuse guerre, disent si les Prussiens, les Autrichiens, les soldats rompus à la discipline des Nassau et des Frédéric, sont aussi terribles dans les combats que les féroces et intrépides tirailleurs du Bocage et du Loroux !* » — « *La guerre de Vendée*, dira plus tard Napoléon, *fut une guerre de géants !* »

D'abord, succès (avril-septembre 1794).

Les Vendéens débutent par des succès : vainqueurs *aux Aubiers* (16 avril), ils prennent *Thouars*, *Fontenay*, et entrent à *Saumur ;* ils avaient même pris **Nantes** (29 juin), lorsque *Cathelineau* tombe frappé d'une balle : la ville est sauvée. — Le pieux *d'Elbée*, trop préoccupé des secours providentiels, succède à Cathelineau, *sans le remplacer.*
Les Vendéens sont encore victorieux à *Châtillon* et à *Vihiers* (juillet) ; — complètement défaits à *Luçon* (août), ils prennent leur revanche à *Chantonnay*, à *Coron*, à *Torfou* (septembre). — Mais tout changea de face quand on eut laissé **Kléber** libre d'agir avec les 17 000 soldats de la garnison de Mayence, qu'on transporte, *en poste*, en Vendée.

Puis, revers et désastre (octobre-décembre).

Les Vendéens sont vaincus à *Châtillon* (octobre), à *Mortagne*, où *de Lescure* est mortellement blessé, à *Cholet*, où *d'Elbée* et *Bonchamps* sont frappés à mort : ce dernier, avant d'expirer, obtient la grâce de 4 000 prisonniers républicains que l'on s'apprêtait à massacrer. — Acculés à *la Loire*, les Vendéens, entassés sur les rives au nombre de quatre-vingt mille, hommes, femmes, enfants, vieillards, traversent de nuit le fleuve, à *Saint-Florent*, dans une confusion si épouvantable, que ceux qui en furent témoins « *crurent voir apparaître devant eux des scènes du Jugement dernier !* »
L'armée vendéenne, sous la conduite de *La Rochejaquelein*, se dirige au nord vers *Granville*, pour tendre, de là, la main aux *émigrés* et aux *Anglais*, qui préparent un armement à *Jersey ;* — victorieuse à *Entrames*, elle est accueillie à *Granville* à coups de canon (novembre), mise en déroute au *Mans* par **le jeune Marceau**, et enfin anéantie à *Savenay* (23 décembre), par les hordes du féroce *Westermann*. — La mort de l'héroïque *Henri de la Rochejaquelein* acheva de ruiner l'insurrection.

Les Chouans.

Carrier, à Nantes, fait noyer ou fusiller tout ce qui tombe entre ses mains, pendant que *Turreau* avec ses **colonnes infernales** parcourt en tous sens la Vendée, livrant des villages entiers aux flammes et passant les habitants au fil de l'épée.
Les Vendéens exaspérés se réunissent aux *chouans* (de *chat-huant*) de Bretagne, qui, sous la conduite de *Bourmont*, *Cadoudal* et *Puisaye*, harcèlent et détruisent en détail les *colonnes républicaines.* ·

Pacification de la Vendée (1795).

Turreau est remplacé par *Canclaux*, puis par **Hoche**, qui signe avec **Charette** le *traité de la Jaunaye* (17 février 1795), et avec **Stofflet** le *traité de Saint-Florent* (2 mai). Il avait conclu avec **Cormatin**, le chef des Chouans, le *traité de la Mabilais* (9 avril).
La Convention, d'autre part, était maîtresse des villes insurgées, de *Caen*, de *Bordeaux*, de *Toulon*, de *Marseille*, de *Lyon*, où *Collot d'Herbois* et *Fouché* firent mitrailler les habitants et détruire les maisons des riches, et qui prit le nom de *Ville affranchie*.

Désastre des émigrés à Quiberon (1795).

Le comte de Provence, qui avait pris le titre de *roi*, pressait *Pitt* de ranimer la *guerre de Vendée*. — Une escadre anglaise jette, le 27 juin 1795, sur la plage de *Carnac*, où *Puisaye* les attendait avec ses **chouans**, quatre mille Français, émigrés ou prisonniers des dernières guerres, commandés par *d'Hervilly* et *Sombreuil*. — Ils s'emparent d'abord du *fort de Penthièvre ;* mais **Hoche** accourt, reprend le fort et pousse les émigrés à la baïonnette jusqu'à l'extrémité de la presqu'île de *Quiberon*. — Le carnage fut horrible : *Puisaye* avec deux mille environ se sauva sur la flotte anglaise ; le reste avec *Sombreuil* capitula, à condition d'avoir la vie sauve.
La Convention refusa de ratifier cette capitulation, et son représentant *Tallien* fit fusiller sept cents émigrés dans une prairie voisine d'*Auray* appelée le *Champ des martyrs*. — En rendant compte du désastre de Quiberon au Parlement anglais, **Pitt** avait ajouté ces paroles froidement égoïstes : « *Le sang anglais, du moins, n'a pas coulé.* » — « *Non*, riposta Shéridan, mais *l'honneur anglais a coulé par tous les pores !* »

ESPRIT DES RÉFORMES DE LA CONVENTION. CONSTITUTION DE L'AN III.

Créations et réformes de la Convention.

Leur esprit.

La grandeur de la Convention fut le pouvoir qu'elle eut de mener de front, et la lutte à l'extérieur contre l'*Europe coalisée*, et les *batailles politiques* à l'intérieur, où le sang des siens coula goutte à goutte, et les *études* par lesquelles elle travaillait à doter la patrie d'*institutions* conformes au nouvel état social créé par la Révolution.

La Convention, en effet, ne se borna pas à de *vaines proclamations de principes*; elle rendit **onze mille deux cent dix décrets**, activité qui peint l'époque : on vivait alors *un siècle dans une année*. — Mais la plupart de ses institutions, conçues dans un **esprit démocratique**, ne virent le jour que sous le Directoire, ou plus tard encore, parce que la Convention, en décrétant leur création, n'avait pas voté de *ressources* pour leur fonctionnement.

Le Grand-Livre de la Dette publique (1793).

Sur la proposition de **Cambon**, le *financier de la Révolution*, la Convention créa le **Grand-Livre de la Dette publique**. — *Toutes les dettes* de la monarchie et de la République étaient fondues *en une seule rente*, uniforme et perpétuelle, à 5 0/0, dont *le capital* ne serait jamais exigible : *la dette*, suivant le mot de Cambon, *était républicanisée*.

Le **Grand-Livre de la Dette publique** ouvrait à la France *un crédit* que l'ancien régime n'avait jamais connu. — C'est sur ce livre que s'inscriront désormais *tous les emprunts*.

L'INSTRUCTION PUBLIQUE.

Lakanal.

L'École polytechnique.

La Bibliothèque nationale

L'Institut.

Le **Comité d'Instruction publique**, sous la Convention, a déployé *une activité* qui n'a eu d'égale que celle du Comité de Salut public. — La Révolution, en persécutant les *prêtres*, en détruisant les *congrégations religieuses*, avait désorganisé par là même l'enseignement en France. — **L'ignorance**, dont cette destruction a été la cause, s'est fait sentir pendant un demi-siècle parmi les *enfants du peuple*. — Sur le rapport de l'infatigable **Lakanal**, on décrète la création d'*écoles primaires*, d'*écoles centrales* (lycées), et d'une *École normale* pour former les professeurs (1794). — Danton avait fait admettre qu'à côté des établissements nationaux, on tolérerait des *établissements libres*.

Création de l'*École centrale des travaux publics* (1794), qui devient bientôt l'École polytechnique; — création de l'*École militaire de Mars* au camp des *Sablons*; — création du *Bureau des longitudes*, du *Conservatoire des arts et métiers*, du *Conservatoire national de musique*, du *Musée d'artillerie de Saint-Thomas-d'Aquin*, du *Musée du Louvre*, du *Musée des monuments français*, des *Archives nationales*, du *Bulletin des Lois*, de l'*Institut des jeunes aveugles*. — **La Bibliothèque nationale** (ancienne *Bibliothèque du Roi*) est prodigieusement agrandie et dotée désormais de toutes les publications françaises par la loi du *dépôt légal* (1793). — Le *Jardin des Plantes* (ancien *Jardin du Roi*) s'augmente d'un *Muséum d'histoire naturelle* et d'une *Ménagerie d'animaux*.

Réorganisation de l'*École des mines*, de l'*École des ponts et chaussées*, de l'*École du génie*, du *Collège de France*, qui s'adjoint une *École spéciale de langues orientales*. — Les anciennes Académies sont réorganisées en trois classes : *Sciences physiques et mathématiques*, *Sciences morales et politiques*, *Littérature et beaux-arts*, qui forment l'**Institut national de France**, véritable encyclopédie vivante de tous les talents de l'époque, qui siégea d'abord au *Louvre*, puis au *Palais-Mazarin*. — **Fondation** d'*Écoles de santé* à Paris, Strasbourg, Montpellier; d'*Écoles vétérinaires* à Lyon et à Alfort.

Le calendrier républicain.	Un calendrier nouveau, composé par le mathématicien *Romme* et le poète *Fabre d'Églantine*, remplace le *calendrier grégorien*. — *L'An premier* commence le 22 septembre 1792, jour de la proclamation de la République. Les douze mois portent les noms poétiques de *Vendémiaire, Brumaire, Frimaire; Nivôse, Pluviôse, Ventôse; Germinal, Floréal, Prairial; Messidor, Thermidor, Fructidor.* — Le mois est divisé en *décades* ou séries de dix jours, le *décadi* faisant fonction de dimanche. Les noms des saints étaient remplacés par des noms de *fleurs*, de *fruits*, de *légumes*, d'*animaux*. — Ce calendrier fut en vigueur jusqu'en 1806
Système métrique. **Affranchissement des esclaves.** **Le divorce.**	L'uniformité des poids et mesures fut réalisée par l'adoption du *mètre*, mesure de la dix-millionième partie du quart du méridien terrestre. — L'unité de longueur fut le *mètre*; l'unité de capacité fut le *litre*; l'unité de poids fut le *gramme*; l'unité monétaire fut le *franc*: toutes mesures dérivées du mètre. La Convention décréta aussi l'*affranchissement des esclaves* (1793), la *liberté de la presse* et les *droits de propriété littéraire*; — elle autorisa le *divorce* des époux sans autre formalité que leur consentement mutuel, et commença avec *Cambacérès, Treilhard, Berlier, Merlin de Douai* et *Thibaudeau* la discussion du **Code civil**.
La Constitution de l'An III.	La Convention, négligeant la *Constitution de l'An Ier* reconnue impraticable aussitôt que promulguée, vota une nouvelle **Constitution dite de l'An III**, qui rétablit l'*élection à deux degrés*, et sépare, par un juste retour aux vrais principes du Gouvernement constitutionnel, le *pouvoir exécutif* du *pouvoir législatif*. Le pouvoir législatif était attribué à deux assemblées jumelles, ou à deux *Conseils*, l'un des Cinq-Cents (500 membres), qui proposait les lois, l'autre des Anciens, qui les acceptait ou les rejetait. — *L'âge des élus* faisait la répartition entre les deux Conseils : sur 750 députés à élire, les 500 plus jeunes composaient les Cinq-Cents, et les 250 plus âgés, mariés ou veufs, composaient celui des Anciens. Le pouvoir exécutif était, par crainte d'une dictature, aux mains d'un DIRECTOIRE composé de cinq membres, dont chacun était *président* pendant trois mois; — tous les ans, un des cinq directeurs, désigné par le sort, était remplacé par un nouveau membre, désigné par le Conseil des Anciens, sur une *liste* de dix noms dressée par le Conseil des Cinq-Cents.
L'insurrection du 13 Vendémiaire 1795.	La Convention, effrayée de l'activité du mouvement royaliste à Paris et en province, et craignant une *contre-révolution*, décide, à l'encontre de l'Assemblée Constituante, que *les deux tiers* de ses membres feraient partie des nouveaux Conseils (décrets de *Fructidor*). — A cette mesure, ce fut parmi les **royalistes** une effroyable explosion de colère : « *Ainsi c'était la Convention qui allait gouverner encore! toujours la Convention!* » — La réaction était alors si violente que la musique même de la Convention était obligée de renoncer à jouer *la Marseillaise* en public. 40 000 insurgés (*gardes nationaux* de 8 sections et *royalistes*) marchent sur la Convention. — *Barras*, chargé de la défense de l'Assemblée, cherche un *lieutenant* qui sache remporter la victoire et lui en laisser l'honneur. — Il s'adressa au jeune **Bonaparte**, que sa brillante conduite au siège de Toulon avait mis en lumière. Bonaparte, à coups de mitraille, balaye la rue *Saint-Honoré* et les marches de l'église *Saint-Roch*. — Les insurgés se sauvent, laissant 200 morts sur place (13 *Vendémiaire* 1795). — Cette première victoire de la *troupe de ligne* sur la *garde nationale* annonçait l'avènement prochain du *pouvoir militaire*.

Quelques jours après, la Convention nomme les deux tiers du *Corps législatif* et déclare, par la bouche de son président, *sa mission remplie et sa session terminée*.— L'heure était enfin venue, où **cette assemblée terrible**, après avoir duré *trois ans* qui comptent comme *trois siècles* dans l'histoire, et vu périr de mort violente *quatre-vingt-sept* de ses membres, effrayée de tout le sang qu'elle a fait répandre, épuisée elle-même par tout celui qu'elle a perdu, quitte la scène, comme *affaissée par tant d'efforts, prise de lassitude et de doute, anxieuse du jugement de la postérité sur son œuvre.*

Le souvenir de la Convention est resté *tragique* et *lugubre* dans la mémoire de l'humanité. — Que de crimes commis au nom du salut public et de la liberté ! Le poète Auguste Barbier l'a dit en ces beaux vers :

> *Sombre quatre-vingt-treize ! Épouvantable année,*
> *De lauriers et de sang grande ombre couronnée,*
> *Du fond des temps passés ne te relève pas ! —*

« *La Convention a fait d'admirables choses*, dit Béranger, *nous en profitons, mais il nous sera pardonné d'être ingrats, car on pouvait nous les faire acheter moins chèrement.* » — Ce qui lui fera pardonner ses *fureurs sanguinaires*, c'est qu'elle fit vibrer puissamment l'âme de la France, et sut exciter au plus haut degré le *patriotisme et l'honneur militaire.* — Quand elle se retira, le 26 octobre 1795, elle avait, il faut le dire, non seulement *préservé* la France d'une invasion étrangère, mais encore *ressaisi* ses frontières naturelles, et réalisé, en quelques années, l'œuvre si longtemps rêvée par l'ancienne monarchie. « *Je n'oublierai jamais*, dira un jour le grand orateur royaliste **Berryer**, *que la Convention a sauvé mon pays !* »

5° LE DIRECTOIRE.

CAMPAGNES D'ITALIE, D'ÉGYPTE. NOUVELLE COALITION. LES COUPS D'ÉTAT. LE 18 BRUMAIRE.

Le Conseil des Cinq-Cents et le Conseil des Anciens réunis élurent à dessein pour **Directeurs** *cinq régicides*, afin d'effrayer la réaction.— C'étaient : le **comte de Barras** (1755-1829), gentilhomme de vieille souche, mais indolent et dissolu, *roi de la canaille*, qui installera bientôt au *Luxembourg*, palais du Directoire, une sorte de *régence républicaine* ; on le chargea de *la police* et de *la représentation officielle* ; — **Rewbell** (1746-1810), qui prit *les finances, les affaires étrangères et la justice* ; — **La Révellière-Lépeaux** (1753-1824), rêveur candide, qui eut *l'éducation, les sciences, lettres et arts, les manufactures*, et se rendit ridicule en patronnant la religion nouvelle des *Théophilanthropes* ; — **Letourneur** (1751-1817), qui prit *la marine* ; — et, sur le refus de Siéyès, **Carnot** (1753-1823), qui s'occupa des *opérations militaires* : il venait de passer *chef de bataillon* à l'ancienneté ; son premier soin fut *de se rayer des cadres de l'armée* ; c'était le seul homme de valeur du Gouvernement.

Directeurs et membres des Conseils s'affublèrent de la *toge romaine* accompagnée d'ornements bizarres et d'une *toque* surmontée de panaches ridicules.

Le Directoire fut un Gouvernement mal obéi, toujours incertain dans sa marche, *modéré* par caractère, mais *violent* par nécessité, obligé à des *coups d'État*, pour se préserver des deux *factions* jacobine et royaliste, se parant d'une *gloire militaire* qui appartient tout entière à ses généraux, jusqu'à ce que l'un d'eux finisse par le renverser

La situation financière était critique : la suppression des *impôts indirects* abolis par la Constituante et la négligence des communes à dresser *le rôle des contribuables* avaient tari la source des revenus publics : le Trésor était vide, la famine sévissait, *nos soldats à la frontière* étaient sans souliers, sans vêtements, presque sans nourriture.

Les assignats étaient tombés au 300ᵉ *de leur valeur nominale* (un *louis d'or* de 24 livres valut jusqu'à 7 200 *livres* en assignats), et l'État, obligé de les accepter comme argent comptant dans ses caisses, « *succombait sous une véritable hydropisie de papier* ». — Pour remédier au mal, le Gouvernement brisa (1796) *la planche* qui, en six ans, avait frappé pour 45 *milliards d'assignats*, et remplaça ceux-ci par des *mandats territoriaux*.

Les mandats territoriaux avaient un avantage sur l'assignat : c'est qu'on pouvait immédiatement les échanger contre des biens nationaux, en payant une somme égale à 22 fois le *revenu de ces biens*. — Ce nouveau papier-monnaie n'eut, comme les assignats, qu'une *valeur passagère* ; mais il sauva momentanément l'État et *solda* les armées.

Le Directoire, à bout d'expédients, liquidera plus tard la situation par la *banqueroute*, en déclarant que les deux tiers des créances sur l'État seront remboursés en *bons sur les biens nationaux*, c'est-à-dire avec du *papier sans valeur*, mais que l'autre tiers sera inscrit sur le Grand-Livre et produira une *rente annuelle de 5 0/0 payée en argent : ce sera le tiers consolidé* (30 septembre 1797). — Désormais *les rentes* inscrites au Grand-Livre seront sacrées pour tous les Gouvernements qui se succéderont, et pas une fois on n'omettra d'en payer, à jour fixe, *l'intérêt ; ce qui fera de la rente sur l'État la plus solide des valeurs mobilières*. — Mais, sous le Directoire, la *rente consolidée* tomba à 5 francs, c'est-à-dire qu'avec un *capital* de 5 francs, on achetait une *rente perpétuelle* de 5 francs, tant on avait peu confiance dans le payement futur des rentes dues par l'État.

Gracchus Babœuf, qui rédige *le Tribun du Peuple*, cherche à reconstituer le parti *jacobin terroriste*. — Il forme une société secrète, les Babouvistes, « *pour proscrire tous les impurs, livrer les riches aux pauvres et opérer la délivrance du peuple* ».

Les conjurés, au nombre de 17 000, s'apprêtaient à massacrer les Directeurs et à établir le *communisme*, lorsque *Babœuf* fut trahi, saisi et envoyé à l'échafaud (1796).

Le désastre de Quiberon n'avait pas mis fin aux troubles de l'Ouest. — *Charette*, avec 10 000 hommes, attendait sur la côte vendéenne le débarquement du comte d'Artois, descendu à l'île d'Yeu avec un corps d'émigrés et 2 000 soldats anglais. — Mais le comte d'Artois déclare qu'il ne veut pas aller *chouanner*, et retourne en Angleterre.

Charette désespéré écrivit à Louis XVIII : « *La lâcheté de votre frère a tout perdu ; aujourd'hui il n'y a plus qu'à périr inutilement pour votre service.* » — Réduit à la guerre de partisans, il fut pris, conduit à *Nantes* et fusillé (mars 1796) ; un mois auparavant, *Stofflet* avait subi le même sort à *Angers*.

Hoche, à la tête des trois armées de *Normandie*, de *Bretagne* et du *Poitou*, eut bientôt raison de la plupart des chefs de bandes, qui, à l'exemple de Georges Cadoudal, firent leur soumission. — L'habile modération de ce jeune héros de vingt-sept ans acheva rapidement la *pacification de l'Ouest*, et, lorsque le Directoire annonça aux Conseils que *la guerre civile était enfin terminée*, cette nouvelle causa dans Paris une joie plus grande que toutes les victoires de nos armées à l'étranger. La République aura désormais quatre-vingt mille hommes de plus à porter sur ses frontières. — « *Cette guerre royaliste de Vendée a consommé*, dit Puisaye, *près d'un million d'hommes.* »

Détresse financière.

Les assignats.

Les mandats territoriaux.

La banqueroute des deux tiers.

Le tiers consolidé.

Conspiration socialiste de Gracchus Babœuf.

Le comte d'Artois à l'île d'Yeu.

Charette et Stofflet fusillés.

Pacification de l'Ouest par Hoche.

État de la société.

Agiotage.

Modes excentriques.

Aux temps inouïs de la Convention, où la *vie publique* absorbait la *vie privée*, la France avait offert tour à tour l'aspect d'une *assemblée* et d'un *camp*. — Après ces luttes passionnées, sanglantes, où s'étaient raidies toutes les énergies patriotiques, *les ressorts s'étaient détendus.* Épuisé par tant d'efforts, affamé d'ordre et de repos, on ne songeait plus qu'à vivre. — **Le peuple** quittait les *clubs* et rentrait dans les *ateliers,* ou reprenait la *charrue;* on ne s'intéressait plus qu'à la **guerre extérieure**, qui promettait *gloire* et *profits.*

Aux fermiers généraux décimés par l'échafaud révolutionnaire a succédé une race nouvelle de *financiers*, plus avides d'argent et de jouissances, plus grossiers, parce qu'ils sont plus vite parvenus. — Ce sont des paysans ou des bourgeois enrichis par *l'achat des biens nationaux*, par des *spéculations sur les blés*, sur les *assignats*, sur les *fournitures aux armées* : en ce temps d'agiotage **effréné**, des fortunes énormes poussent *comme des champignons.* — C'est aussi l'époque des *merveilleuses* et des *incroyables*, des *modes grecques et romaines*, des *perruques blondes* et des *collets noirs.*

Tolérance et modération du Gouvernement.

Les Théophilanthropes.

Élections royalistes de 1797.

Pichegru.

Grande tolérance à l'égard des *prêtres insermentés*, qui reparaissent partout. — Le Directoire n'est intraitable que pour les signes extérieurs : une loi destinée à « *réprimer l'abus des sonneries de cloches* » édictait la peine d'un an de prison contre les contrevenants. — **Les Théophilanthropes**, protégés par *La Réveillère-Lépeaux*, sont autorisés à célébrer leur culte à *Notre-Dame*, concurremment avec le culte catholique.

Les royalistes, profitant de la *tolérance* et de la *modération* du Gouvernement, parviennent, aux élections de 1797, à obtenir **la majorité** dans les *Conseils*. — **Pichegru** était l'âme du parti en France : « *Je dépose dans vos mains*, lui avait écrit Louis XVIII, *la plénitude de ma puissance et de mes droits.* » Il est élu président des *Cinq-Cents*, et *Barbé-Marbois*, président des *Anciens;* — *Letourneur*, membre sortant du Directoire, est remplacé par le *royaliste Barthélemy.*

CARNOT LANCE TROIS ARMÉES CONTRE L'AUTRICHE.

Son plan.

Les traités de Bâle n'avaient réconcilié la France qu'avec la *Hollande*, la *Prusse* et l'*Espagne*. — **Carnot**, convaincu que vaincre l'Autriche c'était vaincre tout le reste de la coalition, lança contre elle *trois armées*, qui, dans son plan gigantesque, devaient se rencontrer sous les murs de *Vienne*, et y dicter la paix à l'Empereur.

C'étaient : **1°** l'armée de **Sambre-et-Meuse**, qui, forte de 90 000 hommes, sous les ordres de **Jourdan**, devait pénétrer en Allemagne par *la vallée du Mein;* — **2°** l'armée du **Rhin**, égale en nombre, qui, commandée par **Moreau**, devait opérer par *Strasbourg* et la *Forêt-Noire;* — **3°** l'armée d'**Italie**, qui, sous les ordres du jeune **Bonaparte**, devait s'avancer par la *Lombardie* et le *Tyrol*, point de jonction des trois armées concertantes.

Le plan de Carnot échoue en Allemagne.

Jourdan passe le Rhin et s'empare de *Mayence* et de *Francfort;* mais, au lieu de tendre la main à Moreau, il s'engage follement en *Bavière;* — il est battu par l'archiduc *Charles* à *Wurtzbourg* et à *Altenkirchen* (1796), où périt, à 27 ans, l'héroïque **Marceau**, *l'idole de l'armée*, à qui les Autrichiens rendirent eux-mêmes les honneurs funèbres.

Moreau, qui avait déjà gagné le Danube, isolé par l'insuccès de Jourdan, dut rétrograder en arrière, et opéra sa *savante et magnifique* retraite à travers la *Forêt-Noire*, ramenant avec lui 7 000 prisonniers, 18 canons et deux drapeaux enlevés à l'ennemi.

Hoche, qui a succédé à Jourdan, repasse le *Rhin*, et, avec Moreau, qui avait repris glorieusement l'offensive, allait marcher sur *Vienne*, lorsqu'on apprit que Bonaparte avait signé avec l'Autriche *les préliminaires de Léoben.* — La *gauche* et le *centre* de notre ligne avaient fait échouer le plan de Carnot; mais **Bonaparte** *avait tout réparé.*

8.

NAPOLÉON BONAPARTE

(1769-1821).

Ses premières années.

Ses débuts dans la carrière militaire.

Son arrivée à l'armée d'Italie.

Sa première proclamation.

Son mariage.

NAPOLÉON BONAPARTE, qui commandait en chef l'**armée d'Italie**, était né à *Ajaccio* (Corse), le 15 août 1769. — C'était le second fils de l'avocat *Charles Bonaparte* et de *Lætitia Ramolino*, espèce de *Cornélie rustique*, parcimonieuse comme une paysanne, mais forte de cœur. — Admis, en 1779, à l'**École militaire de Brienne**, où il eut pour répétiteur *Pichegru*, Napoléon, petit, chétif, maigre, le teint jaune, les cheveux noirs et plats, parlant incorrectement le français, dont il ne sut, du reste, jamais parfaitement l'*orthographe*, eut à souffrir des taquineries de ses camarades, qui, se moquant de sa prononciation italienne, au lieu de *Napoléone*, l'appelaient *La Paille-au-nez*. — Mais ses professeurs l'ont remarqué : « *Corse de nation et de caractère*, avait dit son professeur d'histoire, *il ira loin si les circonstances le favorisent.* » — « *Ses discours*, dira son professeur de littérature, *étaient du granit chauffé au volcan.* » — Il passe, en 1785, ses examens pour l'**artillerie** et obtient le nº 42. Le nº 41 avait été obtenu par *Phélippeaux*, qui défendit plus tard victorieusement *Saint-Jean-d'Acre* contre son ancien condisciple.

Nommé lieutenant d'artillerie au régiment de *la Fère*, puis **capitaine** à *l'armée du Midi*, Bonaparte entra en relations avec les représentants *Salicetti*, *Robespierre le jeune*, *Fréron* et *Barras*. — Devenu **chef de bataillon**, au commencement du *siège de Toulon*, le trait de génie qui livra cette ville à la Convention lui valut d'emblée le titre de **général de brigade** (1794). — Le 9 *Thermidor* arrêta sa carrière : emprisonné au fort d'*Antibes* comme partisan de Robespierre, il est ensuite envoyé à *l'armée de l'Ouest*, pour y commander une *brigade d'infanterie*. — En vain sollicite-t-il une place dans l'artillerie, son arme favorite : « *Vous êtes trop jeune*, lui dit Aubry, qui venait de succéder à Carnot. — *On vieillit vite sur le champ de bataille*, lui réplique vivement Bonaparte, *et j'en arrive!* » Sur son refus de se rendre à son nouveau poste, il est destitué. — Mais, la veille du **13 Vendémiaire**, *Barras* le choisit comme *commandant en second de l'armée de l'intérieur* : ce fut son coup de fortune. — Quinze jours après, il était **général de division** (1795), *commandant en chef de l'armée de l'intérieur*, et, le 7 mars 1796, il est nommé **général en chef de l'armée d'Italie** ; il avait *vingt-six ans*.

Les généraux de division qui avaient déjà de brillants états de services accueillent mal le nouveau venu, dont la jeunesse, la petite taille, l'accent bref et impérieux, prévenaient peu en sa faveur. — Mais, au sortir du premier conseil de guerre qu'il tint avec eux, **Masséna** dit : « *Nous avons trouvé notre maître!* » Et **Augereau**, ce soudard héroïque et grossier, convient que « *ce petit drôle de général lui a fait peur* ».

Sa première proclamation à l'armée déguenillée d'Italie quand il arriva pour la commander est restée un modèle d'éloquence militaire : « *Soldats, vous êtes nus, mal nourris; le Gouvernement vous doit beaucoup, il ne peut rien vous donner.... Je vais vous conduire dans les plus fertiles plaines du monde. De riches provinces, de grandes villes, seront en votre pouvoir. Soldats d'Italie, manqueriez-vous de courage ou de constance?* » — C'est avec ces paroles, qui malheureusement ressemblent trop à *un appel au pillage*, que Bonaparte allait inaugurer cette merveilleuse campagne, pendant laquelle la **République** accumulera *plus de victoires* que la monarchie n'en avait laborieusement amassé *pendant des siècles*. — Quelques jours avant de partir, il avait épousé (8 mars 1796) une *créole* de la Martinique, âgée de 33 ans, mais pleine de séduction et de grâce, **Joséphine Tascher de la Pagerie**, amie de *Tallien* et de *Barras*, veuve du général *de Beauharnais*, guillotiné en 1793, et mère de deux enfants, *Hortense* et *Eugène de Beauharnais*.

PREMIÈRE
CAMPAGNE
DE BONAPARTE
EN ITALIE
(1796-1797.)

1°
Contre Beaulieu
et Colli.

Bonaparte, prenant hardiment *l'offensive* avec ses 35 000 hommes, et tournant les Alpes par le col de *Cadibone*, bat les Autrichiens de l'octogénaire Beaulieu à *Montenotte*, *Millesimo*, *Dego* (12-14 avril 1796), écrase, à *Mondovi* (22 avril), les Piémontais de Colli, et impose à *Victor-Amédée*, roi de Sardaigne, *l'armistice de Cherasco*, bientôt suivi du traité de Paris (15 mai), qui consacre la cession de *Nice* et de la *Savoie* à la France. Bonaparte avait fait en quinze jours ce que la Convention n'avait pu faire en trois ans. « *Soldats*, disait le jeune général à son armée, *Annibal avait forcé les Alpes! Nous, nous les avons tournées!* » — Et les Anciens et les Cinq-Cents décrétaient cinq fois, en quelques semaines, que « *l'armée d'Italie avait bien mérité de la Patrie!* »

2°
Contre Beaulieu.

Lodi.

Bonaparte, débarrassé des Piémontais, se retourne contre *Beaulieu*, passe, à son insu, le Pô à *Plaisance*, mais s'arrête au pont de Lodi (10 mai), où 16 000 Autrichiens et 20 pièces d'artillerie lui barrent le passage. — Une colonne de 6 000 grenadiers franchit héroïquement *le pont*, généraux en tête, sous une pluie de feu et de mitraille, et Bonaparte, salué du surnom de petit caporal par ses soldats enthousiasmés, entre, le 15 mai, en triomphe à *Milan*. — Il y trouve des munitions, des vivres, des vêtements; et le jeune général, qui était parti avec 2 000 *louis*, pour commander une armée sans ressources, se trouva alors assez riche pour envoyer *un million en numéraire* à Moreau, et dix autres millions au Directoire, ainsi que des *tableaux et objets d'art* pour nos musées. Les ducs de Parme et de Modène, effrayés, s'empressent de conclure des *armistices*; le roi de Naples se retire de la coalition; le pape obtient *l'armistice de Bologne* en donnant 21 millions, cent tableaux et cinq cents manuscrits. — « *C'est après Lodi*, dit Bonaparte, *qu'il me vint dans l'idée que je pourrais bien jouer un rôle décisif sur notre scène politique; c'est alors que je commençai à entrer en malice avec le Directoire.* » — Aussi les Directeurs inquiets voulurent-ils *partager* son commandement avec *Kellermann*; mais Bonaparte offrit aussitôt sa *démission*, qu'on n'osa accepter.

3°
Contre Wurmser.

Castiglione.

Wurmser, le meilleur général de l'Autriche, remplace Beaulieu et descend du *Tyrol* avec une nombreuse armée. — Bonaparte, par une série de manœuvres audacieuses et rapides, le bat à *Lonato* (3 août 1796), à Castiglione (5 août), à *Roveredo*, à *Bassano*, à *Saint-Georges*, et le bloque définitivement dans *Mantoue* (15 septembre 1796) avec 15 000 hommes, débris d'une armée qui, six semaines auparavant, en comptait 60 000. Mais Wurmser avait *empêché la jonction* de l'armée d'Italie avec l'armée du Rhin, et contribué ainsi aux succès de l'archiduc *Charles* sur *Jourdan* et *Moreau* en Allemagne.

4°
Contre Alvinzi.

Arcole.

Alvinzi entre à son tour en ligne avec une quatrième armée de 60 000 hommes; l'Autriche tournait tout son effort contre la *glorieuse armée d'Italie*. — Celle-ci, épuisée par ses succès mêmes, est réduite à une poignée de soldats : « *On nous compte*, écrivait Bonaparte au Directoire; *des renforts, ou nous sommes perdus!* » Bonaparte, après un effort désespéré contre *Caldiero*, évacue *Vérone*, et, feignant une retraite vers Milan, va s'établir au milieu de *marais coupés par d'étroites chaussées*, où des têtes de colonnes seules peuvent se heurter, et où la valeur doit l'emporter sur le nombre. — Pendant trois jours (15, 16 et 17 novembre), on se bat pour forcer le passage du pont d'Arcole : Bonaparte, un drapeau à la main, essaye, lui aussi, de le franchir; mais il est précipité dans les marais et sauvé par ses grenadiers. — Enfin le pont est emporté, *Alvinzi* bat en retraite, et les Français rentrent à Vérone.

Rivoli.

Alvinzi renforcé revient, six semaines plus tard, avec 45 000 hommes ; mais, avant qu'il ait pu faire sa jonction avec son lieutenant *Provera*, il est surpris et écrasé par Bonaparte à **Rivoli**, et à *la Favorite* (14-16 janvier 1797). — **Wurmser**, qui a mangé son dernier cheval, capitule et rend *Mantoue* avec 13 000 prisonniers et 350 canons (2 février).

5°
Contre l'archiduc Charles.

Préliminaires de Léoben.

Bonaparte, qui, jusqu'alors, comme il le dira plus tard, a battu « *quatre armées sans général* », va battre cette fois « *un général sans armée* ». — C'est l'archiduc **Charles**, *l'habile tacticien*, devant lequel ont reculé Jourdan et Moreau, et à qui l'Autriche confie *sa dernière armée*. — Bonaparte le rencontre et le bat sur *le Tagliamento*, force le col de *Tarwis* et descend les Alpes pour marcher sur Vienne, suivant le *plan de Carnot*, de concert avec l'armée de Sambre-et-Meuse, où **Hoche** a remplacé Jourdan, et l'armée du Rhin, toujours aux ordres de **Moreau**.

Mais l'inaction de **Moreau** arrête un instant Bonaparte, qui envoie au Directoire une lettre furieuse et malveillante contre son collègue : « *En ne voulant jamais exposer sa gloire*, dit-il, *on la perd quelquefois.* » — Toutefois, poursuivant sa marche en avant, il culbute l'archiduc à *Newmark*, et arrive à 25 lieues de Vienne. — La consternation se répandit dans cette ville, et l'empereur **François** demanda un *armistice*. — Bonaparte signa *les préliminaires de Léoben* (18 avril 1797), arrêtant alors en plein succès *Hoche* et *Moreau*, qui venait enfin d'entrer en campagne et de franchir le Rhin.

Fin de la République de Venise.

Création des Républiques Ligurienne et Cisalpine.

Bonaparte se retourne alors sur **Venise**, pour venger les massacres des **Pâques Véronaises**. — L'orgueilleuse République, envahie par 4 000 Français, est rançonnée, dépouillée de ses *chefs-d'œuvre* et détruite après *onze siècles* d'existence (697-1797). — Une *révolution démocratique* éclate en ce même temps à **Gênes**, qui, plus heureuse que sa rivale, se transforme en **République Ligurienne**, alliée de la France.

Bonaparte crée, un mois après, la **République Cisalpine** par la réunion des deux Républiques *Transpadane* et *Cispadane*. — Il eut aussi le bonheur d'apprendre à cette époque que *Paoli* avait été chassé de la Corse, et que cette île était devenue définitivement *française*.

Traité de Campo-Formio (1797).

La paix de **Campo-Formio** couronna la glorieuse campagne d'Italie : Bonaparte en dirigea *les négociations*, comme il avait dirigé *ses armées*, sans souci des *instructions* du Directoire.

L'Autriche cédait *la Belgique* à la France, lui reconnaissait la possession de *la rive gauche du Rhin*, et reconnaissait la *République Cisalpine* et la *République Ligurienne*.

Bonaparte, malgré l'ordre formel du Directoire, abandonnait à l'Empereur le territoire de la *République de Venise*, sauf les *îles Ioniennes*, qui devenaient françaises ; — il inaugurait ainsi, par une *déviation fâcheuse* des principes de la Révolution, cette politique funeste qui *dispose des peuples comme des troupeaux, foule aux pieds leur histoire, et condamne une nation à obéir à une autre, en dépit de ses traditions, de sa langue et de ses mœurs.* — Mais les armées *nourrissaient* alors le Gouvernement, et les *généraux victorieux* imposaient leurs volontés au Directoire, obligé de les ménager et de compter avec eux. — Un congrès devait se réunir à *Rastadt* pour régler les *indemnités* dues aux *princes de l'Empire dépossédés* sur la rive gauche du Rhin.

Le traité de **Campo-Formio**, qui termina la guerre de la première coalition, introduisit, pour la première fois, *la Révolution* dans le *droit public* de l'Europe, et donna à la France ses limites naturelles des *Alpes* et du *Rhin*.

Le **Directoire** et les **Conseils**, composés de *conventionnels* unis par un intérêt commun, avaient jusqu'alors vécu *en bonne intelligence*. — Bientôt tout changea de face, et la lutte s'engagea entre le *pouvoir exécutif* et le *pouvoir législatif*. — Les **royalistes** fondent *le club de Clichy*, et préparent ostensiblement le rétablissement de la monarchie constitutionnelle.

Trois Directeurs : Barras, La Réveillère et Rewbel (*Barthélémy* et *Carnot* respectueux de la légalité n'étaient pas d'accord avec leurs collègues), se voyant menacés d'être emportés par la réaction, cherchent un appui dans l'*armée*, hostile à l'ancien régime. — **Bonaparte** leur envoie *Augereau*, qui entre dans Paris avec 12 000 hommes, dans la nuit du 17 au 18 *fructidor*, cerne les Tuileries, où siégeaient les Conseils, et arrête *Pichegru*, *Barbé-Marbois*, *Boissy d'Anglas*, *Portalis* et cinquante autres députés royalistes, ainsi que le *Directeur Barthélémy*. — **Carnot**, prévenu à temps, parvint à s'échapper.

Les deux minorités révolutionnaires des *Anciens* et des *Cinq-Cents* se déclarent en permanence, annulent *les mandats* de leurs collègues dans 53 départements, — rétablissent toutes les lois contre les *prêtres réfractaires* et les *émigrés*, rapportées depuis peu, et condamnent **à la déportation** *tous les députés arrêtés et nombre de royalistes et de prêtres insermentés*. — Beaucoup de ces *proscrits* purent s'échapper ; le reste alla mourir sur les côtes de la Guyane, à *Sinnamary*.

Ce **coup d'État** accabla le *parti royaliste*, qui, décidément vaincu, ne se relèvera plus qu'en 1814 ; mais il fut encore plus nuisible à la République, *en accoutumant la nation à la violation des lois*. — *François de Neufchâteau* et *Merlin de Douai* remplacèrent au Directoire les deux Directeurs proscrits.

Moreau, qui possédait, depuis plusieurs mois déjà, les preuves de *la trahison de Pichegru*, les envoya à ce moment au Directoire : *ce retard parut suspect*, on le destitua. — *L'armée du Rhin* et *l'armée de Sambre-et-Meuse* furent alors réunies sous le commandement du général **Hoche**.

Le **Directoire** voulait opposer **Hoche**, si dévoué à la République, à **Bonaparte**, si dévoué, il le sentait, à son ambition personnelle. — Malheureusement, Hoche, dévoré par un mal implacable et mystérieux, expira le 19 septembre 1797, à son quartier général de *Wetzlar*, à l'âge de 29 ans. — On lui fit des obsèques *dignes de la Grèce et de Rome*, dit un contemporain : c'était la renommée militaire la plus pure de la Révolution.

Moreau disgracié, *Pichegru* déporté, Hoche mort, **Bonaparte** restait seul *en vue*. Le traité de *Campo-Formio*, qu'il venait de signer, avait causé en France une joie universelle. — Le **Directoire**, entraîné par l'opinion publique, ratifia ce traité, conclu *au mépris de ses instructions les plus formelles*, et fit à Bonaparte une *réception triomphale*.

L'Angleterre restait seule en lutte avec la France après la paix de Campo-Formio. — Pour la forcer à déposer les armes, le Directoire prépara une invasion dans son île, invasion dont il offrit le commandement à **Bonaparte**. — Mais celui-ci, trouvant que « *c'était un coup de dé trop chanceux* », fit détourner l'expédition vers l'Égypte.

L'Égypte, *possession nominale de la Turquie*, appartenait, en réalité, à la milice indépendante des *Mamelucks*. — **Bonaparte** voulait faire de ce pays *une colonie française*, d'où nous pussions, d'un côté, dominer dans la *Méditerranée*, pour en faire un *lac français*, et, de l'autre, tendre la main à *Tippo-Saïb*, sultan de *Maïssour*, l'implacable ennemi de l'Angleterre en Orient : « *C'est dans les Indes qu'il faut frapper l'Angleterre au cœur*. — *Et puis*, ajoutait-il, *les grands noms se font en Orient*. »

Le Directoire, heureux d'être *débarrassé* d'un homme dont la réputation l'écrasait, accéda à ce *projet aventureux*. — Bonaparte emmène avec lui **les généraux** *Kléber, Desaix, Menou, Berthier, Lannes, Murat, Marmont, Junot, Belliard*, et 36 000 hommes, *l'élite* de ses régiments d'Italie. — De plus, les géomètres *Monge* et *Fourier*, le chimiste *Berthollet*, le minéralogiste *Dolomieu*, le naturaliste *Geoffroy Saint-Hilaire*, le dessinateur *Denon*, le mécanicien *Conté*, les chirurgiens *Desgenettes* et *Larrey*, accompagnent l'expédition pour conquérir à la science cette *mystérieuse contrée*. — *Brueys* commandait la flotte.

Bonaparte va prendre, à *Toulon*, le commandement de l'armée réunie dans le plus grand mystère, sous le nom mensonger *d'aile gauche de l'armée d'Angleterre*. — La flotte cingle d'abord vers **Malte**, qui est enlevée sans résistance aux chevaliers de Saint-Jean de Jérusalem : « *Nous sommes heureux*, disait le général *Caffarelli*, en examinant les fortifications de ce rocher imprenable, *qu'il y ait eu quelqu'un dans cette place pour nous en ouvrir les portes* ». — Puis, trompant la *flotte anglaise*, qui courait toute la Méditerranée, incertaine du but de l'expédition, Bonaparte débarque à **Alexandrie**, que l'amiral anglais *Nelson* avait quittée l'avant-veille, l'enlève d'assaut, en confie la garde à *Kléber*, et se dirige vers *le Caire*, à travers le désert de Damanhour.

La marche fut pénible à travers les *sables brûlants*; et nos soldats, cruellement trompés par le phénomène ignoré du *mirage*, éclataient en malédictions contre *les savants*, qui, croyaient-ils, les avaient engagés dans cette expédition aventureuse, plaignant Bonaparte, qui « *s'était laissé déporter comme un bon enfant* ».— Enfin, le 21 juillet, ils aperçoivent **les Pyramides** de *Giseh*, l'orgueil de la vieille Égypte, détachant leurs masses éternelles dans l'azur impitoyable d'un *ciel de feu*. — Près de là, attendent 6 000 *cavaliers mamelucks*, rangés en bataille, tout étincelants d'or et d'acier.

Bonaparte, mettant à profit l'émotion produite par ce spectacle grandiose, galope devant ses soldats, et, leur montrant les monuments des Pharaons : « *Songez*, leur crie-t-il, *que du haut de ces Pyramides quarante siècles vous contemplent!* » — Les charges impétueuses des merveilleux *cavaliers du désert* viennent se briser contre le feu et les baïonnettes des soldats français formés *en carrés*. — Après plusieurs assauts désespérés contre ces *citadelles vivantes*, qui vomissent la mort de toutes parts, les **Mamelucks** décimés tournent bride, ne pouvant s'expliquer par quel lien mystérieux nos soldats « *se tenaient*, disaient-ils, *si solidement cousus les uns aux autres* ».

Bonaparte entre au **Caire** (23 juillet 1798) et se hâte d'*organiser* le pays, respectant les mœurs, les croyances et les propriétés des habitants. — Il fonde et installe, dans un palais du Caire, l'**Institut d'Égypte**, centre et point de départ de tant de précieuses découvertes sur l'Orient, et dont *Monge* fut le président.

Le désastre d'**Aboukir** vint tout à coup arrêter le succès de l'expédition d'Égypte et en ruiner irréparablement les résultats. — *Brueys*, au lieu de se retirer immédiatement à *Corfou*, comme Bonaparte lui en avait donné l'ordre, voulut attendre l'entrée des Français au Caire. — Ce funeste retard permit à **Nelson** d'atteindre enfin, dans la rade d'*Aboukir*, la flotte française, qu'il cherchait depuis si longtemps, de passer entre la côte et sa ligne d'embossage, et de la détruire.

Brueys et **Dupetit-Thouars** se firent tuer à leur banc de quart, en commandant de couler plutôt que de se rendre. « *Jamais*, dit un historien anglais, *la valeur française ne fit acheter plus chèrement la victoire* ».

Conséquences du désastre d'Aboukir.

L'armée d'Égypte était emprisonnée dans sa conquête : « *Eh bien*, dit Bonaparte à ses soldats, *il nous faut mourir ici ou en sortir grands comme les anciens;* » et il écrivait à Kléber : « *Ceci nous obligera à faire de plus grandes choses que nous n'en voulions faire. — Oui*, répondit simplement Kléber, *je prépare mes facultés.* » L'Europe apprit notre désastre avec des transports de joie. — La Turquie déclara la guerre à la France et rassembla deux armées, l'une à *Damas*, l'autre à *Rhodes*. — Les fanatiques musulmans, d'autre part, ne subissaient qu'en frémissant le joug des « *infidèles et des impies qui regardaient le Koran, la Bible et l'Évangile comme des fables* ». Une insurrection terrible éclata au *Caire*, et ne fut étouffée que dans des flots de sang.

BONAPARTE EN SYRIE.

Victoire du Mont-Thabor.

Il échoue devant Saint-Jean-d'Acre.

Bonaparte, accompagné d'un *corps de dromadaires*, pour traverser le désert, prévient les Turcs, franchit l'*isthme de Suez* et entre en Syrie. — Il enlève *El-Arich, Gaza, Jaffa*, mais échoue devant **Saint-Jean-d'Acre**, que défendent l'Anglais *Sydney-Smith* et un émigré français, l'ingénieur *Phélippeaux*. — L'armée du *pacha de Damas*, forte de 25 000 hommes, arrive au secours de la place : *Junot*, attaqué à *Nazareth*, se replie sur *Kléber;* tous deux allaient succomber près du **Mont-Thabor** (avril 1799), lorsque Bonaparte arrive et ouvre un feu terrible sur l'ennemi, qui disparaît dans le désert.
Bonaparte, après plusieurs assauts infructueux, abandonne Saint-Jean-d'Acre, maudissant Sydney-Smith, qui l'avait arrêté devant cette bicoque : « *Cet Anglais*, disait-il, *m'a fait manquer ma fortune; sans lui, je serais peut-être empereur d'Orient.* »

Victoire d'Aboukir.

Bonaparte rentre en France.

Bonaparte, à peine rentré au Caire, où sa présence relève l'influence française, apprend que l'escadre anglaise a débarqué l'*armée de Rhodes* dans la presqu'île d'**Aboukir**. — Il y court avec 6 000 hommes et jette les Turcs à la mer : sur 18 000 *janissaires* débarqués, 15 000 sont tués, noyés ou pris (25 juillet 1799). — C'était une éclatante revanche de la défaite de *Brueys:* aussi *Kléber* pressant, ce jour-là, Bonaparte dans ses bras s'écriait : « *Général, vous êtes grand comme le monde!* »
Sydney-Smith s'étant donné, quelques jours après, l'ironique satisfaction d'envoyer à Bonaparte des *journaux*, qui lui apprirent l'anarchie et les défaites de la France en Suisse et en Italie, celui-ci jugea qu'il était temps de partir. — Laissant le commandement de l'Égypte à **Kléber**, Bonaparte, accompagné de *Berthier, Lannes et Murat*, franchit, sur la frégate *la Muiron*, avec un bonheur égal à son audace la Méditerranée, sillonnée de croisières anglaises, aborde le 9 octobre à *Fréjus*, et arrive à **Paris** cinq jours après.

POLITIQUE EXTÉRIEURE DU DIRECTOIRE.

Républiques Romaine, Helvétique, Parthénopéenne.

La République avait atteint, après le traité de Campo-Formio, le *maximum* de sa puissance. — Mais bientôt, entraînée par l'*ardeur* des soldats, par l'*ambition* des généraux, par l'*appât* des contributions de guerre et des conquêtes, elle eut, elle aussi, comme Louis XIV, après le traité de Nimègue, ses *Chambres de réunion.*
A **Rome**, — après le meurtre du général *Duphot, Berthier* occupe le château *Saint-Ange* et proclame la **République Romaine** (1798). — Le vieux *Pie VI* est envoyé prisonnier à *Valence*, où il mourut l'année suivante.
En **Suisse**, — *Brune*, profitant d'une querelle entre les cantons de *Vaud* et de *Berne*, pénètre dans le pays, écrase les Suisses à *Fraubrunnen*, s'empare du trésor du Gouvernement, et établit la **République Helvétique** (1798).
A **Naples**, — *Championnet* érige le royaume en **République Parthénopéenne**, après trois jours de lutte contre les *lazzaroni*. Le roi *Ferdinand* se réfugie sur la flotte anglaise.

SECONDE COALITION (1798-1802).

Causes.

Forces des coalisés et de la France.

La conscription.

Cette **imprudente propagande révolutionnaire** du Directoire, qui *taillait* brutalement, en Europe, à son image, les Républiques *Batave, Helvétique, Ligurienne, Cisalpine, Romaine, Parthénopéenne,* — la *désorganisation intérieure* de la France, et l'*éloignement de Bonaparte* engagent l'Europe à former une **seconde coalition** contre la France. — Le désastre d'Aboukir en donne *le signal.* — *L'Angleterre, l'Autriche, la Russie, Naples* et *le Piémont* mettent sur pied 350 000 hommes.

A cette **formidable attaque,** dont la ligne s'étendait du *Zuyderzée* au golfe de *Tarente,* et qui nous assaillait par les trois grandes ouvertures de l'*Italie,* de la *Suisse* et de la *Hollande,* nous n'avions à opposer que 170 000 hommes, répartis en **cinq armées :** — 1° celle de la Hollande, sous *Brune;* 2° celle d'Allemagne, sous *Jourdan;* 3° celle de Suisse, sous *Masséna;* 4° celle de la Haute-Italie, sous *Schérer;* 5° celle de Naples, sous *Macdonald,* qui succédait à Championnet.

La France, affaiblie, divisée, ne retrouvait plus *le magnifique élan de 1792:* aussi les *Conseils,* sur le rapport de *Jourdan,* avaient-ils voté la **loi de la Conscription** (5 septembre 1798) : — *tout Français sans exception* était soldat de 20 à 25 ans, *en temps de paix;* — *en temps de guerre,* la durée du service était illimitée; de plus, le Gouvernement pouvait toujours recourir à la *levée en masse.* — *Le tirage au sort* ne sera établi qu'en 1803.

CAMPAGNE DE 1799.

1°

En Allemagne.

Revers.

Les **débuts de la campagne** furent partout *malheureux.* — **Jourdan,** opposé à l'*archiduc Charles,* est rejeté de l'autre côté du Rhin, par la défaite de *Stokach* (mars 1799).

A **Rastadt,** deux plénipotentiaires français, *Roberjot* et *Bonnier,* sont massacrés par des hussards autrichiens; un troisième, *Jean Debry,* est laissé pour mort (28 avril 1799). — A la nouvelle de cet attentat inouï, la France entière poussa des cris d'indignation et de vengeance : *Il n'y avait donc plus pour elle de droit des gens! Tout était bon pour la vaincre, même l'assassinat !*

2°

En Italie.

Désastres.

Schérer, opposé au général autrichien *Kray,* est battu à *Magnano* (avril 1799); — 30 000 Russes, sous les ordres du farouche *Souvaroff,* le vainqueur des Turcs et des Polonais, viennent renforcer les troupes autrichiennes. — **Moreau,** qui a remplacé Schérer, ne peut conjurer une défaite : il est battu à *Cassano* (avril), forcé d'évacuer le *Milanais,* et recule jusqu'à *Alexandrie,* pour rallier Macdonald.

L'armée de Naples, qui court risque d'être enfermée au fond de l'Italie, accourt, avec son chef **Macdonald,** pour soutenir Moreau. — Mais *Souvaroff* arrête les Français sur les bords de *la Trébie* et leur tue 15 000 hommes (juin), sans pouvoir toutefois empêcher *Macdonald* de rejoindre *Moreau* à *Gênes.*

Le **Directoire** destitue Macdonald et Moreau et nomme, pour les remplacer, **Joubert,** qui venait de se marier : « *Tu ne me reverras que mort ou victorieux* », dit-il à sa jeune épouse, en quittant Paris. — Ce jeune héros, que quelques-uns regardaient comme un rival de Bonaparte, quoique noblement secondé par Moreau, qu'il remplaçait, périt à *Novi* (août), dans un dernier désastre. — L'Italie était perdue, sauf *Gênes* et *Nice.*

3°

En Hollande.

Succès.

Brune, plus heureux, avait battu, avec 25 000 hommes, 45 000 Anglo-Russes, commandés par le duc d'York, à *Bergen* (septembre) et à *Kastricum* (octobre 1799).

Le duc d'York est forcé de signer la capitulation d'*Alkmaër,* et de se rembarquer, en délivrant sans échange 8 000 prisonniers français.

Masséna, découvert sur ses deux ailes par la retraite des armées d'Allemagne et d'Italie, avait en face de lui *l'archiduc Charles* avec 36 000 Autrichiens, *Korsakoff* avec 55 000 Austro-Russes, et voici que l'invincible *Souvaroff* lui-même accourait avec 20 000 Russes. — Jamais la République n'avait couru danger si terrible : une seule bataille pouvait ouvrir aux coalisés *la route de Paris*. La *mésintelligence* des Autrichiens et des Russes nous sauva. — Les généraux autrichiens refusant d'obéir aux généraux russes, *Souvaroff* reçut l'ordre de quitter l'Italie et de venir se réunir, en Suisse, à *Korsakoff*, pendant que *l'archiduc Charles* descendrait le Rhin.

Masséna, à l'affût du moment précis où, l'archiduc Charles *parti*, Souvaroff n'est pas encore *arrivé*, se précipite sur Korsakoff et l'écrase à **Zurich**. — Souvaroff, arrivé trop tard par le *Saint-Gothard*, après d'incroyables souffrances, se heurte aux troupes victorieuses de *Masséna* et de *Lecourbe*, qui le rejettent dans des gorges affreuses, où il laisse la moitié de ses soldats.

Souvaroff furieux rentre en Allemagne, jurant de ne plus servir avec les Autrichiens, qu'il accusait de son *désastre*. Le czar mécontent se retira, en effet, de la coalition, et l'archiduc Charles se replia sur le *Danube*. — La République gardait *le Rhin* et *la Suisse* ; mais elle avait perdu *l'Italie*, et était menacée d'une invasion par *la Provence*.

Le Gouvernement, faible et déconsidéré, oscillait misérablement à l'intérieur entre les *jacobins* et les *royalistes*. — Il avait annulé au **18 fructidor** (1797) les élections *trop royalistes* de 48 départements ; il annula le **22 floréal** (1798) 54 élections comme *trop jacobines*. — Enfin, il acheva de mécontenter l'opinion par la *loi barbare des otages*.

Mais les Conseils, arbitrairement décimés par les Directeurs, prirent leur revanche, le **30 prairial** (1799), en annulant, à leur tour, l'élection du Directeur *Treilhard*, et en forçant ses deux collègues, *Merlin de Douai* et *La Réveillère-Lépeaux*, à donner leur démission. — Puis ils nommèrent à leur place *Gohier*, *Moulin* et *Roger-Ducos* ; Rewbell, désigné par le sort comme sortant, fut remplacé par *Siéyès*. — **Barras** restait seul de la *première liste directoriale*.

Cependant la France se démoralisait, *s'avilissait*, et, de plus, elle *s'ennuyait*. « *Ceux qui n'ont pas vécu à cette époque, a dit le duc de Broglie, ne sauront se faire une idée du profond découragement où la France était tombée dans l'intervalle qui s'écoula entre le 18 fructidor et le 18 brumaire.* » — Il lui fallait un maître : Siéyès avait dit lui-même : « *Il ne faut plus de bavards, mais une tête et une épée !* » La tête, c'était lui ; l'épée, la France n'en voyait qu'une, celle de **Bonaparte**. — C'est à ce moment qu'on apprit que le jeune général, violant toutes les *consignes*, arrivait en poste à Paris.

Le voyage du héros fut un *triomphe continuel :* on sonnait les *cloches*, on allumait des *feux de joie ;* — **Paris**, où venait d'arriver la nouvelle de la glorieuse victoire d'*Aboukir*, manifesta une joie folle ; les *Conseils* et le *Directoire* lui-même firent éclater la plus vive allégresse. — Le peuple se passionnait pour ce nouveau *César*, que ses lointaines victoires grandissaient encore dans son imagination : *ce n'était pas lui qui prenait la France, c'était la France qui se donnait à lui !*

Bonaparte, réservé, impénétrable, se renferme dans sa petite maison de la *rue Chantereine*, devenue *rue de la Victoire*, semblant n'y vivre que pour sa *famille* et ses collègues de *l'Institut*. — Mais tout le monde conspirait contre le Gouvernement des « *pourris* » et pressait Bonaparte de le renverser.

9.

<table>
<tr><td>

Le Coup d'État
du
18 Brumaire
1799.

Première journée
à Paris
(18 Brumaire).

Dissolution
du Directoire.

</td><td>

Bonaparte, malgré ses répugnances pour **Siéyès,** qui lui semblait un *orgueilleux utopiste,* s'unit à lui et à **Roger-Ducos,** pour tenter un coup d'État. — Ils convinrent de faire voter par le *Conseil des Anciens* la translation des Conseils à *Saint-Cloud,* et de faire remettre à Bonaparte le **commandement de la force armée.** — *Siéyès et Roger-Ducos* donnèrent ensuite leur démission ; *Barras* étonné fit pressentir le général sur ce qui lui était réservé : « *Dites à cet homme,* répondit Bonaparte au messager, *que je ne veux plus le voir.* » Barras comprit, donna sa démission et prit la fuite. — *Moulin* et *Gohier,* qui refusent leur démission, sont gardés à vue, au Luxembourg, par le général *Moreau,* qui accepte cette honteuse consigne.

Le pouvoir exécutif était renversé (18 Brumaire). — Le général *Lefebvre,* commandant de Paris, ignorant tout ce qui se passait, interpelle violemment **Bonaparte** : « *Général,* lui répondit celui-ci, *vous êtes une des colonnes de la République, je veux la sauver avec vous, et la délivrer des avocats qui perdent notre belle France ; prenez ce sabre dont je vous fais présent, je le portais à la bataille des Pyramides.* » — Lefebvre accepta, avec le *sabre des Pyramides,* la mission de chasser les *avocats.*

</td></tr>
<tr><td>

Deuxième journée
à Saint-Cloud
(19 Brumaire).

Dissolution
des Conseils.

Consuls provisoires.

Appréciation
du coup d'État.

</td><td>

Les Cinq-Cents, atterrés de leur translation à *Saint-Cloud,* mais forcés de se soumettre au décret des *Anciens,* renouvellent avec chaleur, en dépit de *Lucien Bonaparte,* leur président, le serment de fidélité à la Constitution. — **Bonaparte,** qui veut brusquer le dénouement, entre d'abord au **Conseil des Anciens.** Sommé par un député de prêter serment à la Constitution : « *La Constitution,* s'écrie-t-il après un moment de trouble, *mais vous l'avez violée au 18 fructidor, au 22 floréal, au 30 prairial ; le salut de l'État exige de nouvelles garanties.* » Ces paroles sont applaudies. — Mais aux **Cinq-Cents,** Bonaparte est accueilli par un affreux tumulte : « *Hors la loi le dictateur ! A bas Cromwell,* lui crie-t-on, *retirez-vous, vous violez le sanctuaire des lois !* » Bonaparte pâlit, se trouble, balbutie ; heureusement, *il est enlevé par les grenadiers* qui lui avaient servi d'escorte. *Lucien,* qui préside, sommé de mettre aux voix la mise hors la loi de son frère, s'y refuse et dépose ses insignes.

Siéyès, dans ce moment critique, eut le mot de la situation : « *Ils vous ont mis hors la loi,* dit-il à Bonaparte, *mettez-les hors de la salle !* » — Sur l'ordre de Bonaparte, en effet, *Leclerc* entre au Conseil des Cinq-Cents avec un *bataillon de grenadiers,* tambours en tête ; *les députés se sauvent aussitôt par les portes et par les fenêtres.* — Une cinquantaine, complices du coup d'État, votent avec les *Anciens* un décret qui supprime le Directoire et nomme **Consuls provisoires** *Bonaparte, Siéyès et Roger-Ducos.*

La France, sauvée de l'anarchie, allait subir quinze ans de dictature militaire. — Mais, « *elle était folle de cet homme, ce serait trop peu de dire amoureuse* », suivant le mot de *Balzac,* à propos du *duc de Guise.* — « *D'ailleurs, il parut simple alors,* dit Mme de Staël, *qu'un chef militaire adoptât une mesure que des magistrats s'étaient permise le 18 fructidor, le 22 floréal et le 30 prairial.* » — « *J'ai trouvé la couronne de France par terre, et je l'ai ramassée* », dira plus tard Bonaparte, pour se justifier.

Le 18 Brumaire eut une popularité immense : au sortir d'un régime de sang et de boue, Bonaparte apparaissait à la France, comme un *sauveur,* comme un *demi-dieu,* dans tout l'éclat de la gloire, de la jeunesse et du génie. — Aussi, les années de son consulat furent-elles bénies comme *les plus heureuses* de notre histoire, et leur seul souvenir nous ravit encore, tant elles offrent, malgré quelques taches, le spectacle toujours si enchanteur d'une *résurrection nationale.*

</td></tr>
</table>

6° LE CONSULAT ET L'EMPIRE.

LA CONSTITUTION DE L'AN VIII ET SES TRANSFORMATIONS JUSQU'EN 1807.
ESPRIT DES INSTITUTIONS DU CONSULAT ET DE L'EMPIRE. LES CODES. LE CONCORDAT.
LA LÉGION D'HONNEUR; LA COUR IMPÉRIALE; LA NOBLESSE D'EMPIRE.
L'UNIVERSITÉ. LES INSTITUTIONS FINANCIÈRES. TRAVAUX PUBLICS.

CONSULAT PROVISOIRE.

Constitution de Siéyès.

Les Consuls provisoires s'étaient réunis, le 20 brumaire, au Luxembourg : « *Qui présidera*, demanda Siéyès? — *Ne voyez-vous pas*, dit bonnement Roger-Ducos, *que c'est le général?* » — Siéyès n'insista pas, et, au sortir de la première séance, il disait, le soir, à *Talleyrand* et à *Rœderer : « Nous avons un maître; il sait tout, il fait tout, il peut tout.* » — Siéyès est chargé de préparer la *nouvelle Constitution.*

La Constitution de l'an VIII (1799), élaborée par Siéyès, était un mécanisme politique savant et compliqué (*pyramide carrée à la base et terminée en pointe*), où les différents pouvoirs se faisaient réciproquement *contrepoids*, et qui eût été parfait, appliqué à des êtres absolument raisonnables ou à des *machines obéissantes;* mais Siéyès avait oublié de compter avec *les passions* des hommes, et avec l'*ambition* de Bonaparte.

Opposition de Bonaparte.

Retraite de Siéyès.

Bonaparte, avec « *sa longue vue d'oiseau de proie* », découvrit du premier coup d'œil le parti qu'il pourrait tirer, pour le *pouvoir d'un seul*, de cette Constitution théorique. — Il attaqua avec une brutalité voulue le rôle du **Grand Électeur**, qu'il espérait bien transformer à son profit : « *Connaissez-vous*, disait-il à Siéyès, *un homme d'un caractère assez vil pour se complaire dans une pareille singerie? Comment avez-vous pu imaginer qu'un homme de quelque talent et d'un peu d'honneur voulût se résigner à ce rôle de roi fainéant, de porc à l'engrais de quelques millions?* » Siéyès eut l'esprit de comprendre que son rôle politique était fini, et se tint désormais à l'écart, en *spectateur sceptique et mécontent;* ce qui ne l'empêcha pas, toutefois, d'accepter la *terre de Crosne* avec un *million* de dotation, de se laisser faire *sénateur*, et plus tard *comte de l'Empire* et *grand officier de la Légion d'honneur.* — **Roger-Ducos** recevra les mêmes honneurs, avec le *château d'Amboise*, ce qui fut un malheur pour l'art. — **Bonaparte** renversa toute l'économie du projet de Siéyès en supprimant le *Grand Électeur*, mais conserva cependant *une partie de ses idées.*

LA CONSTITUTION DE L'AN VIII.

Le Premier Consul.

Le Conseil d'État.

LE POUVOIR EXÉCUTIF *concentré et fortifié* appartient à **trois Consuls** élus pour dix ans. — Toutefois LE PREMIER CONSUL a toute la plénitude de l'autorité; les deux autres, espèces de *figurants de théâtre*, aident à déguiser ce nouveau pouvoir personnel par une division apparente de Gouvernement, mais n'ont que *voix consultative.*

Les Consuls sont secondés dans le Gouvernement : 1° par des **Ministres** responsables, qui contresignent leurs actes; — 2° par un **Conseil d'État** (*Rœderer, Boulay de la Meurthe, Réal, Brune, Marmont, Chaptal, Fourcroy, Defermon, Ganteaume*, etc.) avec *présidents de section, conseillers, maîtres des requêtes et auditeurs*, qui préparent les projets de lois et en soutiennent la discussion devant le Tribunat et le Corps Législatif, rédigent les règlements d'administration publique, et statuent sur le contentieux et les conflits.

Le Pouvoir législatif, *divisé et affaibli*, était partagé entre trois assemblées :

1° **Le Tribunat,** composé de *cent membres* (*Joseph Chénier, Andrieux, Ginguené, Benjamin Constant, Daunou, J. B. Say, Laromiguière,* etc.), choisis par le Sénat, qui discutait d'abord publiquement les projets de lois, puis déléguait trois de ses membres pour les soutenir ou les combattre contradictoirement avec trois membres du Conseil d'État devant le Corps Législatif. — C'était une sorte d'*opposition officielle;* toutefois l'attitude de ces *tribuns du peuple* parut bientôt outrecuidante à Bonaparte : « *Ils sont là douze à quinze métaphysiciens,* disait-il, *bons à jeter à l'eau; mais je suis soldat, enfant de la Révolution, et je ne souffrirai pas qu'on m'insulte comme un roi!* » — Le Tribunat, d'abord mis « *à la diète des lois* », puis mutilé, fut supprimé en 1807. — Il occupait le *Palais-Royal* avec le Conseil d'État.

2° **Le Corps Législatif,** composé de *trois cents membres* choisis par le Sénat, sur la *liste des notabilités nationales,* et renouvelable tous les ans par cinquième, comme le Tribunat. — Il votait, silencieusement et au scrutin secret, les lois après le débat contradictoire de trois tribuns et de trois conseillers d'État. — C'était *une assemblée de muets,* qui siégeait au Palais-Bourbon : « *Si j'ai le bonheur de mettre le pied en France,* avait dit Bonaparte en quittant l'Égypte, *le règne du bavardage est fini.* »

3° **Le Sénat,** composé de *soixante membres inamovibles* (*Kellermann, Sérurier, Berthollet, Vien, Monge, Lacépède, de Tracy, Volney, Cabanis, Siéyès, Roger-Ducos, Lagrange, Daubenton, Bougainville, Choiseul-Praslin,* etc.) âgés de 40 ans au moins. — Il devait être, pour la loi politique, ce que la Cour de Cassation était pour la loi civile, veillait au *maintien de la Constitution,* élisait les *Consuls,* les *tribuns* et les *députés.* — Ce fut **le grand instrument de règne de l'Empereur** : il avait le pouvoir de modifier la Constitution par des *Sénatus-consultes,* et Napoléon lui en commandait, quand il en avait besoin. — Le *Sénat se recrutait* lui-même. — Il s'installa au *Luxembourg,* et son premier président fut *Siéyès.*

Les élections étaient à trois degrés, déterminant trois listes, trois *catalogues,* dont chacun devait offrir *une pépinière spéciale* à certains emplois publics. — 1° Cinq millions d'électeurs, âgés de 21 ans et inscrits sur les registres publics, choisissaient *le dixième* d'entre eux et formaient **la liste des notabilités communales,** dans laquelle on devait prendre tous les *fonctionnaires de l'arrondissement.* — 2° Les membres de la liste des notabilités communales formaient, du dixième d'entre eux, **la liste des notabilités départementales,** dans laquelle on devait prendre tous les *fonctionnaires du département.* — 3° Les élus de la liste des notabilités départementales formaient également, du dixième d'entre eux, **la liste des notabilités nationales :** c'est sur cette dernière liste que le Sénat choisissait les *membres du Tribunat, du Corps Législatif et de la Cour de Cassation.*

Cette Constitution, dans laquelle, suivant le mot de Siéyès, *l'autorité venait d'en haut et la confiance d'en bas,* rétablissait en fait **une monarchie militaire,** sous le couvert de la République, avec des noms romains : *Consuls, sénateurs, tribuns, préfets,* etc. — Par hommage pour *le principe de la souveraineté nationale,* elle fut soumise à l'approbation du peuple français, qui l'adopta par 3 011 107 oui, contre 1 567 non : ce fut le premier *plébiscite.* — La Constitution de l'an VIII sera modifiée, plus tard, par *les Constitutions de l'an X et de l'an XII,* qui organiseront définitivement le *césarisme,* et Napoléon sera plus puissant que Louis XIV, car jamais le Sénat ne lui refusera un *sénatus-consulte,* ni le Corps législatif une *loi,* ni le peuple un *plébiscite.*

Bonaparte, de Consul provisoire devenu *Premier Consul décennal*, choisit pour *second Consul* **Cambacérès**, savant légiste et ancien conventionnel régicide, et, pour *troisième Consul* **Lebrun**, ancien secrétaire du chancelier Maupeou et ancien constituant. — Il prit pour ministres des hommes de talent de tous les partis, de manière à combiner *l'élégance* et la *souplesse* de l'ancien régime avec *l'énergie* et *l'activité* de la Révolution. — C'est ainsi qu'il mit **Fouché** à la Police et **Talleyrand** aux Affaires étrangères : « *L'un garde ma gauche, disait-il, l'autre ma droite.* » — **Gaudin** reçut le portefeuille des *Finances* ; **Lucien Bonaparte** celui de l'*Intérieur*, et **Berthier** celui de la *Guerre*.

Bonaparte songea d'abord à pacifier les partis : « *Qu'il n'y ait plus*, disait-il, *ni jacobins, ni modérés, ni royalistes, mais partout des Français.* » — Il abrogea la *loi des otages*, rapporta le *décret sur l'emprunt forcé et progressif*, autorisa la rentrée de la plupart des *proscrits du* 18 *fructidor*, fit élargir un grand nombre de *prêtres non assermentés*, ouvrit les *églises au culte*, et ferma les yeux sur la *rentrée des émigrés*; mais il censura les *journaux* et limita leur nombre à *huit*.

Les Vendéens et les Chouans se soumettent définitivement aux général *Hédouville* (1800), et *Georges Cadoüdal* passe en Angleterre.— *Amnistie entière* sera accordée, en 1802, aux 145 000 émigrés qui rentreront dans le délai d'un an; enfin la sombre fête du 21 *janvier* était abolie. La confiance renaissait partout, et les fonds publics, qui étaient descendus, sous le Directoire, à 5 *francs*, remontèrent, le 30 brumaire, à 22 *francs*, et bientôt à *35*.

Le prétendant Louis XVIII, réfugié alors à *Mittau*, crut si bien que Bonaparte allait jouer le rôle de *Monk*, qu'il lui écrivit : « *Nous pouvons assurer le repos de la France; je dis nous, parce que j'ai besoin de Bonaparte pour cela, et qu'il ne le pourrait sans moi.* » Il lui fit proposer l'épée de *connétable*. — **Bonaparte** lui répondit : « *Je vous remercie des choses honnêtes que vous me dites; mais vous ne devez pas souhaiter votre retour en France, car il vous faudrait marcher sur cinq cent mille cadavres.* »

La Constituante et la Convention avaient créé des *administrations collectives*, délibérant sans cesse et n'agissant jamais. — En vain **le Directoire** avait-il placé près d'elles des « *Commissaires du Pouvoir exécutif* »; le désordre administratif était complet. — **Bonaparte**, pour restaurer l'autorité en France, voulut *l'unité du pouvoir* dans le département comme dans l'État : « *Agir est le fait d'un seul* », disait-il; c'est pourquoi il plaça:

A LA TÊTE DE CHAQUE DÉPARTEMENT : — **un préfet**, agent direct du Gouvernement et révocable à sa volonté, assisté d'un *Conseil de préfecture*, tribunal de justice administrative, et d'un *Conseil général*, composé d'autant de membres qu'il y a de *cantons* dans le département, pour contrôler l'administration préfectorale.

A LA TÊTE DE CHAQUE ARRONDISSEMENT (qui remplace le *district*) : — **un sous-préfet**, assisté d'un *Conseil d'arrondissement*.

A LA TÊTE DE CHAQUE COMMUNE : — **un maire**, assisté d'un ou de plusieurs *adjoints*, et d'un *Conseil municipal*. — A Paris, le *Préfet de la Seine* et le *Préfet de police* remplacent le *prévôt des marchands* et le *lieutenant de police* de l'ancien régime.

L'administration départementale était une image réduite de l'administration centrale : — le **préfet**, rappelant les *intendants* de l'ancien régime, était un *premier consul au petit pied* ; le **Conseil de préfecture**, une réduction du *Conseil d'État*, comme le **Conseil général**, une réduction du *Corps législatif*. — Tous ces fonctionnaires et conseillers étaient nommés par le Premier Consul, sur une *liste de notabilités* ; et, suivant le mot de Henri Martin : « *Le pouvoir choisissait les hommes chargés de contrôler le pouvoir.* »

Bonaparte conserva les Contributions directes telles qu'il les avait trouvées (*contribution foncière, mobilière, personnelle,* et *patentes* de la Constituante, *portes et fenêtres* du Directoire). — Mais, sur l'avis de **Gaudin**, *Ministre des Finances*, ancien *premier commis* de l'ancien régime, il en organisa l'administration (novembre 1799) sur le modèle amélioré de l'ancienne administration des *Vingtièmes*, en séparant absolument la *confection des rôles* de la *perception*, idée simple qui devait prévenir tous les abus, toutes les vexations, comme toutes les dilapidations des fonds publics.

Dans chaque département : — un **Directeur** et un *inspecteur* des Contributions directes, assistés de *contrôleurs*, répandus dans les arrondissements, qui dressent le *cadastre*, établissent chaque année la liste des contribuables et la part d'impôt de chacun.

Dans chaque canton : — un **Percepteur** verse tous les mois l'impôt dans la caisse du *Receveur particulier* de l'arrondissement, qui le verse lui-même, au chef-lieu du département, dans la caisse du *Receveur Général*. — Le **Receveur Général** souscrit au Gouvernement des *obligations* a écheances fixes, véritables *lettres de change*, et, comme garantie de sa probité et de la régularité du service, il dépose, ainsi que les receveurs particuliers et les percepteurs, un *cautionnement*, qui forme une **Caisse d'amortissement** destinée à opérer, par un rachat graduel, le *remboursement de la dette publique*. — A côté du receveur général, on créa un *Payeur Général* chargé d'acquitter au chef-lieu les dépenses de l'État.

L'Administration des Contributions indirectes fut organisée sur le même plan, en 1804, sous le nom de *Droits-Réunis* (*boissons, cartes à jouer, voitures publiques*). — En 1806, fut rétabli l'impôt sur *le sel*; en 1811, on créa la *régie des tabacs*. — On réorganisa pareillement *l'Enregistrement* et *les Domaines, les Douanes* et *les Eaux et Forêts*.

Napoléon compléta cette réorganisation en rétablissant la **Cour des Comptes** (1807), chargée de *contrôler* la gestion de tous les agents comptables de France, et en imposant à toutes les branches de l'administration la *Comptabilité en partie double*. — Grâce à ces réformes, Napoléon eut des *budgets en équilibre*, sans que le pays souffrît trop du poids des impôts.— Ses grandes guerres, ses immenses armements, furent surtout soldés *aux frais des pays conquis* : il pratiquait cette maxime du grand condottiere allemand du XVIIᵉ siècle, Wallenstein : « *La guerre doit nourrir la guerre.* »

Dans chaque canton : — un **Juge de paix** avec *suppléant*, chargé d'affaires peu importantes et surtout ayant mission de *concilier les parties*.

Dans chaque arrondissement : — un **Tribunal de première instance** avec *président, juges, procureur* et *substituts*, chargé des *causes civiles et correctionnelles*. — On appelle de ses décisions à la **Cour d'appel**, institution nouvelle, avec *premier président, présidents de chambre, conseillers, procureur général, avocats généraux* et *substituts du procureur général*. — Ces Cours d'appel, au nombre de 29, furent établies dans les villes où avaient siégé autrefois des *Parlements*, et où subsistaient encore les *traditions judiciaires*.

Dans chaque département : — tous les trois mois, **Cour d'assises**, présidée par un *conseiller* à la *Cour d'appel* du ressort, jugeant, au chef-lieu, les *causes criminelles* avec l'assistance d'un *jury*.

La hiérarchie judiciaire était couronnée par la **Cour de Cassation**, chargée de maintenir l'*unité de jurisprudence* et de *casser les arrêts* rendus contrairement aux règles de la procédure. — Une *Haute Cour de justice* complétait cette organisation.

**Le
Ministère public.**

**Inamovibilité
des juges.**

**Avocats, avoués,
notaires, etc.**

Le ministère public chargé de l'accusation s'appelle aussi *le parquet* ; on l'appelle encore *la magistrature debout*, par opposition à la Cour ou aux juges proprement dits, qui forment *la magistrature assise*. — Le procureur général est, dans *le ressort de la Cour d'appel*, ce que le *préfet* est dans son département, le représentant le plus élevé du pouvoir central. — Dorénavant, les juges devaient être **inamovibles** : le Premier Consul les *nommait*, mais s'enlevait le droit de les *révoquer*. Le Sénat nommait les membres de la *Cour de Cassation*.

Napoléon rétablit l'ordre des avocats, exigea d'eux le diplôme de *licencié en droit* et l'inscription au *tableau* (1804). Il remit à leur tête le *bâtonnier*, et leur donna un *Conseil de discipline*. — Les avocats à la *Cour de Cassation* et les *avocats au Conseil d'État* durent être nommés par l'Empereur. — Les procureurs de l'ancien régime furent rétablis sous le nom d'*avoués* ; ils purent vendre leur *charge* ; mais leur successeur devait être *agréé* par le Premier Consul ; — il en était de même des autres officiers ministériels, *notaires, huissiers, commissaires-priseurs*.

**Le Code Civil
(1804).**

**Codes de Procédure
criminelle,
d'Instruction
criminelle,
de Commerce ;
Code pénal.**

L'ancienne monarchie avait souvent rêvé l'établissement d'*une législation unique*, à la place des *coutumes provinciales*, si nombreuses et si confuses. — L'Assemblée Constituante, en anéantissant le *droit féodal* et le *droit coutumier*, décréta l'établissement d'une **législation nouvelle et uniforme**. — Les *comités* de la Constituante, de la Législative, de la Convention et des Cinq-Cents en avaient même arrêté déjà les *principes* et recueilli les *premiers éléments*.

Bonaparte entreprit de mener cette œuvre à bonne fin : une Commission, composée de *Portalis, Tronchet, Treilhard, Berlier, Bigot de Préameneu* et *Malleville*, fut chargée de continuer et d'achever le travail des Comités. — Quatre mois après, elle présentait une ébauche de *Code*, qui fut soumise à l'examen de la *Cour de Cassation* et des *Cours d'appel*, puis à la revision sévère et scrupuleuse du *Conseil d'État*. — Le Code s'acheva sous les yeux de Bonaparte, dans les *discussions* des plus savants jurisconsultes, qu'il étonnait et charmait par la profondeur de ses vues, son ferme et lumineux bon sens, le tour vif de son langage et l'originalité de ses expressions. — Les attaques du *Tribunal* et l'opposition d'une partie du *Corps Législatif* retardèrent, jusqu'en 1804, la promulgation du **Code Civil**, qui prit, en 1807, le nom de *Code Napoléon*.

Le Code Civil, chef-d'œuvre de clarté, de méthode et d'esprit pratique, devint la base et le modèle de la législation de la plupart des peuples de l'Europe qu'il a conquis aussi rapidement que nos armes, mais d'une façon plus durable. — Il est rédigé par *articles numérotés* pour faciliter les recherches et les citations, et repose sur ces **trois grands principes** : *la complète sécularisation de l'ordre politique et civil ; l'égalité des citoyens devant la loi et des enfants dans la famille ; l'affranchissement de la propriété, et le droit d'en user et d'en disposer sans autres limites que celles qu'impose la loi dans l'intérêt de l'utilité publique*. — C'est le plus beau corps de lois qui ait été formé depuis *Justinien*, le vrai Code de la société moderne et l'un des monuments les moins imparfaits de la *sagesse humaine*. — Après le Code Civil, furent également préparés, discutés et promulgués en France, le **Code de Procédure civile** (1807), le **Code de Commerce** (1808), le **Code d'Instruction criminelle** (1809), et le **Code pénal** (1810), qui rétablit quelques-uns des usages barbares abolis par la Constituante : *l'exposition*, le *carcan*, la *marque*, *l'amputation du poignet pour les parricides*.

L'œuvre la plus délicate du Consulat fut la réconciliation de la France avec l'Église romaine.
— Pendant la Révolution, le peuple s'était éloigné avec mépris des autels de la *déesse Raison*; il était demeuré froid et indifférent pour les fêtes de l'*Être suprême*, et n'avait eu que des sarcasmes pour la *Théophilanthropie* du naïf La Réveillère-Lépeaux. — *La vieille foi catholique vivait toujours au fond de son cœur.*

Bonaparte, qui, du parc de *la Malmaison*, ne pouvait entendre sans émotion *tinter les cloches de Rueil*, ne fut, à aucun moment de sa vie, un *sceptique*. — Mais la restauration du Catholicisme en France présentait alors de graves difficultés : les *pasteurs légitimes*, revenus d'exil, trouvaient leur place occupée par le *clergé constitutionnel*, et, d'autre part, les *acquéreurs de biens nationaux* tremblaient d'être dépossédés; ils étaient *mal vus* dans leur commune : on leur enviait *leur bon coup*, et ils avaient peine à se persuader eux-mêmes que *leur propriété légale fût une propriété légitime.*

Bonaparte, qui voulait détacher les **prêtres** du *parti royaliste*, et s'en faire un instrument de domination sur les âmes, « *une gendarmerie sacrée* », disait il, entreprit de rétablir le culte catholique en France. — D'ailleurs, l'immense succès du *Génie du Christianisme* de **Chateaubriand**, dédié au Premier Consul, avait préparé les voies à cet acte d'apaisement. — L'esprit de modération qui animait **Pie VII** (cardinal *Chiaramonti*), successeur de *Pie VI*, mort à Valence, en 1799, rendit tout possible. — **Un Concordat**, négocié par *Joseph Bonaparte*, l'*abbé Bernier* et le *cardinal Consalvi*, réconcilia Rome avec la République Française (15 juillet 1801).

Le Premier Consul, à l'instar des rois depuis François Ier, **nommait les évêques;** le pape leur donnait l'*institution canonique*. — Les **évêques** nommaient les *curés*, qui, une fois *agréés* par le Gouvernement, deviennent *inamovibles*, et les *desservants* et les *vicaires*, qu'ils peuvent déplacer à leur gré. — Le pape promettait de ne troubler en rien, *au for de la conscience*, les **acquéreurs des biens ecclésiastiques;** le Gouvernement, en retour, s'engageait à assurer un *traitement convenable* aux évêques et aux curés.

On fit une nouvelle circonscription de *diocèses*, dont le nombre fut fixé à soixante : cinquante *évêchés* et dix *archevêchés*; ces nombres ont été modifiés depuis : il y a maintenant 17 archevêchés et 72 évêchés. — **Pie VII** demanda aux *évêques constitutionnels* et aux *évêques insermentés* leur démission, leur laissant entendre qu'en cas de refus, *il passerait outre*; puis, le Gouvernement procéda à de *nouveaux choix* : à 48 sièges sur 60, il nomma des prêtres insermentés. — **Le nombre des fêtes chômées,** en dehors du dimanche, qui était de 82 avant la Révolution, fut réduit à *quatre* (*Noël, l'Ascension, l'Assomption* et *la Toussaint*). — L'usage des *cloches* était rétabli; les *églises* étaient rendues au clergé; on restituait aussi le *presbytère* et le *jardin attenant.*

Bonaparte ajouta, en 1802, au Concordat, des **Articles organiques** (*loi du 18 germinal an X*) rédigés par *Portalis*, et destinés à *régler la police du culte :* — le **mariage civil** devait précéder le *mariage religieux*; aucun *bref, rescrit* ou *bulle* de Rome ne pouvait être publié en France, aucun *concile* ou *synode* ne devait s'y réunir, sans l'autorisation du Gouvernement; les professeurs des séminaires étaient tenus d'enseigner la doctrine des *quatre articles de 1682*; toute infraction du clergé, soit au Concordat, soit aux lois françaises, était déférée au Conseil d'État, qui déclarait, à l'instar de l'ancien régime, s'il y avait *abus;* aucune *chapelle* ne pouvait être ouverte sans l'*autorisation du Gouvernement,* etc. — Ces articles, rédigés à *l'insu et sans l'aveu du souverain pontife,* ne créaient aucun engagement pour le **Saint-Siège,** qui protesta vivement près de Bonaparte : *il ne les a jamais depuis ni reconnus ni condamnés.*

Le *Te Deum* à Notre-Dame.

Appréciation du Concordat.

Une magnifique cérémomie à Notre-Dame, le jour de Pâques 1802, célébra cette réconciliation avec le Saint-Siège. — Une *messe pontificale*, à laquelle assistèrent le Premier Consul et tous les grands corps de l'État, fut chantée par le cardinal-légat *Caprara* et suivie d'un *Te Deum*. — Les jacobins y virent une *abjuration de la Révolution*, l'armée une *trahison*. — Bonaparte fut obligé d'avoir recours aux mesures les plus sévères pour obtenir des généraux qu'ils y assistassent, et le général *Delmas* exprima les préjugés des soldats, en disant à l'issue de la cérémonie : « *C'est une belle capucinade, il n'y manque qu'un million d'hommes qui ont été tués pour détruire ce qu'on rétablit.* »

Le Concordat a été une œuvre de sagesse : aussi, aucun des pouvoirs qui se sont succédé depuis en France n'a-t-il pris sur lui de *dénoncer ce traité*. — Son abolition conduirait à l'*oppression de l'Église* par l'État, ou à une *indépendance de l'Église* dangereuse parfois pour le Gouvernement. — Le Concordat nous a déjà donné près d'un siècle de **paix religieuse** : il faut en être heureux, car les puissances qui n'ont pas un traité semblable ont souvent, avec la cour de Rome, des difficultés insolubles : « *Les nôtres, au contraire*, disait M. Thiers, en 1871, *sont presque résolues d'avance par ce traité.* »

Les ordres religieux.

Les cultes dissidents.

Le Concordat ne faisait pas mention des *Ordres monastiques*. — Ce fut trois ans après, le 3 *messidor* an XII (juin 1804), qu'un décret impérial permit l'existence de certaines congrégations, dont chacune devait recevoir une *autorisation spéciale*.

Napoléon autorisa seulement trois congrégations de prêtres : les *Lazaristes*, les *Missions Étrangères* et les *Pères du Saint-Esprit*, et une seule corporation enseignante, les *Frères des Écoles chrétiennes*. — Quand **les Jésuites,** dissous par Louis XV, essayèrent de se reconstituer sous le nom de *Pères de la Foi*, le décret de messidor an XII consacra de nouveau leur *abolition*. — Mais Napoléon laisse *naître et vivre*, entre 1804 et 1814, *cinquante-quatre communautés nouvelles*, qui se passent de sa permission pour exister, et ne lui soumettent point leurs *statuts*.

Le Culte protestant reçut une rétribution de l'État sous sa double forme, *Église réformée de Genève* (Calviniste), et *Église de la Confession d'Augsbourg* (Luthérienne) ; — mais les églises protestantes et leurs ministres *ne pouvaient avoir de relations avec aucune puissance ni autorité étrangères.*

Les Juifs avaient été appelés par la Constituante à jouir de l'*égalité civile et politique*. — Napoléon les plaça sous *un régime particulier*, qui prit fin en 1818.

La Légion d'honneur (1802).

Pour remplacer les anciens ordres de Saint-Louis et de Saint-Michel, Bonaparte proposa un *nouvel ordre de chevalerie* destiné à récompenser à la fois les services civils et militaires : ce fut la **Légion d'honneur**, avec *grands-officiers, commandeurs, officiers et chevaliers* ; plus tard, on y ajoutera les *grands-aigles ou grands-croix*. — A l'ancienne *noblesse*, qui rentrait en foule, Bonaparte opposait **une noblesse nouvelle** sans violer le *principe d'égalité*, puisqu'elle plaçait sur la poitrine du simple soldat et du savant modeste *la même décoration* qui brillait sur la poitrine des généraux, des princes et des rois.

Le Tribunat et le Corps Législatif firent une vive opposition à ce projet de loi, « *qui rétablissait*, disaient-ils, *les hochets de la monarchie* » ; — « *Mais c'est avec ces hochets qu'on mène les hommes* », répliquait Bonaparte. — Les premiers chevaliers de la Légion d'honneur (chose à peine *croyable* aujourd'hui) en furent presque *honteux*, et reçurent cet ordre avec *une sorte de dérision* ; mais la croix d'honneur devint bientôt ensuite l'ambition de tous les serviteurs de la patrie.

10.

La machine infernale (1800).	Tant d'activité déployée par Bonaparte, pour restaurer la France et la rendre aussi florissante au dedans que glorieuse au dehors, attirait naturellement sur le Premier Consul la reconnaissance du pays. — **Sa merveilleuse campagne d'Italie** (1800), couronnée par la célèbre victoire de *Marengo*, avait porté au comble *l'enthousiasme pour le jeune héros.* — Mais les **partis extrêmes**, *jacobins* et *royalistes*, loin de désarmer, *complotaient* sa mort.

La machine infernale (1800).

Une machine infernale (tonneau chargé de poudre et de mitraille) fait explosion dans la rue *Saint-Nicaise* (24 décembre 1800), au moment du passage de Bonaparte, qui se rendait à l'*Opéra*, pour entendre l'oratorio, *la Création*, de Haydn.—Le Premier Consul ne dut la vie qu'à la dextérité de son cocher; mais cinquante-deux personnes furent tuées ou blessées. — Croyant à *un complot de jacobins*, **Bonaparte**, qui les haïssait mortellement, obtint un *sénatus-consulte* qui déporta, sans jugement, aux *îles Seychelles*, cent trente républicains, bien qu'on eût découvert les véritables coupables, *Carbon et Saint-Réjant*, royalistes avérés, agents de *Georges Cadoudal*, qui furent exécutés. — *« La chouannerie et l'émigration, disait Bonaparte, sont des maladies de peau, mais le jacobinisme est une maladie de l'intérieur. »*

Le Consulat a vie (1802).

Modifications de la Constitution de l'an VIII.

Le sénatus-consulte de l'an X.

Ces attentats ne faisaient que surexciter l'opinion publique en faveur de Bonaparte. — Sur la proposition de *Cambacérès*, le Tribunat, ayant émis le vœu qu'*un éclatant témoignage de la reconnaissance nationale fût décerné au Premier Consul*, le Sénat, à l'unanimité, vota *la prorogation* de ses pouvoirs pour **dix ans** (8 mai 1802). — *Cela parut maigre* à Bonaparte : aussi, à quelque temps de là (2 août 1802), le Sénat, après avoir pris l'avis de la nation, par *un plébiscite* qui donna 3 568 885 *oui* contre 8 375 *non*, proclama Bonaparte **consul à vie**.

Le sénatus-consulte organique de l'an X modifia la Constitution de l'an VIII pour la mettre en harmonie avec la *nouvelle organisation du pouvoir exécutif :* — des **collèges électoraux à vie** remplaçaient les *listes de notabilités* ; — le **Tribunat** était réduit à cinquante membres, par l'exclusion des plus indépendants (*Chénier, Daunou, Benjamin Constant*, etc.), et délibérait désormais à *huis clos* ; — le **Sénat** reçut le pouvoir de *modifier* par des *sénatus-consultes* les institutions du pays, de *dissoudre* le Corps Législatif et le Tribunat, de mettre les départements *hors la loi*, d'y *suspendre* la Constitution ou le jury, de *casser* les jugements des tribunaux ; — le **Premier Consul** recevait le droit royal de *faire grâce*, et pouvait *désigner* son successeur. — Cette *monarchie élective et viagère* de l'an X préparait tous les cadres de la *monarchie héréditaire.*

Conspiration de Georges Cadoudal et de Pichegru (1803-1804).

Georges Cadoudal, le **général Pichegru**, évadé de *Sinnamary*, et les deux frères **Armand** et **Jules de Polignac**, réunis à Londres autour du *comte d'Artois*, ourdissent, en 1803, le projet de venir à Paris, et d'assaillir, le soir, le Premier Consul, avec une centaine de chouans, *sur la route de la Malmaison.* — Le **général Moreau** se laissa entraîner dans le complot; Bonaparte en fut stupéfait : *« Le seul homme, disait-il, qui pût me donner des inquiétudes, le seul qui eût des chances contre moi, se perdre aussi maladroitement ! »*

La police arrêta les conjurés, qui furent traduits devant la Cour d'assises : *Pichegru* s'étrangla dans sa prison ; *Moreau*, protégé par le souvenir de ses victoires, fut condamné à deux ans de détention, que Bonaparte commua en un bannissement perpétuel aux États-Unis ; les *de Polignac* furent graciés ; mais *Georges Cadoudal* fut guillotiné avec dix de ses complices (1804).

Exécution du duc d'Enghien (1804).

Bonaparte, en proie à une irritation que des bruits journaliers d'assassinat portaient à son comble, résolut alors de « *renvoyer la terreur aux Bourbons jusque dans Londres* ». — « *Suis-je donc un chien*, disait-il, *qu'on peut assommer dans la rue, tandis que mes meurtriers doivent être sacrés ?* »

Le jeune duc d'Enghien, descendant du *Grand Condé, fut enlevé* sur le territoire badois, à quatre lieues de la frontière, jugé et condamné par une commission militaire, et fusillé à *Vincennes*, dans la nuit du 20 au 21 mars 1804. — **Paris** apprit avec stupeur cette sanglante exécution; Bonaparte cependant ne s'en repentit jamais : « *En pareille circonstance*, disait-il à Sainte-Hélène, *j'agirais de même.* »

PROCLAMATION DE L'EMPIRE (1804).

Opposition de Carnot.

La conspiration de Georges Cadoudal eut pour résultat de hâter la *dernière transformation de la Révolution française;* la nation s'obstinait dans son *enthousiasme* pour Bonaparte, comme l'Angleterre dans sa *haine.* — Sur la proposition d'un obscur tribun, Curée, « *choisi en raison de son obscurité, pour mieux laisser toute leur valeur aux arrêts du destin* », et malgré l'opposition de **Carnot**, qui s'écriait en plein Tribunat : « *Vous dites que Bonaparte a opéré le salut de son pays, qu'il a restauré la liberté publique; est-ce donc une récompense à lui offrir que le sacrifice de cette même liberté ?* », le Sénat émit le vœu d'un *Empire héréditaire.*

Bonaparte consulta les cours européennes pour voir si l'établissement d'une *dynastie nouvelle* ne leur déplairait point, et, sur leur réponse favorable, le Sénat proclama NAPOLÉON BONAPARTE **Empereur héréditaire des Français.** — Le peuple ratifia, par 3 572 329 suffrages contre 2 569, le *sénatus-consulte organique de l'an XII:* c'était le *troisième plébiscite en cinq ans.*

La Constitution impériale.

Le Sénatus-Consulte de l'an XII.

Le sénatus-consulte de l'an XII organisa le *Gouvernement impérial.* — L'Empire était déclaré **héréditaire** *de mâle en mâle, par ordre de primogéniture, dans la descendance directe ou adoptive de Napoléon Bonaparte;* à son défaut, il passait dans la *ligne de Joseph,* puis dans celle de *Louis.* — Lucien et Jérôme, qui s'étaient mariés sans le consentement de leur frère, étaient exclus de la succession. Cependant *Jérôme* consentit plus tard (1807) à divorcer avec sa première femme, *Elisa Paterson,* et à épouser la princesse *Catherine de Wurtemberg,* sur le désir de Napoléon, qui lui rendit ses droits de *prince du sang.* — La *liste civile* de l'Empereur était fixée à 25 millions, et l'*aigle impériale* substituée, dans les armes de la France, au *coq gaulois* de la République.

Le Sénat, composé d'abord des *quatre-vingts membres élus* par le Sénat lui-même, puis des *six grands dignitaires* et des *princes du sang* âgés de 18 ans, et enfin de *tous les citoyens* que l'Empereur jugeait à propos d'y nommer, resta le **premier corps de l'État.** — Toutefois, pendant toute la durée de l'Empire, il sembla n'avoir d'autre mission que de donner par ses **sénatus-consultes** *une forme légale* à toutes les volontés du maître. — La parole fut rendue **au Corps Législatif,** mais seulement dans les *Comités secrets.* — Le **Tribunat,** dernier asile de la *discussion,* sera *supprimé* en 1807, comme un rouage inutile. — **Le Conseil d'État** devient *un tribunal purement administratif.*

Le titre de Cour fut donné au *Tribunal de Cassation* et aux *tribunaux d'appel.* — Par ménagement pour la démocratie, on conserva encore, pendant trois ans, le mot de République sur les *monnaies* et sur le *sceau* de l'État, on data les *actes publics* de l'an XII et l'on suivit le *calendrier républicain;* mais, sur un rapport de *Laplace* au Sénat, un sénatus-consulte rétablit le *calendrier grégorien,* à partir du 1er janvier 1806. — L'appellation de *citoyen* fit place officiellement, en 1804, à celle de *Monsieur.*

NAPOLÉON, *nouveau Charlemagne*, devait avoir, comme « *son glorieux ancêtre* », une cour et une noblesse d'Empire ; on créa donc :

1° Six grands dignitaires inamovibles : — le Grand-Électeur (*Joseph Bonaparte*), *l'Archichancelier d'Empire* (*Cambacérès*), *l'Archichancelier d'État* (*Eugène Beauharnais*), *l'Architrésorier* (*Lebrun*), *le Connétable* (*Louis Bonaparte*), *le Grand-Amiral* (*Murat*).

2° Quinze maréchaux d'Empire : — *Jourdan*, le vainqueur de Fleurus ; *Masséna*, le vainqueur de Zurich ; *Augereau*, le héros de Castiglione ; *Brune*, le vainqueur de Bergen ; *Berthier*, l'incomparable chef d'État-major de Napoléon ; *Lannes*, le vainqueur de Montebello ; *Ney*, le brave des braves ; *Murat*, le premier général de cavalerie ; *Bessières*, le commandant de la garde impériale ; *Moncey*, le futur héros de Conegliano ; *Mortier*, le conquérant du Hanovre ; *Soult*, qualifié par l'Empereur, après Austerlitz, de premier manœuvrier de l'Europe ; *Davout*, le futur vainqueur d'Auerstædt ; *Bernadotte*, le futur roi de Suède ; — quatre maréchaux honoraires : *Kellermann*, le héros de Valmy ; *Lefebvre*, *Pérignon* et *Sérurier*.

3° Des Grands Officiers civils : — *un Grand-Chambellan* (*Talleyrand*) ; *un Grand-Aumônier* (*le cardinal Fesch*, archevêque de Lyon, oncle de l'Empereur) ; *un Grand-Veneur* (*Berthier*) ; *un Grand-Maréchal du Palais* (*Duroc*) ; *un Grand-Écuyer* (*Caulaincourt*) ; — *un Grand-Maître des Cérémonies* (*le Comte de Ségur*), qui eut pour mission, sans y réussir toujours, d'apprendre à la nouvelle cour *les manières de l'ancienne*.

Cette nouvelle cour improvisée avec les *généraux* et leurs *femmes*, presque tous sortis des rangs du peuple, se ressentait un peu du défaut d'*éducation première*. — Napoléon s'efforçait pourtant de *discipliner à l'étiquette* ses compagnons d'armes et leurs épouses, dont quelques-unes, comme la *maréchale Lefebvre*, duchesse de Dantzig, étaient renommées par leurs excentricités : « *Généraux sur le champ de bataille*, leur disait-il, *soyez grands seigneurs à la cour, autour de moi !* » — Il fit venir Mme de Campan, qui avait servi *Marie-Antoinette*, et ordonna de prendre en note les renseignements qu'elle donnerait sur *les usages de la cour de Louis XVI*.

Napoléon recherchait fort les *anciens seigneurs de la cour royale* pour les emplois de chambellans et de dames d'honneur : « *Il n'y a que ces gens-là*, disait-il insolemment, *qui sachent servir*. » — Parmi les noms illustres qui figurèrent dans le service de la chapelle, du palais, des écuries, on rencontre ceux des *Rohan*, des *Croy*, des *Broglie*, des *Chevreuse*, des *La Rochefoucauld*, des *Montmorency*, des *Chabot*, des *Montesquiou*, des *Noailles*, des *Brancas*, des *Grammont*, des *Gontaut*, des *Beauvau*, des *Ségur*, des *d'Osmond*, des *Talleyrand*, des *Las-Cases*, des *Bouillé*, des *Colbert*, des *Xaintrailles*, des *Cossé-Brissac*, des *Montalembert*, des *Haussonville*, des *Choiseul-Praslin*, des *Mercy d'Argenteau*, des *Saint-Aignan*, des *Aubusson de la Feuillade*, des *Villeneuve*, des *Clermont-Tonnerre*, des *Fontanges*, des *Lur-Saluces*, etc. « *En ouvrant l'Almanach impérial, on aurait cru tenir l'ancien Annuaire de la cour de Versailles*. » — En 1812, il n'y avait pas un maréchal de France, ou même un général, qui n'eût *plusieurs jeunes nobles* parmi ses aides de camp et dans son état-major, et la presque totalité des *régiments de cavalerie* était commandée par des officiers nobles.

Mais les membres de l'ancienne noblesse affectaient le plus souvent de se *tenir à l'écart* de la noblesse impériale. — La princesse *Dolgorouki*, femme de l'ambassadeur de Russie, résumait ainsi son impression sur la cour impériale (1804) : « *On trouve là une bien grande puissance, mais ce n'est pas là une cour.* »

<table>
<tr><td valign="top">

**Sacre
de l'Empereur
(2 décembre 1804).**

</td><td>

Pie VII, cédant aux instances de Napoléon, qui désirait se présenter au peuple comme *l'oint du seigneur*, vint à Paris sacrer à Notre-Dame le nouvel Empereur. — La cérémonie du sacre se fit au milieu d'une pompe inouïe, et suivant toutes les traditions de l'ancienne monarchie française; seulement, au moment où Pie VII allait lui poser la couronne, **Napoléon** s'en saisit et *la plaça lui-même sur sa tête*, tranchant ainsi la question du *droit populaire* et du *droit divin*. — Il couronna également de sa main l'**Impératrice Joséphine** : celle-ci, qui n'était mariée que *civilement* avec Napoléon, avait reçu, la veille, la *bénédiction nuptiale* de la main du cardinal Fesch.

Napoléon se rendit ensuite à *Milan*, où il se posa lui-même sur la tête la vieille couronne de fer des rois Lombards, en disant : « *Dieu me la donne, gare à qui la touche !* » — Mais, pour ne pas effrayer les puissances étrangères, il donna la *vice-royauté* de ce royaume à **Eugène Beauharnais**, fils de Joséphine, qu'*il aimait comme son propre fils*.

</td></tr>
<tr><td valign="top">

**LA NOBLESSE
D'EMPIRE.**

———

Rois feudataires.

———

**Princes, ducs,
comtes, barons,
chevaliers.**

———

Majorats.

</td><td>

L'Empereur réalisa, pendant les années suivantes, aux dépens de l'ennemi, la création d'une **noblesse nouvelle**: ce fut la NOBLESSE D'EMPIRE. — Après chaque conquête, il distribua des **donations**, des *duchés*, des *principautés*, voire même des *royaumes*, en même temps que des **titres** de *princes, ducs, comtes* ou *barons* : le titre de *marquis*, qu'avait ridiculisé Molière, fut écarté.

Il donna des royaumes à ses frères : celui d'Espagne à *Joseph*, celui de Hollande à *Louis*, celui de Westphalie à *Jérôme*; — **plaça** son fils adoptif, *Eugène de Beauharnais*, sur le trône d'Italie, et *Murat*, son beau-frère, sur le trône de Naples; — **gratifia** sa sœur *Élisa Bacciochi* des principautés de Lucques et de Piombino, et sa sœur *Pauline Borghèse* de la principauté de Guastalla.

Il distribua des principautés : — *Berthier* fut fait prince de Neuchâtel et de Wagram; *Talleyrand*, prince de Bénévent; *Bernadotte*, prince de Ponte-Corvo; *Davout*, duc d'Auerstædt, devint prince d'Eckmühl; *Masséna*, duc de Rivoli, prince d'Essling, et *Ney*, duc d'Elchingen, prince de la Moskowa.

Il créa des ducs, qui furent : 1° PARMI LES MARÉCHAUX : **Duroc**, duc de *Frioul*; Soult, duc de *Dalmatie*; **Bessières**, duc d'*Istrie*; **Victor**, duc de *Bellune*; **Moncey**, duc de *Conegliano*; **Mortier**, duc de *Trévise*; **Oudinot**, duc de *Reggio*; **Lannes**, duc de *Montebello*; **Macdonald**, duc de *Tarente*; **Ney**, duc d'*Elchingen*; **Masséna**, duc de *Rivoli*; **Augereau**, duc de *Castiglione*; **Lefebvre**, duc de *Dantzig*; **Kellermann**, duc de *Valmy*; **Marmont**, duc de *Raguse*; **Suchet**, duc d'*Albufera*. — 2° PARMI LES GÉNÉRAUX : **Savary**, duc de *Rovigo*; **Clarke**, duc de *Feltre*; **Caulaincourt**, duc de *Vicence*; **Arrighi**, duc de *Padoue*; **Junot**, duc d'*Abrantès*. — 3° DANS L'ADMINISTRATION : **Cambacérès**, duc de *Parme*; **Lebrun**, duc de *Plaisance*; le grand-juge **Regnier**, duc de *Massa*; **Maret**, ministre d'État, duc de *Bassano*; **Fouché**, ministre de la police, duc d'*Otrante*; **Gaudin**, ministre des finances, duc de *Gaëte*, **Champagny**, duc de *Cadore*. — Le général **Mouton** fut fait comte de *Lobau*, et **Monge**, comte de *Péluse*.

Napoléon décerna, en outre, le titre de **comte** à tous les *ministres*, aux *sénateurs, conseillers d'État, présidents du Corps Législatif et archevêques*; — le titre de **baron** aux *présidents à vie des collèges électoraux*, aux *présidents des Cours impériales*, aux *généraux de division*, aux *évêques* et aux *maires des trente-sept bonnes villes de l'Empire*; — celui de **chevalier** aux *membres de la Légion d'honneur*. — Puis, chacun des titres qu'il confère est transmissible de *fils aîné en fils aîné*, sous la condition expresse d'un **majorat inaliénable**, destiné à soutenir la dignité du titre.

</td></tr>
</table>

Napoléon donna le *monopole de l'instruction publique* à l'Université : « *Mon but principal, dans l'établissement d'un corps enseignant*, disait Napoléon à son Conseil d'État, *c'est d'avoir un moyen de diriger les opinions politiques et morales.* » — A la tête de l'Université était un *Grand-Maître*, assisté d'un *Conseil de l'Université* et d'*inspecteurs généraux*. — La France était divisée en ACADÉMIES, dirigées chacune par un Recteur, assisté d'un *Conseil académique* et d'*inspecteurs d'académie*.

L'enseignement universitaire comprenait trois degrés : — 1° L'ENSEIGNEMENT SUPÉRIEUR, donné dans les *Facultés des lettres*, des *sciences*, de *droit*, de *médecine* et de *théologie* ; — 2° L'enseignement secondaire, donné dans les *lycées impériaux* et les *collèges* ; — 3° l'enseignement *primaire*, donné dans les écoles communales. — Le *recrutement* des professeurs était assuré par l'École normale supérieure.

Dans l'enseignement des lycées et collèges, les *études scientifiques* cèdent le pas aux *belles-lettres* et aux *langues anciennes*: « *J'aime les sciences mathématiques et physiques*, disait Napoléon ; *chacune d'elles est une belle application partielle de l'esprit humain ; mais les lettres, c'est l'esprit humain lui-même ; l'étude des lettres, c'est l'éducation générale qui prépare à tout, c'est l'éducation de l'âme !* » — Le régime intérieur des lycées tient à la fois du *couvent* et de la *caserne* : les *proviseurs, censeurs* et *principaux* doivent être *célibataires*; les élèves, astreints à l'*uniforme*, marchent au *son du tambour*. Le lycée est avant tout l'apprentissage du *régiment*.

Napoléon abandonna la nomination des *instituteurs* aux maires et aux conseils municipaux, qui leur donnaient seulement le *logement*. — Tout le budget de l'instruction primaire sous l'Empire consiste en une somme de 4 250 francs attribuée au *noviciat des Frères des Écoles Chrétiennes*, à qui cet enseignement est presque entièrement abandonné. — Napoléon refusa de créer un enseignement pour les femmes : « *L'éducation publique ne leur convient pas*, disait-il, *puisqu'elles ne sont pas appelées à vivre en public ; le mariage est toute leur destination.* »

Napoléon créa neuf *Facultés de droit*, trois *Facultés de médecine*, neuf *Facultés de théologie catholique* et deux de *théologie protestante*; puis il institua, au siège de chaque Académie, des *Facultés des lettres et des sciences*, dirigées chacune par un *doyen*, et chargées de faire des cours publics et de conférer le *baccalauréat* et autres *grades universitaires*.

L'École polytechnique fut astreinte à l'*internat* et soumise au *régime militaire*, et l'École militaire transférée définitivement à Saint-Cyr. — L'ancien couvent du Val-de-Grâce devint notre *grand hôpital militaire*, et un centre d'études pour la médecine des armées.

Napoléon fut le créateur de la Banque de France. — Dès le lendemain du 18 brumaire, il persuada à un certain nombre de *banquiers* parisiens, dont le plus notable était *Perrégaux*, de s'associer et de former, au *capital de 30 millions*, une Banque de France pour *escompter les effets de commerce*. — Lui-même, les membres de sa famille et ses principaux dignitaires furent au nombre des souscripteurs. — Bientôt l'*escompte*, qui était de 3 ou 4 0/0 par mois, tomba à 6 0/0 par an.

La loi de 1806 fit de la Banque de France une institution impériale : elle eut un gouverneur, nommé par le chef de l'État, son *capital* fut porté à 90 millions, représentés par 90 000 *actions* de 1 000 francs chacune, et elle reçut le *privilège unique* d'émettre des billets *payables à vue et au porteur* et circulant de mains en mains comme du numéraire ; — mais, à la différence des *assignats*, ce nouveau papier n'avait pas *cours forcé* et avait pour garantie l'argent des *caves* de la Banque et les valeurs du *portefeuille*.

L'UNIVERSITÉ IMPÉRIALE.

L'enseignement supérieur, secondaire et primaire.

Les Lycées.

Les instituteurs.

Facultés de droit, de médecine et de théologie.

L'École polytechnique, Saint-Cyr et le Val-de-Grâce.

INSTITUTIONS FINANCIÈRES.

La Banque de France.

La grande préoccupation de Napoléon, l'objet constant de ses soins, ce fut l'armée, la *force* et la *gloire* de sa monarchie impériale. — Pour la recruter, Napoléon décide, en 1804, que chaque année il y aura *tirage au sort :* les plus hauts numéros étaient *exempts ;* de plus, pour donner satisfaction à la bourgeoisie, on put s'exonérer, en fournissant un *remplaçant.* — Mais à partir de 1812, il n'y a plus de *bons numéros*, et la loi militaire devient le *tombeau de la jeunesse française.*

La garde nationale fut organisée par le décret de 1806 : tous les Français de 20 à 60 ans en font partie : elle est organisée en *légions*, et répartie en trois *bans*. — Le premier ban se battit admirablement en 1814, où il se fit écraser avec le général *Pacthod* par l'artillerie prussienne, à *la Fère-Champenoise.*

Napoléon avait absolument supprimé l'élection : tous les *grades* étaient conférés par lui, soit au *choix*, soit à l'*ancienneté.* — Jusqu'en 1804, Napoléon, suivant les traditions républicaines, décerna aux plus braves des *armes d'honneur* (*fusils, sabres* ou *haches d'abordage*); mais, à partir de ce temps, ce furent des **croix de la Légion d'honneur.** — Pour les colonels et les généraux, Napoléon les nommait *barons, comtes, ducs, princes*, leur distribuait de *grosses pensions*, de *riches gratifications*, leur assignait des *domaines* dans les provinces conquises ; — ou bien, il les nommait **maréchaux** : un maréchal de Napoléon se croyait plus qu'un *roi*, et plusieurs le devinrent : *Murat* le fut à Naples, *Bernadotte* en Suède, *Davout* espéra l'être en Pologne, et *Soult* en Portugal. — D'ailleurs, sous Napoléon, la carrière est ouverte à toutes les ambitions, et les soldats diront : « *Il a passé roi à Naples, en Hollande, en Suède, en Espagne*, comme autrefois on disait des mêmes hommes : *Il a passé sergent dans telle compagnie.* »

Les régiments avaient aussi leur part dans ces excitations valeureuses : — après chaque victoire, on décorait l'*aigle du corps* qui s'était le plus distingué, et les régiments les plus intrépides recevaient ces glorieux surnoms : *Un contre dix, le Terrible, l'Invincible, l'Indomptable ;* — après Auerstædt, les divisions *Morand, Gudin* et *Friant* furent appelées *les Immortelles.* — Napoléon conservait aussi volontiers les soldats qui avaient vieilli sous les drapeaux : « *On voyait dans les rangs*, dit Thiers, *de vieux soldats attachés à leur régiment, comme à leur famille, dispensés de tout service, mais toujours prêts, dans un moment de danger, à déployer leur ancienne bravoure, et profitant de leurs loisirs pour conter à leurs jeunes successeurs les merveilles auxquelles ils avaient assisté.* »

Napoléon supprima les demi-brigades, rétablit les *régiments* et créa les corps d'armée. — — Il créa des bataillons du *train des équipages*, les compagnies de *boulangers* et d'*infirmiers ;* enfin, en 1814, il organisa 19 régiments entiers de *voltigeurs*, qui formèrent l'**infanterie légère.** — Outre les régiments nationaux, Napoléon avait encore formé 27 *régiments étrangers.*

Napoléon ne cessa d'accroître la proportion de l'artillerie dans ses armées : il eut jusqu'à 4 pièces par 1 000 hommes ; et ses batailles d'Eylau, Friedland, Essling, Wagram, la Moskowa, ne furent que d'*effroyables canonnades.* — Mais toutes les victoires de l'Empire furent gagnées avec les **fusils à pierre de 1777** et les **canons à âme lisse** de l'ancienne monarchie.

La garde impériale (*vieille garde*, et *jeune garde* constituée depuis 1807) comptait, en 1813, 92 000 hommes, tous *soldats d'élite* et touchant une *haute paye.* — Leurs uniformes, ruisselants d'or et d'argent, couverts de *broderies*, ornés de *cordons*, d'*aiguillettes*, avec *plumets, chabraques* et *sabretaches*, étaient éblouissants.

Les soldats de la garde, *fanatiquement dévoués à l'Empereur*, avaient conservé à son égard la familiarité des campagnes d'Égypte et d'Italie : ils l'appelaient volontiers le *petit caporal*, et lui, de son côté, comme ils murmuraient tout en obéissant, les avait surnommés *ses grognards*.

Napoléon, pour eux, était plus qu'un général et un souverain : *c'était un Dieu*; et ce sentiment résistera à toutes leurs souffrances, à toutes les fautes de leur chef. — « *Il est trop ambitieux ou trop ambitionnaire*, comme disait un soldat; *s'il veut que nous nous battions, il faut bien qu'il nous nourrisse;* » ou bien : « *Nous avons toujours marché avec lui*, répondaient les vieux grenadiers qui traversaient la Pologne en 1812, *nous ne pouvions pas l'abandonner, cette fois-ci, le laisser aller seul !* » — « *Jamais un mot plus fort, jamais une attaque ou un geste contre sa souveraineté*, dit Joseph de Maistre; *l'impression que cet homme fait sur ses soldats est inconcevable !* »

Comme homme de guerre, Napoléon est *sans égal*, c'est le génie militaire le plus merveilleux et le plus complet que le monde ait vu. — *Tacticien consommé, manœuvrier de premier ordre, il est incomparable pour l'audace, la profondeur et la fécondité inépuisable des combinaisons;* il a, sur le champ de bataille, une *étonnante appréciation du terrain;* il possède, pendant l'action, cette *décision rapide*, ce coup d'œil *pénétrant et sûr* avec lequel il lit, comme à livre ouvert, dans le jeu de ses adversaires, saisissant immédiatement leur *côté faible*, devinant leurs *fautes probables*. — Jamais avant lui la guerre ne s'était faite avec *cette grandeur de conception, cette précision mathématique de manœuvres, cette rapidité d'opérations, cette intelligence des lieux, des hommes, des circonstances*. — C'est la grande guerre que les *Nassau*, les *Gustave-Adolphe*, les *Condé*, les *Frédéric*, n'avaient fait qu'entrevoir.

Napoléon n'est pas seulement hors pair comme génie militaire, il l'est aussi pour *l'universalité de son intelligence, la puissance de travail et l'activité de son esprit, la force et la constance de son attention*, qui lui permettent de consacrer dix-huit heures de suite aux affaires sans qu'il en éprouve de lassitude. — Lui-même disait que « *les divers objets et les diverses affaires étaient casés dans sa tête comme dans une armoire. Quand je veux interrompre une affaire*, ajoutait-il, *je ferme son tiroir et j'ouvre celui d'une autre. Elles ne se mêlent point l'une avec l'autre, et jamais elles ne me gênent ni me fatiguent. Veux-je dormir? je ferme tous les tiroirs, et me voilà au sommeil.* » — Peut-être n'a-t-il jamais existé au monde un autre individu qui ait prouvé, autant que Napoléon, de quelle continuité, de quelle variété, de quelle étendue de travail, *l'intelligence d'un seul homme est capable*. — A la tête de tout, il gouverne tout, il administre tout, il veut tout voir et tout décider par lui-même : il a plus gouverné en *trois ans* que les rois en *cent* !

Ses ministres n'étaient que des commis; — les principaux furent : *Talleyrand, de Champagny*, aux affaires étrangères; — *Berthier, Clarke*, à la guerre; — *de Champagny, Crétet*, à l'intérieur; — *Portalis, Bigot de Préameneu*, aux cultes; — *Fouché, Savary*, à la police; — *Barbé-Marbois, Mollien et Gaudin*, aux finances; — *Décrès*, à la marine. — Mais, *dans chaque ministère, Napoléon en sait plus que le ministre*. — Sur sa table sont les *états de situation* des armées de terre et de mer; c'est sa lecture quotidienne et préférée : « *Je n'ai pas assez de mémoire pour retenir un vers alexandrin*, disait-il un jour; *mais je n'oublie pas une syllabe de mes états de situation. Ce soir, je vais les trouver dans ma chambre; je ne me coucherai pas sans les avoir lus.* »

Dévouement
fanatique
de la garde
à l'Empereur.

GÉNIE MILITAIRE
DE
NAPOLÉON.

Puissance de travail
et
activité prodigieuse
de son esprit.

Ses principaux
ministres.

Napoléon fit élever : — la colonne **Vendôme**, imitée de la *colonne Trajane* de Rome et coulée avec le *bronze des canons* pris à l'Autriche, en 1805; elle fut abattue en 1871, par la *Commune*, puis restaurée sur l'ancien plan et avec les mêmes matériaux; — **l'arc de triomphe du Carrousel,** reproduction de l'*arc de triomphe de Titus*, surmonté des *deux chevaux de bronze de Saint-Marc*, que Napoléon avait enlevés sur la *place de Venise*, mais qui furent repris en 1815; — **l'arc de triomphe de l'Étoile**, le plus colossal qui soit au monde, destiné à perpétuer le souvenir *des victoires de Napoléon*; — un *Temple de la Gloire*, qui est devenu plus tard l'église de la Madeleine; et, en face, sur l'autre côté de la Seine, le *palais du Corps Législatif*, appelé plus tard **Palais Bourbon**.

Il construisit la *Bourse*, la *Banque*, les ponts d'*Austerlitz* et d'*Iéna*, quinze *fontaines* nouvelles, dont celle du *Château-d'Eau*, acheva *Sainte-Geneviève*, restaura *Saint-Denis*, projeta la réunion du *Louvre* aux *Tuileries*, bâtit des *abattoirs*, le *grenier d'abondance*, des *marchés couverts*, etc.; — ouvrit la belle *place de Bellecour* à **Lyon**, construisit le magnifique *pont de Bordeaux*, ceux de *Strasbourg*, d'*Avignon* et de *Tours*; — perça la belle route du *Simplon*, pour mettre en communication la France et l'Italie; construisit la merveilleuse *route de la Corniche*, taillée dans le rocher, le long de la Méditerranée entre Gênes et Nice; la *route du Mont Cenis*, la route de *Metz à Mayence*, etc.

Il fit creuser les canaux du *Nord* (de la *Meuse* au *Rhin*), de *Saint-Quentin*, de l'*Ourcq*, du *Rhin* au *Rhône*, de *Bourgogne* (entre l'*Yonne* et la *Saône*), du *Berry* (du *Cher* à la *Loire*), de *Nantes à Brest*. — Les ports de la *Spezzia*, de *Flessingue*, d'*Amsterdam*, de *Dunkerque* et de *Calais* furent améliorés. — A **Cherbourg**, où Napoléon « *avait résolu de renouveler les merveilles de l'Égypte* », un *port* magnifique fut creusé dans le roc, et on poursuivit activement les travaux de *la digue* entreprise sous Louis XVI pour fermer la rade. — Enfin **Anvers**, dont Napoléon voulait faire « *un pistolet chargé au cœur de l'Angleterre* », fut considérablement fortifié et embelli.

GUERRES JUSQU'EN 1807 : LA GRANDE ARMÉE, LES GÉNÉRAUX DE L'EMPIRE.

L'ordre rétabli au dedans, restait à conquérir la *paix au dehors*. — La victoire de *Masséna* à *Zurich* (1799) avait sauvé la France d'une *invasion*, mais n'avait pas désarmé la *coalition*. — L'Autriche était maîtresse de l'*Italie*, à l'exception de Gênes, et menaçait le *Rhin*; — l'Angleterre s'apprêtait à reprendre l'*Égypte* et *Malte*. — Seul, le fils de *Catherine II*, le bizarre et capricieux **Paul I**er, qui se défiait de l'Angleterre, et attribuait à la trahison de l'Autriche la destruction de son armée à Zurich, *s'était retiré de* la coalition. — **La Prusse** restait neutre depuis 1795.

La France, après tant de vicissitudes intérieures et extérieures, était *affamée de repos*.— Bonaparte, pour se concilier l'opinion publique, écrivit de sa main, le lendemain du 18 brumaire, au roi d'Angleterre, *George III*, et à l'empereur d'Autriche, pour leur demander la paix, *au nom de l'humanité*. — Les deux souverains exigèrent, pour traiter, le *rétablissement des Bourbons* et le retour de la France à ses *anciennes limites*. — La guerre devenait dès lors pour la France une question d'*honneur* et de *nécessité*; ce fut l'une des plus légitimes et des plus glorieuses de ces temps héroïques.

Bonaparte, négligeant l'Angleterre, qu'il ne peut atteindre, tourne tous ses efforts contre l'Autriche. — **Deux armées autrichiennes** se préparaient à entrer en France : l'une, *du côté du Rhin*, par la Forêt-Noire et Strasbourg, sous les ordres de *Kray*; l'autre, *du côté de l'Italie*, par la Provence et le Var, sous les ordres de *Mélas*.

Bonaparte donne 130 000 hommes à Moreau pour entrer en Allemagne : quant à lui, il se charge de l'Italie. — Trompant les espions de Mélas, il prépare dans le plus grand secret une armée destinée à *franchir les Alpes* et à tomber à l'improviste sur les derrières de l'*armée de Mélas*, pour lui couper toute retraite vers l'Autriche. — L'héroïsme de **Masséna**, qui, avec 36 000 hommes, retient pendant deux mois sous les murs de **Gênes** les cent vingt mille Autrichiens de *Mélas*, favorise l'exécution de ce plan.

Bonaparte attend que Moreau ait franchi le Rhin et bloqué l'armée de *Kray* dans *Ulm*; — alors, prenant le commandement des 35 000 hommes concentrés à *Genève*, il franchit les Alpes par le col du **Grand Saint-Bernard**, non pas sur un *cheval fougueux*, ainsi que le représente le célèbre tableau de *David*, mais sur un *mulet* conduit en main par un guide du pays. — Aucune difficulté ne l'arrête : les hommes s'attèlent aux *canons* démontés et enfermés dans des troncs de sapin; le *fort de Bard*, qui fermait le passage, est tourné par un sentier de chèvres; nos soldats, jeunes et ardents comme leur chef, escaladent en chantant *dix lieues de glaces, de neige et de précipices*, et descendent comme la foudre sur la *Lombardie*. — Pendant que Lannes culbute les Autrichiens à *Montebello*, Bonaparte court à **Milan**, y rétablit la *République Cisalpine*, pour barrer toute la Lombardie aux Autrichiens, puis revient contre Mélas.

Mélas, cerné de toutes parts, abandonne Gênes, où Masséna, après avoir résisté jusqu'à *l'épuisement de toute nourriture*, venait de *capituler avec tous les honneurs de la guerre*, et cherche à se frayer une route vers l'Autriche, mais il se heurte à l'armée française à **Marengo**. — Bonaparte, ignorant où se porterait l'effort de Mélas, avait *disséminé* ses forces, pour lui fermer toute issue, et **Desaix**, à peine débarqué d'Égypte, avait reçu ordre d'occuper *Novi*. — Il y eut en réalité *trois batailles* dans ce jour : l'armée française *perdit les deux premières*, et il fallut toute la ténacité héroïque de la garde consulaire pour préserver l'armée d'une déroute complète. — Déjà Mélas, voyant *Victor* détruit et *Lannes* en retraite, rentrait à *Alexandrie*, annoncer à l'Europe sa victoire.

Mais Desaix, au bruit du canon, suspend son mouvement vers *Novi* et rejoint le Premier Consul : « *La bataille est perdue*, lui dit-il, en tirant sa montre; *mais il n'est que trois heures : il reste encore le temps d'en gagner une autre.* » — « *Mes amis*, s'écrie alors Bonaparte, *c'est assez reculer; souvenez-vous que j'ai l'habitude de coucher sur le champ de bataille !* » Une attaque pleine d'élan est aussitôt combinée et résolue. — Desaix, qui la dirige, tombe *frappé à mort*, dès les premiers coups; mais ses soldats, comme ceux de *Turenne*, se précipitent pleins d'ardeur sur l'ennemi, pour le venger. — *Marmont* démasque à l'improviste douze pièces de canon, qui couvrent l'ennemi de mitraille; le jeune *Kellermann*, fils du vainqueur de Valmy, exécute, à la tête de ses dragons, une *charge* décisive; — alors la charge en avant bat sur toute la ligne; nos soldats électrisés culbutent tout devant eux, et, en une heure, *la plaine*, qui avait coûté aux Autrichiens huit heures d'efforts, est entièrement reconquise. — L'ennemi s'enfuit de tous côtés, abandonnant 10 000 morts ou blessés. Nos pertes étaient moins considérables, mais nous avions perdu Desaix : « *Ah ! si j'avais pu l'embrasser après la bataille*, disait Bonaparte, *que cette journée eût été belle !* »

Mélas désespéré signe le lendemain la **convention d'Alexandrie**, par laquelle il rendait *Gênes*, le *Piémont*, le *Milanais*, et se retirait au delà du *Mincio*.

Jamais bataille n'avait produit si grand résultat : « *J'espère que le peuple français sera content de son armée* », écrivait **Bonaparte** aux *consuls*. En effet, l'exaltation fut au comble, et le héros qui venait de reconquérir *en une seule journée* l'Italie, tandis que le lent et méthodique **Moreau** mettait *six mois* à s'approcher de Vienne, pouvait désormais tout faire et tout oser : « *Il était*, selon l'expression de Mélas, *l'homme du destin.* »

En Allemagne, la lutte entre *Moreau* et *Kray* durait encore, et les Autrichiens n'y étaient pas plus heureux qu'en Italie. — **Moreau**, poursuivant ses succès avec des lieutenants comme *Lecourbe*, *Saint-Cyr*, *Ney*, *Richepanse*, bat les Autrichiens à *Hochstædt* (19 juin), les chasse de la Bavière et accepte l'armistice de *Parsdorf* (15 juillet).

Des négociations s'ouvrirent à *Lunéville* ; mais l'obstination de l'Angleterre les fit échouer. — Enfin la grande victoire de Moreau, à **Hohenlinden**, sur l'archiduc *Jean*, mit fin à la guerre ; l'Autriche s'avoua *vaincue* et demanda à *traiter*. — Pendant ce temps-là, **Macdonald**, en Suisse, franchissait, au milieu de l'hiver, *le Splügen*, avec 12 000 hommes, et faisait sa jonction avec l'armée d'Italie, qui, sous les ordres de **Brune**, avait forcé le *Mincio* et franchi l'*Adige*. L'armistice de *Trévise* arrêta les hostilités. — Dans le sud de l'Italie, **Murat** avait menacé *Naples* et forcé le roi à signer la convention de *Foligno*.

Par la paix de Lunéville, l'Empereur reconnaissait de nouveau à la France la possession de *la Belgique* et de la *rive gauche du Rhin*, ainsi que l'existence des Républiques *Batave*, *Helvétique*, *Cisalpine* et *Ligurienne*.

Le grand-duché de Toscane, transformé en *royaume d'Étrurie*, était donné au *duc de Parme*, dont le duché était réuni à la Cisalpine. — **Le roi d'Espagne** nous rendait la *Louisiane*, et **le roi de Naples** nous cédait l'*île d'Elbe*. — La deuxième coalition était dissoute.

L'orgueilleuse Angleterre restait seule en guerre contre la France. — Elle avait gagné, sur mer et dans les colonies, autant que sa rivale sur le continent ; mais, en s'attribuant le **droit de visite** sur tous les *navires neutres, isolés ou convoyés*, et en interdisant un port aux neutres, dès qu'elle en avait *signifié le blocus*, n'eût-elle pas même une chaloupe devant ce port, la *reine des mers* en était devenue *le tyran*.

Bonaparte, profitant de l'irritation générale, forme, avec l'*Espagne*, la *Hollande*, la *Russie*, la *Suède*, le *Danemark*, la *Prusse* et les *États-Unis*, la **Ligue armée des neutres**, pour faire respecter les principes suivants : — 1° *le pavillon couvre la marchandise* ; 2° il *n'y a de marchandise prohibée entre neutres et belligérants que les munitions de guerre* ; 3° *les blocus pour être effectifs doivent être réels* ; 4° *aucun bâtiment neutre convoyé par un bâtiment de guerre de sa nation ne peut être visité.*

Pitt s'effraya de voir ainsi l'Europe s'unir à la France pour la *liberté des mers* ; il se retira donc, laissant à des *tories* plus modérés le soin de dissoudre la *Ligue des neutres*. — Une flotte de 54 vaisseaux, commandée par *Parker* et *Nelson*, bombarda *Copenhague* et força les Danois à abandonner la Ligue. — La flotte victorieuse allait chercher dans la Baltique la *flotte russe et suédoise*, lorsqu'on apprit la mort de Paul Ier, assassiné par des courtisans soudoyés peut-être par l'Angleterre. — Le premier acte d'**Alexandre**, son fils, fut de renouer l'alliance anglaise et d'abandonner la ligue des neutres : la *Suède* et la *Prusse* suivirent son exemple.

En Égypte, le départ de Bonaparte avait découragé les soldats, et, malheureusement, les Anglais, maîtres de la mer, nous barraient la route et empêchaient *tout ravitaillement.* — **Kléber,** à qui la terre d'Égypte *brûlait les pieds,* signa avec le commandant de la flotte anglaise, *Sir Sydney Smith,* la malheureuse convention d'*El-Arish* (24 janvier 1800), par laquelle les Français abandonnaient l'Égypte et étaient *rapatriés* par l'escadre anglaise. — Heureusement, le Gouvernement anglais désavoua Smith et exigea que les Français se rendissent à *discrétion.*

Kléber, retrouvant alors toute son énergie, met la réponse du cabinet anglais à l'ordre du jour de l'armée, en y ajoutant ces simples mots : « *Soldats, on ne répond à de telles insolences que par des victoires; préparez-vous à combattre!* » — Et quelques jours après, avec 15 000 hommes, il écrasait 60 000 Turcs à la brillante victoire d'*Héliopolis* (20 mars 1800), qui lui rendit le Caire et l'Égypte. — Il allait s'affermir dans sa conquête, quand il tomba sous le poignard d'un *fanatique musulman,* le jour même où *Desaix* tombait à Marengo (14 juin 1800).

L'incapable Menou, le plus vieux général divisionnaire, prit le commandement et se fit battre à *Canope* par les Anglais débarqués à Aboukir, puis capitula dans *Alexandrie* (2 septembre 1800). — Les débris de l'armée d'Égypte furent ramenés en France par la flotte anglaise avec ses *armes* et les *collections précieuses.*

Bonaparte, dont la mort de Paul Ier venait de renverser tous les plans, et qui voyait brisé son rêve de domination en Égypte, résolut d'aller chercher l'Angleterre *dans son île* et de s'attaquer *corps à corps* avec cette implacable ennemie. — Une immense flottille de *chaloupes canonnières* et de *bâtiments de transport* couvrit les côtes, de Cherbourg à Dunkerque, sous les ordres de l'amiral *Latouche-Tréville.* — **Nelson,** chargé de brûler « *ces coquilles de noix* », ne put y réussir. — **L'Angleterre,** effrayée et inquiète d'ailleurs de la *misère croissante* des ouvriers anglais et de la *dette publique* montée à 12 milliards, entama avec la France des *négociations,* qui aboutirent à la **paix d'Amiens.**

L'Angleterre reconnaissait les *acquisitions continentales* de la France et les *Républiques* fondées par ses victoires; — elle restituait toutes ses conquêtes, sauf *Ceylan et la Trinité.* — **L'Égypte** devait être rendue à *la Porte,* **Malte** aux *chevaliers de Saint-Jean,* et les Français s'engageaient à sortir des ports de *Naples* et du *Portugal,* ainsi que des *États de l'Église.* — L'indépendance des *Iles Ioniennes* était reconnue; et la France recouvrait son **droit de pêche** à *Terre-Neuve* et dans la *baie du Saint-Laurent.*

Par le traité d'Amiens, la France atteignait ses *frontières naturelles* des Alpes et du Rhin; mais son activité s'étendait au delà par les Républiques *Batave, Helvétique, Cisalpine, Ligurienne,* qui lui étaient entièrement subordonnées: — Pour la première fois, depuis le commencement de la Révolution, *la paix était complètement rétablie en Europe.* — Malheureusement, la rancune de l'Angleterre et l'ambition de Bonaparte n'étaient pas encore satisfaites.

Cette paix était *la plus humiliante* que l'Angleterre eût signé depuis deux siècles : aussi l'aristocratie anglaise, consternée du triomphe d'une nation qui avait pris son essor *dans le sang de son roi,* déclarait-elle que le traité d'Amiens était l'*arrêt de mort de la patrie.* — Le peuple anglais en jugea autrement : sa joie de la paix tint du délire: *Londres fut en fête* pendant un mois, et, quand le *colonel de Lauriston* arriva pour l'échange des ratifications, il fut porté en triomphe; les ouvriers *s'attelèrent à sa voiture,* et les bords de la Tamise retentirent des cris de : « *Vive Bonaparte!* »

Bonaparte règle les indemnités germaniques.

———

Recès du 25 février 1803.

Bonaparte régla aussi, de concert avec le nouveau czar **Alexandre I**er, et, *aux dépens des villes libres et des principautés ecclésiastiques*, les indemnités promises, par le traité de Lunéville, aux *princes dépossédés* sur la rive gauche du Rhin. — **L'Autriche** y gagna peu ; **la Prusse**, au contraire, reçut *le triple de ce qu'elle avait perdu* au traité de Bâle. Les *ducs de Bavière* et de *Wurtemberg* firent d'importantes acquisitions.

L'Autriche irritée menaça de reprendre les armes ; mais il lui fallut bien se *résigner* à accepter le nouvel état de choses, qui fut définitivement fixé par **le Recès du 25 février 1803**. — **L'ancien Empire d'Allemagne** était profondément modifié : plus de *cercles* ; 6 *villes libres*, au lieu de 52 ; un *seul électeur ecclésiastique* (l'archevêque de *Mayence* transféré à *Ratisbonne*) ; et *six voix protestantes* contre *quatre catholiques* au collège électoral. — La Révolution française achevait l'œuvre commencée par *Luther*.

Expédition de Saint-Domingue.

———

Toussaint-Louverture.

———

Abandon de Saint-Domingue et de la Floride ; vente de la Louisiane.

Bonaparte fut moins heureux à **Saint-Domingue**, *la reine des Antilles*, que le traité de Bâle avait donnée *tout entière* à la France. — **Les nègres** de Saint-Domingue, émancipés par la Convention, s'étaient soulevés contre leurs anciens maîtres (1793). — **Toussaint-Louverture**, leur chef, qui avait appris à lire à 54 ans, et qui se disait « *le Bonaparte des noirs* », s'étant emparé de la *partie espagnole* de l'île, se fit donner le titre de *président à vie*, entendant bien ne reconnaître que de nom *la suzeraineté de la France* (1801).

Cette **indépendance** ne pouvait convenir « *au Bonaparte des blancs* », qui envoya (1802) 22 000 hommes de l'armée du Rhin, sous la conduite du général *Leclerc*, son beau-frère, pour faire rentrer la colonie dans le devoir. — **Toussaint** résista avec une énergie sauvage ; mais, attiré dans un guet-apens, il fut pris, envoyé en France, et enfermé dans le fort de *Joux*, près Pontarlier, où il mourut, après dix mois de captivité.

L'île de Saint-Domingue, la plus belle de nos anciennes colonies, fut toutefois perdue pour la France. — La *fièvre jaune* emporta Leclerc et décima les soldats français. — Bientôt les débris de l'armée, enfermés au *Cap-Haïtien*, durent capituler devant le nègre *Dessalines*, et se constituer prisonniers de guerre à bord d'une escadre anglaise (1803).

Bonaparte ne tenta pas de reprendre *Saint-Domingue*, qui avait été le tombeau de 30 000 de ses meilleurs soldats ; il l'abandonna à ses destinées. — Il abandonna même **la Floride** à l'Espagne et vendit aux États-Unis, pour 80 millions, **la Louisiane**, qu'il désespérait de défendre contre les Anglais.

Rupture de la paix d'Amiens (1803).

La prodigieuse extension de la France excitait au plus haut degré *la colère et la jalousie* de l'Angleterre. — Sous prétexte de l'immixtion de Bonaparte dans les *affaires de la Suisse*, et de l'*annexion du Piémont*, le ministre **Addington** refusa de rendre Malte suivant les conventions du traité d'Amiens : « *Malte ou rien*, disait Bonaparte à l'ambassadeur Lord Whithworth ; *j'aimerais mieux vous voir en possession des hauteurs de Montmartre que de Malte !* » L'Angleterre demandait en outre l'*évacuation de la Suisse* et de *la Hollande* ; l'entente était impossible.

Tout à coup, par une violation inouïe du droit des gens, l'Angleterre mit, avant toute déclaration de guerre, *l'embargo sur douze cents navires français et hollandais* qui naviguaient sur la foi des traités, et retint les équipages prisonniers. — Bonaparte indigné fait aussitôt arrêter comme *otages tous les sujets britanniques* alors en France. — Puis, sur son ordre, *Mortier* s'empare du *Hanovre*, propriété personnelle du roi d'Angleterre, et *Gouvion Saint-Cyr* occupe les *ports napolitains*. — C'était *le signal*, entre l'Angleterre et Napoléon, d'un **duel à mort**, qui ne devait se terminer qu'en 1815.

Le projet de descente en Angleterre est repris : au commencement de 1805, 150 000 hommes réunis au camp de Boulogne sont prêts à passer le détroit sur 2 300 bateaux plats. — William Pitt est, d'ailleurs, rentré au ministère : c'est *la lutte à outrance*. — **Napoléon**, dont le plan consistait à amener, à un moment donné, dans la Manche, des *forces françaises supérieures aux forces ennemies*, donne l'ordre à l'amiral **Villeneuve** de sortir de *Toulon*, de courir *aux Antilles* pour y attirer **Nelson**, puis de revenir en toute hâte en Europe, d'y rallier les flottes françaises et espagnoles du *Ferrol*, de *Rochefort* et de *Brest*, afin d'apparaître dans la Manche avec des forces supérieures pour barrer le passage aux vaisseaux britanniques, et permettre à nos soldats de franchir le détroit : « *Si nous sommes maîtres douze heures de la traversée*, disait Napoléon, *l'Angleterre aura vécu !* » — Ce plan hardi demandait un marin d'audace et d'exécution : « *Mais*, dit Napoléon, *j'ai passé tout mon temps à chercher l'homme de la marine, sans avoir jamais rien pu rencontrer.* » — L'impéritie de **Villeneuve**, *brave officier au feu*, mais timide et irrésolu dans le commandement, fit tout échouer ; après un combat indécis, à la hauteur du *cap Finistère*, il alla malencontreusement s'enfermer à *Cadix*, et y fut bloqué.

Napoléon, qui attendait impatiemment à *Boulogne* l'arrivée de Villeneuve, pour tenter la traversée, rugit de colère contre l'homme dont les fautes ruinaient « *sa plus chère espérance, le désir le plus ardent de sa vie* » (MARMONT). — Pendant près d'une heure, il parcourut sa chambre à grands pas, exhalant sa fureur dans un torrent de *reproches amers et de douloureuses paroles* ; puis, tout à coup s'arrêtant et désignant un bureau chargé de papiers : « *Mettez-vous là*, dit-il à Daru, *et écrivez !* » — Et aussitôt, sans méditation apparente, *d'un seul jet*, de son accent serré, bref et impérieux, il lui dicta, *étapes par étapes*, tout le plan de l'**immortelle campagne d'Austerlitz** : « *L'ordre des marches*, dit Daru, *leur durée, les lieux de convergence et de réunion des colonnes, les surprises et les attaques de vive force, les mouvements divers de l'ennemi, tout fut prévu, la victoire assurée dans toutes les hypothèses.* »

L'Angleterre venait de former, avec l'Autriche, la Russie, la Suède et Naples, LA TROISIÈME COALITION. — La Prusse changeait chaque jour de résolution : *son intérêt* la portait vers la France, *sa passion* contre elle ; elle voulut tromper les deux partis, et fut victime de ses tergiversations et de sa duplicité.

LA COALITION préparait *trois attaques* contre l'Empire français : — 1° les Suédois et les Russes devaient envahir *la Hollande* et le *Hanovre* ; — 2° les Austro-Napolitains, sous la conduite de l'archiduc *Charles*, et secondés par les Anglais, devaient chasser les Français de *l'Italie* ; — 3° le gros de l'armée autrichienne, sous la conduite de *Mack*, devait marcher sur le *Rhin*, par la *vallée du Danube*, appuyé par une armée russe, qui se rassemblait en *Pologne*, sous les ordres de *Kutusoff*.

Napoléon, qui a résolu de ne s'occuper sérieusement que d'une armée et de se borner à *contenir les autres*, — charge **Augereau** de protéger *la Hollande* et le *Hanovre*. — confie 50 000 vieux soldats à **Masséna**, pour garder *l'Italie* ; — envoie **Gouvion Saint-Cyr** avec 25 000 hommes, pour surveiller *Naples*, — et se charge, lui, d'anéantir les *Autrichiens* sur le Danube avant l'arrivée des *Russes*. — Il veut *tourner Mack*, lui couper à la fois ses *communications* avec l'Autriche et avec les Russes, et *l'écraser dans Ulm*, puis marcher sur *Vienne*, pendant que Masséna tiendra tête à *l'archiduc Charles* en Italie. — **Son plan réussit à souhait.**

La Grande Armée, comme l'appela Napoléon lui-même, au moment de la mettre en marche, dans une *proclamation célèbre*, justifia ce titre, non pas seulement par son **importance numérique**, inouïe jusqu'à ce jour (150 000 *fantassins*, 38 000 *cavaliers* et 340 *bouches à feu*), mais par ses *merveilleuses victoires* et la réunion incomparable des *plus belles qualités militaires*. — Aguerrie déjà par *cent batailles*, marchant depuis longtemps au combat avec la confiance que donne *l'habitude de la victoire*, l'armée impériale avait de plus acquis, dans les exercices du Camp de Boulogne, cette *souplesse*, cette *discipline*, cette *subordination parfaite* qui allait la rendre, dans la main de Napoléon, la première armée du monde. — « *Dans les campagnes de 1805, 1806 et 1807, a dit le* **maréchal Bugeaud**, *qui portait, à Austerlitz, le sac de grenadier, l'armée était magnifique et d'une rare solidité. Les éléments de force et d'action y abondaient. Quelques années de paix avaient été mises à profit pour introduire la discipline et la règle, qui succédaient aux habitudes de laisser-aller et de désordre des troupes de la République et du Directoire. De vieux soldats, vieux bien plus par l'expérience que par l'âge, formaient des corps d'élite (garde impériale) très peu nombreux, rarement engagés, entourés, par conséquent, d'un haut prestige et portant dans l'action un effet moral considérable et toujours décisif.* »

Napoléon dirigeait en personne cette magnifique armée, coiffé du *petit chapeau* militaire et vêtu de la *légendaire redingote grise*, secondé, d'ailleurs, par une *élite incomparable de brillants généraux* : — **Ney** (1769-1815), le *brave des braves*, général bouillant et impétueux dans l'attaque, mais calme et impassible dans les retraites ; **Masséna** (1758-1817), *l'enfant chéri de la victoire*; *l'héroïque* **Davout** (1770-1823) ; *l'irrésistible* **Augereau** (1757-1816) ; **Soult** (1769-1852), qui, suivant l'expression de Napoléon, « *mena la bataille* » à Austerlitz ; **Lannes** (1769-1809), *le Roland de l'armée*; *l'intrépide et valeureux* **Marmont** (1774-1852) ; **Bernadotte** (1764-1844), alors *tout dévoué à l'Empereur*; **Murat** (1771-1815), *le plus brillant général de cavalerie qui fût jamais*; **Gouvion Saint-Cyr** (1764-1830), un des *premiers tacticiens* de son siècle; **Mortier** (1768-1835), *le futur commandant de la jeune garde impériale*; **Bessières** (1768-1813), etc.

Napoléon agit avec une décision et une rapidité de mouvements admirables. Il lève tout à coup le Camp de Boulogne, et, avec une précision foudroyante, retourne brusquement tous les corps d'armée sur l'Autriche : *c'est elle qui va payer pour l'Angleterre*.

La garde impériale est transportée *en poste* sur le Rhin, et, en quelques jours, Napoléon, maître des deux rives du Danube, a fermé à **Mack** la route de Vienne. — Soult entre à *Augsbourg*, Bernadotte à *Munich*; puis les Français, resserrant le *cercle de fer* dans lequel ils ont enfermé le malheureux Mack, **battent les Autrichiens** à *Wertingen* (8 octobre 1805), à *Albeck* (11 octobre), où le général *Dupont* avec 5 000 hommes arrête 25 000 ennemis, à *Elchingen* (14 octobre), où *Ney* accomplit des prodiges de valeur; à *Nordlingen* (18 octobre), où *Murat* écrase un corps autrichien qui s'échappait d'Ulm, et lui fait 12 000 prisonniers.

Mack, pris dans Ulm, « *comme dans une souricière* », capitule le 19 octobre, et, le lendemain, *trente-trois mille prisonniers de guerre* défilent devant l'Empereur. Des 80 000 hommes de Mack, 20 000 seulement avaient pu s'échapper. — Ces succès étaient d'autant plus admirables qu'ils ne nous avaient coûté que 1 500 hommes : « *L'Empereur*, disaient les soldats enthousiasmés, *ne fait plus la guerre avec nos bras; il la fait avec nos jambes!* »

Marginalia :

La Grande Armée.

———

Les généraux de l'Empire.

Entrée des Français en Allemagne.

———

Capitulation d'Ulm (1805).

Entrée à Vienne.

**Affaire
de Dirnstein.**

Caldiéro.

Après la capitulation d'Ulm, l'Empereur s'était dirigé sur *Vienne*, poussant devant lui les Russes, qui étaient enfin arrivés. — **Kutusoff**, avec 30 000 hommes, avait enveloppé *Mortier* et 5 000 Français à *Diernstein* (11 novembre 1805). Après une lutte héroïque, le maréchal fut enfin dégagé par le général *Dupont*.— Deux jours après, *Murat*, *Lannes* et *Bessières* s'emparaient des **ponts de Vienne** par un coup de main *plus audacieux que chevaleresque*, et la Grande Armée faisait son entrée dans cette capitale.

Napoléon y est rejoint par *Masséna*, qui, après avoir battu l'archiduc *Charles* à *Caldiéro* (30 octobre), l'avait refoulé jusqu'aux *Alpes Juliennes*.

Napoléon, laissant *Mortier* à Vienne, marche droit aux empereurs **François II d'Allemagne** et **Alexandre de Russie**, qui ont concentré, en *Moravie*, une armée de 90 000 hommes. — **Le czar**, exalté par les flatteries de ses courtisans et un léger avantage à *Wischau*, montre une folle ardeur et traite de lâches ses alliés, qui voudraient attendre l'archiduc *Charles* ou l'armée prussienne.—Napoléon, avec 80 000 hommes, les attaque à **Austerlitz**, le 2 décembre, *jour anniversaire de son couronnement*.

Les Russes, à la faveur d'un *brouillard épais*, qui enveloppe les vallées et la plaine, descendent imprudemment sur notre droite, dégarnissant le plateau de *Pratzen*, centre de leurs positions. — **Les maréchaux impatients** voulaient commencer l'attaque; mais l'Empereur les contient : « *Quand l'ennemi commet une faute, leur dit-il, il faut bien se garder de l'interrompre.* » — Bientôt le soleil parut, inondant de clarté le champ de bataille : c'était « *le soleil d'Austerlitz, soleil dont le souvenir, retracé tant de fois à la génération présente, ne sera sans doute jamais oublié des générations futures* ». (**Thiers**.) — Alors **Napoléon** donne le signal de l'attaque : « *Soldats, s'écrie-t-il en galopant devant les rangs, il faut finir cette campagne par un coup de tonnerre!* » et, aux cris de *Vive l'Empereur*, le corps de **Soult** s'élance sur le **plateau de Pratzen** et s'en empare : *l'armée ennemie est coupée en deux*. — *La garde impériale russe*, qui tente de rétablir les communications, est sabrée et culbutée sur toute la ligne par la cavalerie de la *garde française*. — Dès lors, **les Russes** ne forment plus que des masses confuses et sans direction, dans lesquelles l'artillerie française creuse de *sanglants sillons*. Cinq mille cherchent à s'échapper sur les *étangs glacés*; mais Napoléon ordonne de briser la glace à coups de canon, et presque tous sont engloutis.

Les deux souverains d'Autriche et de Russie s'enfuient désespérés, abandonnant 20 000 hommes tués ou noyés, 20 000 prisonniers, 40 drapeaux et 180 canons, dont le bronze devait servir à édifier la *colonne Vendôme*. Les Français avaient à regretter 7 000 hommes. « *Soldats*, disait, le lendemain, Napoléon à son armée, *je suis content de vous! vous avez décoré vos aigles d'une gloire immortelle..... Rentrés dans vos foyers, il vous suffira de dire : J'étais à Austerlitz, pour qu'on réponde : Voilà un brave!* »

François II vint, deux jours après sa défaite, solliciter de l'Empereur un *armistice* au bivouac d'*Urschitz* : « *Voilà*, dit Napoléon en s'excusant, *les palais que Votre Majesté me force d'habiter depuis deux mois. — Vous vous en trouvez assez bien*, répondit le monarque vaincu, *pour que vous n'ayez pas le droit de m'en vouloir.* » — Cet armistice fut changé en paix définitive par le **traité de Presbourg**.

Le czar, en fuite avec les débris de son armée, que Napoléon eut l'*imprudente générosité* de laisser échapper, ne déposait pas les armes. — Quant au **roi de Prusse**, que la victoire d'Austerlitz avait fait réfléchir, il envoya des félicitations à Napoléon : « *Voilà des compliments*, dit l'Empereur, *dont la fortune a changé l'adresse.* »

Bataille
d'Austerlitz
(2 décembre 1805).

Entrevue
de Napoléon
et de François II.

Traité de Presbourg (1805).

Le traité de Presbourg entre Napoléon et l'Empereur d'Allemagne compléta l'*abaissement de l'Autriche*, commencé à *Campo-Formio* et continué à *Lunéville*. — Par ce traité, l'Autriche payait 40 *millions* à la France, abandonnait la *Vénétie*, le *Frioul*, l'*Istrie*, la *Dalmatie* au royaume d'Italie ; le *Tyrol*, le *Vorarlberg* à la Bavière ; la *Souabe* au Wurtemberg ; le *Brisgau* et *Constance* au grand-duché de Bade ; elle n'obtenait comme dédommagement que la *principauté de Salzbourg*. — L'*électeur de Bavière* et le *duc de Wurtemberg*, alliés de Napoléon, recevaient le titre de **rois**.

Napoléon *abusait de la victoire* vis-à-vis de l'Autriche ; — dans cette voie, aucun traité ne pouvait être définitif ; les vaincus cédaient, *l'épée sous la gorge*, mais avec l'intention bien arrêtée d'en appeler aux armes, sitôt qu'il leur serait possible.

Désastre de Trafalgar (1805).

Le désastreux combat de Trafalgar avait attristé le triomphe d'Austerlitz. — **Villeneuve**, exaspéré par les reproches de l'Empereur, était résolu à se battre à tout prix. — Le 21 octobre 1805, la flotte franco-espagnole, forte de 33 vaisseaux, rencontre la flotte anglaise commandée par **Nelson** à la hauteur du cap *Trafalgar*.

La victoire des Anglais fut complète ; toutefois l'*héroïsme des vaincus* immortalisa leur défaite. — Villeneuve amena son pavillon ; mais le grand amiral Nelson était tombé sur le pont de son vaisseau amiral, le *Victory*, mortellement blessé. — « *Pendant toute une génération, la France ne compta plus comme puissance maritime.* »

Les monarchies vassales.

Napoléon protecteur de la Confédération du Rhin.

Napoléon voulut entourer son jeune empire de *monarchies vassales* : il espérait y trouver un appui ; mais elles ne furent qu'un embarras. — **Le roi de Naples**, qui avait ouvert ses ports aux Anglais après leur victoire de Trafalgar, fut informé que « *la dynastie des Bourbons de Naples avait cessé de régner* ». — **Joseph Bonaparte**, frère *aîné* de Napoléon, reçut la couronne de Naples, et partit conquérir son royaume sur les *lazzaroni* de Naples et les *Calabrais* révoltés (mars 1805). — **Le Grand-Pensionnaire de la Hollande**, *Schimmelpenninck*, dut céder sa place à un *frère cadet* de l'Empereur, **Louis Bonaparte**, qui avait épousé *Hortense Beauharnais*, fille de l'impératrice Joséphine, et qui fut fait *roi de Hollande* (1806).

L'Empire germanique, qui existait depuis l'an 800, était détruit. — Le 12 juillet 1806, *les rois de Bavière, de Wurtemberg, le grand-duc de Bade, l'électeur de Hesse, l'électeur de Hesse-Darmstadt, les deux ducs de Nassau* et plusieurs petits princes se déclaraient séparés à jamais de l'Empire germanique. — Ils formaient entre eux une nouvelle ligue, la **Confédération du Rhin**, dont la capitale était *Francfort*, et dont Napoléon fut reconnu le *Protecteur*. — **Le Protecteur** avait le droit de *décider la paix ou la guerre*, et la Confédération était tenue de mettre à la disposition de la France *un contingent* maximum de 63 000 soldats. — La Prusse et l'Autriche ne faisaient pas partie de la Confédération.

Rapprochement avec l'Angleterre.

Mais mort de Fox (1806).

L'Angleterre elle-même sembla se résigner un instant à l'*incroyable fortune* de Napoléon. La victoire d'Austerlitz avait frappé **Pitt** au cœur ; il mourut en répétant tristement : « *O mon pays !* » — **Fox**, successeur de Pitt au ministère, était partisan de la paix et *sympathique à la France* ; des négociations furent entamées entre les deux pays.

Mais la mort de Fox détruisit tout espoir d'une pacification générale : « *Ce fut une des fatalités de ma carrière*, dit Napoléon ; *s'il eût continué de vivre, la cause des peuples l'eût emporté, et nous eussions fixé un nouvel ordre de choses en Europe.* »

12.

La **Prusse** était en paix avec la France depuis le *traité de Bâle* (1795). — Mais **Napoléon**, pour humilier et compromettre la Prusse, l'avait obligée, après Austerlitz, de céder à la France la *principauté de Neuchâtel* et les *duchés de Berg et de Clèves*, et à la Bavière le *margraviat d'Anspach*; la forçant d'accepter, en échange, *le Hanovre*, propriété personnelle de George III d'Angleterre. — Plus tard, on apprit à Berlin que Napoléon, négociant avec *Fox*, lui avait proposé, en échange de la *Sicile*, de reprendre à la Prusse l'*électorat de Hanovre*, pour le restituer à l'Angleterre.

Cette désinvolture diplomatique, jointe à l'exaspération produite par le supplice du libraire bavarois *Palm*, fusillé en pleine paix, pour avoir vendu des brochures hostiles à Napoléon, exaltèrent à ce point le *patriotisme prussien*, que **Frédéric-Guillaume** finit par accepter les propositions de l'Angleterre et de la Russie, et somma Napoléon, le 1er octobre 1806, d'*évacuer l'Allemagne*. — Puis, avec une jactance inouïe, l'armée prussienne, excitée par la belle et chevaleresque reine *Louise-Amélie*, se mit en marche pour passer le Rhin et envahir la France.

Cette imprudence attira sur la Prusse un effroyable désastre. Son armée, brave et instruite, avait encore les *méthodes et la raideur du siècle dernier*; il semblait que les hommes d'État et les généraux prussiens *eussent dormi depuis cinquante ans*. — Pleins de confiance dans leur passé, ils se croyaient toujours au temps du grand Frédéric; *ils oubliaient qu'on n'était plus au lendemain de Rosbach, mais au lendemain d'Austerlitz.*

La **Quatrième coalition** réunissait contre la France : la Prusse, l'Angleterre, la Russie et la Suède, dont le roi, *Gustave IV*, refusait le titre d'empereur au « *général Bonaparte, que son épée, non la grâce de Dieu*, disait-il, *avait fait souverain* ».

La **Prusse** attendait encore la dernière réponse de Napoléon, que la *Grande Armée*, débouchant dans la vallée de la *Saale*, coupait l'armée prussienne de *la route de Berlin*, renouvelant contre elle la manœuvre qui avait si bien réussi contre les Autrichiens à Ulm et à Marengo. — Le *vieux duc de Brunswick*, l'auteur du manifeste de 92, épouvanté de sa situation, fait volte-face, tourne le dos à la France et essaye de battre en retraite sur *Leipzig*. — Son lieutenant, le *prince de Hohenlohe*, est écrasé à Iéna, avec 60 000 hommes, par l'Empereur, pendant qu'à cinq lieues de là, sur le plateau d'**Auerstædt**, *Davout*, mal secondé par *Bernadotte*, mais admirablement soutenu par les divisions *Gudin*, *Friant* et *Morand*, culbute, avec 32 000 hommes, le gros de l'armée prussienne sous les ordres de Brunswick et du roi Frédéric-Guillaume. — Les Prussiens, qui n'avaient pas prévu *le cas d'une défaite*, s'enfuient dans un désordre inexprimable et sont facilement la proie du vainqueur. — Les glorieux combats de *Halle*, de *Zehdenich* et de *Prenzlow* achevèrent la destruction de l'armée prussienne. Blücher capitula dans *Lubeck* quelques jours après (7 novembre).

Napoléon entra triomphalement à Berlin, le 27 octobre 1806, à la tête de son armée, et frappa la ville d'une *contribution de guerre* de 110 millions. — Il visita Potsdam, prit l'épée du grand *Frédéric*, déposée sur son cercueil, et l'envoya à Paris : « *Les invalides, dit-il, seront heureux quand ils verront en notre pouvoir l'épée de celui qui les vainquit à Rosbach.* » — L'électeur de Saxe, qui avait offert son alliance à Napoléon, entra, avec le titre de *roi*, dans la *Confédération du Rhin*. — Ce fut de Berlin que l'Empereur lança le fameux décret du **blocus continental** (novembre 1806). — *La Prusse était vaincue; restait la Russie.*

Napoléon, quittant Berlin, s'avance en **Pologne** au-devant de l'armée russe, appelant les compatriotes de *Kosciusko* à la vengeance et à la liberté. — Les Polonais, frémissant d'espoir, accueillent partout Napoléon comme *un libérateur*; il ne leur fait, en réalité, que de *vagues promesses*, se contente de donner des armes aux *volontaires*, qui se lèvent de tous côtés, et d'exploiter à son profit la haine qu'ils ont jurée à la Russie. — Pendant ce temps, *Sébastiani* obtenait du **sultan Sélim** qu'il fermât *les Dardanelles* aux Anglais, et qu'il déclarât la guerre à la Russie; l'Empereur, en retour, garantissait *l'intégrité du territoire ottoman* (1er décembre 1806).

Les Russes, commandés par *Benningsen*, sont battus par *Lannes*, dans les marais de *Pultusk* (26 décembre 1806); mais des pluies persistantes rendent toute manœuvre impossible; les routes étaient des *fondrières*; l'armée, épuisée par des marches continuelles, murmurait contre ce pays pauvre, cette *terre de boue*, ce *ciel éternellement pluvieux*. — **L'Empereur** partageait les misères de l'armée, chevauchant avec elle à travers la pluie, le vent et la neige : « *Il avait le ventre serré comme les autres* », dit Coignet. Un jour qu'il faisait un temps affreux, l'un de ses grognards lui dit : « *Il faut que vous ayez un fameux coup dans la tête pour nous mener sans pain, par des chemins comme çà!* » — **Napoléon** résolut alors de prendre ses *quartiers d'hiver*, organisant fortement son armée, et, malgré la distance, *gouvernant tous les points de son vaste empire*, s'occupant avec la même vigilance de ce qui se passait à ses *avant-postes*, et de ce qui se passait à *Paris*.

Benningsen reprend l'offensive, à la fin de janvier, et essaye de profiter de la dispersion de la *Grande Armée* pour l'accabler et faire lever le siège de *Dantzig*; mais, repoussé par *Bernadotte*, il s'arrête à **Eylau**, et nous offre la bataille. — *Ce fut une des plus sanglantes du siècle :* il tombait une neige épaisse, qui, par moments, dérobait la vue du champ de bataille; le ciel était d'un gris livide; le paysage était funèbre, comme l'action, concentrée autour d'*un cimetière*. — Les Français restèrent maîtres du champ de bataille; mais *les pertes étaient énormes de part et d'autre*. — L'armée française fut attristée de cette bataille, *si meurtrière et si peu décisive :* elle n'avait pas bon marché des Russes comme des Autrichiens et des Prussiens, et il fallait *hacher*, pour les faire tomber, ces *automates barbares*, qui croyaient mourir pour leur foi. — Trois mois après, **Dantzig**, assiégée par le maréchal *Lefebvre*, capitulait, livrant à nos troupes ses *immenses approvisionnements de blé et de vin*.

Benningsen, qui a reçu des renforts, entre de nouveau en campagne et ose nous offrir la bataille à **Friedland**, sur l'*Alle*, le 14 juin, jour anniversaire de Marengo, ne pouvant compter, pour opérer sa retraite, en cas de malheur, que sur *trois ponts*. — **Napoléon** profita de cette faute pour remporter « *la plus belle victoire peut-être de tous les siècles*, dit Thiers, *par la grandeur des combinaisons qui l'avaient amenée* ».

Le czar Alexandre, bien vaincu cette fois, sollicita un *armistice* et une *entrevue* avec l'Empereur. — Les deux souverains se rencontrèrent à **Tilsitt**, sur un radeau, au milieu du Niémen, et, après s'être embrassés : « *Pourquoi nous faisons-nous la guerre*, demandèrent-ils? — *Je hais les Anglais autant que vous les haïssez*, dit Alexandre; *je serai votre second dans tout ce que vous ferez contre eux. — Dans ce cas, la paix est faite* », repartit **Napoléon**; et aussitôt il employa toutes les séductions de son génie pour faire d'Alexandre son allié. — **Le Czar**, qui alliait à une grande *fausseté* une exaltation chevaleresque, fut bientôt charmé, fasciné, enivré : « *Quel grand homme! s'écriait-il, quel génie! quel capitaine! quel homme d'État!* »

Le traité de Tilsitt consacrait la *déchéance de la Prusse*. — C'était seulement, par « *égard pour l'Empereur de Russie, et dans son désir d'unir les deux nations par un lien d'amitié éternelle* », que Napoléon « *consentait à restituer à Frédéric-Guillaume la vieille Prusse, la Poméranie, le Brandebourg et la Silésie.* — **Le roi de Prusse** adhérait au *blocus continental.* Ses États ne lui seraient rendus qu'après l'entier payement d'une contribution de guerre de 600 *millions.* Il lui était interdit d'entretenir *sur pied* une armée supérieure à 42 000 hommes. — Après avoir, en quelque sorte, *cassé les deux ailes de l'aigle prussienne,* **Napoléon** établissait sur ses flancs deux États feudataires : à l'ouest, **le royaume de Westphalie,** avec son jeune frère *Jérôme* pour roi ; à l'est, **le grand-duché de Varsovie,** attribué à l'*Électeur de Saxe,* devenu roi.

Une alliance offensive et défensive était conclue entre la France et la Russie, aux conditions suivantes : *coopération de la Russie à la guerre contre l'Angleterre; partage de l'Empire Ottoman; annexion de la Finlande à la Russie,* si la Suède se refusait à rompre avec l'Angleterre. — La France sacrifiait son vieil allié la *Turquie,* et abandonnait la *Pologne;* d'autre part, si **Alexandre** cédait *l'Occident* à Napoléon, Napoléon, en retour, lui abandonnait l'*Orient;* c'était encore la Russie qui avait la part la plus belle. — Cependant **tant de prospérités** *éblouirent* un moment la France, et l'on se prit à croire à la durée de cet empire, dont *le traité de Tilsitt marque l'apogée.*

Le prétendant Louis XVIII, se croyant tenu de quitter la Russie, après la paix de Tilsitt, se rendit de *Mittau* (Courlande), où il résidait depuis 1798, à *Gothenbourg,* d'où une frégate anglaise le transporta en Angleterre. — **Napoléon,** informé par le czar que Louis XVIII allait quitter ses États, lui répondit que « *cette affaire l'intéressait fort peu, et que, si le prétendant était las de vivre en Russie, il pouvait venir à Versailles, où il serait pourvu à tous ses besoins* ».

Traité de Tilsitt (1807).
Apogée de l'Empire.
Le prétendant Louis XVIII se retire en Angleterre.

LE BLOCUS CONTINENTAL. COMMENCEMENT DES RÉSISTANCES NATIONALES.

Napoléon, que le traité de Tilsitt avait confirmé dans l'espoir de « *dominer la mer par la terre* », reprit avec une nouvelle énergie la lutte contre son implacable ennemie. — *Bloc de fer et de houille, pays essentiellement commerçant et industriel,* l'Angleterre *ne peut vivre qu'à la condition de trouver sur le continent des débouchés à ses marchandises et aux produits de ses fabriques.* — C'est pour lui fermer ces débouchés, et *la frapper à mort en ruinant son commerce,* que Napoléon organisa contre elle le blocus continental.

L'Angleterre avait fermé l'Océan à la France, en déclarant *en état de blocus tous les ports français de Hambourg à Brest.* — A ce *blocus fictif* ou sur le papier **Napoléon** répondit par **LE DÉCRET DE BERLIN,** qui proclamait **le blocus continental** (21 novembre 1806) : *Les îles Britanniques étaient déclarées en état de blocus, et tout commerce était interdit avec elles; aucun bâtiment venant d'Angleterre ou des possessions anglaises ne pouvait être reçu dans les ports de la France ou de ses alliés.*

L'Angleterre exaspérée déclara que tous les navires neutres devraient non seulement se laisser visiter, mais encore *stationner dans ses ports,* et soumettre leur chargement à une taxe de 25 0/0. — **Napoléon** riposta par le **décret de Milan** (décembre 1807) : *Tout vaisseau qui se serait laissé visiter et aurait payé la taxe serait considéré comme dénationalisé, et, par suite, de bonne prise.*

LE BLOCUS CONTINENTAL.
Le décret de Berlin (1806).
Représailles de l'Angleterre.
Décret de Milan (1807).

<table>
<tr><td valign="top" width="30%">

Croisade européenne contre l'Angleterre.

Ses souffrances.

</td><td valign="top">

Cette gigantesque idée du blocus continental ressemblait à une espèce de *croisade européenne* contre l'Angleterre. — Tous les pays alliés de la France, la Russie, la Prusse, le Danemark et même l'Autriche *fermèrent leurs ports* aux Anglais. — La Suède, la Porte, la Sicile, la Sardaigne et le Portugal *refusèrent seuls* d'adhérer au blocus. **Jamais l'Angleterre** n'avait encore éprouvé *pareil malaise;* elle étouffait sous *l'encombrement de ses entrepôts :* des marchandises de toutes sortes, faute de débouchés, s'entassaient dans ses *ports* et refluaient jusque dans les *ateliers de production*, qui se fermaient et laissaient sans travail et sans pain des *multitudes d'ouvriers.* — Obligé de subvenir à l'entretien de ces malheureux, le Gouvernement aux abois augmentait chaque année sa dette de *plusieurs milliards* (elle était de 28 milliards en 1815), sans pouvoir prévenir *les révoltes*, qui éclataient à chaque instant au sein des *cités industrielles.*

</td></tr>
<tr><td valign="top">

1°

CONSÉQUENCES POLITIQUES du blocus continental.

Annexion de la Hollande.

Invasion du Portugal et des États de l'Église.

Les désastreuses expéditions d'Espagne et de Russie.

Impopularité de Napoléon.

Scandaleux trafics des licences.

</td><td valign="top">

Sous le rapport politique, le blocus continental, qui était la négation du *droit des neutres*, fut *une faute mortelle* pour l'Empire. — Pour que la mesure que Napoléon avait prise fût efficace, il fallait que *l'Europe tout entière y adhérât.* — Un seul débouché ouvert au commerce anglais sur le continent faisait pénétrer partout ses marchandises et *annulait le système.* — Il fallait donc que les souverains de l'Europe fussent assez dévoués à la cause de Napoléon pour la soutenir *contre leurs intérêts*, ou qu'on les y obligeât *par la force.* — De là, une série de *mesures violentes* et *d'interventions odieuses;* de là, *la guerre, et la guerre à outrance, partout et toujours.*

La Hollande et les grands ports allemands, **Hambourg, Brême, Lubeck. Dantzig**, ne se résignèrent pas à la ruine. — Ils continuèrent leur commerce avec l'Angleterre, sous la protection des autorités, même du *roi de Hollande*, frère de Napoléon, qui avait pris parti pour son peuple. — **Napoléon**, qui ne voulait voir dans ses *frères couronnés* que des préfets, furieux d'être ainsi tenu en échec par *les contrebandiers* des pays alliés, prit le parti, pour faire observer le blocus, de mettre ces pays *sous son administration immédiate*, et **annexa à l'Empire** toute la Hollande et les côtes de l'Allemagne jusqu'au Danemark.

Le Danemark, soupçonné d'être favorable à la France, est l'objet, de la part des Anglais, d'une odieuse violation du droit des gens : sa capitale, **Copenhague**, est bombardée, *sans déclaration de guerre*, pendant trois jours et trois nuits. — Napoléon répond à cette inqualifiable cruauté en envoyant dans le **Portugal** *Junot* et une armée, qui, après un traité secret de partage avec le cabinet de *Madrid*, s'empara de **Lisbonne** (1807), pendant que la famille royale s'enfuyait au *Brésil.*

En Italie : — le pape **Pie VII** faisait des difficultés pour appliquer le blocus dans ses États; des troupes françaises envahissent **Rome** (1808), qui devient le *chef-lieu* d'un département français. — Ce furent aussi les nécessités du blocus continental qui déterminèrent Napoléon à **l'expédition d'Espagne**, *la grande faute de son règne*, et l'engagèrent enfin dans la **désastreuse campagne de Russie**, où la *Grande Armée* trouva son tombeau.

Rien n'a rendu Napoléon plus impopulaire, en France et à l'étranger, que ce renchérissement du *sucre* (6 *francs* la livre), et du *café*, qui portait sur les habitudes journalières de toutes les classes de la société. — C'était la gêne, la privation, la misère entrant *dans chaque maison*, au sein des plus pauvres familles des pays alliés ou soumis, *pour nous y faire des ennemis.* — Napoléon, d'autre part, tout en faisant *brûler* sur la place publique les étoffes ou denrées d'origine suspecte, était obligé d'accorder aux négociants **des licences**, pour se procurer en Angleterre certains articles qu'elle seule produisait, ce qui donnait lieu à *d'étranges et scandaleux trafics.*

</td></tr>
</table>

En France, la cherté des marchandises qu'on avait jusque-là tirées d'Angleterre provoqua les industriels à *fabriquer eux-mêmes ces articles*. — On créa des *filatures* et des *tissages de laine et de coton*, ainsi que des *forges pour les fers et les aciers*. — Pour remplacer le sucre de canne, on inventa **le sucre de betterave** : « *Il faut*, disait Napoléon, *savoir se pourvoir soi-même de ce qu'on allait chercher chez les autres, faire ses indiennes, son sucre et son indigo.* »

L'industrie française, ruinée pendant les guerres de la Révolution, commença ainsi à se relever : le blocus, en écartant les marchandises étrangères, agissait sur la production comme *un régime protecteur*. — Toutefois, en 1815, à la levée du blocus, *toutes les fabriques de sucre*, sauf une, et la plupart des *fabriques de calicot*, entre autres celle de **Richard Lenoir**, s'écroulèrent, incapables de soutenir la concurrence anglaise ; mais l'industrie nationale avait reçu un *puissant stimulant*.

Les procédés despotiques de l'Empereur, qui sacrifiait tout aux *exigences* de son blocus continental, et qui, dans les traités, disposait des peuples et des nations, suivant les nécessités ou les caprices de sa politique, sans souci de leurs *traditions*, de leurs *affections*, de leurs *intérêts les plus chers*, firent jaillir, du sein des peuples ainsi *adjugés et foulés aux pieds*, **un mouvement puissant, spontané, de résistance et d'indépendance nationale**, qui réveilla d'abord *l'Espagne* de sa longue torpeur, secoua *l'Allemagne*, endormie après sa honteuse défaite de 1806, arma plus tard *la Russie*, puis *l'Europe tout entière*, et finit par triompher du dominateur du monde. — Derrière les *armées mercenaires* et les *vieux Gouvernements*, que nous avions seuls combattus depuis 1792, on voyait maintenant **les peuples** se lever contre nous.

L'Allemagne surtout se révolta de bonne heure contre le soldat qui l'avait écrasée, humiliée, ruinée : « *Qu'ils me haïssent*, disait Napoléon, *cela est assez simple : on m'a forcé dix ans à me battre sur leurs cadavres ; ils n'ont pu connaître mes vraies dispositions.* » — Dès l'année 1808, une multitude de **sociétés secrètes**, révolutionnaires et démocratiques, provoquent le *soulèvement des peuples* au nom de la patrie et de la liberté ; le ministre prussien *Stein*, le *duc de Brunswick*, le major *Schill*, *Dornberg*, colonel des gardes du roi de Westphalie, étaient les principaux meneurs de ces **Sociétés de la Vertu** (*Tugend-Bund*), qu'encourageaient les *Discours à la Nation allemande* de **Fichte**, les *chants belliqueux* d'**Arndt**, le mangeur de Français (sa fameuse chanson : « *Qu'est-ce que la patrie de l'Allemand ?* » si populaire), de **Kœrner** (la *Chanson de l'épée*) et de **Schlégel**. — Un jeune étudiant saxon, *Staabs*, essayera plus tard de poignarder Napoléon à Schœnbrünn : « *Te tuer n'est pas un crime*, lui dira l'assassin, *mais un devoir* » ; et il montera à l'échafaud en criant : « *Vive la liberté ! vive la Germanie !* »

La Prusse, tout en exaltant dans les masses populaires le sentiment patriotique, *préparait silencieusement l'œuvre de la revanche*, sous la direction de l'habile ministre *Stein*, qui abolissait la corvée et les droits féodaux, pour gagner à la cause commune la bourgeoisie et le peuple, et du ministre de la guerre *Scharnhorst*, qui créa l'armée nationale. — Ainsi, de la Vistule au Rhin, en Hollande, en Italie comme en Espagne, tous les peuples soumis ou alliés à l'Empire français, animés contre nous de l'esprit de **la Révolution**, que nous leur avions *inoculé*, soutenaient leurs *rois vaincus* et s'exaltaient pour combattre et mourir pour l'*indépendance de leur pays*. — Une seule chose les retenait, la crainte, « *faible lien d'attachement*, disait autrefois Tacite, *car lorsque la crainte cesse, la haine commence* ».

CARACTÈRES DE LA GUERRE D'ESPAGNE ET DE LA GUERRE DE 1809.

L'Espagne, au commencement du XIXe siècle, semblait être encore en plein moyen âge : une *noblesse* orgueilleuse et un *clergé* ardent étaient les maîtres du sol et de toutes les richesses. — Le peuple, d'une originalité puissante, énergique et sobre, mais nonchalant, mélange de férocité africaine et d'exaltation chevaleresque, *était passionné pour sa religion, fier de sa patrie, plein de confiance en lui-même et plein de haine pour l'étranger.*

La cour de Madrid offrait un lamentable spectacle : le roi **Charles IV**, prince faible, sans intelligence et sans caractère, abandonnait tout le Gouvernement à *Manuel Godoï*, favori de la reine, *Louise de Parme*, femme dépravée, qui avait fait de cet aventurier un premier ministre et un *Prince de la Paix*. — Le plus parfait accord régnait entre ces trois personnages ; car, ainsi que la reine, Charles IV ne voyait que par les yeux de « *Manuelito, son pauvre ami* ». — « *Tous les jours*, racontait-il à Napoléon, lors de l'entrevue de Bayonne, *quelque temps qu'il fît, hiver comme été, je partais, après avoir entendu la messe et déjeuné ; je chassais jusqu'à une heure ; je dînais et je repartais immédiatement à la chasse, jusqu'à la chute du jour. Le soir, Manuel avait le soin de me dire si les affaires allaient bien ou mal, et j'allais me coucher pour recommencer le lendemain, à moins qu'il n'y eût quelque cérémonie importante.* »

Manuel Godoï n'avait d'autre règle politique que *la volonté de Napoléon* : déjà en 1805, il lui avait sacrifié la marine de l'Espagne ; en 1807, sans souci des intérêts de sa patrie, il adhéra au blocus continental. — **Ferdinand**, fils aîné de Charles IV, prince aussi méprisable que son père, détesté de sa mère et du favori et éloigné par eux des affaires, était devenu *l'idole du peuple* pour sa haine contre Godoï et les « *maudits Français* ».

En 1807, le prince des Asturies, voyant son père malade, et sachant que Godoï travaillait à se faire donner *la régence*, ourdit une conspiration pour le renverser ; et, pour s'assurer l'appui de Napoléon, lui demanda *la main d'une princesse de sa famille*. — Mais sa correspondance est saisie ; il est arrêté par le vieux roi en personne, déclaré *criminel d'État* et jeté en prison, d'où il ne sort qu'après avoir promis « *d'aimer Godoï* ».

Charles IV, de son côté, avait écrit à Napoléon pour lui dénoncer la conduite du *prince des Asturies* et lui soumettre leur différend. — L'Empereur, se voyant **l'arbitre du père et du fils**, résolut de mettre à profit leurs misérables querelles pour l'exécution de ses desseins. — Sous prétexte de renforcer l'*armée du Portugal*, il fit entrer 80 000 hommes en Espagne, en donna le commandement à *Murat*, et lui ordonna tout à coup de marcher sur *Madrid*. — La cour effrayée s'enfuit à **Aranjuez**, où éclata bientôt une *révolution populaire*. — Le peuple saccage la maison de *Godoï* et réclame sa tête, et le vieux roi effrayé **abdique** en faveur de son fils, qui est proclamé roi sous le nom de **Ferdinand VII**.

Murat, à cette nouvelle, entre dans Madrid avec les corps de *Dupont* et de *Moncey*. — Ferdinand y arrive le lendemain, au milieu des acclamations enthousiastes du peuple, et sollicite sur-le-champ la reconnaissance de Napoléon. — Mais **Charles IV** écrivit à l'Empereur, pour protester contre son abdication, accuser son fils d'avoir *attenté à ses jours*, et le dénoncer comme *l'ennemi de la France* ; il demandait, ainsi que la reine, à se retirer au delà des Pyrénées, avec « *leur pauvre ami, l'ami des Français* ».

Marginal notes:

L'ESPAGNE EN 1807.

Le roi Charles IV et la reine Louise de Parme.

Le favori Manuel Godoï.

Le prince des Asturies conspire contre le roi son père.

Révolution d'Aranjuez.

Abdication de Charles IV.

Avènement de Ferdinand VII.

Entrée de Murat à Madrid.

Ferdinand, sur le conseil du général *Savary*, se rend à **Bayonne**, où se trouvait l'Empereur, pour se faire reconnaître par lui. — A cette nouvelle, **Charles IV** se met aussitôt en route avec la reine et le *Prince de la Paix*, pour demander vengeance de l'*usurpation* de son fils. — On apprend en même temps qu'une insurrection *contre les Français* a éclaté à *Madrid :* ce fut l'occasion d'une scène horrible entre Charles IV, la reine, Ferdinand et Napoléon. — **Le vieux roi** et *sa femme* allèrent jusqu'à lever la main contre leur fils, l'accablant d'injures et d'outrages : « *Quant à moi*, lui dit Napoléon, *je ne reconnaîtrai jamais pour roi d'Espagne celui qui a ordonné le meurtre de mes soldats !* »

Entrevue de Bayonne (mai 1808).

Joseph Bonaparte roi d'Espagne.

Ferdinand effrayé signe son *abdication*. — **Charles IV**, *redevenu roi*, cède tous ses droits à la couronne *d'Espagne et des Indes* à Napoléon, en échange des *châteaux de Chambord* et de *Compiègne* et d'une rente de 7 *millions ;* — **Ferdinand** est interné au *château de Valençay* (Indre). — Cet attentat consommé, l'Empereur nomme son frère **Joseph** *roi d'Espagne*, et le remplace à *Naples* par son beau-frère **Murat**.

L'entrevue de Bayonne fut regardée par toute l'Europe comme un *guet-apens* odieux tendu aux Bourbons pour les dépouiller. — **Napoléon** lui-même l'a reconnu : « *Ma plus grande faute est d'avoir mis de l'importance à détrôner la dynastie des Bourbons…. J'embarquai fort mal cette affaire. L'immoralité dut se montrer par trop patente, l'injustice par trop cynique…. La guerre d'Espagne a été une véritable plaie et la cause première des malheurs de la France….. C'est ce qui m'a perdu.* »

GUERRE D'ESPAGNE (1808-1814).

Son caractère.

Cette dynastie étrangère imposée à l'Espagne froisse son orgueil et exalte son patriotisme : « *Ce grand corps, qui manque d'embonpoint*, disait le maréchal Suchet, *mais qui a encore des nerfs et des muscles* », se leva tout entier pour étreindre l'envahisseur. — **Les moines** donnent l'élan au peuple, et le peuple entraîne la bourgeoisie et la noblesse contre ces « *chiens de Français, amis des Juifs et des Turcs, qui venaient piller leurs riches églises* » ; insurrection sauvage, héroïque, qui réunissait le fanatisme religieux des *temps de la Ligue* au fanatisme politique de *93*, et qui surpassa l'un et l'autre en atrocités. Ce fut **le premier soulèvement national** contre Napoléon. — *L'Angleterre*, abandonnée de tous ses alliés, accueillit avec des transports de joie l'insurrection espagnole, et lui envoya, en moins de six mois, 76 millions, 200 000 fusils et 200 canons.

Les Français avaient à faire une *guerre toute nouvelle :* ce n'était plus, comme en Allemagne, des manœuvres savantes pour envelopper et détruire une armée ; il fallait lutter là contre tout un peuple, éparpillé dans un pays de montagnes et de défilés profonds, où trois cents hommes suffisaient pour arrêter une armée: *guerre de guérillas* et de coups de couteau, dans un pays stérile et sans routes et sous un climat de feu.

Victoire de Rio-Seco.

Capitulation de Baylen (1808).

Nos premiers combats furent des succès : le *maréchal Bessières* remporta, à *Medina del Rio-Seco* (14 juillet 1808), une brillante victoire, qui, comme jadis celle de *Villaviciosa*, ouvrit au roi Joseph la route de Madrid. — Mais, à peu de jours de là, le *général Dupont* se laissa envelopper à **Baylen** (*Andalousie*). Après avoir essayé *sept fois* de s'ouvrir un passage, avec des soldats épuisés de fatigue et accablés par une chaleur de 40 degrés, le *héros d'Albeck et de Dierstein*, à la veille d'être maréchal, **capitula en rase campagne**, avec son lieutenant *Védel* et 18 000 Français (20 juillet 1808).

La junte de Séville, foulant aux pieds la capitulation, envoya mourir de faim et de misère sur les *pontons de Cadix* ou sur les *rochers de Cabrera* (*îles Baléares*) nos malheureux soldats, qu'elle avait promis de rapatrier.

La capitulation de Baylen eut un effet prodigieux en Europe : elle enivra les Espagnols, qui se crurent les vengeurs de l'Europe, et exalta encore davantage leur fanatisme ; mais elle porta surtout une funeste atteinte au prestige du *drapeau français*. — A *Vienne*, à *Berlin*, on tressaillit d'espoir : on vit qu'il était possible de nous vaincre, et on ne songea plus qu'à nous combattre. A *Londres*, la joie fut sans bornes ; on prépara avec ardeur une *cinquième coalition* contre la France. — **Napoléon en fut désespéré** : sur le *rocher de Sainte-Hélène*, il ressentait encore l'angoisse de cette blessure à l'honneur français, la seule pendant vingt-cinq ans de guerre ! — Ses résultats immédiats furent désastreux : le *roi Joseph* abandonna Madrid, où il n'avait fait que paraître, et les troupes françaises se replièrent sur la rive gauche de l'*Èbre*.

Junot, isolé désormais en Portugal, est battu, à *Vimeiro*, par l'armée anglaise, commandée par le *duc de Wellington*, et signe, à *Cintra* (30 août), une convention d'évacuation du Portugal, qui fut du moins *scrupuleusement exécutée* : il fut ramené en France, sur des navires anglais, avec ses 22 000 soldats, armes et bagages. — Mais *le Portugal était perdu pour nous*.

Napoléon, effrayé de ces revers, songea un moment à abandonner l'Espagne « *à ses propres fureurs* » ; mais c'eût été la livrer aux Anglais et renoncer au *blocus continental*. — Il résolut alors de se transporter lui-même en Espagne avec la *Grande Armée*, et d'y venger l'humiliation de ses aigles. — Toutefois il fallait auparavant régler *la situation dans le nord* : l'Empereur fit proposer **au czar** une entrevue, « *dans laquelle les affaires du monde se régleraient de manière qu'il pût être quatre ans tranquille, sans même une explication.* » — **Alexandre** accepta avec empressement, et les deux empereurs se rendirent à **Erfurth**, où ils séjournèrent pendant dix-huit jours.

Quatre rois (*Saxe, Bavière, Wurtemberg et Westphalie*) et *trente-quatre princes* d'Allemagne se rendirent à ces assises européennes, qui rappelaient les *plaids* de Charlemagne et les *diètes impériales* du Moyen Age. — **Le roi de Prusse** n'y vint pas : il y eût trop senti son humiliation. — **L'empereur d'Autriche** désirait se rendre à Erfurth ; mais Napoléon le pria de ne pas venir « *remettre en question ce que quinze ans de guerre avaient décidé* ». — **Les deux empereurs de France et de Russie** s'entendirent facilement : Napoléon, qui voulait être libre d'agir *au midi*, donna à Alexandre *carte blanche dans le nord* ; ils offrirent même la paix à l'Angleterre ; mais celle-ci, enhardie sous main par un envoyé du czar, refusa.

De grandes fêtes accompagnèrent ces négociations : **Talma**, que Napoléon avait fait venir de Paris avec les artistes de la *Comédie-Française*, joua les chefs-d'œuvre de Corneille, de Racine et de Voltaire devant un « *parterre de rois* ». — A ce vers d'*Œdipe* : « *L'amitié d'un grand homme est un bienfait des dieux ;* » — « *Je m'en aperçois tous les jours* », dit le czar, en serrant la main de l'Empereur. — Napoléon avait défendu de donner **aucune comédie de Molière** : « *Il ne serait pas compris en Allemagne* », disait-il ; le critique *Schlégel* ne devait pas tarder, en effet, à lui donner raison, en préférant *Scribe* à Molière. — Au milieu d'un bal, **Napoléon** prit à part les deux célèbres écrivains de l'Allemagne, **Wieland** et **Gœthe**, conversa longtemps avec eux et les étonna par sa connaissance de la littérature. Quelques jours après, ils recevaient la *décoration de la Légion d'honneur.* — Napoléon et Alexandre se séparèrent enfin, le 14 octobre, enchantés l'un de l'autre, et se jurant *une amitié éternelle*. Ils ne devaient plus se revoir !

13.

Napoléon, certain que l'Autriche, maintenue par la Russie, n'oserait bouger, prit alors le chemin de l'Espagne avec une partie de la Grande Armée, sa garde impériale et ses meilleurs lieutenants : *Soult, Lannes, Ney, Victor, Moncey, Lefebvre, Junot, Mortier, Bessières.* — Après avoir rallié les 100 000 soldats français rejetés sur la rive gauche de *l'Èbre*, l'Empereur se trouva bientôt à la tête de 250 000 *hommes.* — A cette formidable armée l'**Espagne** opposait 150 000 *soldats*, ardents, mais indisciplinés, et 36 000 *Anglais*.

L'empereur eut vite raison des troupes espagnoles, mal exercées et mal dirigées. — Les victoires de *Burgos*, d'*Espinosa*, de *Tudela* et de *Somo-Sierra* (novembre 1808) ramenèrent les Français au delà de *l'Èbre*, et *Madrid* ouvrit ses portes (4 décembre). — **Les Anglais**, qui s'étaient avancés jusqu'à *Salamanque*, sont poursuivis par *Bessières* et *Soult* et n'ont que le temps de se rembarquer à *la Corogne* (16 janvier 1809), après avoir perdu leurs généraux *Baird* et *Moore*. — Enfin *Lannes* et *Mortier* viennent à bout de l'héroïque *Saragosse*, défendue par l'énergique *Palafox*, après un second siège de deux mois, où 50 000 personnes avaient péri (21 février 1809). — Ainsi, au premier choc de Napoléon, toutes les armées de la péninsule avaient été balayées comme de la paille : « *Les Espagnols ne peuvent tenir en ligne*, disait le bulletin impérial ; *ce sont des fellahs d'Égypte ou des Bédouins du désert.* » — Mais, en Espagne, les batailles ne décidaient pas du pays comme en Prusse et en Autriche.

Napoléon, pour « *régénérer* » l'Espagne, abolit l'*inquisition*, supprime les deux tiers des *couvents* et des *droits féodaux*. — Mais ces mesures n'étaient point comprises par les masses et ne faisaient qu'irriter les esprits. — **Le roi Joseph**, rentré à Madrid, ne croyait pas, comme son frère, à la soumission de l'Espagne : « *Il faudrait*, disait-il, *cent mille échafauds en permanence pour maintenir le prince condamné à régner sur les Espagnols.* »

Napoléon n'avait plus à conquérir que le *midi de l'Espagne* ; mais l'**Autriche**, alliée à l'*Angleterre*, avait repris les armes. — Encouragée par 100 millions de subsides anglais, et *sûre d'avoir tout le monde pour elle, si elle réussissait*, elle se sacrifia encore une fois. — Napoléon quitta l'Espagne en frémissant : « *Il faut*, dit-il, *qu'il y ait quelques projets que je n'aperçois pas : car il y a de la folie à me faire la guerre !* »

La cinquième coalition présentait, en effet, un *caractère particulier*. — Si la conduite de Napoléon envers les Bourbons d'Espagne avait exaspéré la *cour de Vienne*, la nouvelle de la capitulation de Baylen et du départ de Napoléon pour l'Espagne avait produit en Autriche *un grand mouvement belliqueux*. — N'était-ce point le moment de courir aux armes, de délivrer l'Allemagne du *joug impérial* et d'organiser contre Napoléon **une guerre nationale**, comme celle que soutenait le peuple espagnol ?

L'Autriche semblait seule sur le continent contre Napoléon ; — mais elle comptait sur toutes les *nations mécontentes*, sur toutes les *souffrances* produites en Europe par le blocus continental ; — elle avait pour auxiliaires les *Universités* et les *sociétés secrètes*, foyers ardents et acharnés de haine contre la domination française ; — elle avait pour complices secrets *tous les souverains*, même **Alexandre**, qui, au sortir des embrassements d'Erfurth, lui avait dépêché *Pozzo di Borgo*, pour l'avertir que, si « *ses premiers efforts étaient couronnés de succès, il la seconderait dans la délivrance de l'Europe occidentale* » ; — elle comptait enfin sur **l'état de la France**, *lasse de victoires, pleurant ses enfants* sacrifiés à l'ambition de l'Empereur, et prêtant déjà l'oreille à des *intrigues intérieures*, qui prenaient l'apparence d'*une conspiration*.

La cour de Vienne met sur pied 310 000 hommes, et l'archiduc **Charles** envahit la Bavière, en faisant appel à la nation allemande : « *La liberté de l'Europe s'est réfugiée sous vos drapeaux*, dit-il à ses soldats; *vos victoires feront tomber ses chaînes, et vos frères allemands, aujourd'hui encore dans les rangs ennemis, attendent leur délivrance !* »

L'attaque de l'archiduc Charles fut déjouée par la vitesse de Napoléon : « *J'arrive avec la rapidité de l'éclair* », dit-il dans sa proclamation, et, tombant sur l'armée de l'archiduc, dispersée sur une longue ligne, il l'atteint à *Thann* (19 avril), la coupe en deux à *Abensberg* (20 avril), et l'écrase à *Landshut* (21 avril), à *Eckmuhl* (22 avril) et à *Ratisbonne* (23 avril), après une merveilleuse **campagne de cinq jours** et de *cinq victoires*, qui nous donne 40 000 prisonniers, cent canons, quarante drapeaux, et nous ouvre les portes de **Vienne**, qui capitule, après un *bombardement* de quelques heures (13 mai). — Mais l'*archiduc Charles* était sur la *rive gauche du Danube* avec 100 000 hommes, et il fallait passer le fleuve et le vaincre pour imposer la paix à l'Autriche.

Napoléon essaya de franchir le Danube de vive force; mais, malgré des prodiges de valeur à *Aspern*, et à **Essling** (21-22 mai), où s'illustra *Masséna*, mais où périt le maréchal *Lannes*, il dut se retirer dans l'île **Lobau**, qu'il transforma en un *formidable camp retranché*. — A la nouvelle de cet insuccès, l'Allemagne entière poussa des cris de joie : *Napoléon avait reculé !* — Le cabinet prussien leva 100 000 hommes, et l'*Angleterre* se disposa à jeter une armée dans les Pays-Bas. — On conseillait à Napoléon de se retirer; mais l'Empereur, sentant que la France, inquiète d'Essling, avait besoin d'une grande victoire, résolut de *triompher du Danube*.

L'armée française demeura quarante jours sur la rive droite du fleuve dans l'île Lobau. Elle y fut rejointe par *Bernadotte, Marmont* et le *prince Eugène*, qui venait de battre l'archiduc Jean sur *la Raab*. — Dans la nuit du 4 au 5 juillet, au bruit d'une épouvantable canonnade et d'un orage terrible, 150 000 hommes pleins d'ardeur et de courage franchirent le **Danube** et se déployèrent devant l'*archiduc Charles*, qui se retira sur *Wagram*, stupéfait de cette *gigantesque opération*, unique dans les fastes de la guerre.

La bataille de Wagram, « *la plus grande*, dit Thiers, *qui eût encore été livrée dans les temps anciens et modernes* », s'engagea entre 150 000 Autrichiens et un nombre égal de Français. — Le plan de l'**archiduc Charles** était de *tourner notre gauche* et de couper à Napoléon, avec les ponts de l'île Lobau, *toute retraite sur le Danube*. — **Napoléon**, qui a deviné la manœuvre des Autrichiens, laisse l'ennemi *prononcer son attaque sur l'aile gauche*, que garde l'intrépide *Masséna*; puis, réunissant une batterie de cent pièces de canons sous la direction de *Drouot*, il ébranle le centre par cette attaque soudaine, jette *Macdonald, Nansouty* et le *prince Eugène* sur les Autrichiens, décimés par ce feu terrible, et *coupe en deux* l'armée ennemie. — *Davout* et *Oudinot* culbutent l'aile gauche autrichienne sur le **plateau de Wagram**, pendant que *Masséna* reprend l'offensive sur leur droite; à trois heures, la victoire des Français était complète. — Les Autrichiens avaient perdu 30 000 hommes; mais nous en avions perdu 18 000, parmi lesquels le général *Lasalle*. « *Si j'avais eu mes vétérans d'Austerlitz*, disait Napoléon, *j'aurais fait une manœuvre foudroyante, devant laquelle j'ai reculé.* »

L'archiduc, poursuivi sur la route de Bohême, demanda et obtint l'armistice de *Znaïm* (11 juillet), qui prépara la paix de Vienne. — **François Ier**, avant de signer, voulut connaître le résultat des entreprises de son allié; mais, lorsqu'il apprit que *Wellington* n'avait remporté aucun avantage sérieux en Espagne, et que 40 000 Anglais débarqués dans l'*île de Walcheren* n'avaient pu prendre que *Flessingue*, il se résigna à traiter.

Paix de Vienne (1809).

L'Autriche perdait trois millions d'habitants; de plus, elle reconnaissait *Joseph Bonaparte* comme roi d'Espagne, nous payait une indemnité de guerre de 85 *millions*, fermait ses ports aux Anglais et réduisait de moitié son armée.

La Suède fit également sa paix avec la France; elle adhéra au blocus continental, et on lui restitua *Rugen* et la *Poméranie*. — L'Angleterre n'avait plus *aucun allié.*

Napoléon divorce avec Joséphine et épouse l'archiduchesse d'Autriche Marie-Louise.

Naissance du roi de Rome (1811).

Le traité de Vienne était une grande humiliation pour l'Autriche; il eût pu cependant être *plus dur.* — Malgré son sacre, malgré son génie et l'ascendant de la conquête, **Napoléon**, sous le manteau impérial semé d'abeilles d'or, restait toujours pour l'Europe un *parvenu*, un *favori de la fortune* élevé au pouvoir par une soudaine combinaison d'événements inouïs. — Napoléon, sans enfants de **Joséphine** et désireux de donner *un héritier* à son vaste empire, songea au **divorce**, et essaya de se faire *légitimer* en quelque sorte, en s'introduisant par mariage dans une des *vieilles familles souveraines.* — Après avoir demandé secrètement, mais sans succès, la main de la *sœur du czar*, l'Empereur se tourna vers l'Autriche, et il fut stipulé, au traité de Vienne, par *un article secret*, qu'il obtiendrait la main de l'archiduchesse **Marie-Louise**, s'il faisait rompre son premier mariage.

Le Sénat, toujours complaisant, proclama le divorce de Napoléon avec Joséphine : « C'était son *divorce avec le bonheur.* » — L'officialité diocésaine « *se préta*, dit Consalvi, *dans sa frayeur, à la volonté de Napoléon* », et prononça la *nullité du mariage religieux* contracté la veille du sacre. — **Pie VII**, qui ne fut pas consulté, ne s'expliqua pas *officiellement* sur ces actes; mais il n'hésitait pas à déclarer, dans son entourage, qu'à ses yeux, le mariage avec Joséphine n'avait pas été *canoniquement rompu.* — Aussi **treize cardinaux** refusèrent-ils d'assister au nouveau mariage de Napoléon (1810), qui les punit en les privant de leur traitement et en leur interdisant de porter la soutane rouge, d'où leur nom de *cardinaux noirs.*

La nouvelle impératrice, *petite-nièce* de l'infortunée Marie-Antoinette, était une jeune fille de dix-neuf ans, sans grâce et sans beauté, qui resta *une étrangère* pour la France. — Le 20 mars 1811, Napoléon eut *un fils*, qui reçut au berceau le titre de **roi de Rome** : cent évêques assistèrent à son *baptême.* — Quant à **Joséphine**, elle se retira à *la Malmaison*, toujours estimée et aimée de l'Empereur, qui ne cessa pas de lui écrire. Elle mourut peu de temps après la chute de l'Empire, le 29 mai 1814.

ÉTAT DE L'EMPIRE ET DE L'EUROPE VERS 1810. CARACTÈRE DU POUVOIR IMPÉRIAL. LUTTE CONTRE LE PAPE.

I° LA FRANCE EN 1810.

L'EMPIRE FRANÇAIS avait atteint, vers 1810, *les limites extrêmes* de son développement. — Il formait **130 départements** et comptait plus de **50 millions de sujets** : cette vaste étendue était le fruit des conquêtes de la Révolution et de l'Empire.

Aux limites de **1794** s'étaient ajoutés successivement la *Belgique*, la partie méridionale de la *Hollande*, la rive gauche du *Rhin*, les villes de *Mulhouse* et de *Genève*, l'*évéché de Bâle*, la *Savoie* et le *comté de Nice*, le *Piémont*, le *royaume d'Étrurie* (ancienne Toscane), les *Provinces Illyriennes*, les îles *Ioniennes*, les *États de l'Église*, le *Valais*, le *royaume de Hollande*, le *grand-duché d'Oldenbourg*, des parties du *Hanovre* et de la *Westphalie*, les *villes Hanséatiques* (*Hambourg*, *Brème*, *Lubeck*).

États feudataires de l'Empire français.

L'Empereur était suzerain des États vassaux suivants : — 1° le royaume d'Italie, capitale *Milan*, dont le roi était Napoléon, et le vice-roi *Eugène Beauharnais* ; — 2° la République Helvétique, dont Napoléon était *médiateur* ; — 3° la Confédération du Rhin, dont Napoléon était *protecteur*, et qui comprenait : les royaumes de *Bavière, Wurtemberg, Saxe*, et celui de *Westphalie*, dont le roi était *Jérôme Bonaparte* ; les grands-duchés de *Francfort, Bade, Berg, Darmstadt, Wurtzbourg*, etc. ; — 4° le royaume de Naples, dont le roi était *Murat*, beau-frère de l'Empereur ; — 5° le royaume d'Espagne, dont il essayait de faire la conquête, et à qui il avait donné pour roi son frère *Joseph*.

Napoléon laissait agir le gouvernement de chaque État pour les *affaires intérieures* ; mais tous étaient obligés de l'aider dans *ses guerres*, et d'observer le *blocus continental*.

GÉNÉALOGIE SOMMAIRE DE LA FAMILLE BONAPARTE.

CHARLES BONAPARTE (1746-1785), avocat d'Ajaccio, épouse, en 1767, LÆTITIA RAMOLINO (1750-1836).

JOSEPH	NAPOLÉON Ier	ÉLISA	LUCIEN	LOUIS	CAROLINE	JÉRÔME
(1768-1845), roi de Naples, puis roi d'Espagne, épouse, en 1794, *Julie Clary*.	(1769-1821), EMPEREUR, épouse d'abord, en 1796, *Joséphine Tascher de la Pagerie*, veuve *de Beauharnais* (1763-1814), puis, en 1810, *Marie-Louise d'Autriche* (1791-1847).	(1774-1820), grande-duchesse de Toscane, épouse, en 1797, *Bacciochi*, créé, en 1805, *prince de Lucques et de Piombino*.	(1775-1840), écarté de la succession impériale, épouse, en 1794, *Christine Boyer*, puis, en 1802, la veuve de l'agent de change *Jouberthou*.	(1778-1846), roi de Hollande, épouse, en 1802, *Hortense de Beauharnais*, fille adoptive de l'Empereur.	(1782-1839), épouse, en 1800, *Joachim Murat* (1771-1815), *grand-duc de Clèves et Berg*, puis roi de Naples.	(1784-1860), roi de Westphalie, épouse d'abord *Élisabeth Paterson*, puis, en 1807, *Catherine de Wurtemberg*.
Deux filles, mariées à leurs cousins, Charles-Lucien, prince de Canino, et Napoléon Bonaparte frère aîné de Napoléon III.	Le roi de Rome (Napoléon II), *duc de Reichstadt* (1811-1832).	Trois enfants, dont la *comtesse Élisa Camerata* (1806-1868).	Charles-Lucien, prince de *Canino* (1803-1857), qui épouse *Zénaïde-Charlotte*, fille de Joseph.	Napoléon III (1808-1873), qui épouse, en 1853, *Eugénie de Montijo*.	Lucien Murat, qui épouse, en 1827, *Miss Fraser*.	*La princesse Mathilde*, née en 1820, et mariée au *prince Demidoff*.
			Le cardinal *Lucien Bonaparte*, né en 1828.	*Le prince impérial* (Napoléon IV) (1856-1879).	*Le prince Murat.* — *Anna Murat*, duchesse de *Mouchy*.	Le prince **Napoléon** (1822-1891), qui épouse, en 1859, *la princesse Clotilde*, fille de Victor-Emmanuel II, roi d'Italie.

LE PRINCE EUGÈNE DE BEAUHARNAIS (1780-1824), fils adoptif de l'Empereur, vice-roi d'Italie, épouse, en 1806, *Augusta-Amélie de Bavière*.

Joséphine,	Eugénie-Hortense,	Auguste,	Amélie,	Théodoline,	Maximilien,
qui épouse, en 1823, Oscar Ier, fils de Bernadotte, roi de Suède et de Norvège.	qui épouse, en 1826, *le prince de Hohenzollern-Hechingen*.	qui épouse, en 1835, *Dona Maria*, reine de Portugal.	qui épouse, en 1829, *Dom Pedro* (1798-1834), empereur du Brésil et roi de Portugal.	qui épouse, en 1841, le comte *de Wurtemberg*.	*duc de Leuchtemberg*, qui épouse, en 1839, une fille du czar *Nicolas Ier*.

(Suite de la colonne JÉRÔME :) Le prince Victor, né en 1862. — *Le prince Louis*, né en 1864. — *La princesse Marie-Lætitia*, mariée, en 1889, à son oncle, *le duc d'Aoste* (1845-1890), frère du roi Humbert.

Le cardinal Fesch (1763-1839), oncle de l'Empereur, était *le frère utérin* de sa mère, *Lætitia Ramolino*.

1° **La Russie** était devenue aussi prépondérante en *Orient* que la France en *Occident.* — Grâce au traité de Tilsitt et à son alliance avec Napoléon, **Alexandre** s'était emparé de *la Finlande* et des *îles d'Aland;* — il avait obtenu, au traité de Vienne, *la Galicie orientale* en Pologne; — ses armées occupaient *la Bessarabie, la Moldavie, la Valachie,* c'est-à-dire les bouches du Danube; et il s'était emparé de *Tiflis* et de *la Géorgie,* au delà du Caucase.

2° **L'Angleterre,** l'implacable ennemie de Napoléon, était *maîtresse sur les mers.* — Avec ses **180 vaisseaux de ligne** et ses **250** *frégates,* elle bloquait tous les ports, *depuis la Baltique jusqu'au détroit de Gibraltar,* et *depuis le détroit de Gibraltar jusqu'à celui des Dardanelles,* qui leur était ouvert, depuis que la *Turquie,* abandonnée par Napoléon, avait signé la paix avec les Anglais, en 1809. — De plus, les troupes de *Wellington* tenaient en échec celles de Napoléon, en *Espagne* et en *Portugal;* et, **aux colonies,** nos ennemis enlevaient le *Cap de Bonne-Espérance, Pondichéry, l'île de France, la Réunion, la Guyane, les Antilles, la Martinique, la Guadeloupe,* etc. — **Mais elle payait bien cher sa domination maritime:** isolée, réduite à son commerce de *contrebande,* elle travaillait avec l'énergie du désespoir à briser une maille de ce réseau de douanes qui lui fermait le continent. — Étouffée sous l'encombrement de ses marchandises, elle respirait à peine et semblait *prête à demander grâce.* — La guerre de Russie sauva l'Angleterre, car le président des *États-Unis,* **Jefferson,** dont la sympathie pour la France était bien connue, *déclara la guerre aux Anglais,* le 18 juin 1812, six jours avant que l'armée française *passât le Niémen!*

3° **L'Autriche,** dépouillée des *Pays-Bas,* de l'*Italie,* et de la plupart des *provinces allemandes,* en était réduite à *l'archiduché d'Autriche,* à la *Bohême,* à la *Moravie,* à la *Hongrie,* à la *Transylvanie* et à la *Styrie.* — Elle était pourtant encore une grande puissance, et à ceux qui en doutaient Napoléon répondait : « *On voit bien que vous n'étiez pas à Wagram!* »

4° **La Prusse,** plus amoindrie que l'Autriche, ne conservait que la *Prusse propre,* la *Poméranie orientale,* le *Brandebourg* et la *Silésie.* — Elle avait offert l'alliance la plus dévouée pour obtenir ou la remise de sa dette ou l'augmentation de son armée. — Napoléon n'accorda rien, comme s'il eût prévu le mal que lui ferait un jour la Prusse. La reine *Louise* en mourut de chagrin. — **Scharnhorst,** officier hanovrien et ministre de la guerre, eut l'habileté, sans jamais dépasser le nombre imposé par Napoléon, de *faire passer successivement tous les citoyens par l'armée,* remplaçant immédiatement par des recrues les soldats suffisamment instruits et préparant ainsi silencieusement la revanche.

**II°
LES GRANDES
PUISSANCES.**

1° **Les Bourbons de Naples** sont réduits à *la Sicile;* la **Maison de Savoie,** à *la Sardaigne;* celle de Bragance (Portugal), au *Brésil.* — Il n'y a plus de *duchés de Parme,* de *Modène* et de *Toscane; plus de Républiques de Venise et de Gênes,* plus d'*États de l'Église.*

2° **Le Danemark,** notre allié constant, possède toujours la *Norvège.*

3° **La Suède,** dépouillée de la *Finlande,* a adopté pour *prince héréditaire* un général français, *Bernadotte,* qui se fait luthérien, et demeure bientôt maître du gouvernement.

4° **La Turquie,** en décadence depuis l'avènement de Pierre le Grand au trône de Russie, est menacée de perdre ses *provinces danubiennes.* — Napoléon a abandonné, à Tilsitt, cette *vieille alliée de la France* aux entreprises de l'empereur de Russie, à qui elle semble hors d'état de résister.

**III°
Puissances
secondaires.**

Cependant tant de gloire et de puissance n'aboutissaient qu'au *despotisme administratif et militaire* le plus complet. — *Le Tribunat* avait été supprimé en 1807; désormais l'Empereur ordonnait, le *Conseil d'État* rédigeait les ordres, et le *Sénat* les votait : Napoléon, entouré de courtisans et devenu, depuis la paix de Vienne, de plus en plus irritable et personnel, n'admettait aucun contrôle, aucune contradiction. — Le pays était épuisé par ces continuelles levées de jeunes gens : « *le cri des mères montait menaçant* », et, en 1811, malgré les colonnes mobiles qui parcouraient les campagnes, il y avait 80 000 *réfractaires*. — L'indépendance des magistrats était singulièrement compromise par les réformes de *Cambacérès* (1807), qui, par voie d'épuration, déposaient les juges et n'accordaient l'inamovibilité qu'après cinq ans d'*épreuve*.

La Police, dirigée par *Fouché* jusqu'en 1810, puis par *Savary*, duc de Rovigo, fut le grand instrument de ce despotisme soupçonneux, tracassier, inquiet de la moindre velléité d'*opposition* ou d'*indépendance individuelle*. — Les conversations des salons, le théâtre, la presse, tout, jusqu'aux discours académiques, était l'objet de son inquisition.— « *Réprimez un peu les journaux*, écrivait Napoléon à Fouché (1804); *faites-y mettre de bons articles ; faites comprendre aux rédacteurs des Débats et du Publiciste que le temps n'est pas éloigné où, m'apercevant qu'ils ne me sont pas utiles, je les supprimerai avec tous les autres et n'en conserverai qu'un seul.* »

Le nombre des journaux, en 1800, était réduit à *huit*; à partir de 1811, il n'y avait plus qu'*un seul journal* par département, et Paris n'avait plus que **quatre journaux politiques** : le *Moniteur*, le *Journal des Débats*, la *Gazette de France* et le *Journal de Paris*. — Quiconque essayait de conspirer contre la *dictature impériale* était promptement découvert par les agents de *Fouché* ou de *Savary* et enfermé pour un an, sur le simple rapport du ministre, dans les Bastilles impériales : châteaux de *Saumur*, d'*If*, de *Ham* ou de *Vincennes*.

Le blocus continental, avec ses 34 *tribunaux de douane*, était une odieuse tyrannie sur la France et sur l'Europe. — Napoléon accusait de maladresse, ou d'ingratitude et d'égoïsme, les rois *ses frères*, qui, las de sacrifier leurs sujets à son système, auraient voulu façonner plus doucement leurs peuples au joug de la France.

La littérature, que l'empereur avait voulu transformer, restait *indifférente* ou *hostile;* les écrivains de talent appartenaient *tous à l'opposition :* — **Chateaubriand**, l'auteur du *Génie du Christianisme*, d'*Atala* et des *Martyrs*, était exclu de l'Académie; — **Madame de Staël**, fille du banquier *Necker*, persécutée pour son livre *De l'Allemagne*, était obligée de vivre retirée à *Coppet*, sur les bords du lac de Genève; — **Marie-Joseph Chénier** écrivait dans la retraite son *Tibère*, sa *Promenade à Saint-Cloud*, etc. — L'Empereur se rendait compte un peu de son impuissance : « *J'ai pour moi la petite littérature*, disait-il à Fontanes, *et contre moi la grande.* »

Les Catholiques enfin, qui d'abord avaient applaudi en Napoléon le *restaurateur du Culte*, ne voyaient plus maintenant en lui qu'un ennemi, depuis qu'il retenait le pape captif à *Savone*, puis à *Fontainebleau*, et ils grossissaient le nombre des adversaires secrets du régime impérial. — L'Église n'était, d'ailleurs, pour Napoléon qu'*un instrument de règne;* son rôle, comme celui de l'Université, était d'*enseigner la fidélité à l'Empereur et à sa dynastie;* et il fit rédiger en ce sens **un catéchisme** qui devait être enseigné dans toutes les paroisses de France. — La fête de l'Empereur, *la Saint Napoléon*, se confondait avec la fête de l'*Assomption*, au 15 août.

Caractère tyrannique du pouvoir impérial.

La littérature, l'Église et l'Empereur.

Pie VII ne put rester longtemps en bonne intelligence avec un souverain dont la morale et la politique n'avaient d'autre règle que *la satisfaction de son ambition*. — Après Austerlitz, **Napoléon** avait fait occuper Ancône : « *Je me suis considéré, écrivait-il au pape, ainsi que mes prédécesseurs de la deuxième et de la troisième race, comme fils aîné de l'Église, comme le protecteur du Saint-Siège, et, à ce titre, j'ai occupé Ancône.... Votre Sainteté est souveraine de Rome, mais j'en suis l'empereur.* » Ce à quoi **Pie VII** ne craignit pas de répondre : « *Il n'y a pas d'empereur de Rome, et personne n'a les moindres droits sur la Ville éternelle.* » — Plus tard, Pie VII refusa d'adhérer au blocus continental : « *Le vicaire de Jésus-Christ*, dit-il, *doit conserver la paix avec tous, sans distinction de catholiques et d'hérétiques.* »

L'Empereur irrité n'hésita pas à traiter le pape en sujet rebelle : « *Il faut agir à Rome, écrivait-il à Murat, comme j'agirais avec l'archevêque de Paris;* » et il ordonna au général *Miollis* d'occuper Rome (février 1808). — Un an après, par un décret daté du *château de Schœnbrünn* près de Vienne (17 mai 1809), Napoléon réunissait, en sa qualité de « *successeur de Charlemagne* », tous les domaines de l'Église à l'empire français : le pape recevait un *traitement de deux millions*, et Rome, résidence du chef visible de l'Église, était déclarée « *Ville impériale libre* ».

Pie VII répondit par une **bulle d'excommunication**, dans laquelle, sans toutefois inscrire *aucun nom propre*, il déclarait excommuniés les *auteurs, conseillers* et *exécuteurs* des attentats commis contre les droits du Saint-Siège. — **Napoléon furieux** prescrivit à *Miollis* d'enlever le pape et de le conduire en France : le général *Radet* fut chargé de cette triste besogne. — **Pie VII** fut d'abord conduit à *Florence*, puis à *Grenoble*, ensuite à *Savone*, sur le golfe de Gênes, où il passa trois ans (1809-1812), et enfin à *Fontainebleau*.

Napoléon, pour résoudre la question religieuse, convoque à Paris, en 1811, un **Concile national**, auquel assistèrent 106 *prélats français ou italiens*, sous la présidence du cardinal *Fesch*; mais l'assemblée, ayant déclaré que *rien ne pouvait être décidé sans l'assentiment du pape*, fut brusquement dissoute. — En 1813, Napoléon arracha au pape prisonnier la signature d'un acte appelé **Concordat de Fontainebleau**, par lequel Pie VII consentait à fixer sa résidence à *Avignon*, et permettait au *Métropolitain* de donner **l'institution canonique** aux évêques, quand lui-même ne l'aurait point accordée *dans les six mois*. — Mais Pie VII révoqua quelque temps après ce Concordat « *comme signé inconsidérément*, disait-il, *et par fragilité humaine* ». — Napoléon irrité voulait sévir contre l'auguste vieillard; mais les *alliés* passaient déjà la frontière, et, pour s'attacher les catholiques à cette heure de danger, *il renvoya Pie VII à Rome*.

Lutte contre le Pape.

Occupation d'Ancône.

Spoliation des États pontificaux.

Pie VII transporté à Savone, puis à Fontainebleau.

Concile national de 1811, à Paris.

Le Concordat de Fontainebleau.

Pie VII rentre à Rome (1813).

DERNIÈRES LUTTES : MOSCOU; LA BATAILLE DE LEIPZIG. L'INVASION. WATERLOO ET SAINTE-HÉLÈNE.

Rupture avec la Russie.

Griefs de Napoléon.

Alexandre Ier et Napoléon n'avaient pas trouvé dans leur alliance de Tilsitt et d'Erfurth *tout le profit que chacun en attendait*; des griefs réciproques avaient singulièrement refroidi les relations des deux monarques.

Napoléon, sans parler du *peu d'empressement* que le czar avait mis à s'unir à lui par les liens du sang, pouvait reprocher à son allié *sa lenteur à le secourir* dans la campagne de 1809, et *ses contraventions* au blocus continental.

Alexandre, de son côté, se plaignait de l'*agrandissement donné au grand-duché de Varsovie*, et de la *confiscation du duché d'Oldenbourg*, qui appartenait à son beau-frère. — De plus, le czar, justement mécontent qu'on lui défendît de trafiquer avec l'Angleterre, lorsque Napoléon, lui, *vendait des licences à ses sujets* pour commercer avec cette puissance, autorisa l'entrée des denrées coloniales *sous pavillon neutre*, prohiba tous les *produits industriels* de la France, et frappa les *vins français* de droits énormes. — Les marchandises françaises furent brûlées, dans les ports russes, aux grands applaudissements des Anglais : « *J'aimerais mieux recevoir un soufflet*, s'écria Napoléon à cette nouvelle, *que de voir brûler les produits de l'industrie et du travail de mes sujets.* »

L'année 1811 se passa en échanges de notes acrimonieuses : Napoléon demandait une stricte observation du *blocus* ; le czar exigeait la promesse formelle que le *royaume de Pologne* ne serait pas rétabli. On se préparait de part et d'autre à la lutte. — Au commencement de 1812, Alexandre signait avec Bernadotte, devenu roi de Suède, un traité d'alliance offensive et défensive, en lui promettant *la Norwège*, — et concluait avec la Porte la paix de *Buckarest*, enlevant ainsi à la France deux alliés.

Napoléon hésitait à se lancer dans cette guerre : « *Aucun de nos débats*, écrivait-il au czar, *ne vaut un coup de canon.* » — Mais, lorsqu'il proposa à Alexandre de ne pas contribuer au rétablissement de la Pologne, celui-ci, enhardi par ses alliances, demanda en outre l'évacuation de la Prusse et de la Poméranie ; c'était la guerre : « *La Russie est entraînée par la fatalité*, s'écria Napoléon dans une proclamation à ses soldats, *ses destinées doivent s'accomplir !* »

LA SIXIÈME COALITION formée contre la France se composait de l'Angleterre, de la Russie, de l'Espagne, du Portugal et de la Suède, dont *Bernadotte* n'avait pas rougi de tourner les forces contre la France : « *Pour prendre femme, disait Napoléon, on n'est cependant pas tenu de se tourner contre sa mère et de lui percer le sein !* » — La Prusse, l'Autriche et les princes de la Ligue du Rhin y entrèrent à leur tour, en 1813 ; — et, en 1814, la France aura à lutter contre toute l'Europe.

L'armée française comptait **678 000 hommes**, dont 356 000 *Français* et 322 000 *étrangers* (*Hollandais, Italiens, Polonais, Saxons, Bavarois, Badois, Wurtembergeois, Autrichiens, Prussiens*, etc.). C'était l' « *armée des vingt nations* », comme l'appelait le peuple russe. — Elle était commandée, sous les ordres de l'EMPEREUR et du *major-général* Berthier, par les rois de Naples et de Westphalie, Murat et Jérôme, le vice-roi d'Italie, Eugène de Beauharnais, les maréchaux Davout, Ney, Mortier, Bessières, Oudinot, Macdonald, Lefebvre ; les généraux *Saint-Cyr, Reynier, Duroc, Drouot*, « *le Sage de la Grande Armée* », comme disait l'Empereur, *Éblé, Dombrowski, Poniatowski*, le général prussien *York*, et le général autrichien *Schwartzenberg*. — En arrière, se trouvaient Victor avec 30 000 hommes, et en réserve, sur l'Elbe, Augereau avec 50 000. — Cette formidable armée traînait avec elle plus de douze cent *canons*, trois mille *voitures d'artillerie*, quatre mille *voitures d'administration*, une innombrable quantité d'*équipages des chefs*, de *fourgons de vivres et d'ambulance*, tout cela occupant 200 000 *chevaux*.

La Russie avait mis sur pied quatre armées : — à droite, sur la Baltique, *Wittgenstein* devait contenir Macdonald et les Prussiens du général York ; — au centre, Alexandre, avec les deux armées de *Barclay de Tolly* et de *Bagration*, devait soutenir le choc de Napoléon ; — à gauche, *Tormasof* devait arrêter les Autrichiens de Schwartzenberg.

<table>
<tr><td valign="top" width="28%">

CAMPAGNE
DE
RUSSIE.

———

1°
MARCHE
VICTORIEUSE
DU NIÉMEN
A MOSCOU
(juin-septembre
1812).

Entrée à Vilna.

Prise de Smolensk.

Inquiétudes
des Français.

Retraite des Russes
à l'intérieur.

Le vieux Kutusof
généralissime.

Bataille
de la Moskowa
(7 septembre 1812).

</td><td valign="top">

Napoléon, après avoir tenu, à **Dresde**, une véritable *cour de rois*, franchit le **Niémen** (24 juin 1812) et entra dans **Vilna**, où il perdit un temps précieux dans un pays comme celui de la Russie, où la belle saison est si courte. — Le *généralissime russe*, **Barclay de Tolly**, opposant à l'invasion française la méthode de guerre conseillée par la nature du pays et le climat, *reculait sans cesse, en refusant le combat*, pour attirer Napoléon dans ces solitudes mornes et dévastées, où il espérait l'envelopper.

Napoléon, qui n'a pu empêcher définitivement la jonction de *Barclay* et de *Bagration*, s'arrête à **Witepsk**, hésitant à s'avancer plus avant : « *Nous ne ferons pas la folie de Charles XII*, disait-il; *plantons ici nos aigles. La campagne de 1812 est finie; en 1813 nous irons à Moscou, et en 1814 à Saint-Pétersbourg.* » — Mais il change bientôt d'avis : « *La question est à Moscou* », s'écrie-t-il, et il se lance à la poursuite des Russes, qu'il atteint à **Smolensk**; après une lutte acharnée, *Barclay de Tolly* abandonne la ville, encombrée de 20 000 morts, en y mettant le feu.

Napoléon et son armée, groupée sur les hauteurs, contemplent avec stupeur cet effroyable incendie, « *semblable à une éruption du Vésuve par une belle nuit d'été* », et comprennent enfin **la guerre impitoyable** que va leur faire toute une nation soulevée contre les étrangers et les impies : « *Levez-vous tous!* avait dit le czar, *avec la croix dans le cœur et des armes dans les mains, nulle force humaine ne pourra prévaloir contre vous!* »

Barclay fuyait toujours, incendiant et détruisant tout dans sa retraite. — Alors Alexandre, cédant aux réclamations de l'armée et des populations, qui s'indignaient, « *comme jadis les Romains contre la temporisation de Fabius* », nomme généralissime le vieux **Kutusof**, qui se décide à attendre les Français non loin de *la Moskowa*, à *Borodino*, pour leur barrer la route de **Moscou**. — Kutusof avait 131 000 hommes; Napoléon à peu près autant; « *mais son armée, triée par cette longue marche de 800 lieues, était encore la plus admirable des temps modernes* ». — **Les Russes** passèrent la nuit de la bataille à se confesser et à communier, et la *Vierge miraculeuse de Smolensk* fut promenée par les *popes*, sur le front des troupes, au milieu de hourras frénétiques.

Napoléon, en proie à une violente attaque de *dysurie*, donne, à sept heures du matin, le signal de cette sanglante bataille, où les maréchaux étonnés ne reconnurent pas le génie de l'Empereur.— L'action s'engage par une *canonnade de 1 200 bouches à feu*, qui s'entend de 30 lieues à la ronde; mais elle se concentre, sur le soir, acharnée, décisive, autour de la **Grande Redoute** hérissée de canons, où s'entassent des monceaux de cadavres; enfin les *cuirassiers de Caulaincourt* y pénètrent par la gorge comme un ouragan, pendant que l'*infanterie du prince Eugène* en escalade les parapets.

Murat et Ney, les héros de la journée, qui ont enfoncé la gauche des Russes, au prix d'efforts inouïs, supplient l'Empereur de faire donner *sa garde* pour achever Kutusof; — mais Napoléon s'y refuse obstinément : « *Je ne ferai pas démolir ma garde*, répond-il aux instances désespérées de ses généraux; *à huit cent lieues de France, on ne risque pas sa dernière réserve; si j'ai une seconde bataille demain, avec quoi la livrerai-je?* » Et il se contente de cribler de mitraille les colonnes des fuyards.

La nuit descendit sur cet effroyable champ de bataille, le plus meurtrier qui se fût rencontré depuis l'invention de la poudre : 90 000 hommes tués ou blessés gisaient sur le sol. — Les Russes, qui s'étaient battus avec la *résolution du désespoir et l'enthousiasme d'une guerre sainte*, avaient perdu 60 000 hommes; les Français, 30 000. *C'est l'artillerie qui avait fait tous ces ravages.* On ne comptait que 800 *prisonniers*.

</td></tr>
</table>

<table>
<tr><td>

**Entrée de Napoléon
à Moscou.**

———

**Incendie de la ville
par Rostopchine.**

———

**Napoléon stupéfait
se décide
à la retraite.**

</td><td>

L'armée française, arrivée, le 14 septembre, sur les hauteurs du *mont du Salut,* aperçut enfin la *ville sainte.* — Les 295 *églises* de **Moscou** avec leurs coupoles, leurs clochers garnis de flèches et de globes d'or, étincelaient aux rayons d'un soleil brillant d'automne, dominées par la sombre masse du *Kremlin,* citadelle et palais des czars. — A cette vue, **Napoléon** ne put retenir une exclamation de bonheur : « *La voilà donc enfin cette ville fameuse !* » dit-il; puis : « *Il était temps !* » — L'armée, ivre d'enthousiasme, entre, en chantant *la Marseillaise,* dans l'ancienne capitale de toutes les Russies.

Mais la stupeur remplaça bientôt la joie : Moscou était *déserte ;* et presque aussitôt des **incendies** éclatèrent sur tous les points de la ville, bâtie en bois, qui, sous l'action d'un vent violent, devint bientôt un *immense océan de flammes.* — C'était l'œuvre de **Rostopchine,** « *sauvage stupide,* disait Napoléon, *qui croyait faire le Romain* », et qui avait voué Moscou aux flammes, pour en faire le *bûcher de l'armée française.* — L'Empereur resta stupéfait devant tant de barbarie : « *Les Russes sont toujours des Scythes* », s'écriait-il, et, atterré par ce désastre, il fit à Alexandre des ouvertures de paix. — Mais, après avoir attendu 34 jours une réponse, il se décida malgré lui à la retraite : « *Lorsqu'on s'est trompé,* disait-il à ses maréchaux, *il faut persévérer, cela donne raison.* »

</td></tr>
<tr><td>

**2°
Retraite
de Moscou
jusqu'au Niémen
(Octobre-décembre
1812).**

———

**Bataille
de
Malo-Jaroslawetz.**

———

Arrivée à Smolensk.

———

Combat de Krasnoë.

———

**Passage
de la Bérézina.**

———

**Éblé
et ses pontonniers.**

———

**Victor
brûle les ponts.**

</td><td>

Napoléon quitta Moscou avec 100 000 soldats, traînant derrière lui 50 000 *malades* et d'innombrables chariots chargés de butin : on *eût dit une horde de barbares.* — Il se proposait de gagner Smolensk, par la *route de Kalouga,* à travers un pays riche et fertile; mais **Kutusof** gardait cette route avec 120 000 hommes et 600 canons. — L'Empereur voulait forcer le passage; toutefois, sur l'avis unanime de ses généraux et malgré la prise de **Malo-Jaroslawetz** par le prince Eugène, il y renonça, et, remontant au nord, gagna la *route de Mojaïsk,* plus courte, il est vrai, mais déjà suivie dans la marche sur Moscou et entièrement dévastée; *ce fut une faute.* — On revit le champ de bataille de *la Moskowa,* où gisaient trente mille cadavres à demi dévorés par les loups. Le 6 novembre, le ciel se couvrit, et bientôt la neige tomba sans interruption.

La grande armée arriva à Smolensk, espérant y trouver des vêtements et des vivres; mais tout y avait été déjà pillé; et il fallait se hâter pour franchir *la Bérézina,* avant la jonction des trois armées russes. — Napoléon culbute encore les Russes à *Krasnoë* (16 novembre); mais *Ney,* cerné par 80 000 ennemis, n'échappe que par des prodiges de bravoure et d'héroïsme; en le revoyant, l'Empereur, qui le croyait perdu, laissa éclater sa joie : « *Pour le sauver,* dit-il, *j'aurais donné trois cents millions de mon trésor !* »

La Bérézina, large de 80 mètres, charriait d'énormes glaçons. **Éblé** et ses *pontonniers* s'y précipitent, et, au prix d'efforts inouïs, établissent *deux ponts :* on voyait le général lui-même, donnant l'exemple à ses hommes, « *plonger sa vieillesse dans cette eau glacée que leur jeunesse pouvait à peine supporter* ». — L'armée fut sauvée; mais, quand Éblé succomba, un mois après, à *Kœnigsberg,* des cent pontonniers qui, à sa voix, s'étaient jetés dans la Bérézina, *douze seuls avaient survécu.*

Bientôt apparut Wittgenstein, chassant devant lui l'arrière-garde française, commandée par *Victor.* — Alors la multitude des traînards affolée se précipite en désordre sur les ponts : *chacun veut passer le premier :* dans cette affreuse mêlée, les uns sont étouffés, d'autres foulés aux pieds des chevaux, écrasés ou culbutés dans les flots. — *Victor,* reculant pas à pas, tient jusqu'à la dernière extrémité, puis, après s'être frayé lui-même un horrible passage à travers la foule, il *brûle les ponts* derrière lui, abandonnant aux Russes 15 000 infortunés, qui sont massacrés ou faits prisonniers.

</td></tr>
</table>

L'armée, réduite à 60 000 hommes, précipite sa retraite vers *Vilna*, harcelée par les *Cosaques* : ce n'est plus qu'une cohue immense, dans laquelle marchent pêle-mêle des milliers d'hommes parlant bruyamment toutes les langues du continent. — Le thermomètre était descendu à 28 *degrés*; les hommes mouraient de froid et de faim par milliers; des monceaux de cadavres marquaient la place des *bivouacs*. — Dans cette effroyable retraite, « *chacun*, dit le capitaine Coignet, *marchait pour son compte; plus de sentiments d'humanité les uns pour les autres : on n'aurait pas tendu la main à son père. Toute sensibilité était éteinte : on ne murmurait même pas contre l'adversité* ».
— **La garde impériale** n'avait plus que 6 000 hommes; mais ils ne s'étaient jamais débandés : « *Dans la garde, on ne quittait le fusil et le sac qu'avec la vie.* »

L'Empereur marchait à pied, morne et silencieux, au milieu de ses vieux soldats de la garde. Arrivé à *Smorgoni*, il remit à **Murat** la conduite de la retraite et partit pour **Paris**. — L'incapacité de Murat, le froid, qui descendit à 30 *degrés*, les attaques continuelles des *Cosaques de Platow*, achevèrent la ruine de notre malheureuse armée. — Réduite à 50 000 hommes en haillons, elle se jeta dans **Vilna** comme une troupe de *sauvages affamés*; mais, traquée par trois armées russes, elle dut évacuer précipitamment la ville, repasser le *Niémen* à *Kowno*, et gagner **Kœnigsberg**, où ses débris remplirent les hôpitaux.

Ney sortit le dernier de cette fatale Russie. Cet héroïque maréchal, à pied, le fusil à la main, sacrifiait à chaque instant, depuis quarante jours et quarante nuits, sa liberté et sa vie pour arracher aux Cosaques *quelques Français de plus*. — **Des 533 000 hommes** Français et alliés qui avaient franchi six mois auparavant le Niémen, 100 000 étaient *prisonniers* et 250 000 gisaient sous le *blanc linceul des neiges* de la Russie avec toute notre *cavalerie*, toute notre *artillerie* et aussi le *prestige de nos armes*, à peu près intact jusque-là. — **Les Russes** eux-mêmes, tout aguerris qu'ils fussent à cette température meurtrière, avaient perdu *les trois quarts de leur effectif*.

Alors commencèrent les défections : — les Autrichiens, sous le général *Schwartzenberg*, restèrent *inactifs*, semblant nous faire grâce en hésitant à se déclarer contre nous; — les Prussiens, qui, sous la conduite d'*York*, avaient jusque-là bravement combattu à côté de Macdonald, nous *abandonnèrent*; — **Murat** lui-même abandonna (janvier 1813) le commandement de l'armée à Eugène, « *pour aller*, disait-il, *sauver son royaume de Naples* »; **Eugène** recula successivement devant les Russes, du *Niémen* à la *Vistule*, de la Vistule à l'*Oder*, et de l'Oder sur l'*Elbe*, où il attendit les *renforts de l'Empereur*.

Les Français n'avaient pas été plus heureux dans la péninsule. — Après la prise de Saragosse, Napoléon, qui avait résolu de chasser *les Anglais* du Portugal et d'écraser l'insurrection dans *le midi de l'Espagne*, forme trois armées : celle du **Nord** sous *Masséna*, celle du **Midi** sous les ordres de *Soult*, et celle de l'**Est** sous *Suchet*.

1° **En Portugal** : — **Masséna** s'empare d'*Oporto*, qu'il saccage; mais bientôt, surpris par le général anglais *Wellesley*, il rentre en Espagne. — Au mois de juin 1810, il avait envahi de nouveau le Portugal, s'était emparé de *Ciudad-Rodrigo* et d'*Almeïda*; mais il avait dû s'arrêter devant les lignes de *Torrès-Védras*, formidable retranchement qui couvrait Lisbonne, et que Wellesley, devenu *duc de Wellington*, défendait avec 700 pièces de canon et 100 000 Anglo-Portugais. — Après avoir attendu vainement, pendant cinq mois, que *Soult*, son collègue, mais aussi son rival, vînt lui prêter main-forte, **Masséna** s'était déterminé à battre en retraite avec une armée épuisée, et avait été chassé du Portugal par la défaite de *Fuentès de Onoro* et la prise d'*Almeïda*.

Marginalia (left column):

Souffrances et désorganisation de l'armée.

Napoléon part pour Paris (5 décembre 1812).

Ney à l'arrière-garde.

Défection des alliés.

Eugène recule jusqu'à l'Elbe (mars 1813).

Les Français en Portugal et en Espagne (1809-1814).

2° En Espagne : — **Sébastiani** est vainqueur à *Ciudad-Réal*, et **Victor** à *Medellin* (mars 1809) ; mais **Wellington**, qui a rejeté le maréchal Soult dans *Galice*, livre à **Joseph** la sanglante et indécise bataille de *Talavera* (juillet). — Cependant **Soult**, nommé major-général de l'armée, reparaît en Castille et gagne la bataille d'*Ocaña* (novembre 1809). — En 1810, Napoléon, profitant de la paix de Vienne, dirige sur l'Espagne de nombreux renforts. — **Soult**, avec une armée de 80 000 hommes, s'empare de *Grenade*, de *Séville*, de *Malaga*, et met le siège devant *Cadix*, dernier refuge de la junte suprême des Espagnols, où il reste quinze mois, puis s'empare de *Badajoz* (janvier 1811).

Suchet fut heureux dans l'est de l'Espagne : après avoir soumis l'*Aragon* (1810), il emporte d'assaut *Tarragone* (juin 1811), s'empare de *Valence* et fait prisonnière de guerre l'armée du général anglais *Blake* (janvier 1812). — L'Empereur le récompensa de cet éclatant succès en le nommant **duc d'Albuféra** : « *Si j'avais eu deux maréchaux comme Suchet en Espagne*, dira plus tard Napoléon, *non seulement j'aurais conquis l'Espagne, mais je l'aurais conservée.* »

Mais Wellington gagnera, en 1812, sur **Marmont**, qui a remplacé Masséna, la bataille des *Arapiles*, près de Salamanque, puis, en 1813, il chassera successivement le roi Joseph de *Madrid*, de *Valladolid* et de *Burgos*, gagnera la victoire de *Vittoria* (juin 1813), et, franchissant *la Bidassoa*, poursuivra les Français jusque dans *Bayonne*. — Le 10 avril 1814, le maréchal **Soult**, après avoir livré à *Toulouse* la dernière bataille de cete terrible guerre, se repliera sur *Carcassonne*, pour se rallier au maréchal **Suchet**.

Napoléon, rentré aux **Tuileries**, le 19 décembre (1812), n'apprit pas sans colère les détails de la *conspiration insensée* du général républicain **Malet**, qui, au moyen d'un faux sénatus-consulte annonçant la *mort de l'Empereur*, avait arrêté le ministre de la police *Savary*, et organisé un *Gouvernement provisoire* de quelques instants. — Arrêté chez le général *Hulin*, Malet avait été condamné à mort et fusillé dans la plaine de *Grenelle* ; mais Napoléon avait été effrayé de cet audacieux coup de main : « *Un homme est-il donc tout ici ? les institutions, les serments, rien ?.... »

Napoléon se mit au travail avec une activité, une vigueur d'esprit, une force de pensée qui semblaient plus grandes que jamais ; mais il ne restait presque plus rien des *six cent vingt mille conscrits de* 1812, qui, depuis huit mois, avaient servi à former une sorte de *colonne sans fin*, toujours en marche du Rhin à la Vistule et au Niémen. — Dans les premiers mois de 1813, l'Empereur réussit cependant à mettre sur pied **une armée de 350 000 hommes**, presque tous *conscrits*, qui ont à peine 20 ans. — Ces sacrifices furent faits avec résignation et sans murmure ; le peuple, qui ne variait pas dans son admiration pour Napoléon, le regardait toujours comme le symbole de la grandeur de la France. — C'était bien cependant « *le commencement de la fin* », comme le disait le clairvoyant et sceptique **Talleyrand**.

À la nouvelle des désastres de Russie, l'Allemagne, si longtemps foulée aux pieds par les armées de Napoléon, se réveilla tout entière dans un patriotique instinct de *revanche nationale*. — La **Prusse** fut le foyer de ce mouvement : elle avait adroitement éludé l'article du traité de Tilsitt qui réduisait son armée à 42 000 hommes, et, posant le principe nouveau du service obligatoire, elle avait organisé *la landwehr* et *la landsturm*, et exercé successivement tous les hommes valides. — Elle était donc prête en 1813, quand une nouvelle coalition, non plus seulement des rois, mais des peuples, se dressa pleine de rancune et de colère contre Napoléon, vaincu par les frimas de la Russie.

Lorsque Napoléon rejoignit le prince Eugène, sur les bords de l'*Elbe*, il était temps qu'il parût, car déjà les **Prussiens** s'étaient réunis aux *Russes*, et l'avant-garde des généraux *Wittgenstein* et *Blücher* apparaissait sur les hauteurs. — **L'empereur d'Autriche**, qui louvoie avec son gendre, se renferme d'abord dans le rôle de *médiateur* ; mais il ne tardera pas à se tourner avec *la Bavière* contre la France. — **La Saxe** seule nous restait fidèle ; ce fut sur elle que fondirent les armées coalisées.

Ney, toujours intrépide, ouvre la campagne en franchissant la Saale, à *Veissenfels* (29 avril 1813) sous le feu des Russes : « *Mes jeunes conscrits sont des héros*, écrivait-il à l'Empereur, *avec eux je ferai tout ce que vous voudrez.* » — Quelques jours après (2 mai), Napoléon culbute les Prussiens et les Russes à **Lutzen**, où la jeune garde fait merveille : « *Depuis vingt ans que je commande nos armées*, disait Napoléon, *je n'ai jamais vu plus de bravoure et de dévouement. Mes jeunes soldats, l'honneur et le courage leur sortaient par tous les pores.* » Le manque de cavalerie l'empêcha de compléter sa victoire.

Napoléon entre à Dresde, et, par la sanglante victoire de **Bautzen** (20 mai), oblige les alliés à repasser l'*Oder* : conscrits de France et étudiants de Prusse rivalisaient de bravoure et de fureur. — Cette victoire eût été plus décisive, si *Ney* eût suivi l'avis de son chef d'état-major, le général suisse *Jomini*, qui, avec sa haute valeur stratégique, lui avait indiqué le véritable mouvement à exécuter. — Le lendemain de la bataille, un boulet perdu tue à côté de Napoléon le grand-maréchal *Duroc*.

Napoléon, au lieu de poursuivre ses succès et de frapper un coup décisif, cède aux instances de *Metternich*, et signe l'*armistice de Pleswitz* (5 juin) : ce fut un coup de fortune pour les alliés. — Des conférences s'ouvrirent à **Prague**, le 5 juillet, entre la *France*, la *Russie*, la *Prusse*, l'*Autriche*, la *Suède* et l'*Angleterre*. — Mais les conditions proposées par l'**Autriche** (dissolution de la *Confédération du Rhin* et du *grand-duché de Varsovie*, reconstitution de la *monarchie prussienne*, renonciation aux *villes Hanséatiques*, abandon de l'*Espagne* et restitution à l'Autriche des *provinces Illyriennes*) n'étaient nullement sincères : « *Le congrès de Prague*, dit A. Sorel, *n'était qu'une comédie dont le dénouement était réglé d'avance.* » — Napoléon refusa de souscrire à ces conditions, ne voulant pas « *subir l'humiliation*, disait-il, *de recevoir la loi après l'avoir toujours faite* ». — L'armistice fut rompu, et l'Autriche se joignit à la coalition.

La coalition avait mis en ligne 500 000 soldats, partagés en *trois grandes armées* : — l'armée du **Nord**, composée de *Suédois*, de *Russes* et d'*Anglais*, sous les ordres de *Bernadotte* ; l'armée de Silésie, composée de *Prussiens* et de *Russes*, sous les ordres de *Blücher* ; l'armée de Bohême, composée d'*Autrichiens*, sous les ordres de *Schwartzenberg*. — Le plan des alliés, suggéré par *Bernadotte* et *Moreau*, récemment arrivé d'Amérique, était de harceler continuellement notre armée, sans jamais *accepter de bataille* de Napoléon lui-même, jusqu'au moment où, réduit à une faiblesse extrême, il pût facilement être écrasé.

Napoléon, qui n'a que 300 000 hommes, oppose *Oudinot* à Bernadotte, et marche sur Blücher, qu'il bat à *Goldberg*. — Puis, apprenant que *Dresde* est menacée par Schwartzenberg, il revient en toute hâte et livre, pour sauver la capitale de la Saxe, *une de ces batailles fameuses* qu'on met à côté de ses plus brillantes victoires : 20 000 Autrichiens demeurèrent sous les murs de **Dresde**, et *Moreau*, qui avait eu les jambes fracassées par un boulet, aux côtés du czar, mourut à *Prague*, six jours après.

Bataille de Leipzig.

Bataille de Hanau.

**Les débris
de la Grande Armée
rentrent enfin
en France.**

**Mais 150 000 soldats
immobilisés
dans les garnisons
au delà du Rhin.**

Malheureusement les lieutenants de l'Empereur sont partout défaits : *Vandamme* capitule à *Kulm* ; *Macdonald* est battu par Blücher, sur la *Katzbach* ; *Oudinot* est vaincu par Bernadotte à *Gross-Beeren*, et *Ney* à *Dennewitz* (6 septembre). — L'Empereur est épuisé de fatigue et dévoré par la fièvre. « *L'échiquier est bien embrouillé*, dit-il à Marmont, *il n'y a que moi pour s'y reconnaître.* »

Napoléon, obligé de reculer pour *concentrer ses forces*, s'arrête à Leipzig, où, croyant n'avoir à combattre que les *Autrichiens*, il compte relever sa fortune « *par un coup de tonnerre* » ; mais il se trouve bientôt acculé dans un demi-cercle de fer et de feu, par toutes les armées des coalisés. — C'est alors que s'engagea, les 16, 17 et 18 octobre 1813, *la plus terrible bataille des temps modernes*. — Napoléon, qui avait laissé une partie de ses troupes dans les *places fortes*, n'avait que 150 000 *hommes à opposer à 300 000*. — La bataille dura trois jours. Après une résistance acharnée, n'ayant plus de munitions, trahis sur le champ de bataille par les *Saxons* et les *Wurtembergeois*, leurs alliés, qui, à la prière de *Bernadotte*, déchargent sur nous leur artillerie à bout portant, les Français évacuent Leipzig. — Un ordre mal compris fit sauter trop tôt le pont de l'*Elster* : 20 000 Français restèrent aux mains de l'ennemi. Le *prince Poniatowski*, qui venait d'être nommé maréchal de France, se noya dans le fleuve, « *enseveli dans sa gloire et dans notre désastre* ». — Dans cette lutte effroyable, appelée *bataille des nations* par les Allemands, les Français avaient perdu 40 000 hommes tués ou blessés ; les alliés n'avaient pas eu moins de 60 000 hommes hors de combat.

Pour atteindre le Rhin, il fallut encore trouer à coups de sabre et d'artillerie une masse de 55 000 *Bavarois* sans consistance, établis près de Hanau et commandés par *de Wrède*. — Le 2 novembre, la grande armée entrait enfin à Mayence, et nos soldats, décimés par *le typhus*, s'entassaient dans les hôpitaux, où « *les jeunes conscrits, dit Coignet, qui n'avaient quitté leur village que depuis quelques mois, mouraient en appelant dans leur délire leurs parents et leurs bestiaux* ». Il en périt 30 000.

150 000 soldats restaient sur l'Elbe, l'Oder et la Vistule : Rapp à *Dantzig*, Gouvion Saint-Cyr à *Dresde*, Davout à *Hambourg*, Narbonne à *Torgau*, etc., « *condamnés à défendre sans profit des murailles étrangères, tandis que les murailles de leur patrie n'avaient pour les défendre que des bras impuissants de jeunesse ou de vieillesse* ».

**Napoléon proroge
le
Corps législatif.**

**Déclaration
des alliés
à Francfort
(9 novembre 1813).**

L'Empereur était revenu à Paris : « *Il y a un an*, disait-il au Sénat, *toute l'Europe marchait avec nous ; aujourd'hui, toute l'Europe marche contre nous* ». — Le Corps législatif, qui ose se plaindre du despotisme et de la guerre, est prorogé : « *Est-ce le moment*, s'écriait l'Empereur, *de me faire des remontrances, quand 200 000 Cosaques franchissent nos frontières ? La France a plus besoin de moi que je n'ai besoin de la France.* »

Les vainqueurs de Leipzig ne tardèrent pas, en effet, à apparaître ; toutefois, ignorants de la détresse réelle de Napoléon, de la lassitude et de l'épuisement de la France, ils publièrent, avant de franchir la frontière, la **déclaration de Francfort**, par laquelle ils offraient la paix, à la condition que la France rentrât dans ses limites naturelles, le *Rhin*, les *Pyrénées*, les *Alpes*, affirmant qu'ils faisaient la guerre, non à la France, mais seulement « *à la prépondérance que Napoléon avait trop longtemps exercée hors des limites de son empire* ». — Cette déclaration porta un coup mortel à la puissance de Napoléon ; tous ses ennemis de France levèrent aussitôt la tête. *Les Anglais* en profitèrent pour faire échouer le *congrès de Mannheim*, accepté par Napoléon.

L'Empereur cherche à réveiller le patriotisme, qui, en 1792, avait armé la nation et repoussé avec un glorieux enthousiasme les ennemis de la France. — Mais les temps étaient bien changés : *le pays, dégoûté de la liberté par dix ans de révolution, était maintenant dégoûté du despotisme par quinze années de gouvernement militaire; de plus, vingt années de guerres lointaines avaient épuisé le sang du peuple.*

Napoléon renvoie **Pie VII** en Italie, rend l'Espagne à *Ferdinand VII*, confie la régence à *Marie-Louise*, la défense de Paris à *Joseph*, embrasse son fils, *le roi de Rome*, qu'il ne devait plus revoir, — et part pour cette **immortelle campagne de 1814**, où, avec une poignée de vieux soldats et de jeunes conscrits, il allait défendre pied à pied, *par une incroyable série de victoires*, le sol sacré de la patrie française.

Lassitude et épuisement de la France.

Situation critique de l'Empereur.

L'**invasion de la France** commença le 1ᵉʳ janvier 1814. — **L'armée du Nord** (100 000 hommes), sous *Bernadotte*, envahit la Hollande et la Belgique; — **l'armée de Silésie** (150 000 hommes), sous *Blücher*, passe le Rhin et s'avance sur Nancy; — **l'armée de Bohême** (200 000 hommes), sous les ordres de Schwartzenberg, occupe le plateau de Langres; — **l'armée de l'Est** (80 000 hommes), sous les ordres de *Bubna* et *Bellegarde*, entre dans Genève et menace Lyon; — **l'armée du Sud** (160 000 hommes), dirigée par *Wellington*, s'avance sur Toulouse et Bordeaux. — La France est envahie à la fois par 700 000 ennemis.

Napoléon envoie *Maison* dans le Nord, *Augereau* à Lyon, *Soult* aux Pyrénées, *Eugène* en Italie; et, avec 80 000 hommes, entreprend de lutter contre *Blücher* et *Schwartzenberg*. — L'empereur est toujours vainqueur quand il n'a en face de lui que l'un ou l'autre de ces deux adversaires; il ne peut, au contraire, que se défendre héroïquement contre leurs masses réunies. — A *Saint-Dizier*, à *Brienne*, il n'a affaire qu'à Blücher, et il le culbute; à *la Rothière*, il recule devant Blücher et Schwartzenberg (1ᵉʳ février 1814). — Mais l'ennemi se divise de nouveau : c'est le signal des victoires de *Champaubert*, **Montmirail**, *Château-Thierry*, *Vauchamps* (10-14 février 1814), autant d'échecs de Blücher, qui marche sur **Paris**, par la vallée de *la Marne*. — Puis Napoléon se retourne contre Schwartzenberg, et le rejette sur *Troyes*, par le combat de **Montereau** (18 février 1814), où il pointa lui-même les canons de sa garde.

Les **alliés**, malgré l'immense supériorité de leurs forces, doutaient de réussir contre « *le génie infernal de Bonaparte* »; ils étaient consternés de la rapidité avec laquelle il avait déjà tué, pris ou dispersé 120 000 *Prussiens, Russes ou Allemands*. — Des négociations s'étaient ouvertes à **Châtillon**. Mais les alliés, secrètement excités par **Talleyrand**, exigèrent que la France abandonnât *la Belgique, la Savoie et le comté de Nice.* — Napoléon refusa : « *Les Bourbons*, dit-il, *pourraient accepter la France de 1790; ils n'en ont jamais connu d'autre; mais moi, qui ai reçu de la République le Rhin et les Alpes, que j'abandonne les conquêtes faites avant moi! que je laisse la France plus petite que je ne l'ai trouvée! Jamais! Que dirai-je aux républicains quand ils viendront me demander leurs barrières du Rhin?* » — L'Angleterre et l'Autriche n'avaient pas l'intention de pousser à bout Napoléon; mais les Russes et les Prussiens voulaient à tout prix détrôner Bonaparte : « *Ce ne serait pas une paix*, s'écriait l'empereur de Russie; *ce serait une trêve, qui ne nous permettrait pas de désarmer une minute. Je ne puis pas, tous les jours, accourir de quatre cents lieues à votre secours.* » — Les alliés, enhardis par les assurances de *M. de Vitrolles*, qui leur montrait Paris prêt à les recevoir, conclurent alors le **traité de Chaumont**, par lequel ils s'engageaient à ne poser les armes qu'après avoir mis l'ennemi commun *dans l'impuissance de nuire.*

CAMPAGNE DE FRANCE (1814).

Invasion des alliés.

Prodigieux efforts de Napoléon.

Victoires de Montmirail, Montereau.

Congrès de Châtillon (février 1814).

Traité de Chaumont (1ᵉʳ mars).

Napoléon ne pouvait soutenir longtemps une lutte *aussi inégale.* — Bernadotte occupait *toute la Belgique,* à part quelques places, comme *Anvers,* où résistait énergiquement **Carnot,** qui, aux jours de péril, était venu noblement offrir ses services à l'Empereur; — *Augereau* avait laissé les Autrichiens entrer à *Lyon; Soult,* vaincu à *Orthez,* s'était replié sur *Toulouse,* pendant que *Bordeaux* ouvrait ses portes aux Anglais, accueillait *le duc d'Angoulême,* arborait le drapeau blanc et proclamait **Louis XVIII.**

En Italie, *Eugène de Beauharnais* ne se maintenait qu'à peine sur *le Mincio,* tandis que **Murat,** « *le Bernadotte du Midi* », comme l'appelait l'Empereur, ne rougissait pas, pour sauver sa couronne, *de déclarer la guerre à la France.*

Napoléon, après avoir un instant arrêté le mouvement d'invasion, avait songé à *écraser séparément* les envahisseurs. — Il s'était jeté sur **Blücher,** l'avait poussé de la *Marne* à l'*Aisne,* avec l'intention de l'acculer et de le détruire sous les remparts *de Soissons.* —Malheureusement, cette place capitule devant *Bulow,* accouru au secours de Blücher qui s'échappe par un pont de la ville et met l'Aisne entre lui et les Français.

Napoléon, sans se décourager, poursuit Blücher, le chasse du plateau de *Craonne* (7 mars), mais échoue devant *Laon* (8 mars), où s'est enfermé le général prussien.— Il se venge de cet insuccès en reprenant *Reims,* et en détruisant la division russe du général de *Saint-Priest* (12-17 mars). — Puis, se reportant sur l'armée de **Schwartzenberg,** il l'attaque à **Arcis-sur-Aube** (20 mars) avec 30 000 hommes contre 100 000; il fit des prodiges de valeur, mais le succès était impossible, et il dut se replier sur *Saint-Dizier.*—Blücher *fait sa jonction* avec Schwartzenberg, et les trois armées du Nord, de Silésie et de Bohême marchent en masse **sur Paris.**

Napoléon, trop faible pour barrer de front aux coalisés la route de la capitale, a formé un nouveau plan. — Il va se jeter sur les lignes de communication de l'ennemi, couper les routes, détruire les convois, soulever les habitants de la Champagne : il pourra ainsi rallier les garnisons de Lorraine et d'Alsace, barrer les défilés des Vosges et isoler de l'Allemagne les envahisseurs : « *Je suis plus près de Munich,* s'écrie-t-il, *que les alliés de Paris.* » —D'ailleurs, les effroyables excès des coalisés, en Champagne, leur avaient coûté cher : *malheur aux traînards et aux soldats isolés;* pendant longtemps les habitants de l'Aisne ne voulurent plus boire de l'eau de leurs puits, tant ils savaient *qu'on y avait jeté de cadavres de Prussiens et de Cosaques.*

L'audacieux projet de Napoléon ne pouvait réussir qu'avec la *résistance de Paris,* dont la défense était confiée aux maréchaux *Marmont* et *Mortier.* — Mais, dès le 29 mars, *l'impératrice régente* et le *roi de Rome* se réfugiaient à *Blois,* et, d'autre part, le *roi Joseph,* le ministre de la guerre *Clarke* et le général *Hulin,* gouverneur de *Paris,* n'avaient rien fait pour mettre en état de défense la capitale, qui n'avait alors aucune fortification. — En vain **Marmont** à *Belleville,* **Mortier** à *la Villette,* les élèves de l'École Polytechnique à *Vincennes,* **Moncey** à *la barrière de Clichy,* firent des prodiges de valeur : « *Ils sont trop!* » disaient en tombant nos pauvres soldats.

Napoléon n'était plus qu'à cinq heures de Paris, quand il apprit que *Marmont,* avec l'approbation de *Joseph* et des ministres, avait signé une **capitulation,** par laquelle *l'armée évacuait Paris et se retirait sur la route d'Orléans.* Désespéré, il se retira sur *Fontainebleau.* — Le lendemain, 31 mars, Paris fut livré aux étrangers et connut, à son tour, la honte de l'invasion; *les capitales de l'Europe étaient vengées.*

15

M. de Talleyrand.

Gouvernement provisoire.

Napoléon déchu du trône.

Talleyrand, dont les informations secrètes avaient précipité la marche des alliés, reçut l'empereur *Alexandre* dans son hôtel, et se fit nommer par le Sénat chef d'un **Gouvernement provisoire**, avec le *comte de Jaucourt*, *l'abbé de Montesquiou*, le *duc de Dalberg* et le *général de Beurnonville*, comme collègues.

Le czar déclara aussitôt que les souverains alliés ne traiteraient plus avec *Napoléon Bonaparte*, ni avec aucun membre de sa famille, et qu'ils reconnaîtraient *la Constitution* que la France se donnerait. — Le 2 avril, le Sénat déclara, à l'unanimité, **Napoléon déchu du trône**, et délia le peuple français et l'armée du *serment de fidélité*.

Abdication de Napoléon.

Adieux de Fontainebleau.

Départ pour l'île d'Elbe.

Napoléon à Fontainebleau, avec 70 000 hommes, voulait marcher sur Paris et frapper un dernier coup. Mais les maréchaux *Ney*, *Macdonald*, *Oudinot*, *Victor*, fatigués de tant de guerres, pressent l'Empereur de renoncer à combattre, et s'oublient même jusqu'à *l'outrager*. — **Il abdiqua** alors, en faveur de son fils, le *roi de Rome*. C'était trop tard : les *intrigues de Talleyrand* avaient préparé d'autres solutions; de plus, *Marmont* venait de signer la *Convention d'Essonne*, et de passer aux alliés avec tout son corps d'armée : Napoléon dut abdiquer *purement et simplement*. — Une convention intervenue entre les souverains alliés et Napoléon lui donna *l'île d'Elbe*, en toute souveraineté, avec un revenu de *deux millions* et le droit d'emmener *quatre cents hommes de la vieille garde*, Bertrand, Drouot et Cambronne. — L'impératrice Marie-Louise devenait *duchesse de Parme*, et son fils, *duc de Reichstadt*. Le prince Eugène était fait *duc de Leuchtenberg*.

Napoléon, brisé par tant d'infortunes, eut un moment de désespoir et essaya de *s'empoisonner*; mais, sa tentative ayant échoué, il reprit courage et se résigna à vivre. — Il adressa, dans la *cour de Fontainebleau*, de touchants adieux aux officiers et aux soldats de sa *vieille garde*, embrassa leur chef, le *général Petit*, et leur drapeau, au milieu de la plus profonde émotion, et partit pour l'île d'Elbe (20 avril 1814).

Entrée du comte d'Artois à Paris.

Le comte d'Artois signe la convention du 28 avril 1814.

Le **Sénat** avait appelé au trône le *comte de Provence*, frère de Louis XVI, qui, depuis la mort de Louis XVII, avait pris le nom de **Louis XVIII** (6 avril 1814). — Le *comte d'Artois*, nommé *lieutenant général du royaume*, fit une entrée solennelle dans Paris, le 12 avril, et prit possession du Gouvernement au nom de son frère, retenu par la goutte au *château d'Hartwell*, en Angleterre. — Le prince eut des mots heureux et aimables pour tout le monde : « *Messieurs*, dit-il aux maréchaux qui étaient allés à sa rencontre, *soyez les bienvenus, vous qui avez porté en tous lieux la gloire de la France. Mon frère et moi nous n'avons pas été les derniers à applaudir à vos exploits.* » — « *Rien n'est changé en France*, lui faisait dire *le Moniteur* dans sa réponse au discours de Talleyrand, *si ce n'est qu'il y a un Français de plus!* »

Le **comte d'Artois**, passionné du désir d'obtenir l'évacuation du territoire français, signa, trop à la hâte, la **convention du 28 avril**, par laquelle la France rentrait dans ses limites de 1792, abandonnant sans compensation 53 places fortes, 12 000 canons et 43 navires. — Le traité définitif, signé par **Louis XVIII**, le 30 mai suivant, fut un peu moins dur pour la France : il lui rendit une partie de son matériel, lui laissa *Avignon*, *Mulhouse*, *Montbéliard*, *Annecy* et *Chambéry*, lui restitua ses colonies, à l'exception de *Tabago*, de *Sainte-Lucie* aux Antilles, et de *l'île de France* (île *Maurice*), dans l'Océan Indien. — La France laissait **les alliés** disposer à leur gré de tous les territoires qu'elle perdait, et *reconnaissait d'avance* toutes leurs stipulations à cet égard.

Louis XVIII avait quitté sa résidence d'*Hartwell*, près de Londres, après avoir adressé au prince régent d'Angleterre ces paroles qu'on devait tant lui reprocher plus tard : « *C'est aux conseils de votre Altesse Royale, à l'infatigable persévérance de sa nation, que j'attribuerai toujours, après la divine Providence, le rétablissement de notre maison sur le trône de France.* » — Il débarqua, le 24 avril, à *Calais*, et c'est de **Saint-Ouen** qu'il data la fameuse **déclaration** par laquelle il s'engageait (2 mai 1814) à donner dans la Constitution future les garanties suivantes : *Gouvernement représentatif exercé par deux Chambres, le Sénat et la Chambre des Députés; liberté de la presse et des cultes; irrévocabilité de la vente des biens nationaux; inamovibilité des juges; liberté publique et individuelle; responsabilité des ministres; maintien de la nouvelle noblesse ainsi que des pensions, grades et honneurs militaires; admissibilité de tous les Français aux emplois civils et militaires, etc.* — C'était la base de la **Charte constitutionnelle** que Louis XVIII publia, au mois de juin 1814, laquelle était « *une concession et un octroi à ses sujets* », nullement un contrat entre lui et eux, et qu'il datait de la *dix-huitième année de son règne*, avec la formule des anciens rois : « *Car tel est notre bon plaisir.* » — Malgré cette exhumation des *prérogatives du passé*, la nouvelle Constitution conservait les *conquêtes civiles* de la Révolution.

Louis XVIII entra à Paris, le 3 mai au matin, dans une calèche découverte attelée de huit chevaux blancs. — Il avait près de lui la *duchesse d'Angoulême*, fille de Louis XVI, le vieux *prince de Condé* et le *duc de Bourbon*; **le comte d'Artois** galopait à la portière. Aux acclamations de la foule se mêlaient quelques cris ironiques sur le passage des maréchaux, et principalement de *Berthier*, le major général de l'Empereur, qui, pendant douze ans, n'avait pas quitté la tente ou le cabinet de Napoléon : « *A l'île d'Elbe, Berthier, à l'île d'Elbe!* » — En arrivant aux Tuileries, où flottait *le drapeau blanc*, Louis XVIII composa son ministère. **Talleyrand** fut nommé *aux affaires étrangères*; le **baron Louis**, *aux finances*; **Dupont ?** *à la guerre*; **de Blacas**, *à la maison du roi*; **Ferrand**, *aux postes*; **M. de Montesquiou** était chargé *des rapports avec les Chambres*.

La Charte satisfaisait la nation, et Louis XVIII, âgé de soixante ans, prince sagace et éclairé, incliné aux idées libérales et admirateur du régime anglais, était bien résolu à l'observer; *mais la situation était hérissée de difficultés*. — **Les Parisiens**, habitués à l'activité énergique de Napoléon, riaient de ce roi goutteux, toujours assis dans son fauteuil, qui portait de grosses épaulettes sur son habit bourgeois, s'intitulait « *roi de France et de Navarre* », et appelait 1814 « *la dix-neuvième année de son règne* »; — ils lui reprochaient, en outre, d'être rentré en France « *dans les fourgons de l'étranger* », et supportaient difficilement la substitution du **drapeau blanc** au *drapeau tricolore*, qui, réalisant la prédiction de La Fayette, *avait fait le tour du monde*. **L'opposition** se recrutait parmi les militaires dont la paix avait brisé la carrière, parmi les 14 000 *officiers renvoyés en demi-solde*, parmi les *acquéreurs de biens nationaux*, que gênait la présence des anciens propriétaires, et parmi les *fonctionnaires* auxquels la perte du vaste territoire de l'Empire avait enlevé leurs places. — D'un autre côté, les **royalistes exaltés**, *les ultra*, ces revenants du passé, qui, suivant un mot célèbre, « *n'avaient rien oublié et rien appris* », se groupaient autour du comte d'Artois, pour réclamer une restauration plus complète, — et **le Clergé** s'indignait de voir le catholicisme et le protestantisme, la vérité et l'erreur, mis sur le même pied par la Charte, qui proclamait *la liberté des cultes*.

Irritation
de
l'opinion publique.

———

Mémoire de Carnot.

———

Conspirations.

Les prétentions des émigrés irritaient chaque jour davantage l'opinion publique. « *L'ancien régime*, dit Duvergier de Hauranne, *était plus odieux par la forme que par le fond. Or, ceux qui ne pouvaient en ressusciter le fond en ressuscitaient la forme.* » — Des services funèbres anniversaires furent institués non seulement pour *Louis XVI* et le *duc d'Enghien*, mais encore pour *Georges Cadoudal, Moreau et Pichegru*. — Une ordonnance ministérielle, blâmée par le roi lui-même, prescrivait, sous des peines sévères, *la célébration du dimanche* et des jours de fête d'obligation.

Carnot, se faisant l'interprète des *colères révolutionnaires et bonapartistes*, publia, sous forme de Mémoire au roi, une apologie du meurtre de Louis XVI et un réquisitoire violent contre le Gouvernement de Louis XVIII. — **Des conspirations s'ourdirent :** *la violette* devint le mot et le signe de ralliement ; elle annonçait le retour du printemps de 1815, et celui de Bonaparte.

RETOUR
DE L'ÎLE D'ÉLBE.

———

Proclamation
de l'Empereur.

———

Défection
de Labédoyère
à Grenoble.

Napoléon, de l'île d'Elbe, recueillait avidement tous les bruits qui lui arrivaient de France ; il savait, d'ailleurs, qu'à *Vienne*, on songeait à l'éloigner du continent et à le déporter sur quelque rocher solitaire ; il se décida alors à tenter encore une fois la fortune et à essayer, lui aussi, *sa restauration*. — Il s'embarque avec *Bertrand, Drouot. Cambronne* et neuf cents hommes environ, et débarque, le 1er mars, au *golfe Juan*, près de *Cannes*. — Le lendemain, il lançait deux proclamations, l'une à l'armée, l'autre au peuple. Dans la première, **Napoléon** s'écriait : « *Soldats, dans mon exil j'ai entendu votre voix.... Arrachez ces couleurs que la nation a proscrites!... Arborez cette cocarde tricolore : vous la portiez dans nos grandes journées!... Reprenez ces aigles que vous aviez à Ulm, à Austerlitz, à Iéna, à Eylau, à Friedland, à Tudéla, à Echmülh, à Essling, à Wagram, à Smolensk, à la Moskowa, à Lutzen, à Montmirail!... Venez vous ranger sous le drapeau de votre Empereur! La victoire marchera au pas de charge ; l'aigle avec les couleurs nationales volera de clocher en clocher jusqu'aux tours de Notre-Dame!* » — Dans la seconde, on lisait cette habile déclaration : « *Tout ce que les individus ont dit ou fait depuis la paix de Paris, je l'ignorerai toujours ; cela n'influera en rien sur le souvenir que je conserve des services importants qu'ils ont rendus ; car il est des événements d'une telle nature, qu'ils sont au-dessus d'une organisation humaine.* »

A la Mure, dans l'Isère, Napoléon rencontre les premières troupes royales (7 mars). Informé par *Bertrand* que *Cambronne* ne pouvait les gagner, il s'avance seul au-devant d'elles ; *l'heure était décisive* : si cette troupe résistait ou faisait son devoir, l'Empereur était pris ou tué, et tout était fini. — « *Soldats du cinquième,* leur cria-t-il, *ne reconnaissez-vous pas votre ancien général?...* S'il en est un seul parmi vous qui veuille tuer son Empereur, ajoutait-il, en se découvrant la poitrine, *il le peut, me voilà!* — *Vive l'Empereur!* » répondirent les soldats. — « *Tout est fini,* dit alors Napoléon à Drouot, *dans dix jours, nous serons aux Tuileries!* » — Près de *Grenoble.* il rencontra **Labédoyère**, qui conduisait lui-même son régiment à sa rencontre, et, pour entrer dans la ville, « *il n'eut,* dit-il, *qu'à frapper à la porte avec sa tabatière* ». — **A Lyon**, le *comte d'Artois*, le *duc d'Orléans* et *Macdonald* furent impuissants à retenir les troupes dans le devoir. — Dès lors, **Napoléon agit en souverain**, et lance de cette dernière ville (13 mars) un décret qui ordonne la dissolution des deux Chambres, et la réunion prochaine des collèges électoraux de tous les départements, sous le titre **d'Assemblée extraordinaire du Champ de Mai.**

<table>
<tr><td valign="top" width="28%">

LES
CENT JOURS
(20 MARS
AU 22 JUIN 1815).

Défection de Ney.

Louis XVIII
se retire à Gand.

Napoléon
rentre à Paris.

Son
nouveau ministère.

</td><td valign="top">

Napoléon, mis hors la loi par Louis XVIII, *hors des relations civiles et sociales* par le congrès des souverains, à Vienne, arrive à *Auxerre*, où il est rejoint par Ney, qui avait promis au roi de lui ramener Napoléon « *dans une cage de fer* », et le 21 mars au soir, il entrait aux Tuileries. — **Le langage des journaux de Paris** avait bien, du reste, indiqué les progrès de Napoléon : « *Buonaparte est débarqué au golfe Juan. — Grenoble a ouvert ses portes au général Bonaparte. — Napoléon a fait son entrée à Lyon. — Sa Majesté l'Empereur est descendue au palais des Tuileries!* »

Louis XVIII avait quitté Paris, le 19 mars au soir, et s'était retiré à *Gand*. — **Le comte d'Artois**, les ducs de *Berry* et d'*Orléans*, les maréchaux *Berthier*, *Marmont* et *Victor*, les généraux *Maison* et *Clarke* suivirent le roi en Belgique. — Pendant ce temps-là, la duchesse d'Angoulême, que Napoléon appelait « *le seul homme de la famille* », était chassée de *Bordeaux* par *Clausel*, et le duc, fait prisonnier par *Grouchy*, était relâché sur l'ordre de l'Empereur.

Napoléon, rentré dans Paris sans effusion de sang, s'entoura de ministres populaires propres à rassurer à la fois les plus modérés et les plus fougueux partisans de la Révolution : **Carnot** devint *comte et ministre de l'intérieur* ; **Fouché**, *ministre de la police* ; **Davout**, *ministre de la guerre* ; **Decrès**, *de la marine* ; **Cambacérès**, *de la justice* ; **Gaudin**, *des finances* ; **Mollien**, *du Trésor* ; **Caulaincourt**, *des affaires étrangères* ; **Molé**, *des travaux publics*. **Maret** reprenait son poste de *secrétaire d'État*, et **Réal** devenait *préfet de Police*. — *Benjamin Constant* fut chargé de rédiger une Constitution nouvelle. « *Des discussions publiques*, dit Napoléon au publiciste, en lui confiant ce travail, *des élections libres, des ministres responsables, la liberté de la presse, je veux tout cela!... Je vieillis. On n'est plus à quarante-cinq ans ce qu'on était à trente. Le repos d'un roi constitutionnel peut me convenir; il conviendra certainement à mon fils.* »

</td></tr>
<tr><td valign="top">

Acte additionnel.

Champ de Mai.

</td><td valign="top">

L'Acte additionnel aux Constitutions de l'Empire parut au *Moniteur*, le 23 avril : c'était une *réédition de la Charte* accommodée aux exigences du régime impérial. — La nation, appelée à voter, *à registres ouverts*, sur cet acte, lui donna 1 200 000 suffrages contre 4 000 opposants ; la Constitution impériale avait été ratifiée autrefois par près de quatre millions de votants ; les deux tiers des électeurs s'étaient cette fois abstenus. « *La France*, dit Thiers, *ne croyait pas plus Napoléon, quand il parlait de liberté, que l'Europe, quand il parlait de paix.* »

Le 1ᵉʳ juin 1815 eut lieu, à Paris, la réunion solennelle du **Champ de Mai**, dans laquelle l'Empereur *prêta le serment* à la Constitution et reçut ceux des *Chambres* et de l'armée. — Toutefois, la Chambre des Députés ne voulut pas nommer président *Lucien Bonaparte*, et porta au fauteuil *Lanjuinais*.

</td></tr>
<tr><td valign="top">

SEPTIÈME
COALITION
(1815).

L'Europe entière
contre
Napoléon.

</td><td valign="top">

Les souverains, réunis au Congrès de Vienne, avaient mis Napoléon *au ban des nations* : les actes suivirent les paroles. — 800 000 hommes, formant trois armées, commandées par le czar, *Schwartzenberg*, *Wellington* et *Blücher*, marchent sur la France.

C'était la septième coalition. — « *Il faut*, disaient les Allemands, *exterminer cette bande de brigands, qu'on appelle l'armée française. Le monde ne peut demeurer en repos tant qu'il existera un peuple français : qu'on le change donc en peuples de Bourgogne, de Neustrie, d'Aquitaine, etc.; ils se déchireront entre eux; mais le monde restera tranquille pour des siècles!* »

</td></tr>
</table>

Napoléon *prend l'offensive* avec 124 000 soldats et 350 pièces de canon, et envahit *la Belgique*. — **Son plan** est de se jeter à *Charleroi*, entre les Anglais et les Prussiens, afin de *les battre séparément*, avant l'arrivée des Autrichiens et des Russes.

Napoléon passe la Sambre (15 juin), s'empare de *Charleroi* et refoule les Prussiens au-delà de *Fleurus* ; le matin de ce jour, le **général Bourmont** quitte l'armée, pour se rendre à Gand, auprès de Louis XVIII : « *C'était*, disait le duc de Berry, *abandonner Napoléon trop tôt, ou trop tard !* » — **Ney**, chargé d'occuper dans la soirée l'importante position des *Quatre-Bras*, manque de résolution et s'arrête à *Frasnes*, laissant les Anglais concentrer leurs forces. — Le lendemain, en effet, *Ney*, auquel *Drouet d'Erlon* devait se joindre avec un renfort de 20 000 hommes, trouve les *Quatre-Bras* fortement occupés par les Anglais, et Napoléon, qui n'avait que 78 000 hommes, rencontre **Blücher** à *Ligny* avec 87 000 hommes. La lutte s'engage en même temps sur ces deux théâtres, dans l'après-midi du 16 juin.

A Ligny, *Français* et *Prussiens* combattirent avec un acharnement sans pareil, jusqu'à neuf heures du soir ; il semblait que chacun eût affaire à *son ennemi juré*. Nous gardions le champ de bataille ; mais 30 000 de nos soldats y étaient étendus à côté de 22 000 Prussiens. — **Aux Quatre-Bras**, la lutte n'avait pas été plus décisive : *Drouet d'Erlon*, avec ses 20 000 hommes, avait perdu son temps à courir des Quatre-Bras à Ligny, de Ligny aux Quatre-Bras, également *inutile à Ney et à l'Empereur*.

Une autre erreur devait être bien plus funeste aux Français : *Grouchy*, chargé par l'Empereur, le lendemain de Ligny, de *poursuivre* les Prussiens et de *les contenir* pendant qu'il écraserait les Anglais, partit à leur recherche jusque vers Namur, laissant à *Blücher* et à *Wellington* toute facilité de se réunir. — Le général prussien, en effet, fit annoncer au général anglais, le 17 juin au soir, qu'il se porterait le lendemain à son secours avec toutes ses forces. — Si **Napoléon**, actif comme il l'était autrefois, comme l'était en ce moment le **vieux Blücher**, *n'eût pas perdu toute la journée du* 17, il serait arrivé aux Quatre-Bras de manière à attaquer Wellington, en plein mouvement de retraite, sans secours possible des Prussiens, et *il eût gagné, le* 17, *la bataille qu'il allait perdre, le* 18.

Napoléon quitta Ligny, le 17 à midi, pour se diriger sur les *Quatre-Bras*. — En trouvant Ney encore aux prises avec les Anglais, il ne peut réprimer son désappointement ; les soldats crurent même qu'il avait donné une semonce « *au Rougeot* » : c'est ainsi qu'ils appelaient le maréchal. — Quoi qu'il en soit, ayant uni ses forces à celles de Ney, il délogea les Anglais des Quatre-Bras, et les poursuivit, sous une pluie battante, jusqu'au pied du *plateau de Mont-Saint-Jean*, où s'était retranché **Wellington**.

Le plateau de Mont-Saint-Jean est à quatre kilomètres en avant d'un petit village appelé **Waterloo**, où le célèbre général anglais, *le duc de fer (Ironduke)*, comme on l'appelait, à cause de son invincible sang-froid, avait son quartier général. — **Napoléon**, avec 72 000 hommes et 240 canons, résolut d'écraser Wellington *avant l'arrivée* de Blücher, puis d'accabler ensuite les Prussiens. — Mais il fallait, pour cela, que **Grouchy** *contînt Blücher ou se joignît à temps à Napoléon*.

Les soldats et les officiers inférieurs étaient pleins d'un sombre et tragique enthousiasme ; mais ils se défiaient de *leurs chefs*, depuis la défection de Bourmont, et ils ne comprenaient pas que l'Empereur eût pris pour chef d'état-major général le *maréchal Soult*, naguère ministre de Louis XVIII.

Bataille
de Waterloo
(18 juin 1815).

Ney emporte
la Haie-Sainte.

Apparition
de
Bulow.

Belles charges
de Ney
sur le plateau
de Mont-Saint-Jean.

Ténacité
de Wellington.

Le canon
tonne à droite :
c'est Grouchy? —
Non, c'est Blücher
avec
35000 Prussiens!

Sauve-qui-peut
général.

Héroïsme
de la vieille garde.

Cambronne.

La bataille s'engagea vers onze heures, sur un sol détrempé par la pluie et peu favorable à l'artillerie de *Drouot*, par une attaque des Français sur le *château d'Hougoumont*. — Avant d'en donner le signal, Napoléon avait encore dépêché un officier polonais à **Grouchy** : « *Dites-lui que je l'attends, que je l'attends impatiemment ; allez le joindre, amenez-le et ne le quittez que lorsque son corps d'armée débouchera sur notre ligne de bataille.* » — **Ney**, après deux assauts, vient d'emporter la *Haie-Sainte* et d'enfoncer le centre ennemi ; déjà les fuyards courent sur la *route de Bruxelles*, annoncer la défaite des Anglais. — Au moment où **Napoléon** allait lancer la garde pour achever sa victoire, le canon gronde tout à coup derrière ses lignes : « *Est-ce Grouchy ?* » criaient nos soldats frémissants. — Non ! c'est **Bulow**, qui débouche sur notre droite avec 30 000 *Prussiens*. Napoléon charge *Lobau* de tenir tête avec 10 000 hommes à l'avant-garde de Blücher, et lance le maréchal Ney sur le **plateau de Mont-Saint-Jean**. — *L'infanterie britannique* oppose aux charges impétueuses de nos cuirassiers une muraille d'airain. — Après deux heures d'efforts héroïques, Ney, haletant, épuisé, est obligé de descendre du plateau : « *C'est de l'infanterie qu'il nous faut !* » s'écrie-t-il.

Ney entraîne une seconde fois toute la cavalerie sur le *plateau de Mont-Saint-Jean*, que Wellington a repris, et qu'il veut défendre jusqu'à la mort. — Sous la charge impétueuse des cuirassiers de *Kellermann*, des dragons et des grenadiers à cheval de la garde, des lanciers et des chasseurs de *Lefebvre-Desnouettes*, l'infanterie anglaise est ébranlée, des carrés entiers sont renversés, dispersés, et ses canons tombent entre nos mains. — Pour en finir avec l'ennemi, *Ney* n'a besoin que de quelques bataillons d'infanterie ; il les fait de nouveau demander à l'Empereur : « *De l'infanterie, où veut-il que j'en prenne ? Veut-il que j'en fasse ?* » s'écrie **Napoléon**, furieux contre Ney, qui vient de sacrifier imprudemment toute la cavalerie. Cependant, après avoir fait reculer Bulow, à *Planchenoit*, il consent à engager **sa vieille garde**. — En voyant s'avancer nos *redoutables bonnets à poil*, **Wellington** « *sent bien*, dit Thiers, *que l'heure suprême a sonné, et que la grandeur de sa patrie, la sienne propre, vont être le prix d'un dernier effort* ». — Il a promis à Blücher de l'attendre ; il sait qu'il arrive ; mais, debout *sous le chêne* qu'il a choisi comme poste de combat, il invoque la nuit ou Blücher, et se désespère en regardant le soleil si lent à disparaître et les Prussiens si lents à arriver : « *Faudra-t-il donc voir tailler en pièces tant de braves gens !* »

Il est huit heures ; le soleil se couche ; une vive canonnade éclate soudain à notre droite : « *C'est Grouchy ?* » crient nos malheureux soldats épuisés. — Hélas ! c'est **Blücher**, qui a dérobé sa marche à *Grouchy*, et qui, avec 35 000 hommes de troupes fraîches, relie le corps de *Bulow* à l'armée de *Wellington*. — **Grouchy**, malgré les injonctions réitérées de l'Empereur, malgré l'avis unanime de son état-major, s'était refusé de marcher à *la voix du canon !* » — L'armée anglaise pousse des *hurrah*, et, reprenant l'offensive, se précipite de front sur les troupes de *Ney*. — **Blücher**, refoulant *Drouet d'Erlon*, s'avance jusque vers **Waterloo**, et va couper la retraite de l'armée française : « *Sauve qui peut !* » s'écrient nos soldats désespérés.

La vieille garde n'a plus qu'une mission à remplir, celle de *jeter un peu de gloire sur cet immense désastre.* — **Napoléon désespéré** s'est réfugié dans ses rangs, l'épée à la main, et cherchant la mort. Pour sauver leur Empereur et protéger la retraite de l'armée, les *six carrés de la garde* se font écraser par un ennemi vingt fois plus nombreux. — Un dernier reste debout, c'est celui de **Cambronne** : « *Rendez-vous !* » leur crie l'ennemi, saisi d'admiration. — « *Jamais*, répond l'héroïque général, *la garde meurt et ne se rend pas !* »

Napoléon rentre à Paris.

Intrigues de Fouché.

Sentiment général.

Seconde abdication de Napoléon et seconde entrée des alliés dans Paris.

Gouvernement provisoire.

Convention de Saint-Cloud (3 juillet 1815).

Napoléon rentre précipitamment à Paris, pendant que les débris de l'armée se réforment à **Laon**. « *Que les députés me secondent*, dit-il en arrivant à l'Élysée, *et rien n'est perdu.* » — **Fouché**, correspondant de *Wellington* et de *Metternich*, trompant tous les partis et jouant le même rôle avec les Bourbons, que Talleyrand en 1814, est, à ce moment, *l'arbitre de la situation.*—**Les Chambres**, auxquelles il fait craindre un 18 *Brumaire*, se déclarent en *permanence.* — **Séparer la France de Napoléon** est le sentiment général. « *Il n'y a qu'un homme entre la paix et nous* », dit le député Lacoste. « *Nous avons assez fait pour lui ; notre devoir est de sauver la patrie* », ajoute **La Fayette**, ce vétéran de la liberté, qu'on n'avait pas entendu depuis vingt-deux ans.

Napoléon, après bien des perplexités douloureuses, se vit forcé d'**abdiquer** (22 juin 1815) : « *Je m'offre en sacrifice*, écrivit-il, *aux ennemis de la France.... Ma vie politique est terminée ; je proclame mon fils sous le titre de Napoléon II, empereur des Français.* »— Les Chambres, sans s'occuper de *Napoléon II*, nomment, pour traiter avec les alliés, un **Gouvernement provisoire**, composé de *Fouché, Carnot, Caulaincourt, Grenier et Quinette*.

Les alliés, rejetant tout pourparler, marchent droit sur Paris. — Les débris de *Waterloo* et le corps intact de *Grouchy* formaient encore une armée de près de 100 000 *hommes ;* on pouvait, avec du patriotisme, interdire à l'étranger l'entrée de la capitale.—**Napoléon**, retiré à *la Malmaison*, offrait d'écraser Blücher, qui se trouvait alors *isolé* de Wellington, promettant de déposer le commandement, sitôt après la victoire. — « *Mais cet homme est fou !* » dit **Fouché**, en entendant sa demande, et il lui signifia de partir immédiatement pour *Rochefort*.

La convention de Saint-Cloud stipula que l'armée française devait se retirer sur *la rive gauche de la Loire ;* on respectait *les personnes et les propriétés particulières et publiques.* — Les alliés entrèrent pour *la seconde fois* dans Paris, le 6 juillet 1815.

Napoléon demande asile aux Anglais, qui le déportent à Sainte-Hélène.

Captivité et mort de Napoléon (1815-1821).

Napoléon, menacé d'être livré aux alliés, se rendit à *Rochefort*, dans l'intention de s'embarquer pour les *États-Unis* (3 juillet). — Mais, désespérant d'échapper aux *croisières anglaises*, il se rendit lui-même à bord du *Bellérophon*, demandant, dans une lettre au régent d'Angleterre, qu'on lui permît de s'asseoir, « *comme jadis Thémistocle chez les Perses, au foyer du peuple Britannique* ».

Les Anglais, sans pitié pour cette grande infortune, le déclarèrent *prisonnier de guerre*, et l'envoyèrent, à bord du *Northumberland*, à l'île de **Sainte-Hélène**, à 2 000 lieues de l'Europe. Les généraux *Bertrand, Gourgaud*, les comtes *Montholon, Las Cases*, et quelques serviteurs intimes obtinrent de partager son exil.

Un misérable îlot, perdu dans l'Océan, de deux kilomètres de long sur deux de large, enferma dans son climat meurtrier celui qui avait tenté de soumettre le monde entier à la France. — Relégué sur le plateau de *Longwood*, dans la partie la plus malsaine de l'île, **Napoléon** y vécut six années, sous une surveillance outrageante, qui sera l'éternelle honte de *sir Hudson Lowe*, son geôlier.

Napoléon, sentant que sa fin était proche, reçut avec foi les sacrements de l'Église et expira, le 5 mai 1821, enveloppé dans son manteau de bataille. « *Mon fils.... l'armée.... Desaix....* » furent ses dernières paroles. On l'enterra dans l'île, au bord d'*une fontaine* qu'il affectionnait. — Sa dépouille mortelle fut rapportée en France, en 1840, par *le prince de Joinville*, sur la frégate *la Belle-Poule*, et déposée **aux Invalides**, conformément au vœu qu'il avait exprimé : « *Je désire que mes cendres reposent sur les bords de la Seine, près de ce peuple français que j'ai tant aimé.* »

Louis XVIII, après Waterloo, s'était rendu à **Cambrai** : « *J'accours*, disait-il dans une proclamation à la France (28 juin 1815), *pour adoucir les maux que j'avais voulu prévenir, pour me placer, une seconde fois, entre les armées alliées et les Français, dans l'espoir que les égards dont je pense être l'objet tourneront à leur salut : c'est la seule manière dont j'aie voulu prendre part à la guerre.* » — Le 8 juillet au soir, Louis XVIII fit sa **rentrée solennelle dans Paris**. Le préfet de la Seine, M. *de Chabrol*, le même qui avait présenté au roi les clefs de Paris, en 1814, le reçut de nouveau, à la barrière Saint-Denis : « *Cent jours*, lui dit-il, *se sont écoulés depuis le jour où Votre Majesté, au milieu des larmes de son peuple en deuil, sortit de sa capitale.* » Cette expression servit depuis lors à désigner l'*interrègne* de 1815.

Louis XVIII n'eut que trop vite l'occasion de se placer entre les Français et les armées alliées, qui étaient entrées dans Paris comme dans *une ville prise d'assaut*. — **Blücher** menaçait de faire sauter le *pont d'Iéna* ; le roi n'obtint la conservation de ce pont qu'en menaçant de s'y faire porter, et en changeant son nom pour celui de *pont des Invalides*. — **Nos musées** furent dévastés ; chaque peuple réclama ses tableaux, ses statues, ses livres, conquis autrefois par nos armes. — Le directeur des Beaux-Arts, *Denon*, résista avec une indomptable énergie aux commissaires étrangers. Le sculpteur *Canova*, commissaire d'Italie, mécontent de la manière dont on lui parlait, lui dit : « *On ne traite pas ainsi un ambassadeur !* » — « *Ambassadeur, allons donc*, lui répliqua Denon, *vous voulez dire emballeur !* » — Ainsi disparurent des **chefs-d'œuvre** comme la *Transfiguration* de Raphaël, la *Communion de saint Jérôme* du Dominiquin, l'*Apollon du Belvédère*, la *Vénus de Médicis*, le *Laocoon*, etc.

Les alliés, qui reprochaient à la France d'avoir méconnu leur *modération* en 1814, résolurent de prendre leurs précautions, cette fois, pour l'affaiblir pour longtemps. — Leurs convoitises étaient immenses ; celles de **la Prusse** surtout : « *Puissent les diplomates*, disait Blücher, *ne pas gâter ce que nous avons fait. Pour châtier la France, il faut la rendre semblable à l'Allemagne et la partager !* » — La modération de l'empereur **Alexandre**, qui comprenait l'utilité de la France pour *le maintien de l'équilibre européen*, et la crainte qu'avait l'**Angleterre** d'agrandir quelque autre puissance continentale, épargnèrent à la France l'humiliation d'un démembrement. — Il en avait été un instant question dans les délibérations des puissances ; **Louis XVIII**, qui en eut connaissance, s'en plaignit dans une entrevue avec le czar et Wellington : « *Milord*, dit-il au général anglais, *je croyais, en rentrant en France, régner sur le royaume de mes pères. Il paraît que je me suis trompé ; je ne saurais cependant demeurer qu'à ce prix. Votre Gouvernement, Milord, consentira-t-il à me recevoir, si je lui demande encore asile ?* » Le czar ému déclara qu'il ne souffrirait point le démembrement de la France.

Le second traité de Paris nous enlevait : *Philippeville et Marienbourg*, le *duché de Bouillon*, *Sarrelouis*, *Landau*, *Nice* et la *Savoie*, en tout 540 000 habitants. Les fortifications d'*Huningue* durent être *rasées*. Nous perdions la suzeraineté de *Monaco* et le droit d'y tenir garnison. — La France fut, de plus, condamnée à payer une **indemnité de guerre**, qui atteignit au total 1 500 millions. — Comme garantie de cette somme, une armée de 150 000 *alliés*, entretenue aux frais de la France, devait, jusqu'au payement intégral, occuper les places fortes de *Valenciennes* à *Strasbourg*. — **Cette occupation**, fixée d'abord à cinq ans, se trouva de fait réduite à *deux années* seulement, car, au bout de ce temps, le Gouvernement français avait entièrement acquitté sa dette.

Louis XVIII rentre à Paris.

Proclamation de Cambrai.

Exigences des alliés.

Spoliation de nos musées.

SECOND TRAITÉ DE PARIS (1815).

La question du démembrement de la France.

Indemnité de guerre et occupation militaire.

16.

<table>
<tr><td>Caractère
et conséquences
politiques
de ce traité.</td><td>

Ce second traité de Paris, qui n'était point le résultat du retour des Bourbons, mais celui du *retour de l'île d'Elbe*, ramenait notre pays aux *limites de 1790* et effaçait jusqu'à la dernière trace de nos victoires. — Ainsi la France, pour avoir abusé de la domination comme de la victoire, se trouvait réduite à un territoire inférieur à celui que *la Convention* avait reçu de la royauté. Et pendant ce temps, les autres puissances avaient toutes démesurément augmenté leurs forces. — **La Prusse** était devenue, de simple électorat, une *grande monarchie*; **la Russie**, qui alors naissait à peine, était maintenant *un colosse*, dictant des lois à l'Europe; **l'Angleterre** avait gagné aux Indes *cent millions de sujets*. — **La France** n'était donc pas affaiblie seulement de ce qu'elle perdait, mais de tout ce que ses rivaux *avaient gagné*.

La Paix de Paris, par une injustice peut-être inévitable, resta dans l'opinion populaire *une tache ineffaçable* pour le Gouvernement des Bourbons qui la signèrent. Ils supportèrent *toute l'odieuse impopularité* d'une défaite qu'ils n'avaient point subie, d'une humiliation qu'ils n'avaient fait qu'enregistrer. — L'homme, au contraire, dont les ambitions avaient, pour la seconde fois, mené la France à la ruine, *vit son prestige grandir* au milieu même des malheurs qu'il avait causés, et son nom s'associer dans les traditions populaires à l'idée d'une *grandeur disparue*, d'une *gloire effacée* et d'une *revanche à prendre*. — L'amertume et la honte laissées au cœur de la nation par ce traité désastreux seront pour beaucoup, plus tard, dans l'*avènement* de Napoléon III.

</td></tr>
</table>

LE CONGRÈS DE VIENNE; CARACTÈRE DE SON ŒUVRE. L'EUROPE DE 1815.

<table>
<tr><td>Le Congrès
de
Vienne.
———
Les
grandes puissances
veulent
tout régler à quatre.</td><td>

Les alliés, après avoir réglé les **affaires de France**, par *le premier traité de Paris* (1814), s'occupèrent de régler les **affaires de l'Europe**, et se donnèrent rendez-vous pour un Congrès général, à **Vienne**. — Là, se rassemblèrent pour remanier la carte du monde, outre le **czar**, les **rois de Prusse**, de **Danemark**, de **Bavière** et de **Wurtemberg**, les hommes d'État et les diplomates les plus illustres de l'époque : le *prince de Metternich*, pour l'Autriche, *Talleyrand*, pour la France, *de Nesselrode*, pour la Russie, *Lord Castlereagh*, pour l'Angleterre, *de Hardenberg* et *de Humboldt*, pour la Prusse, etc. — Les débats de questions préliminaires et les fêtes brillantes, chasses, banquets, bals, soirées théâtrales, que se donnaient les souverains, retardaient l'ouverture du Congrès : « *Le Congrès danse et ne marche pas* », disait spirituellement le vieux prince de Ligne.

En fait, le Congrès ne s'ouvrit jamais. Toutes les questions furent réglées par des *Commissions*, formées tantôt des représentants des **cinq grandes puissances** (*Russie, Angleterre, Autriche* et *Prusse*), qui voulaient d'abord **tout régler à quatre**, mais auxquelles réussit à s'imposer *la France*, — tantôt des **représentants des huit**, par l'adjonction de la *Suède*, de l'*Espagne* et du *Portugal*; les autres petits souverains réunis à Vienne furent à peine consultés. — Les décisions de ces Commissions, rédigées sous forme de *traités particuliers* entre les différentes puissances, furent rassemblées en un recueil général qu'on appela l'*Acte final du Congrès de Vienne*.

</td></tr>
</table>

**Accord
sur certains points,
mais questions
litigieuses
de Naples
et de la Saxe.**

**Habile intervention
de Talleyrand.**

**Attitude
de la Russie
et de la Prusse.**

**La convention
du 3 janvier 1815.**

**Transaction
et
résolutions
du
Congrès.**

On s'entendit sans peine sur les points suivants : — réunion de *la Hollande et de la Belgique*, pour former le royaume des *Pays-Bas*; cession de *la Vénétie* et de *la Dalmatie* à l'Autriche, de *Malte* à *l'Angleterre*; indépendance de *la Suisse*; formation de *la Confédération Germanique* à la place de la Confédération du Rhin; incorporation à *la Suède* de *la Norvège* enlevée au roi de *Danemark*, fidèle allié de Napoléon.

Deux questions restaient litigieuses, à cause des intérêts opposés des puissances : — 1° la dépossession de **Murat** du trône de Naples, laissé à ce prince, en récompense de sa *coupable neutralité*, et même de *son concours* pendant la dernière guerre; — 2° **le sort du roi de Saxe**, demeuré fidèle à la France *jusqu'au dernier jour.* Sous prétexte de l'en punir, **la Russie et la Prusse**, unies ensemble par un sentiment commun d'ambition, demandaient au Congrès que le roi de Saxe *fût détrôné*, que *la Saxe* fût adjugée à la Prusse, et *le grand-duché de Varsovie à la Russie.* — Mais **l'Angleterre et l'Autriche**, inquiètes de tels agrandissements, s'y opposaient avec force.

Talleyrand, qui avait pour instructions de *défendre le roi de Saxe*, que des liens de famille unissaient aux Bourbons, et d'obtenir *l'expulsion de Murat du trône de Naples*, profita habilement de ces divisions pour faire intervenir la France dans le conflit.—Groupant autour de lui les *puissances secondaires*, mises systématiquement à l'écart, il posa comme le champion de *la légitimité*, du *droit d'antique possession*, qu'il appelait le **droit public européen**, et voulut que ce droit fût reconnu au préalable par le Congrès.

Les envoyés prussiens réclamaient; Hardenberg, debout, les poings sur la table, s'écriait : « *Non, Monsieur, le droit public, c'est inutile. Pourquoi dire que nous agissons selon le droit public? cela va sans dire.* » — « *Si cela va sans dire*, répondait Talleyrand, *cela ira mieux encore en le disant!* » — « *Que fait ici le droit public?* » criait Humboldt. — « *Il fait que vous y êtes* », répliquait adroitement Talleyrand. — « *Les convenances de l'Europe sont le droit*, disait, de son côté, le czar, *les droits sont les convenances de chaque puissance, je n'en admets pas d'autres.... S'il en est autrement, la guerre! la guerre! J'ai 200 000 hommes en Pologne; qu'on vienne m'en chasser!* »

Devant l'insistance opiniâtre de la Russie et de la Prusse, *l'Autriche, l'Angleterre* et *la France*, acceptant le défi du czar, et ralliant les *États secondaires* de l'Allemagne, que l'exemple du roi de Saxe effrayait pour eux-mêmes, signèrent **la convention du 3 janvier 1815**.—Chacun des trois alliés s'engageait à mettre sur pied 150 000 hommes, pour résister aux prétentions de la Russie et de la Prusse.

Tout finit cependant par une transaction. — **Alexandre** se contenta d'une partie du *grand-duché de Varsovie*, et la Prusse, ne pouvant déposséder entièrement le *roi de Saxe*, lui offrit, en échange de ses États, *un royaume nouveau*, qu'on eût formé sur la rive gauche du Rhin.—Car, c'était alors le désir des hommes d'État prussiens d'éviter le *voisinage immédiat de la frontière française*, et il semblait avantageux à la France d'avoir entre elle et la Prusse un État faible gouverné par un souverain allié. — Ce fut pourtant **Talleyrand** qui refusa cet arrangement comme contraire à la légitimité et dangereux pour l'équilibre de l'Allemagne. — **Les Prussiens** se résignèrent alors à accepter une indemnité formée de quatre morceaux : *le nord de la Saxe* avec 782 000 âmes; 810 000 âmes en *Pologne*; 829 000 dans *l'Allemagne du Nord*, et 1 044 000 sur *la rive gauche du Rhin.* La Prusse se trouva ainsi, malgré elle, portée à la frontière française et chargée de défendre *le Rhin.* — Enfin **les Bourbons rentrèrent à Naples, en 1815**.

Le **Congrès** avait été un *véritable marché de territoires et de peuples*, où les différents appétits s'étaient donné satisfaction : « *Tout ce qui n'était pas des quatre puissances (Angleterre, Prusse, Autriche, Russie), ou ne les intéressait pas directement, fut partagé*, dit Thiers, *comme butin trouvé au milieu d'une ville prise d'assaut.* » — Une seule idée domina les souverains, la **défiance de la France**, à qui l'on fit payer cher son mouvement d'expansion révolutionnaire et l'ivresse de ses triomphes. — Les seuls grands principes proclamés furent la condamnation de la *traite des noirs* et la *liberté de navigation sur les fleuves*. — De plus, pour prévenir dans la suite le fléau désastreux des guerres, le **prince de Metternich**, *président du Congrès*, essaya de faire prévaloir l'idée d'un *tribunal d'arbitrage*, pour régler les contestations des souverains entre eux, et fit accepter de tenir fréquemment des **Congrès**, chargés à la fois de maintenir la *bonne entente* entre les Gouvernements, et de prendre des mesures contre les *peuples mécontents*.

Tel fut ce **Congrès de Vienne**, où s'élaborèrent les fameux **traités de 1815**, aussi importants dans l'histoire du XIXᵉ siècle que ceux de *Westphalie* au XVIIᵉ, ou ceux d'*Utrecht* au XVIIIᵉ. — Un coup d'œil jeté sur l'Europe en 1815 nous indiquera les **principales** stipulations pour *chaque État*.

La **France** a acquis de 1789 à 1815 : *Avignon, le Comtat Venaissin et Mulhouse.* — Elle a perdu l'*île de France* ou Maurice, *les Seychelles, Saint-Domingue, Tabago et Sainte-Lucie.*

L'**Angleterre**, ce *payeur général* de toutes les coalitions contre la France, devient plus que jamais la *maîtresse incontestée des mers*. — De 1789 à 1815, elle a acquis, **en Europe** : *Helgoland, Malte, Gozzo*, avec le protectorat des *îles Ioniennes* ; — **en Afrique** : *les Seychelles, l'île Maurice* ou de France, le *cap de Bonne-Espérance* ; — **en Amérique** : *Sainte-Lucie* et *Tabago*, enlevées à la France, et la *Trinité*, prise aux Espagnols ; — **en Asie** : *Ceylan, le Mysore, Delhi* et le *pays des Mahrattes* ; — **en Océanie** : de vastes établissements dans l'*Australie* et la *Tasmanie*. — Le *Hanovre*, érigé en royaume, est rendu comme fief masculin au roi d'Angleterre.

La **Russie**, désormais *prépondérante en Orient*, a acquis la *Finlande, la Bothnie, les îles d'Aland, la Bessarabie, la Géorgie, la moitié de la Pologne, le Chirwan et le Daghestan.* — Elle domine sur la *Baltique*, la *mer Noire* et la *mer Caspienne*, et, par la Pologne, elle s'avance au cœur de l'Europe, entre l'Autriche et la Prusse.

L'**Autriche** avait perdu la *Belgique* (Pays-Bas Autrichiens), possession éloignée qui n'avait été qu'une cause de faiblesse, *la Souabe, Constance* et *le Brisgau*. — Mais elle avait reçu, en échange, la *principauté de Salzbourg, le Tyrol* et *le Vorarlberg*, au détriment de la Bavière, *la Galicie*, au détriment de la Pologne ; et, en Italie, *le royaume Lombard-Vénitien*, formé des États Vénitiens et du Milanais, *la Valteline, Raguse* et l'*expectative du duché de Parme*. — Elle dominait dans la péninsule italienne, où tout avait été réglé pour lui complaire. — L'**empire d'Autriche**, plus heureux que la monarchie prussienne, semblait former un *ensemble géographique* ; mais c'était la faiblesse de ce vaste empire d'avoir à régner sur tant de populations diverses d'origine, de religion, de mœurs et d'esprit : *Madgyars* de la Hongrie, *Tchèques* de la Bohême, *Polonais* et *Ruthéniens* de la Galicie, *Roumains* et *Saxons* de la Transylvanie, *Slaves* de la Croatie, de l'Illyrie et des confins militaires, *Italiens* de Venise et de Milan, *Allemands* de l'archiduché.

<table>
<tr><td>

1°
GRANDES
PUISSANCES.
(*Suite.*)

</td><td>

La Prusse, si maltraitée et si longtemps humiliée par Napoléon, devait bien profiter de sa ruine. — En échange des pays polonais cédés à la Russie, elle s'agrandissait de la riche vallée du Rhin, *Coblenz, Bonn, Cologne, Dusseldorf, Wésel, Munster, Minden, Aix-la-Chapelle, Juliers* et *Trèves,* d'une *partie de la Saxe royale,* et de *la Poméranie,* et recouvrait le *duché de Posen,* sa part dans les dépouilles de la Pologne. — **La Prusse** était moins bien partagée que l'Autriche. Elle n'avait que *dix millions d'habitants.* — Ses possessions, égales à peu près à la moitié de la France d'alors, formaient **deux masses,** isolées par le *Hanovre, Hesse-Cassel,* et le *Brunswich,* sans frontières naturelles, sans populations homogènes, *protestantes au centre, catholiques* à l'ouest, sur le Rhin, et à l'est, dans le grand-duché de Posen et une partie de la Silésie.— Suivant le mot de M. de Pradt, *la Prusse n'avait qu'une façade sur l'Europe.* Mais la dispersion même de ses territoires, à travers l'Allemagne, la soudait plus étroitement à toute la masse germanique, et son ambition allait être désormais de *réunir,* en un seul tout, ses États isolés, en saisissant successivement les *territoires intermédiaires,* et de prendre, en Allemagne, *la première place,* qui, jusqu'en 1806, avait appartenu à l'Autriche.

</td></tr>
<tr><td>

2°
L'Allemagne.
———
La Confédération
Germanique.
———
La diète
de Francfort.

</td><td>

L'Allemagne ne put être rendue à ses *trois cents princes ;* le plus grand nombre de ceux que la Révolution et l'Empire avaient balayés demeurèrent sous les ruines. — L'Allemagne, qui, avant la Révolution, n'était ni un État monarchique, ni un État féodal, ni un État fédératif, devint une **Confédération Germanique** de *trente-neuf États :*

1° **Quatre royaumes :** la *Bavière,* le *Wurtemberg,* la *Saxe* et le *Hanovre.*

2° **Sept grands-duchés :** *Bade, Hesse-Darmstadt, Hesse-Cassel, Saxe-Weimar, Mecklenbourg-Schwérin, Mecklenbourg-Strélitz* et *Oldenbourg.*

3° **Neuf duchés :** *Saxe-Gotha, Saxe-Cobourg, Saxe-Meiningen, Saxe-Hilburghausen, Anhalt-Dessau, Anhalt-Bernbourg, Anhalt-Kœthen, Nassau* et *Brunswich.*

4° **Dix principautés :** *Schwartzbourg-Sondershausen, Schwartzbourg-Rudolstadt, Lichtenstein, Waldech, Reuss-Greiz, Reuss-Schleiz, Lippe-Schaumbourg, Lippe-Detmold, Schwartzenberg* et *Hohenzollern.*

5° **Un margraviat :** *Hesse-Hombourg.*

6° **Quatre villes libres :** *Lübeck, Hambourg, Brême* et *Francfort-sur-le-Mein.*

7° Faisaient également partie de la Confédération Germanique : — 1° les **Pays-Bas** pour le *Luxembourg ;* 2° le **Danemark** pour le *Holstein* et le *Lauenbourg ;* 3° la **Prusse** pour *tous ses États,* sauf le grand-duché de Posen et la province de Prusse ; 4° l'**Autriche** pour ses *États allemands.*

Tous ces États, réunis en Confédération, étaient représentés par **une diète,** siégeant à *Francfort-sur-le-Mein,* et composée des plénipotentiaires des différents princes. — **L'Autriche** devait avoir *la présidence perpétuelle* de la diète, et *M. de Metternich* avait réussi à faire de la Confédération Germanique un État neutre, impuissant et immobile, en demandant l'insertion de l'**Acte fédéral** dans l'*Acte général du Congrès de Vienne,* c'est-à-dire en donnant aux puissances étrangères le droit de veiller à son maintien. — La Confédération devait avoir *une armée,* composée d'après les forces respectives des princes qui en faisaient partie, et cinq places fortes fédérales : *Luxembourg, Mayence, Landau, Ulm* et *Rastadt.* — Si mal constituée qu'elle fût, l'Allemagne était cependant *simplifiée.* Elle prit conscience d'elle-même, et se rapprocha de cet objet de l'ardente ambition de ses patriotes : *devenir une nation.*

</td></tr>
</table>

L'Espagne retrouve sa dynastie caduque, avec Ferdinand VII. — Elle possède toujours les *îles Baléares, les Canaries, les Présides, Fernando-Pô, les Philippines, les Mariannes, Cuba, Porto-Rico, Buénos-Ayres, le Chili, le Pérou, la Nouvelle-Grenade, Caracas, Guatémala, le Mexique* et *la Floride.* — Elle a perdu la partie orientale de *Saint-Domingue* et *la Louisiane,* et acquis la ville portugaise d'*Olivenza.* — Mais le temps n'est pas éloigné où, par le contre-coup des révolutions d'Europe, l'Espagne ne gardera plus de ses vastes colonies que *les Philippines* et *les Mariannes* dans l'Océanie, *Cuba* et *Porto-Rico* aux Antilles.

Le Portugal, sous la maison de Bragance, possède toujours *Goa, Diu, Macao,* une partie de *Timor, Madère, les Açores, les îles du Cap-Vert, les îles Saint-Thomas* et *du Prince, l'Angola, le Congo, le Mozambique* et *le Brésil,* qui s'émancipera en 1822. — Il garde en Europe ses mêmes frontières, et ne perd qu'*Olivenza,* prise et gardée par les Espagnols.

L'Italie, à laquelle la domination Napoléonienne avait donné un commencement d'*unité nationale,* n'est, suivant le mot pittoresque de M. de Metternich, « *qu'une expression géographique* »; — elle redevient une *confédération de princes,* dominée par l'Autriche, qui semble reprendre les vieux droits impériaux sur la Péninsule. — Le roi de **Sardaigne** recouvre ses anciennes possessions (*Piémont, Nice, Savoie*), augmentées de la ville de *Gênes.* — L'Autriche reprend *le Milanais* et garde *les États Vénitiens,* dont la réunion forme *le royaume Lombard-Vénitien.* — **Pie VII** recouvre ses États, sauf *Avignon* et *le Comtat Venaissin.* — Le grand-duché de Toscane, agrandi de l'*île d'Elbe* et des *Présides,* est donné à l'archiduc autrichien *Ferdinand III* ; le duché de **Modène,** au prince *François IV* ; les duchés de **Parme, Plaisance** et **Guastalla,** à l'impératrice *Marie-Louise* ; le duché de **Lucques,** à l'infante *Marie-Louise d'Espagne* ; la principauté de **Carrare** et le duché de **Massa,** à l'archiduchesse *Marie-Béatrix d'Este.* — Le royaume des **Deux-Siciles,** diminué des *Présides de Toscane,* retourne au Bourbon *Ferdinand IV,* après la tragique aventure de **Murat,** fusillé *au Pizzo* (1815).

La Turquie, en pleine décadence, a déjà cédé *la Bessarabie* à la Russie, en 1812 ; elle est à la veille de perdre l'*Égypte* et *la Grèce.*

Le Danemark, notre fidèle allié, doit céder *la Norvège* à la Suède, et ne reçoit en compensation que *le Lauenbourg.* — Il conserve *l'Islande* et *le Groënland, les îles Saint-Thomas, Saint-Jean* et *Sainte-Croix,* dans les Antilles, *Christianbourg,* sur la côte de Guinée, *Serampour* et *Tranquebar,* dans l'Inde.

La Suède, en reconnaissance des services que *Bernadotte* avait rendus à la coalition, reçoit *la Norvège,* en dédommagement de *la Finlande* et des *îles d'Aland,* données à la Russie, de *la Poméranie,* de *Stralsund* et de *l'île de Rugen,* cédées aux Prussiens. — Son unique colonie est la petite île *Saint-Barthélemy,* aux Antilles.

Le royaume des Pays-Bas est formé comme barrière contre la France, par la réunion de deux peuples antipathiques l'un à l'autre, la **Belgique,** *catholique, industrielle, agricole* et *française* par l'esprit et la langue, et la **Hollande** *calviniste, maritime, commerçante* et *allemande.* — Ce nouveau royaume, de huit millions d'âmes, est donné à *Guillaume Ier d'Orange,* qui reçoit du Congrès, comme domaine personnel, *le Limbourg* et *le Luxembourg.*

La Suisse s'agrandit de trois nouveaux cantons : *le Valais, Neuchâtel* et *Genève,* ce qui en porte le nombre à *vingt-deux.* — *Sa neutralité* et l'inviolabilité de son territoire sont reconnues par toutes les puissances de l'Europe.

3°
États secondaires.

GÉNÉALOGIE SOMMAIRE DE LA BRANCHE AINÉE ET DE LA BRANCHE CADETTE DES BOURBONS DE FRANCE

[Les dates accolées à chaque nom sont celles de la naissance et de la mort, non celles du règne.]

LOUIS XIII (1601-1643), fils de HENRI IV premier roi de la Maison de Bourbon.

Branche aînée.

LOUIS XIV (1638-1715).

Louis, *le Grand Dauphin* (1661-1711).

Louis, *duc de Bourgogne* (1682-1712). — Philippe V, *roi d'Espagne* (souche des Bourbons d'Espagne).

Louis XV (1710-1774), qui épouse *Marie Leczinska de Pologne*.

Louis, *Dauphin* (1729-1765).

Louis XVI (1754-1793). | **Louis XVIII** (1755-1824), comte de Provence, sans enfants. | **Charles X**, comte d'Artois (1757-1836).

Sous **Louis XVI** :
- *Marie-Thérèse*, Mme Royale, duchesse d'Angoulême (1778-1851).
- **Louis XVII**, mort au Temple (1785-1795).

Sous **Charles X** :
- Louis-Antoine, *duc d'Angoulême* (1775-1844), marié à *Marie-Thérèse*, sans enfants.
- Charles-Ferdinand, *duc de Berry* (1778-1820), marié en 1816 à *Caroline de Naples* (1798-1870).

Sous le *duc de Berry* :
- *Louise-Marie-Thérèse* (1819-1864), mariée à *Charles III*, duc de Parme (1823-1854).
- *Henri-Charles-Ferdinand*, duc de Bordeaux, comte de Chambord **(Henri V)** (1820-1883), marié en 1846 à *Marie-Thérèse*, princesse de Modène, sans enfants. — *Fin de la Branche aînée*.

Sous *Louise-Marie-Thérèse* :
- *Robert Ier*, duc de Parme, renversé en 1859.
- *Henri*, comte de Bardi.
- *Marguerite* (1847-1893), mariée à Don Carlos (*Charles VII*).

Bourbons d'Espagne.

Charles IV (1748-1808), petit-fils de *Philippe V*.

Ferdinand VII (1784-1832). | Don Carlos (1788-1855), prétendant au trône d'Espagne, qui prend, en 1833, le nom de *Charles V*.

Sous **Ferdinand VII** :
- Isabelle II, née en 1830, reine en 1833, mariée en 1836 à son cousin *François d'Assise*, déchue en 1868.
- **Alphonse XII**, né en 1857, roi en 1874, mort en 1885.
- **Alphonse XIII**, né en 1886. La régence est exercée par *Marie-Christine d'Autriche* sa mère.

Sous Don Carlos :
- *Charles*, comte de Montemolin, *Charles VI* (1818-1861).
- *Don Juan* de Bourbon (1822-1887).
- *Don Carlos*, né en 1848, *Charles VII*, épouse *Marguerite*, princesse de Bourbon-Parme.
- *Don Jaime*, né en 1870.

Branche cadette.

PHILIPPE (*Monsieur*), duc d'Orléans (1640-1701).

Philippe d'Orléans, le Régent (1674-1723).

Louis-Philippe d'Orléans (1703-1752).

Louis-Philippe d'Orléans (1725-1785).

Louis-Philippe d'Orléans, **Philippe-Égalité** (1747-1793).

Louis-Philippe, roi des Français (1773-1850), épouse *Marie-Amélie de Naples* (1789-1866).

Duc d'Orléans (1810-1842), épouse *Hélène de Mecklembourg* (1814-1858).
- **Comte de Paris** (1838-1894), épouse *Marie-Isabelle*, fille du duc de Montpensier.
  - **Philippe, duc d'Orléans**, né en 1869, épouse *Dorothée*, archiduchesse d'Autriche (1896).
  - *Ferdinand*, né en 1884.
  - *Amélie*, née en 1865, épouse **Charles Ier**, roi de Portugal.
  - *Hélène*, née en 1871, épouse le duc d'Aoste.

Duc de Nemours (1814-1896), épouse *Victoire-Augusta*, duchesse de Saxe-Cobourg-Gotha (1822-1857).
- *Comte d'Eu*, né en 1842, épouse *Isabelle*, fille de Dom Pedro II, empereur du Brésil. Leur fils aîné, Pierre d'Alcantara, est prétendant au trône du Brésil.
- *Duc d'Alençon*, né en 1844.
- *Marguerite* (1848-1893), mariée au prince Czartoryski.
- *Blanche*, née en 1857.

Prince de Joinville, né en 1818, épouse *Françoise-Caroline-Jeanne de Bragance*, sœur de Dom Pedro II, empereur du Brésil.
- *Françoise*, mariée à son cousin *Robert*, duc de Chartres, frère du comte de Paris.
- *Duc de Penthièvre*, né en 1845.

Duc d'Aumale (Henri-Eugène-Philippe-Louis), général français, né en 1822, épouse *Marie-Caroline de Bourbon* (1822-1869), fille de *Léopold*, prince de Salerne.
- *Prince de Condé* (1845-1866).
- *Duc de Guise* (1854-1872).

Duc de Montpensier (1824-1890), épouse *Marie-Louise-Ferdinande*, sœur de la reine Isabelle d'Espagne.
- *Marie-Isabelle*, née en 1848, qui épouse son cousin, le comte de Paris.
- *Marie-Christine*, née en 1852.
- *Maria de Las Mercedès*, première épouse **d'Alphonse XII** d'Espagne (1860-1878).
- *Antoine*, né en 1866, épouse *Eulalie*, sœur d'Alphonse XII.

la princesse Louise (1812-1850), épouse en 1832 **Léopold Ier**, roi des Belges (1790-1865).
- **Léopold II**, né en 1835, roi depuis 1865, sans enfants mâles.
- *Le comte de Flandre*, né en 1837, dont le fils cadet est héritier présomptif de la couronne de Belgique, par la mort de son frère aîné, *le prince Baudouin*, en 1891.
- *Charlotte*, née en 1840, qui épouse l'archiduc **Maximilien**, empereur du Mexique, fusillé en 1867.

HISTOIRE CONTEMPORAINE

SECONDE PARTIE

La Restauration. La Monarchie de Juillet. La Deuxième République.
Le Second Empire. La Troisième République
(1815-1894).

1° LA SAINTE-ALLIANCE ET LES PEUPLES.
LE POUVOIR ABSOLU ET LE RÉGIME PARLEMENTAIRE.

LA SAINTE-ALLIANCE ET LES PEUPLES.

Le nom de Restauration par lequel on désigne le gouvernement qui a régi la *France* de 1815 à 1830 conviendrait également au régime auquel les *autres peuples de l'Europe* ont été soumis pendant la même période. — **Les souverains** avaient promis des *libertés* à leurs peuples pour les armer contre Napoléon. Une fois vainqueurs de leur redoutable ennemi, ils s'empressèrent d'*oublier* leur parole. — **Les principes de la Révolution** ne leur semblaient pas moins redoutables que ne l'avait été l'ambition du conquérant. Ils crurent nécessaire de maintenir contre les *idées* de la France la coalition qu'ils avaient formée contre ses *armes*.

L'empereur de Russie, Alexandre Ier, que les événements avaient fait l'arbitre de l'Europe, prit l'initiative de cette politique. — Sous l'influence d'une *illuminée*, Mme de Krüdener, qui s'était rendue maîtresse absolue de son esprit, il signa, le 26 septembre 1815, avec ses alliés, le *roi de Prusse* et l'*Empereur d'Autriche*, le manifeste célèbre appelé le **Traité de la Sainte-Alliance.**

Le traité de la Sainte-Alliance.

Les trois souverains affirmaient solennellement, dans le préambule, qu'ils ne prendraient jamais pour règle de conduite que les *préceptes de la religion.* Ils se promettaient ensuite de se considérer comme *trois frères* et de *se prêter en toute occasion et en tout lieu assistance, aide et secours.* — En conséquence, ils ne voyaient en eux que de *simples délégués de la Providence*, chargés de gouverner moins trois États différents que **trois branches d'une même famille.** — Enfin, toutes les puissances qui voudraient avoir les *mêmes principes* devaient « *être reçues avec autant d'empressement que d'affection dans cette Sainte-Alliance* ».

Peut-être Alexandre avait-il voulu surtout prévenir les guerres entre États et conjurer les révolutions par l'institution d'une sorte d'*arbitrage européen* et une *entente* mutuelle. — En réalité, ce devait être une ligue des *rois* contre les *peuples.* — **La France** et les autres *États secondaires* y adhérèrent aussitôt. — Mais l'**Angleterre** refusa parce que le roi ne pouvait prendre *seul* aucun engagement et que ses *ministres*, dont le concours lui était nécessaire, refusèrent d'assumer une dangereuse responsabilité devant le *parlement*, en signant un acte de cette nature.

Grâce à l'appui mutuel qu'ils se promettaient par la Sainte-Alliance, *les princes*, grands et petits, rétablirent partout le **pouvoir absolu** dans leurs États. — **En Prusse**, *Frédéric-Guillaume III*, appuyé par la noblesse, refusa à ses sujets une *Constitution*. — L'ancien électeur de *Hesse-Cassel*, rentré dans son pays après sept ans d'exil, ne voulut rien reconnaître de ce qui s'y était passé en son absence. — Le *Hanovre*, la *Saxe*, n'obtinrent aucune des garanties que leur avaient fait espérer leurs souverains.

L'empereur d'Autriche, *François Ier*, dirigé par son *premier ministre* **Metternich**, déclara solennellement qu'il *s'opposait* à toute espèce d'*innovation*. « *Tenons-nous-en à ce qui est ancien,* » disait-il, « *car cela est bon; si nos aïeux s'en sont bien trouvés, pourquoi ne ferions-nous pas comme eux? Il s'élève maintenant des* **idées nouvelles**, *que je n'approuve pas, que je n'approuverai jamais.* »

En Italie, le roi de Naples, *Ferdinand*, qui avait accordé en 1812 une Constitution à ses sujets de Sicile, l'abolit dès qu'il eut recouvré ses possessions continentales.

La Constitution espagnole de 1812, qu'avaient votée les *cortès* pendant leur lutte contre Napoléon, fut également *désavouée* par *Ferdinand VII* après son rétablissement sur le trône de ses pères.

A la place de l'absolutisme, ou gouvernement sans frein et sans contrôle, la partie la plus éclairée de la population dans chaque État réclamait d'abord une **Constitution**, c'est-à-dire un acte qui fixât les droits du souverain et de la nation, puis l'établissement du **régime parlementaire** comme système de gouvernement, à l'imitation de ce qui fonctionnait en *Angleterre* depuis le XVIIe siècle et de ce que la **Charte de 1814** venait d'accorder à la France. — Mais parmi les autres États de l'Europe, quatre seulement virent donner satisfaction à ce vœu et encore d'une manière passagère ou illusoire. C'étaient :

1° Le Royaume des Pays-Bas, formé au congrès de Vienne par la réunion de la *Hollande* et de la *Belgique* au profit de **Guillaume Ier**, de la famille de *Nassau*. — Mais la constitution qui leur fut donnée n'était guère que la *confirmation* d'antiques libertés; et pour la Hollande, c'était une substitution de la *forme monarchique* à la *forme républicaine*, qui avait prévalu jusqu'à l'Empire français.

2° La Pologne, en partie reconstituée au profit de la Russie, mais dotée, le 27 novembre 1815, sous le nom de **Royaume de Pologne**, d'une *Charte constitutionnelle*. — Le pouvoir exécutif appartenait à un *vice-roi*, nommé par l'empereur. Le pouvoir législatif était exercé par une *diète* composée d'une *Chambre des nonces* et d'un *Sénat*. Les *ministres* étaient *responsables* et les *magistrats inamovibles*. — Malheureusement cette constitution était trop *différente* du régime appliqué aux autres parties de l'Empire pour pouvoir durer longtemps, et dès le premier jour, le *fonctionnement* en fut troublé par des *défiances réciproques*.

3° Les États de l'Église où le décret organique du 16 *juillet* 1816 réglait l'organisation politique dans un sens assez *libéral*; — mais malgré **Pie VII** et son secrétaire d'État *Consalvi*, cette constitution ne put jamais être *complètement appliquée*.

4° La Suède et la Norvège, sur le trône desquelles venait de monter **Bernadotte** et que le Congrès de Vienne avait *attachées l'une à l'autre*, comme il avait fait pour la Hollande et la Belgique. — Ces constitutions n'étaient guère d'ailleurs pour la *Suède*, que le *pacte fondamental* qui établissait la nouvelle dynastie (5 janvier 1809); pour la *Norvège*, que le *règlement* des principales difficultés auxquelles l'union nouvelle pouvait donner lieu (4 novembre 1814).

17.

Margin headings:

LE POUVOIR ABSOLU.

1° En Allemagne.

2° En Italie et en Espagne.

LE RÉGIME PARLEMENTAIRE.

1° Aux Pays-Bas.

2° En Pologne.

3° Dans les États de l'Église.

4° En Suède et en Norvège.

<table>
<tr><td>

CONSTITUTIONS
de quelques autres
États.

</td><td>

Quelques États de l'Allemagne, tels que le duché de *Saxe-Weimar*, la *Bavière* et le *Wur-temberg*, le grand-duché de *Bade*, obtinrent bien de leurs princes des **constitutions**; mais ce n'étaient guère que de *petites monarchies*, dont l'exemple ne pouvait être inquiétant pour les autres princes; et les libertés *octroyées* demeurèrent le plus souvent *lettre morte*.

</td></tr>
</table>

LA CHARTE DE 1814 EN FRANCE. LE RÉGIME PARLEMENTAIRE SOUS LOUIS XVIII. PRINCIPAUX ORATEURS ET HOMMES D'ÉTAT. CHARLES X. LA CONGRÉGATION.

<table>
<tr><td>

LOUIS XVIII
(1814-1824).

———

CHARTE DE 1814.

</td><td>

La Restauration n'avait pas été en France un retour à l'ancien état de choses détruit par la Révolution. — Entre le système de l'*absolutisme royal* et la théorie de la *souveraineté nationale*, **la Charte du 4 juin 1814**, expliquée et commentée par les actes qui l'avaient précédée ou suivie, avait le caractère d'une *transaction*.

Louis XVIII maintenait en *théorie* l'intégralité de la *prérogative royale*; mais il tenait compte des *idées nouvelles* et des *faits accomplis*. — « *La divine Providence, en nous rappelant dans nos États après une longue absence,* » disait-il dans le préambule, « *nous a imposé de grandes obligations. Une Charte constitutionnelle était sollicitée par l'état actuel des choses; nous l'avons promise et nous la publions. Nous avons considéré que, bien que l'autorité tout entière résidât en France dans la personne du roi, nos prédécesseurs n'avaient pas hésité à en modifier l'exercice suivant la différence des temps; et à leur exemple, nous avons dû apprécier les effets du progrès toujours croissant des lumières, la direction imprimée aux esprits depuis un demi-siècle, et les graves altérations qui en sont résultées, etc.* »

</td></tr>
<tr><td>

SES EFFETS.
———
1° Dans l'ordre civil.
———
2° Dans l'ordre
administratif.
———
3° Dans l'ordre
judiciaire.
———
4° Dans l'ordre
politique.

</td><td>

1° DANS L'ORDRE CIVIL, **les grandes conquêtes de la Révolution** étaient consacrées définitivement. — Les Français sont *égaux* devant la *loi*, l'*impôt* est pour tous *proportionnel* à la fortune; tous sont *admissibles* aux emplois civils et militaires; la liberté *individuelle* est garantie; toutes les propriétés sont *inviolables*. Le *Code civil* est maintenu.

2° DANS L'ORDRE ADMINISTRATIF, on ne revient pas aux anciennes provinces. La division de la France en *départements* est implicitement conservée. — **Le système administratif** demeure celui de l'*An VIII*, qui subsiste encore sans modifications essentielles : dans chaque **département** : *Préfet, Conseil général, Conseil de préfecture*; — dans chaque **arrondissement** : *Sous-préfet, Conseil d'arrondissement*; — dans chaque **commune** : *Maire et Conseil municipal*.

3° DANS L'ORDRE JUDICIAIRE, maintien des cours et tribunaux existants : *Cour de Cassation, Cours d'appel, Tribunaux de première instance, Tribunaux de commerce, Juges de paix*. Abolition des Tribunaux *extraordinaires*. — **Inamovibilité** de la magistrature à l'exception des juges de paix. *Jury*. Publicité des débats. Abolition de la *confiscation*. — Ici encore la Charte ne faisait qu'adopter l'état de choses établi par la Révolution et respecté par l'Empire.

4° C'EST DANS L'ORDRE POLITIQUE que la Charte contenait les **innovations** les plus considérables. — *D'abord* sous le nom de **Droit public des Français**, elle *formulait* à nouveau la plupart des principes introduits par la Révolution, dont les uns avaient été *respectés* par l'*Empire*, comme *la liberté des Cultes*, et les autres au contraire complètement *méconnus* par lui, comme *la liberté de la presse*.

</td></tr>
</table>

Le régime parlementaire sous Louis XVIII.

Puis, pour en assurer l'application, la Charte organisait le système gouvernemental appelé **Régime parlementaire** ou *Gouvernement de cabinet*, dont le premier exemple se trouve en *Angleterre* où il s'est formé peu à peu, dont *Montesquieu*, sous l'ancienne monarchie, avait déjà vanté les avantages, et que les *Constituants* les mieux inspirés avaient cherché à faire prévaloir en 1791.

La souveraineté appartient toujours au **roi irresponsable**; mais il en partage l'exercice avec les *représentants de la Nation* et ne peut rien faire sans le concours obligatoire d'auxiliaires ou **ministres** qui répondent de ses actes. — C'est la conciliation la plus heureuse qu'on ait encore tentée entre les droits d'un monarque et ceux des peuples.

I. Le Roi.

1° Le roi est le **chef suprême de l'État**; il commande les forces de terre et de mer, déclare la guerre, fait les traités, nomme à tous les emplois et fait les règlements nécessaires. Sa personne est *inviolable* et *sacrée*. — Il est assisté de **ministres** chargés de le conseiller et de diriger les principaux services de l'État (Guerre, Justice, etc.).

Tous ses actes doivent être *contresignés* par l'un d'entre eux. — Ceux des ministres qui se rendent coupables de trahison ou de concussion peuvent être *mis en accusation* et jugés criminellement.

II. Les Chambres.

1° Chambre des Députés.

2° Chambre des Pairs.

2° La Nation est représentée par la *Chambre des Pairs* et par la *Chambre des Députés* qui partagent avec le roi le *pouvoir législatif.*

La Chambre des Députés est nommée par l'*élection* dans deux sortes de collèges différents, ceux de département et ceux d'arrondissement. — Par une disposition plus libérale que le système qui fonctionnait sous l'Empire, les électeurs choisissent *directement* les députés au lieu de désigner simplement des délégués chargés de procéder à l'élection. Mais *il est tenu compte de la fortune.* — Pour être *électeur*, il faut payer au moins 300 *francs* de contributions; pour être *éligible*, 1000 *francs*. — Nul ne peut être électeur avant 30 *ans* et élu avant 40 *ans*. — Les députés sont élus pour 5 *ans* et la Chambre est renouvelable par *cinquième*. — Les séances sont *publiques*.

La nomination des Pairs appartient au *roi*. Ils sont à *vie* ou *héréditaires*. Leur nombre est *illimité*. — Les délibérations de la Chambre des Pairs sont *secrètes*. — Cette Chambre répondait à la Chambre des *Lords* d'Angleterre et rappelait, mais avec des différences essentielles, le *Conseil des Anciens* de la Constitution de l'An III et le *Sénat* de la Constitution impériale.

Rôle respectif du roi et des Chambres.

Le roi pouvait *convoquer* à son gré et *proroger* les deux Chambres; *dissoudre* la Chambre des *Députés*, mais non la Chambre des *Pairs*; — toutefois il lui était permis, quand il rencontrait de la résistance dans cette dernière Chambre, de faire une *fournée de Pairs*, c'est-à-dire de nommer de nouveaux pairs pris parmi les personnes favorables à ses idées, ce qui déplaçait *la majorité.*

Au roi seul appartient l'*initiative* des lois; mais chacune des deux Chambres peut lui soumettre un projet de loi et le *supplier* de le présenter. Au moyen de ce détour de pure forme, elles exerçaient véritablement le *droit d'initiative*. — A l'exception des lois de finances qui devaient être votées d'abord par la Chambre des Députés, tout *projet de loi* pouvait être présenté indifféremment à l'une ou l'autre Chambre. — *Le droit d'amendement* existait au profit du roi et de la Chambre des Députés.

Le roi sanctionnait la loi, ce qui veut dire qu'il était toujours libre de ne pas *promulguer* un projet de loi voté déjà par les deux Chambres.

Le Conseil d'État.

Le Conseil d'État, qui *préparait la loi* sous la Constitution de l'An VIII, n'avait pas été supprimé par la Charte, qui n'en parlait point ; mais il ne jouait *aucun rôle obligatoire* dans le vote des lois.

Sa principale fonction était de juger en dernier ressort les *difficultés juridiques* auxquelles donnait lieu l'administration.

Puissance de la loi et attributions judiciaires des Chambres.

A la loi seule, ainsi établie, il appartenait de régler l'état et la condition des personnes, les contrats et la propriété, l'organisation des pouvoirs publics, la procédure civile et criminelle, ainsi que les *impôts* de toute nature.

Les Chambres, indépendamment de ces attributions législatives, avaient encore des fonctions *judiciaires*. — La Chambre des *Députés* pouvait mettre en accusation les ministres. — La Chambre des *Pairs* jugeait les ministres accusés devant elle, ainsi que les particuliers coupables de *crimes contre la sûreté de l'État*.

Caractères de la nouvelle constitution.

Cette Constitution se distinguait profondément de toutes celles qui l'avaient précédée. — Elle faisait une part considérable à la *Nation* représentée par les *Chambres*, tandis que, sous l'*Ancien régime*, l'action royale n'était tempérée que par le contrôle intermittent des États Généraux et le frein inefficace des Parlements. — Mieux inspirée que la *Constitution de 1791*, elle établissait une *seconde Chambre*, destinée à modérer la première. — Le *pouvoir exécutif* y était bien plus énergiquement organisé dans la personne du roi qu'il ne l'avait été sous la Constitution républicaine de l'*An III* dans celle des *directeurs*. — Enfin, à la différence de ce qui avait lieu sous l'*Empire*, la *volonté nationale* avait son expression sincère dans les deux assemblées, et l'autorité exécutive n'y était plus omnipotente. — Malgré la part, très grande, laissée au roi, il n'agissait que par ses ministres, et ceux-ci étaient finalement à la discrétion des Chambres, qui pouvaient, non seulement les *poursuivre* en jugement, mais encore refuser de voter leurs propositions et par ce moyen les mettre dans l'impossibilité de gouverner tyranniquement ou les contraindre à donner leur démission.

Tel est le régime qu'on appelle parlementaire, parce que en Angleterre, où il fonctionnait ainsi depuis plus d'un siècle, l'ensemble des deux Chambres (celle des Lords et celle des Communes) porte le nom de *Parlement*. — Le principal rôle du roi consiste à choisir un *ministère*, qui ait la *confiance* des *Chambres*, ou, si les Chambres et le ministère sont en désaccord et qu'il donne raison à ce dernier, à prononcer la *dissolution* de la Chambre élective et à faire *appel à la Nation*. — C'est ce qu'on a exprimé plus tard par cette maxime : *Le roi règne et ne gouverne pas.*

Les partis.

1° Les royalistes.

Le fonctionnement de ce régime rencontrait, en 1815, des *difficultés* qui tenaient à sa nouveauté même dans notre pays et surtout à l'état des partis. — On en comptait deux qui réunissaient chacun, sous une même dénomination, des hommes de conditions et d'opinions très différentes.

1° Les royalistes, attachés à la *dynastie* des Bourbons et au principe de la *légitimité* qu'elle représentait ; il y avait parmi eux des *ultras* et des *modérés*. — Les ultras, composés pour la plupart d'*émigrés*, aigris par vingt ans d'exil et de souffrances, considéraient la Révolution comme une *calamité* et auraient voulu en faire disparaître les *dernières traces*. — Les modérés, plus pénétrés des nécessités de la situation, acceptaient la Charte et voulaient pour la nation une certaine liberté.

2° Les libéraux.

3° Le peuple.

2° Les libéraux, qui formaient l'*opposition* au Gouvernement. — C'est ce parti surtout qui était composé des éléments les *plus divers*. Il comprenait : — **1° des constitutionnels**, recrutés pour la plupart dans la *bourgeoisie*, qui, tout en acceptant la dynastie, proclamaient cependant la nécessité de la Révolution et voulaient une application complète de ses principes ; — **2° des bonapartistes**, *officiers en demi-solde*, anciens fonctionnaires destitués, etc., qui n'admettaient la monarchie qu'avec l'empereur ; — **3° des républicains**, *très peu nombreux* dans les premières années de la Restauration, pour qui toute forme monarchique était un attentat à la souveraineté de la Nation ; ils se recrutaient principalement parmi les *ouvriers* des villes.

3° La masse du peuple, surtout dans les campagnes, *n'était point hostile* de parti pris au gouvernement des Bourbons, mais *redoutait* toujours le rétablissement des *privilèges* détruits et le retour aux *anciens abus*.

Caractère et intentions du roi.

Louis XVIII, placé entre les *royalistes* et les *libéraux*, et qui ne pouvait satisfaire les uns sans mécontenter les autres, avait une situation *difficile*. Néanmoins son *caractère* et les *circonstances de sa vie* lui rendaient son rôle plus aisé. — C'était un prince froid, un peu sceptique, plus égoïste qu'enthousiaste, pénétré de la dignité de ses fonctions royales, mais aussi des nécessités de l'heure présente.

Son séjour en Angleterre, pendant presque toute la durée de l'Empire, lui avait permis d'apprécier les avantages et de connaître les conditions du régime parlementaire. — Il était décidé à pratiquer *sincèrement* la Constitution qu'il avait donnée à la France.

Moyens d'action des partis.

Élections, presse, conspirations et émeutes.

Les partis étaient amenés à employer différentes armes dans la lutte qui allait s'ouvrir entre eux. — Chacun d'eux s'efforçait, dans la mesure de ses forces, de dépouiller ses adversaires de **leurs moyens d'action**, dont les principaux étaient :

1° Les élections, par lesquelles se manifestait légalement l'opinion du pays, mais dont la *pression administrative* ou les *manœuvres de l'opposition* faussaient quelquefois le résultat.

2° La presse, par laquelle ils s'efforçaient d'agir sur l'opinion publique. — Le nombre des journaux était alors bien moins considérable que maintenant : mais chacun d'eux n'en avait que plus d'importance. Les principaux étaient : — **du côté de l'opposition**, bien mieux représentée : le *Constitutionnel*, le *Journal des Débats*, la *Quotidienne*, le *Courrier Français*, le *Journal du Commerce*, l'*Aristarque* ; — **du côté du Gouvernement** : le *Moniteur*, qui *était alors le Journal officiel*, l'*Étoile*, la *Gazette de France*, le *Journal de Paris*, le *Drapeau blanc*, le *Pilote*... — Des lois sur la Presse et même le rétablissement de la *censure* s'efforcèrent à plusieurs reprises d'en restreindre l'action.

3° Les conspirations et les émeutes, auxquelles recoururent souvent les *bonapartistes* et les *républicains* pour amener par la force une *révolution*. — A cet effet, ils se groupaient en nombreuses **Sociétés secrètes**. La plus puissante était celle des **Carbonari** ou *charbonniers*, formée en France dès les premières années de la Restauration à l'imitation de ce qui se passait, à la même époque, en *Italie*. — **Les charbonniers** étaient divisés en groupes de vingt personnes, appelés *ventes*. Il y avait une *vente suprême*; au-dessous d'elle, des *ventes centrales*; et au-dessous de ces dernières, des *ventes particulières*. Les ventes inférieures recevaient le *mot d'ordre* des ventes supérieures. — Cette organisation permettait de faire éclater des soulèvements sur tous les points de la France à un *commandement donné*.

L'histoire du Gouvernement de Louis XVIII est celle des **différents ministères** qui se sont succédé pendant les *dix années* de son règne. — La composition en fut le plus souvent déterminée par celle des Chambres et particulièrement de la Chambre des Députés, où l'emportèrent tour à tour les *ultras* et les *modérés*, et où la fraction constitutionnelle du parti libéral exerça une influence plus ou moins grande.

On a compté cinq principaux ministères sous le règne de Louis XVIII. — Chacun d'eux se signala par une politique particulière aussi bien dans le gouvernement intérieur que dans les relations diplomatiques.

1° Le ministère Talleyrand-Fouché. — Il fut imposé par les circonstances à Louis XVIII qui dut prendre d'abord comme conseillers les deux hommes dont les *intrigues* avaient facilité son retour en 1814 et 1815. — Au début de la seconde Restauration appartient également la *Chambre introuvable*, élue sous l'empire de la réaction royaliste provoquée par le retour de l'île d'Elbe et la chute définitive de Napoléon après la bataille de Waterloo. Elle était composée presque exclusivement d'*ultras*, *plus royalistes que le roi.* — C'est alors qu'eut lieu ce qu'on a appelé la *Terreur blanche* par opposition à la *Terreur* de 1793, dont elle fut bien loin d'atteindre les horreurs, mais qui se souilla néanmoins par beaucoup d'*excès*. — **Dans le midi**, le maréchal *Brune*, les généraux *Lagarde* et *Ramel*, ainsi qu'un certain nombre de *protestants*, furent massacrés.

Le maréchal Ney, coupable de s'être rallié à Napoléon avant le départ de Louis XVIII, fut traduit devant la Chambre des Pairs et condamné à mort; sentence *légale*, puisque la défection était certaine, mais *cruelle*, parce qu'elle frappait un vaillant soldat qui n'avait fait que céder à l'entraînement universel, et *impolitique*, parce que son exécution souleva plus de haine qu'elle ne provoqua de crainte. — Le *colonel Labédoyère*, les *frères Faucher* eurent le même sort. *Lavalette* ne parvint à s'échapper que grâce au dévouement de sa *femme* qui changea d'habits avec lui dans sa prison.

Des cours prévôtales, établies conformément à la Charte, mais qui n'en constituaient pas moins une juridiction extraordinaire, jugeaient sommairement les accusés sans les garanties dont la loi entourait en principe la défense. — Les royalistes ne s'expliquaient le retour de Napoléon que par l'effet d'**un vaste complot** ourdi contre le roi, et ils croyaient légitime d'en punir sans pitié les auteurs supposés.

2° Le ministère Richelieu (1815-1818), dont le chef était le petit-fils du maréchal de Louis XV. — Comprenant ce que les exagérations de la *Chambre introuvable* causaient de préjudice à la cause de la Restauration, il décida le roi à user de son droit constitutionnel pour la *dissoudre par l'ordonnance du 5 septembre 1816.*

La loi électorale de 1817, destinée à prévenir le retour de ces imprudentes manifestations, maintint les conditions d'*âge* et de *cens* indiquées par la Charte pour l'électorat et l'éligibilité, mais supprima la distinction des représentants en députés des *arrondissements* et en députés des *départements*.

Une loi sur le recrutement donna, en 1818, à l'armée une organisation libérale en faisant reposer l'*avancement* sur l'ancienneté et le mérite. — Richelieu obtint la même année la cessation anticipée de l'**occupation étrangère**. — Cependant, effrayé par le *succès des libéraux* dans les élections de 1818, le ministre conseilla au roi de se rapprocher des *ultras*, et, sur le refus de Louis XVIII, donna sa démission.

3° Ministère Decazes (1818-1820). — L'homme politique, qui eut la *direction* effective du nouveau ministère avant d'en avoir la *présidence* officielle, était l'ami *personnel* du roi, sur l'esprit duquel il exerçait une grande influence. — Decazes représentait la politique des *royalistes modérés*; aussi les *ultras* et tous les légitimistes exaltés se réunirent-ils *contre lui*. — Il triompha de l'opposition de la Chambre haute en faisant faire au roi une *fournée* de 73 nouveaux pairs et laissa la Chambre des Députés annuler l'élection, pour vice de formes, de l'abbé Grégoire, ancien conventionnel et ancien constitutionnel, dont les *ultras* réclamaient l'expulsion comme *indigne*.

Ses adversaires imputèrent aux effets de sa *politique trop libérale* un crime provoqué par le *fanatisme* d'un *individu*. — Le 13 février 1820, le duc de Berry, second fils du comte d'Artois, et, par conséquent, neveu de Louis XVIII, sortait de l'Opéra quand il fut frappé à mort d'un coup de couteau par un garçon sellier, nommé *Louvel*. — En présence des clameurs soulevées contre les libéraux, auxquels on fit remonter la responsabilité morale de cet attentat, Decazes dut donner sa *démission*, et Louis XVIII le dédommagea par le titre de *duc* en se séparant de lui.

4° Alors fut formé le second ministère Richelieu (1820-1821). — La réaction, qui suivit l'assassinat du duc de Berry, ramena au pouvoir le **duc de Richelieu**, qui, sans partager les passions des exaltés, était cependant beaucoup plus éloigné que le duc Decazes des libéraux. — Le Gouvernement qu'il représentait chercha à enrayer les progrès de l'opposition par **la loi électorale du 17 avril 1820**, qui rétablissait dans chaque département **deux collèges électoraux** : les *collèges d'arrondissement* nommant 258 députés et les *collèges de département* en désignant 172.

Les électeurs qui payaient plus de 1000 francs de contributions votaient dans les deux collèges, ce qui assurait l'influence à *la grande propriété* et la majorité aux royalistes. — Les élections qui suivirent leur furent si favorables que le duc de Richelieu, dont la modération les empêchait de tirer parti de leur victoire, dut donner sa démission.

5° Le ministère de Villèle, qui devait durer après Louis XVIII jusqu'en 1828, donna la *satisfaction* la plus complète aux *ennemis de la Révolution*. — Sous Louis XVIII, il se signala par de *nombreuses mesures de rigueur* ou de *politique rétrograde*.

Les complots contre le Gouvernement furent réprimés avec une sévérité qui coûta la vie au *colonel Caron*, aux *quatre sergents de La Rochelle, Bories, Goubin, Pommier et Raoulx*, accusés, le premier de conspiration, les autres d'affiliation à la charbonnerie; puis au *général Berton* et à ceux de ses complices qui avaient voulu soulever la garnison de Saumur.

La Guerre d'Espagne (1823) fut entreprise pour défendre le roi absolutiste *Ferdinand VII* contre la révolte de ses sujets. — L'armée française alla s'emparer de la presqu'île du *Trocadéro*, en face de Cadix, où s'étaient réfugiées les Cortès, et la monarchie absolue fut rétablie.

La Chambre des Députés fut dissoute pour être remplacée par une autre plus royaliste encore, appelée **la Chambre retrouvée**, dont les pouvoirs ne devaient plus être renouvelés qu'intégralement et au bout de sept années.

Louis XVIII mourut le 16 septembre 1824. — « *Que Charles X ménage la couronne de cet enfant!* » avait-il dit à ses derniers moments, en étendant sa main sur la tête de son petit-neveu, le duc de Bordeaux.

Sidenotes:

MINISTÈRE DECAZES.

Création de nouveaux pairs.

Assassinat du duc de Berry.

SECOND MINISTÈRE RICHELIEU.

Loi électorale du 17 avril 1820.

MINISTÈRE DE VILLÈLE.

Répression des complots.

Guerre d'Espagne.

La Chambre retrouvée.

Mort de Louis XVIII.

[Note marginale : Principaux orateurs et hommes d'État.]

Le Régime parlementaire donna naissance à une génération nouvelle d'orateurs et d'**hommes d'État**. — *Sous l'ancien Régime*, il n'existait pas d'éloquence politique, parce qu'il n'y avait point de débats publics. — **La Révolution** engendra des orateurs incomparables ; mais à cette époque, leurs *paroles* étaient en même temps des *actes*, et, indépendamment des souvenirs classiques, dont ils étaient imprégnés, le théâtre sur lequel ils exerçaient leur éloquence les portait à la *pompe* et à la *déclamation*. — A partir de la *Restauration*, la discussion devant les Chambres exigea que les *hommes politiques* fussent en même temps des *orateurs*.

La tribune française retentit alors de débats comme ceux qu'entendaient déjà le Parlement d'*Angleterre* et le Congrès des *États-Unis d'Amérique*. — Mais l'éloquence qui s'y déploya immédiatement fut *plus haute*, parce que, tant par la nature de l'esprit français que par celle des questions agitées, on y discuta moins des *intérêts* qu'on n'y invoqua des *principes*. — **Parmi les orateurs, il faut citer les suivants :**

[Note marginale : De Serre, Lainé, Benjamin Constant, Richelieu.]

De Serre (1776-1824), ancien émigré, magistrat sous l'Empire et la Restauration, garde des sceaux en 1818, d'opinion *modérée*, possédait *une grande âme oratoire*.

Lainé (1767-1835), avocat, préfet, député, était un orateur *chaleureux*, *brillant*, mais visait trop à l'*effet* ; c'est lui qui prononça cette parole prophétique : « *Les rois s'en vont !* »

Benjamin Constant (1767-1830), l'ami de Mme de Staël, retiré en Allemagne sous l'Empire, puis réconcilié avec Napoléon pendant les Cent Jours, avait été le rédacteur de l'*Acte additionnel* de 1815 ; tout à la fois publiciste (*Cours de politique constitutionnelle*), romancier (*Adolphe*), il était dans ses discours *redoutable logicien*.

Richelieu (1766-1822) a sa place parmi les hommes d'État plutôt que parmi les orateurs. — Émigré en Russie, il s'acquit par ses services l'amitié du czar Alexandre Ier, et sut en faire profiter la France quand il fut appelé à la présidence du Conseil. — C'est grâce à lui que l'occupation étrangère prit fin par anticipation, avant la date fixée en 1815. — Fondateur d'*Odessa* en Russie, il se montra habile administrateur en France, où il fut deux fois ministre, et s'attira l'estime de tous les partis.

[Note marginale : Général Foy, Manuel, Royer Collard, etc.]

Le général Foy (1775-1825) avait servi en Italie, en Allemagne, en Espagne ; élu, sous la Restauration, député de la Somme, il devint une des gloires du parti libéral. — Nourri des grands orateurs de l'antiquité, il était *orateur plein de fougue et de chaleur*, dénonçant les mesures prises contre ses anciens compagnons d'armes comme « *un coup de canon parti de Waterloo* ». — A sa mort, une *souscription nationale* assura plus d'un million à sa femme et à ses enfants.

Manuel (1775-1827), d'abord avocat, *ennemi ardent* des Bourbons, au retour desquels il s'opposa de toutes ses forces, était député de la Vendée. — Il fut *expulsé* de la Chambre pour une apologie indirecte de la Convention, dans un discours où il blâmait l'intervention en Espagne (mars 1823). — Son *convoi* fut l'occasion d'une manifestation publique, à laquelle prirent part plus de 100 000 personnes.

Royer-Collard (1763-1846), avocat, puis professeur, en *philosophie* l'un des représentants de l'*école écossaise*, en *politique* l'un des *doctrinaires*, président de la Chambre sous Charles X, mêla la philosophie et la politique ; chez lui, l'orateur élevait le débat à une hauteur jusque-là inconnue.

De Corbière, Pasquier, de Bonald, de Castelbajac, de Labourdonnaye, Marcellus, Dupont de l'Eure, etc.

Decazes (1780-1860), avocat, conseiller à la Cour impériale, préfet de Police sous la Restauration, fut le ministre favori de Louis XVIII. — Après sa chute en 1820, il fut nommé ambassadeur en Angleterre; puis, l'année suivante, membre de la Chambre des Pairs, où il prit place parmi les libéraux modérés, et se rallia à Louis-Philippe après 1830.

De Villèle (1773-1854), marin, député, membre de l'extrême droite dans la *Chambre introuvable*, se montra habile ministre sous Louis XVIII et Charles X; mais il fut aussi l'auteur des mesures les plus impopulaires de la Restauration.

De Martignac (1776-1832), avocat, magistrat, royaliste modéré, d'une parole si séduisante qu'un de ses adversaires, furieux de se sentir convaincu, lui cria un jour en pleine Chambre : « *Tais-toi, Sirène.* »

Le successeur de Louis XVIII, son frère, le *comte d'Artois*, qui prit le nom de CHARLES X, n'avait ni ses *défauts* ni ses *qualités.* — C'était un prince chevaieresque, sincèrement *catholique*, prêt à se sacrifier pour ce qu'il considérait comme la cause légitime, mais *imprudent, irréfléchi*, trop enclin à écouter ses conseillers et son *entourage.* — Pendant le règne de son frère, il avait été constamment *à la tête des ultras*, dont l'exagération avait causé beaucoup d'embarras au Gouvernement. C'était plutôt un *chef de parti* qu'un roi constitutionnel, disposé à tenir la balance égale entre tous.

Son avènement excita les *espérances* des exaltés et les *craintes* des libéraux et même des royalistes modérés qui approuvaient ses *intentions*, mais se défiaient de sa *témérité.*

Le règne de Charles X s'annonçait comme le signal d'une *lutte décisive* entre le parti de la *contre-révolution* et le parti *modéré et libéral.* — Le roi s'efforça d'abord de faire cesser les défiances qu'inspiraient son passé et son caractère; et il protesta devant les Chambres de son *attachement à la Charte.* — Ses *paroles* étaient *sincères*, mais ses *actes* n'y répondirent pas toujours, parce que la situation l'empêcha de faire prévaloir ses *idées* en restant fidèle à ses *promesses.*

Son règne se divise en trois périodes, marquées par les ministères *de Villèle, de Martignac* et *de Polignac;* — le second seul représente les idées modérées, mais il ne fut qu'un *intermède* entre les deux autres où l'emportèrent les principes *des ultras.*

Charles X conserva le ministère de Villèle, parce qu'il répondait à ses tendances. — De Villèle essaya d'abord de faire bien venir le nouveau roi par quelques mesures libérales, comme la *suppression de la censure* et la réouverture de *l'école de droit* de Grenoble, qui avait été fermée en 1823. — Mais il ne tarda pas à se signaler par des actes qui parurent contraires à l'esprit de la Charte. Ce sont :

1° **La loi du milliard en faveur des émigrés** que la Révolution avait dépouillés de leurs biens (avril 1825). — Inspirée par le désir d'indemniser ceux qui avaient souffert pour la cause royale, cette loi eut l'avantage de consolider la situation des acquéreurs de biens confisqués et de faire cesser une distinction, *très préjudiciable* aux transactions immobilières, entre les *biens nationaux* et les *autres propriétés.*

2° **Loi de sacrilège** (avril 1825). — Elle punissait de mort le vol avec effraction dans les églises et la profanation des vases sacrés.

3° **Le sacre de Charles X** (29 mai 1825). — Cet acte était dans les *traditions* de la royauté, et *Napoléon* avait cru nécessaire d'en rechercher pour lui-même *l'autorité morale;* mais les adversaires de la Restauration y voyaient un *retour à des coutumes surannées* et au *moyen âge.*

18.

Suite du Ministère de Villèle.

Projet de loi sur la presse.

Rétablissement du droit d'aînesse.

Licenciement de la garde nationale.

4° **Des mesures contre la Presse.** — Des poursuites pour vivacité de polémique furent dirigées contre les journaux de l'opposition (*Constitutionnel, Courrier Français*). — Le ministère présenta aux Chambres un nouveau projet de loi **sur la presse** dont l'adoption n'aurait pas été autre chose que la *suppression* de cette liberté *garantie par la Charte*. Un apologiste officiel qualifia le projet de loi **de justice et d'amour**, et le nom lui en est resté par dérision. Votée par la *Chambre des Députés*, elle fut retirée devant l'attitude hostile de la *Chambre des Pairs*. — En juin 1827, la **Censure fut rétablie.**

5° **Le rétablissement du droit d'aînesse**, contraire au *principe d'égalité* entre les enfants, posé par la Révolution. — La Chambre des Pairs rejeta le projet qu'avait voté la Chambre des Députés, mais admit le droit de **substitution** qui assurait ainsi la conservation des grandes familles en autorisant leur chef à rendre une partie de son patrimoine *inaliénable* pendant deux générations.

6° **Le licenciement de la garde nationale** (juin 1827). — Fidèle au *roi*, mais hostile au *ministre*, elle avait mêlé dans une revue les cris de *Vive le roi!* et *A bas Villèle, à bas les Jésuites!*

Création de nouveaux pairs.

Dissolution de la Chambre.

Chute du ministère.

Le ministère avait *contre lui* la Chambre des *Pairs* et *pour lui* la Chambre des *Députés*, dont les pouvoirs, grâce à la septennalité, n'expiraient qu'en 1831. — *Pour consolider sa situation*, il créa, le 5 septembre, 76 *nouveaux pairs* et fit prononcer la dissolution de la Chambre, dont le renouvellement devait, dans sa pensée, lui renvoyer une majorité *plus dévouée* encore.

Mais les élections lui furent défavorables, et, en présence de cette *manifestation nationale*, M. de Villèle dut se retirer *conformément aux règles du Régime parlementaire.*

Ministère de Martignac (1828-1829).

Ses actes.

Le roi prit un ministère plus en harmonie avec les idées *modérées* que représentait la *Chambre nouvelle*. — La présidence en fut donnée à M. de **Martignac**, qui eut pour collègues MM. *Portalis, Rey, Caux de Vatimesnil, de la Ferronnais, de Saint-Cricq,* un ami dévoué du roi, *Hyde de Neuville* et l'évêque de *Beauvais.*

Dès les premiers jours, la Chambre des Députés dit au roi, par l'organe de son président **Royer-Collard**, en parlant du précédent Cabinet : « *Les plaintes de la France ont repoussé le système déplorable qui avait rendu illusoires les promesses de Votre Majesté.* » — Le nouveau ministère se signala par des *mesures en opposition avec celles de son prédécesseur :*

1° **En faveur de la liberté électorale** pour protéger les électeurs contre la pression administrative ;

2° **Au profit de la presse**, par l'abolition de la Censure, de l'autorisation préalable, des procès de tendance, et par l'abaissement du cautionnement;

3° **Contre les Jésuites et les congrégations religieuses**, favorisés par le roi, mais à qui le parti libéral reprochait de n'avoir pas d'*existence légale*. — Déjà, sous le *ministère de Villèle*, un royaliste convaincu, mais imbu de l'esprit du XVIII° siècle, **M. de Montlosier**, avait demandé leur dissolution dans *deux mémoires* adressés à la Cour de Paris, qui se déclara et qui était en effet *incompétente.* — Le ministère empêcha les congrégations non reconnues de donner l'enseignement, dont le *monopole* était alors réservé à l'État. Les établissements ouverts irrégulièrement furent soumis *au régime de l'Université*. Les professeurs et directeurs des écoles ecclésiastiques, qui comptaient des jésuites, durent déclarer par écrit qu'ils n'appartenaient à *aucune congrégation religieuse non autorisée par la loi.*

Chute du ministère de Martignac.

Au contraire, le ministre de Martignac refusa de suivre la Chambre quand elle demanda la *mise en accusation* de M. de Villèle et de ses collègues, dont la conduite avait pu être *imprudente*, mais ne constituait pas une *trahison*.

Son désir de tenir le milieu entre la droite et la gauche de la Chambre réunit contre lui les deux fractions de l'assemblée. — Un projet de loi qu'il présenta sur la *réorganisation départementale et communale* fut repoussé par une **coalition** de *royalistes* et de *libéraux*. — En présence de cette manifestation hostile, M. de Martignac et ses collègues donnèrent leur *démission* (8 août 1829).

Ministère de Polignac (1829-1830).

L'adresse des 221.

Charles X le remplaça par le **ministère de Polignac,** en qui se personnifiait le parti de la contre-révolution, et qui comprenait, avec son chef, ancien émigré, *MM. de Bourmont, de Courvoisier, de Chabrol, d'Haussez, de Montbel* et *M. de La Bourdonnaye,* bientôt remplacé par *M. de Guernon-Ranville;* ce ministère ne pouvait gouverner avec la Chambre où la majorité appartenait aux *libéraux.* — En ouvrant la session parlementaire de 1830, Charles X invita les Chambres à repousser les perfides insinuations de la malveillance. « *Si de coupables manœuvres,* » ajouta-t-il, « *suscitaient à mon pouvoir des obstacles que je ne dois pas, que je ne veux pas prévoir, je trouverais la force de les surmonter.... »*

La Chambre lui répondit le 18 mars par une **adresse, dite des 221,** à cause du nombre des Députés qui la signèrent. « *La Charte,* » disait l'adresse, « *a fait du concours permanent des vues politiques de votre gouvernement avec les vœux de votre peuple la condition indispensable de la marche régulière des affaires publiques. Sire, notre loyauté, notre dévouement nous condamnent à vous dire que ce concours n'existe pas.* » — Après cette déclaration, le roi devait renvoyer son ministère, ou bien dissoudre la Chambre pour en appeler au peuple, dans l'espoir qu'une consultation nationale, grâce à la pression administrative et au prestige de l'autorité royale, donnerait raison à sa politique. — Charles X prononça la **dissolution de la Chambre** et convoqua la France à de *nouvelles élections* (16 mai 1830).

La Congrégation.

Son importance.

Les **libéraux** attribuaient la politique religieuse de la Restauration et ses mesures rétrogrades à ce qu'on appelait la **congrégation.** — C'était une *association pieuse,* fondée à Paris pendant l'*Empire,* sous l'invocation de la Sainte Vierge, de même nature que les confréries, et comme il en existait depuis le XVIe siècle. — *Son directeur religieux* était un prêtre dont les membres suivaient les conseils spirituels. Elle avait pour objet certaines *dévotions,* comme des prières en commun, la pratique de certaines vertus, l'organisation de *missions.* — *Ceux de ses membres,* qui en avaient le loisir, étaient groupés en une *Société de bonnes œuvres* divisée en *trois sections : Hôpitaux, Savoyards* et *Prisons.* — La Congrégation avait *son siège* rue du Bac, dans la maison des *Missions étrangères.*

Elle acquit une grande importance : — 1° par la qualité de beaucoup de ses adhérents recrutés parmi les jeunes gens, mais aussi parmi les hommes les plus considérables du parti royaliste (Mathieu de Montmorency, de Corbière, de Villèle, de Polignac, etc.); — 2° par la participation d'un grand nombre d'entre eux à des *Sociétés distinctes* et *d'un objet différent,* mais animées du *même esprit* (Société des Bonnes Études, Société catholique des Bons Livres, Associations de Saint-Joseph, de Saint-François-Régis, etc.); — 3° surtout par son affiliation avec d'autres *congrégations* fondées sur le même modèle dans les départements.

<table>
<tr><td>

**Influence attribuée
à la
Congrégation.**

</td><td>

Les liens et la communauté d'idées, qui unissaient les membres de la Congrégation de Paris, purent faciliter à plusieurs de ses membres des *succès dans le monde*; mais elle n'exerça jamais le **gouvernement occulte** dont s'effrayaient les libéraux et qu'avait dénoncé M. de Montlosier dans un de ses mémoires.

Néanmoins le public, qui ne voyait dans les *diverses* associations religieuses qu'une association *unique*, qu'il appelait **la Congrégation**, crut à une vaste conspiration pour rendre à l'Église catholique son ancienne puissance. — Cette idée contribua beaucoup à l'*impopularité* dont le clergé fut l'objet sous la Restauration.

</td></tr>
</table>

LES CONGRÈS. LUTTE CONTRE L'ESPRIT NOUVEAU EN ITALIE, EN ESPAGNE ET EN ALLEMAGNE. INSURRECTIONS ET INTERVENTIONS. AFFRANCHISSEMENT DE LA GRÈCE. POLITIQUE DE LA FRANCE. PRISE D'ALGER.

<table>
<tr><td>

LES CONGRÈS.

</td><td>

Pendant que la lutte se poursuivait en France entre le parti de *l'Ancien Régime* et celui de *la Révolution*, les souverains de l'Europe, conformément au programme de la Sainte-Alliance, tenaient des **congrès** dans lesquels ils s'efforçaient de régler les contestations qui pourraient s'élever entre eux, et de prendre en commun les mesures nécessaires pour se défendre contre les progrès et les manifestations de l'esprit nouveau.

Il y eut en Europe **cinq** de ces congrès, de 1818 à 1822.

</td></tr>
<tr><td>

**Congrès
d'Aix-la-Chapelle.**

</td><td>

1° Le **Congrès d'Aix-la-Chapelle** (1818); la France y obtint, grâce au duc de Richelieu, la *libération anticipée* de son territoire, que les troupes alliées évacuèrent définitivement. — Elle fut admise à faire partie de la *quadruple alliance* qui devint dès lors la *quintuple alliance* et comprit la Russie, la Prusse, l'Autriche, l'Angleterre et la France. Celle-ci rentrait dans le **concert européen**. Mais il avait été convenu auparavant que les alliés mettraient au besoin leurs forces en commun pour maintenir chez nous l'ordre de choses existant.

</td></tr>
<tr><td>

**Congrès
de Carlsbad.**

</td><td>

2° Le **Congrès de Carlsbad** (1819), qui réunit la plupart des *souverains* de l'Allemagne. — Pour mettre fin à l'agitation révolutionnaire qui venait de provoquer l'assassinat du journaliste *Kotzebue* par l'étudiant *Sand*, il renforça le pouvoir de la Diète, assujettit chaque *université* à une surveillance étroite, plaça dans chaque État la *presse* sous un régime sévère par le rétablissement de la *censure* et créa une *commission exécutive*, chargée de poursuivre et de réprimer toute *tentative révolutionnaire*.

</td></tr>
<tr><td>

Congrès de Vienne.

</td><td>

3° Le **Congrès de Vienne** (1820), qui s'occupa également de l'Allemagne et eut pour but d'empêcher les changements *légaux*, comme le Congrès de Carlsbad devait empêcher les révolutions *violentes*. — Aucun prince ne pouvait accorder de constitution à son peuple sans le consentement de la Diète.

</td></tr>
<tr><td>

**Congrès
de Troppau
et de Laybach.**

</td><td>

4° Le **Congrès de Troppau**, transporté ensuite à **Laybach**, plus près de l'Italie (1821), où assistèrent les empereurs de Russie et d'Autriche et le roi de Prusse, avec les représentants des grandes puissances. — **Le principe d'intervention** y fut proclamé, et l'Autriche, en conséquence, reçut mission d'aller rétablir à **Naples** le roi *Ferdinand*, auquel ses sujets voulaient imposer une *Constitution*.

</td></tr>
</table>

Congrès de Vérone.

5° **Le Congrès de Vérone** (1822), qui réunit, comme ceux de Troppau et de Laybach, les *souverains de la Russie, de la Prusse et de l'Autriche*, les représentants de la France (*Montmorency, Chateaubriand*) et de l'Angleterre (*Wellington*), et en outre la plupart des *princes italiens*. — La principale question qui y fut résolue concernait l'**Espagne**, où la France reçut mission d'*intervenir* au profit de *Ferdinand VII*. — On y examina ensuite, mais sans rien décider, les questions des colonies espagnoles, du Brésil, de la Grèce, et la *traite des nègres*.

Après le Congrès de Vérone, les souverains ne furent plus *assez unis* pour pratiquer ce système, et la mort d'Alexandre Iᵉʳ, en 1825, acheva d'en rendre le retour impossible. — Mais il n'en constitue pas moins un essai important d'*entente amiable* et d'*action commune* entre les États européens.

INSURRECTIONS.

Intervention des grandes puissances.

Ce n'était pas à tort que les souverains de la Sainte-Alliance redoutaient les progrès de la Révolution. — Pénétrées des *idées françaises*, excitées par l'*exemple de la France*, où les libéraux soutenaient une lutte de plus en plus vive contre le Gouvernement de la Restauration, soumises à de *mauvais Gouvernements*, souvent en proie à la *domination étrangère*, les populations cherchèrent à s'affranchir par des **insurrections**.

L'attitude des grandes puissances ne fut pas la même partout. — La *Russie*, la *Prusse* et l'*Autriche*, fidèles à la *politique de Metternich*, pratiquèrent ou appuyèrent le mode de l'*intervention*. La *France* ne s'y résigna que pour ne pas laisser le champ libre à ses *rivales*. — L'Angleterre penchait plutôt pour l'**abstention**, moins par respect pour l'*indépendance* des peuples que parce que sa constitution, dans laquelle la nation occupait la plus grande place, lui faisait moins redouter chez elle des *exemples contagieux*.

ESPAGNE.

Insurrection militaire.

Guerre civile.

Le pouvoir absolu, rétabli par *Ferdinand VII* en Espagne, avait pour *ennemis* une partie de la *Bourgeoisie*, qui regrettait la Constitution de 1812, abrogée par le roi à son retour, ainsi que plusieurs chefs de l'*armée mécontente* de la mauvaise administration du Gouvernement et des sacrifices inutiles qu'il lui imposait pour réprimer l'insurrection des colonies américaines. — Au contraire le *clergé*, effrayé par l'exemple de la France, redoutait une révolution, et la masse du *peuple* n'en comprenait pas l'utilité.

L'insurrection fut purement militaire; son objet était le rétablissement de la Constitution de 1812. — Les généraux *Mina, Lacy, Porlier, Vidal*, échouèrent dans leurs tentatives (1813-1819); mais le soulèvement de l'armée à Cadix força Ferdinand VII à céder (1820).

Les Cortès, convoquées par application de la Constitution de 1812, à l'imitation de notre Assemblée Constituante, *abolirent* les privilèges de la *noblesse, supprimèrent* une partie des *ordres religieux* et mirent en *vente* les *biens du clergé*. — Mais l'Espagne n'était point mûre pour un changement aussi radical. Les absolutistes se soulevèrent à leur tour et formèrent l'armée de la foi. La *guerre civile* éclata.— Le roi eut l'air d'avoir obéi, non à un mouvement national, mais à la violence criminelle d'un parti.

Intervention de la France (1823).

Parmi les puissances qui avaient souscrit à la Sainte-Alliance, la France, par sa *position géographique* et la *parenté* qui unissait les deux familles royales, était désignée pour intervenir : cependant le *souvenir de la résistance* que l'Espagne avait opposée à Napoléon et *la crainte de l'opinion publique* rendaient hésitant le ministère Villèle.

Mais la France avait été, au Congrès de Vérone, engagée, plus que le ministère ne l'aurait voulu, par ses représentants *Montmorency* et *Chateaubriand*. — Les *crédits* nécessaires à l'expédition furent *votés dans une séance orageuse* rendue mémorable par l'expulsion du député *Manuel*.

Rétablissement du pouvoir absolu en Espagne.

L'armée française, commandée par le *duc d'Angoulême*, fils aîné du comte d'Artois, ne rencontra aucune résistance. — Les Cortès, réfugiées à *Cadix*, durent se dissoudre et rendre au roi sa liberté, après la prise du *Trocadero*.

Le rétablissement du pouvoir absolu fut marqué, malgré la présence de l'armée française et les efforts de ses chefs, par des *exécutions* et des *vengeances*, qui déshonorèrent la cause de Ferdinand VII.

PORTUGAL.

Nouvelle constitution.

Contre-révolution.

Le Portugal fut le théâtre de troubles semblables à ceux de l'Espagne, mais qui prirent fin sans l'intervention étrangère. — Depuis 1807, la *famille royale*, réfugiée au *Brésil*, s'y était établie, et le *Portugal* n'était plus gouverné que par une *régence*. — En 1820, les *libéraux* portugais, profitant de cette situation, se soulevèrent et firent décréter une *Constitution*.

À cette nouvelle, le roi Jean VI, laissant la *régence* au Brésil à son fils aîné, *dom Pedro*, revint en *Portugal* avec son second fils, *dom Miguel*, et accepta les faits accomplis. — Mais le Brésil, abandonné à son tour, se rendit indépendant avec **dom Pedro pour empereur constitutionnel** (1821). — Cet événement entraîna en Portugal une **contre-révolution** provoquée par dom Miguel, et à la suite de laquelle *le pouvoir absolu fut rétabli pour quelque temps* en faveur de Jean VI ; mais dom Miguel, devant l'indignation soulevée par les vengeances qu'il prétendait exercer, fut exilé.

ITALIE.

Soulèvements à Naples, à Turin.

Aux causes de mécontentement contre les princes se joignait, en Italie, la *haine* contre l'étranger. — La restauration de l'absolutisme y avait fait une grande victime, **Murat**, pris et fusillé (octobre 1815) pour avoir essayé de soulever en sa faveur ses anciens sujets. — De même qu'en Espagne, ce fut de *l'armée* que vint le mouvement d'insurrection ; mais celle-ci n'éclata point partout. — *Rome*, *Modène* et les *petits États* italiens ne souffraient point de leurs Gouvernements, plus paternels qu'oppressifs. La présence des Autrichiens à *Milan* et à *Venise* rendait toute tentative imprudente en Lombardie.

Le soulèvement eut lieu là où existaient des *armées nationales* : à **Naples**, sous la conduite du *général Pépé*, et à **Turin**, à l'instigation de *Santa Rosa* ; il avait pour but l'établissement d'une **constitution**. — Plutôt que de céder personnellement, les souverains abandonnèrent le pouvoir : Ferdinand, roi de *Naples*, au profit de son fils, nommé vicaire général ; Victor-Emmanuel Ier, roi de *Sardaigne* et souverain du *Piémont*, en faveur de son frère Charles-Félix.

Intervention armée de l'Autriche.

La Révolution l'eût emporté *sans l'Autriche* qui, conformément aux résolutions arrêtées dans les congrès de Troppau et de Laybach, envoya une *armée* en Italie pour y défendre contre leurs sujets les princes menacés. — Les Napolitains furent battus à *Rieti*, les Piémontais à *Novare*, et le pouvoir absolu restitué, dans le royaume de *Naples*, à *Ferdinand*, et en *Piémont* à *Charles-Félix*, qui succéda définitivement à son frère (1821).

Mesures de répression en Lombardie.

Silvio Pellico.

Une réaction sanglante ou de violentes *mesures de répression* suivirent cette tentative, non seulement dans les deux pays soulevés, mais encore dans ceux qui ne les avaient assistés que de leurs vœux. — C'est alors que *Silvio Pellico*, à Milan, fut condamné, avec d'autres patriotes, à une longue détention au Spielberg, où il prépara le livre qui assura tant de sympathie à son sort et de gloire à son nom (*Le mie Prigioni*, c'est-à-dire *Mes Prisons*, 1821).

La Grèce.

Lutte pour l'indépendance.

L'insurrection des Grecs contre le sultan fut plus heureuse que ne l'avait été celle des *Italiens* et des *Espagnols* contre leurs souverains. — Depuis la conquête turque, les habitants des plaines, flétris du nom de *raïas* ou *giaours*, subissaient d'odieuses persécutions; mais les *Klephtes* et *Palikares*, dans les montagnes, pasteurs et brigands, savaient résister aux Turcs, et les villes étaient minées par des *sociétés secrètes* ou *hétairies*.

La révolte d'Ali, pacha de Janina, qui cherchait à se rendre indépendant, fut pour les Grecs *le signal* du soulèvement. — Après quelques succès des insurgés, dus à la rapidité de leur attaque, un *Congrès national*, réuni à *Épidaure*, proclama, le 1er *janvier 1822*, l'indépendance de la Grèce, et une guerre terrible, remplie d'atrocités et de merveilleux exploits, commença entre les Turcs, dont le *sultan Mahmoud* ne voulait pas laisser démembrer l'empire, et les Grecs, bien décidés à reconquérir leur *liberté*.

Situation des parties belligérantes.

Sympathies rencontrées en Europe par la Grèce.

Les Grecs, aidés des Albanais, avaient *pour eux*, dans cette lutte inégale : 1° la supériorité de l'intelligence, une *bravoure* à toute épreuve et des *héros* dont les hauts faits rappelèrent ceux de leurs ancêtres (Marco-Botzaris, Miaulis, surtout Canaris, etc.); — 2° la configuration de leur pays, presque tout entier de montagnes, qui en rendait la défense facile; — 3° les sympathies, en Europe, des *chrétiens* sincères, des *admirateurs de l'antiquité*, des hommes du parti *libéral* de tous les pays, enfin des *littérateurs* et des *artistes*, qui devaient agir à la fin sur leurs Gouvernements. — Parmi ces derniers, quelques-uns apportèrent à l'insurrection un concours personnel (le poète anglais *Byron*, l'Italien *Santa-Rosa*, le colonel français *Fabvier*); d'autres intéressèrent à la cause des Grecs l'*opinion publique* par l'art (Delacroix, *Massacre de Scio*) ou par la poésie (Victor Hugo, *les Orientales*; Casimir Delavigne, Byron, etc.).

Ces avantages des Grecs étaient balancés par : 1° la supériorité numérique des Turcs ; — 2° les discordes intestines des partis aussi animés les uns contre les autres que contre les ennemis ; — 3° le mauvais vouloir de l'Autriche et des souverains de la Sainte-Alliance, pour qui toute insurrection contre le pouvoir, *même celui du sultan*, était une révolte condamnable.

Conquête de la Morée par les Grecs.

Les Turcs triomphèrent d'Ali, puis s'emparèrent par trahison de l'île de *Scio*, dont la population tout entière fut *égorgée* ou emmenée en *esclavage*.

Mais la flotte turque fut détruite par les brûlots de *Canaris* et de *Miaulis*, et leur armée de terre mise en déroute près d'*Argos*. — Les Grecs avaient reconquis la Morée.

Intervention de Méhémet-Ali.

Descente d'Ibrahim en Morée.

Pour écraser l'insurrection sous des forces irrésistibles, Mahmoud appela à son aide Méhémet-Ali, qui s'était rendu à peu près indépendant en *Égypte*, mais auquel il promit la *Morée* pour prix de son concours (1824).

Ibrahim, fils de Méhémet, amena, sur une flotte de 63 navires de guerre, une armée de plus de 16 000 hommes parfaitement équipés, avec une artillerie formidable. — Il s'empara de *Navarin* (1825) et alla mettre le siège devant Missolonghi, le boulevard de l'indépendance hellénique, qui succomba après une *résistance désespérée* et dont les derniers défenseurs se firent *sauter* plutôt que de se rendre (1826).

Intervention de l'Europe.

L'Europe enfin s'émut de cette extermination d'un peuple chrétien par les infidèles. — La Russie, l'Angleterre et la France proposèrent aux belligérants leur *médiation*, et, sur le refus du sultan, eurent recours aux armes (1827).

Succès des alliés. La flotte **anglo-française** anéantit à **Navarin** une flotte égyptienne et turque. — **Une armée française**, sous le général *Maison*, occupa la Morée. — Les **Russes**, en *Europe*, sous Diebitch, prirent Silistrie, et en *Asie*, sous Paskievitch, conquirent l'Arménie.

Traité d'Andrinople (1829). Le sultan **Mahmoud**, menacé jusque dans **Constantinople**, fut contraint de signer le **traité d'Andrinople** (14 septembre 1829).

1° **L'indépendance complète de la Grèce** était reconnue; mais le nouvel État, dont la formation inquiétait la diplomatie européenne, eut pour **limites**, *au Nord*, les golfes d'Arta et de Volo; ce qui laissait **sous le joug des Turcs** l'*Épire*, la *Thessalie*, la *Macédoine* et les *îles toutes peuplées de Grecs* (*Candie, Samos, Ipsara*, la patrie de Canaris, *Scio*), demi-mesure qui avait pour résultat de ne pas trancher la question et de préparer de nouveaux conflits dans l'avenir.

2° **La Moldavie et la Valachie**, ainsi que **la Serbie**, passant de l'état de *sujettes* à celui de *vassales*, continuaient, **sous la protection de la Russie**, à faire partie de l'empire ottoman.

3° **La Russie restituait ses conquêtes**, mais obtenait, en compensation de ses sacrifices militaires, outre la *navigation de la mer Noire* et l'*entrée des Dardanelles*, les *bouches du Danube* et *un territoire au pied du Caucase*.

La Grèce devient un royaume. Le **nouvel État grec**, *débarrassé* de la guerre étrangère, fut livré à la *guerre civile*; après l'assassinat du président *Capo d'Istria*, il fut constitué **en royaume**; il a eu successivement pour **souverains** jusqu'à nos jours : — 1° sur le refus de Léopold de Cobourg, **Othon de Bavière** (1830-1863); 2° **Georges Ier** de Danemark, sous lequel il s'est agrandi (*Iles Ioniennes*, abandonnées par l'Angleterre en 1863, *Thessalie*, donnée par le traité de Berlin en 1878).

Politique extérieure de la France sous la Restauration. **La France**, dans la situation que lui avaient faite **les événements de 1815**, ne pouvait donner qu'une *adhésion incomplète* au système de la Sainte-Alliance.

Monarchie constitutionnelle, son Gouvernement l'attachait **au principe** de la *légitimité* auquel il devait sa raison d'être; mais elle ne pouvait se montrer ennemie aussi implacable que les monarchies du nord, de toute *émancipation populaire*. — Si elle intervint en Espagne, ce ne fut que sous la pression exercée sur elle par le congrès de Vérone. — La première, elle se montra nettement favorable à la cause des Grecs.

Mutilée par la coalition, elle était naturellement portée à *profiter de toutes les occasions*, qui pouvaient lui permettre de *compenser* un peu ses pertes.

Ses rapports avec la Russie. **L'opposition de vues**, les événements accomplis, la différence de Gouvernement, *tout* séparait la *France* de la **Prusse** et de l'**Autriche**. — *La jalousie et le mauvais vouloir* constant de l'**Angleterre** auraient fait d'une alliance avec elle une tentative sans profit. — Il ne restait que la **Russie**, dont le souverain s'était, à plusieurs reprises, montré favorable à la France, avec laquelle n'existait aucune cause sérieuse de conflit, et qui se séparait sur beaucoup de questions de la Prusse, de l'Autriche et surtout de l'Angleterre.

L'union entre les deux pays, déjà d'accord sous les ministères Richelieu et Martignac, devint plus étroite avec le *ministère Polignac*. — Dans des *négociations secrètes* avec le **czar Nicolas**, qui avait succédé à Alexandre Ier en 1825, fut étudié un projet de remaniement général de l'Europe dans lequel **la France** aurait eu la *Belgique*, **la Russie** les *principautés Danubiennes*, et **les autres États** des *compensations diverses*. — La *Révolution de juillet* 1830 fit avorter ce projet; mais la France y gagna la *sympathie de la Russie* dans l'expédition qu'à la même époque elle préparait contre le dey d'Alger.

<table>
<tr><td>Prise d'Alger
(1830).</td><td>

Alger, de même que Tunis, était sous la *dépendance nominale du sultan* ; mais le **dey**, sauf au point de vue religieux, jouissait d'une *complète indépendance*. — Cet État musulman n'était en réalité qu'un **repaire de pirates**, et les nations européennes, avec lesquelles il était en état de guerre perpétuelle, devaient lui payer la rançon de *nombreux captifs*. — Des *difficultés* sur un règlement de fournitures amenèrent une scène violente, dans laquelle **le dey Hussein** frappa le *consul français*, **M. Deval**, d'un coup d'éventail au visage. — Après avoir vainement demandé *satisfaction* à la Porte et au dey, qui ne répondirent à ses plaintes que par de *nouveaux outrages*, **la France** se décida à une expédition contre Alger.

L'Angleterre, toujours jalouse, présenta des *observations* dans une note ; mais le ministère, sûr de la *Russie*, ne s'y arrêta point. — Le 25 mai 1830, une *escadre*, sous les ordres du *vice-amiral Duperré*, porta en Afrique une *armée* de 40 000 hommes, commandée par le **général Bourmont**. Le débarquement eut lieu, **le 14 juin**, dans la presqu'île de *Sidi-Ferruch*, à l'ouest d'Alger. — L'armée vainquit les troupes du dey dans la bataille de *Staouéli* ; le *fort de l'Empereur*, qui défendait Alger, sauta, le 4 juillet, et la ville capitula le lendemain. — C'était le début d'une difficile, mais précieuse conquête ; ce n'est pas au Gouvernement de la Restauration qu'il devait être donné de l'accomplir.

</td></tr>
</table>

LA RÉVOLUTION DE 1830.

<table>
<tr><td>Les Ordonnances du 26 juillet 1830.</td><td>

Tandis que nos troupes prenaient Alger, une *Révolution* chassait Charles X de la France. — L'appel fait par le roi à la nation avait été mal entendu. Les électeurs renommèrent les **221** et avec eux 49 *nouveaux opposants*. — Au lieu de céder en renvoyant son ministère, **Charles X** consentit à essayer un **Coup d'État**. — La Charte lui donnait le droit de faire des ordonnances *pour l'exécution des lois et la sûreté de l'État* (art. 14). Le ministère en profita pour faire signer au roi **les fameuses ordonnances** publiées dans le *Moniteur* du 26 juillet :

1° *La liberté de la presse* est suspendue, les journaux soumis à l'autorisation préalable ;

2° *La Chambre des Députés* est dissoute ;

3° *Les patentés* ne sont plus *électeurs* ;

4° *Les collèges électoraux* sont convoqués pour le 13 septembre suivant.

</td></tr>
<tr><td>Elles provoquent une révolution.
———
Protestation des journalistes.</td><td>

C'était une violation de la Charte, parce que le roi n'avait le droit de rendre des ordonnances que pour faire *exécuter* les lois et non pour les *modifier*. — Déterminés par une loi, le régime de la *presse* et les conditions de l'électorat ne pouvaient être changés que par une *loi*. — Dissoudre la Chambre avant qu'elle se fût réunie revenait à *casser les élections*. — **Régulièrement** le roi aurait dû être laissé *hors de cause*, et les ministres *mis en accusation*. — Ce fut une Révolution qui eut lieu.

Le point de départ en fut une protestation des journalistes, dans laquelle ils montrèrent *l'illégalité des ordonnances*, et que signèrent, entre autres, *Thiers*, *Mignet*, *Armand Carrel*, du **National** ; *Cauchois-Lemaire*, du **Constitutionnel** ; *Pierre Leroux* et *Charles de Rémusat*, du **Globe** ; des rédacteurs du *Courrier Français*, du *Courrier des Électeurs* et du *Temps*.

</td></tr>
</table>

19.

Les trois journées.

Le ministère, qui avait provoqué l'émotion par son imprudence, n'avait pas songé à en *prévenir* les conséquences par des précautions. — **Le maréchal Marmont**, qui commandait *les troupes* à Paris, n'avait à sa disposition que des forces *insuffisantes*. Tout fut consommé en trois journées, qu'on appela plus tard les *trois glorieuses*.

Première journée, 27 juillet.

1re Journée, 27 juillet : des *rassemblements* se forment sur toutes les places. — *Le Temps* refuse de laisser briser ses presses par un commissaire de police. « *C'est en vertu des ordonnances,* » dit M. Baude, « *que vous venez briser nos presses ; eh bien ! c'est au nom de la loi que je vous somme de les respecter.* » Les élèves de l'École Polytechnique, ayant à leur tête *Charras* et *Vaneau*, se répandent dans Paris ; des barricades s'élèvent dans divers quartiers.

Deuxième journée, 28 juillet.

2e Journée, 28 juillet : tout Paris est couvert de **barricades** dès la matinée ; on crie : *A bas les Bourbons !* — Marmont envoie *deux colonnes* pour écraser l'insurrection, l'une par les quais à l'Hôtel de Ville, l'autre par les boulevards, sur le faubourg Saint-Antoine, et en établit une *troisième* aux Innocents, afin de relier les deux premières. La *première seule* réussit ; les *deux autres* sont obligées de se replier. Le ministère est dans un complet désarroi. M. de Polignac, informé que les troupes commencent à fraterniser avec le peuple, répond : « *Si la troupe passe du côté du peuple, qu'on tire aussi sur la troupe.* » — Trois fois Marmont écrit inutilement au roi de *retirer les ordonnances*. Charles X répond : « *Les Parisiens sont dans l'anarchie ; l'anarchie les ramènera nécessairement à mes pieds.* »

Troisième journée, 29 juillet.

3e Journée, 29 juillet : l'*Hôtel de Ville* est *repris* par le peuple. Marmont *fait cesser le feu*. Les insurgés s'emparent du *Louvre* et des casernes des rues de Tournon et de Babylone (mort de Vaneau). — Les *troupes royales* abandonnent Paris à l'insurrection victorieuse et se *retirent* sur Saint-Cloud, où le roi et sa famille attendaient l'issue des événements. Le duc d'Angoulême, qui avait reçu le titre de *dauphin* à l'avènement de son père, Charles X, accuse Marmont de les avoir trahis, *comme il avait trahi l'autre*, c'est-à-dire Napoléon. — C'est alors seulement que Charles X se décide à **révoquer les ordonnances** et à remplacer M. de Polignac par *M. de Mortemart*, chargé de former un nouveau cabinet. Il était **trop tard.**

Le duc d'Orléans lieutenant général du royaume.

Deux partis, pendant la lutte, s'étaient disposés à profiter de la victoire. — A l'*Hôtel de Ville* siégeait une commission exécutive, composée des agitateurs les plus ardents.— Les députés s'étaient réunis de leur côté au *Palais-Bourbon*. — **L'Hôtel de Ville**, où s'était rendu La Fayette, voulait la *République*, **le Palais-Bourbon** tenait pour la *monarchie* avec le roi, s'il fournissait des garanties, sinon avec le *duc d'Orléans*, fils de Philippe-Égalité et chef de la branche cadette des Bourbons, qui ne partageait pas l'impopularité de la branche aînée. — Des deux côtés on hésitait. Une *initiative hardie* de Thiers dénoua la situation. **Le duc d'Orléans** est nommé, le 30 juillet, par des députés, **lieutenant général du royaume.** — Le lendemain il se rend à l'*Hôtel de Ville*, où une accolade de *La Fayette* met fin aux hésitations et lui vaut les suffrages populaires. — Le 1er *août*, il prend en mains le Gouvernement en attendant que les **Chambres** statuent définitivement sur la *Constitution du royaume.*

Abdication de Charles X ; il quitte la France.

Pendant ce temps, Charles X, retiré à *Rambouillet*, envoyait à Paris un acte par lequel il nommait le duc d'Orléans *lieutenant général du royaume* ; puis, le 2 août, il **abdiquait** au profit, non du *duc d'Angoulême*, son fils aîné, qui renonçait à la couronne, mais de son petit-fils, le *duc de Bordeaux*, enfant posthume du duc de Berry, et connu plus tard sous le nom de **Comte de Chambord.** — Comme la révocation des ordonnances, cette concession arriva *trop tard.* — Louis-Philippe d'Orléans, décidé à accepter le trône, ne pouvait accepter la régence.

Une armée de Parisiens, sous la conduite du général *Pajol*, fut envoyée par le Gouvernement sur *Rambouillet* (3 août). — Un régiment aurait suffi à disperser cette foule à peine armée ; mais, devant le découragement de la Cour, **Charles X**, comprenant qu'il ne pouvait plus rien contre les *faits accomplis*, se décida à gagner Cherbourg, où il s'embarqua pour l'Angleterre. — Six ans après, il mourait à *Goritz*, en Illyrie, où il s'était définitivement retiré.

Louis-Philippe Ier roi des Français.

La Chambre des Députés, réunie le 7 août, déclara le *trône vacant*, et, le 9 août 1830, après une rapide revision de la Charte, la couronne fut, sans opposition de la Chambre des Pairs, donnée au duc d'Orléans, qui prit le titre, non de *Philippe VII, roi de France*, mais de **Louis-Philippe Ier, roi des Français**.

Légit'mistes et Orléanistes.

La Maison de Bourbon fut dès lors divisée en **deux branches ennemies.** — Pour les *légitimistes* ou partisans de la *branche aînée*, le nouveau roi était un usurpateur, qui, par ambition personnelle, avait trahi ses devoirs de parent et porté atteinte au principe même de la royauté. — Les *Orléanistes* ou partisans de la *branche cadette* le défendaient en invoquant la volonté des Chambres et la nécessité où il se trouvait d'accepter la royauté pour empêcher la République.

Aux yeux des uns et des autres, la France venait d'avoir sa *Révolution de 1688*, et il y avait une ressemblance de plus entre les *Bourbons* et les *Stuarts*.

Causes et résultats de la chute de la Restauration.

Quoiqu'il en fût, la Restauration était finie. — Elle avait *relevé la France* de l'abîme où l'avait jetée l'ambition de Napoléon, donné quinze ans de *paix au pays*, rétabli l'*ordre* dans les *finances*, ramené la *prospérité* et surtout habitué les esprits à la liberté et à la pratique du *régime parlementaire.* — Ses ennemis l'accusaient d'être revenue dans les *fourgons de l'étranger* et de chercher à détruire l'œuvre de la Révolution par un retour criminel à un passé odieux.

Elle fut compromise par la faute d'*imprudents conseillers* dont les actes irritaient l'esprit révolutionnaire, mais ne le détruisaient pas. — Avec le temps, les causes de défiance réciproque auraient pu s'évanouir, et le régime nouveau se serait plié peu à peu aux exigences de l'avenir.

Faute *par les uns* d'avoir su s'*abstenir* de provocations inutiles, et *par les autres* d'avoir su les *supporter*, une catastrophe remit tout en question, et l'ère des révolutions se rouvrit pour la France.

2° MOUVEMENT DES ESPRITS DEPUIS LA FIN DU XVIIIe SIÈCLE.

PART DE LA FRANCE, DE L'ANGLETERRE, DE L'ALLEMAGNE.
RENOUVELLEMENT DES LITTÉRATURES ALLEMANDE ET ANGLAISE.
CARACTÈRE DE LA LITTÉRATURE FRANÇAISE SOUS L'EMPIRE.
INFLUENCES ÉTRANGÈRES. LE ROMANTISME. LA CRITIQUE LITTÉRAIRE.

Expansion des idées de la Révolution.

La Révolution fut un déchaînement extraordinaire non seulement de forces *destructives*, mais aussi de forces *productives*. — Elle agit sur les *intelligences* comme sur l'état *politique et social*.

Trois peuples ont particulièrement part à ce grand mouvement, qui sera dans l'histoire générale le véritable titre de gloire du XIXe siècle : la France, d'abord, et à côté d'elle, l'Allemagne et l'Angleterre. — Chacun de ces peuples y a apporté les qualités propres de son esprit et de son *génie national*.

Part de la France dans le mouvement des esprits.

Part de l'Angleterre et de l'Allemagne.

Rôle des trois peuples.

La France, imbue de l'*esprit classique*, tout imprégnée encore de la *civilisation romaine*, a employé merveilleusement son *esprit d'ordre et de logique*, son *bon sens* qui répugne aux extravagances de la pensée comme à celles des actions, la *clarté* et la *netteté* de ses conceptions littéraires, politiques et scientifiques, ses *facultés d'organisation* si puissantes.

L'Angleterre a déployé le *sérieux de son caractère*, sa *force d'initiative*, sa *hardiesse d'entreprise* en tout genre qui lui a valu tant de prodigieux succès, ses aptitudes incomparables à satisfaire, par l'industrie et le commerce, les *besoins matériels de la civilisation*.

L'Allemagne enfin a rempli une tâche non moins grande, quoique tout autre, grâce à ses *facultés d'abstraction*, à sa *profondeur de pensée*, à son *génie tout philosophique*, à sa *patience infatigable* dans tous les travaux de l'esprit.

Bien que dans le monde des idées chacun de ces trois peuples ait joué un rôle immense, si l'on voulait déterminer celui auquel chacun d'eux s'est montré le plus apte, il faudrait dire que la **France** semble s'être donné pour objet principal la *vulgarisation*, l'**Allemagne** la *théorie* et l'**Angleterre** l'*application* de tout ce qui concerne l'esprit et l'intelligence humaine.

Littérature allemande.

La littérature allemande, qui comptait déjà plusieurs siècles d'existence, avait revêtu des formes très variées. — Pendant la plus grande partie du XVIIIe siècle, elle s'était attachée à l'*imitation* de la *littérature française* de cette époque. — Mais une *réaction* s'était produite et avait donné naissance à une admirable **littérature nationale**.

Le dernier tiers du XVIIIe siècle et les *premières années du XIXe* ont été pour l'Allemagne ce qu'a été le *siècle de Périclès* pour les Grecs, celui d'*Auguste* pour Rome et celui de *Louis XIV* pour la France. — Dégagée de l'influence étrangère, marquée profondément du *génie germanique*, grave, sérieuse, empruntant ses sujets à l'*histoire nationale* et au *moyen âge* plus qu'aux souvenirs de l'antiquité, tantôt *philosophique*, tantôt *religieuse*, tout empreinte de sensibilité, **la littérature allemande** accentue **ses caractères** au fur et à mesure qu'elle accomplit son *évolution*.

C'est par la poésie et les œuvres d'imagination que l'Allemagne a brillé du plus vif éclat :
Wieland (1733-1813), le *Voltaire de l'Allemagne* par la variété de ses écrits, leur tendance et leur style, est encore à moitié rattaché au système classique.
Klopstock (1724-1803), un des plus grands lyriques qui aient existé (*Messiade, Odes*), joint à l'enthousiasme religieux la richesse du langage et la puissance de l'imagination. — Mais **deux noms** surtout sont incomparablement au-dessus des autres :
Goethe (1749-1832), né à Francfort, poète, romancier, philosophe, savant, excelle dans **tous les genres;** — il a laissé un poème dramatique (**Faust**), des tragédies (*Iphigénie, Le Comte d'Egmont*), une idylle bourgeoise (*Hermann et Dorothée*), plusieurs romans où il se peint souvent lui-même (**Werther**, *Wilhelm Meister, Les Affinités électives*), enfin de nombreuses poésies.
Schiller (1759-1805), son rival et son ami, le poète le plus aimé des Allemands, est avant tout un dramaturge, bien qu'il ait composé des *poésies* et des ouvrages d'histoire (*Guerre de Trente Ans, Soulèvement des Pays-Bas*).—Dans ses pièces de théâtre, plus faites pour être lues que jouées, il déploie un lyrisme extraordinaire (*Les Brigands, Guillaume Tell, Jeanne d'Arc, Wallenstein, La Conjuration de Fiesque*).
Au-dessous de ces grands noms, il convient de citer l'*humoriste* **Jean-Paul Richter**, le *poète et auteur dramatique* **Uhland**, le *lyrique* **Muller**, le *romancier poète* **Novalis**, et **Kœrner**, le *Tyrtée allemand*, dont les chants patriotiques (*la Lyre et l'Épée*) enflammèrent les légions germaniques à l'heure de la délivrance.

Wieland, Klopstock, Gœthe, Schiller.

La littérature allemande possède encore à cette époque :
1° Des philosophes renommés par la profondeur et quelquefois aussi l'obscurité de leurs conceptions métaphysiques et leur grande force d'abstraction : **Kant** (1724-1804), **Fichte** (1762-1814), **Hegel** (1770-1831), **Schelling** (1775-1854);
2° Des historiens : à leur tête **Herder** (1744-1803), qui est en même temps un philosophe et qui créa la *Philosophie de l'Histoire*; — **Niebuhr** (1776-1831), qui essaya de retrouver derrière les légendes l'histoire primitive de Rome; — enfin **Schiller**;
3° Des critiques : **Lessing** (1729-1781), le réformateur de la littérature allemande (*Dramaturgie de Hambourg, Laocoon*), auteur dramatique même pour appuyer par l'exemple ses théories (*Minna de Barnhelm, Émilie Galotti, Nathan le Sage*); — les **deux Schlegel**, *Auguste-Guillaume* (1767-1845), et son frère *Frédéric* (1772-1829), grands contempteurs de la littérature classique française, apologistes et théoriciens du romantisme.

Philosophes, historiens, critiques.

L'Angleterre, qui avait eu son *poète national* avec Shakspeare, ses *classiques* à l'époque de la reine Anne et dans la première moitié du XVIIIᵉ siècle, connut un **nouvel âge d'or littéraire** au début du XIXᵉ siècle. — Ce qui caractérise sa poésie comme celle de la renaissance allemande, c'est *le lyrisme, l'éclat, une expression admirable donnée aux sentiments les plus profonds de l'homme*. Citons :
1° Lord Byron (1788-1823), grand poète, esprit inquiet et malheureux, qui chercha le repos dans des agitations continuelles, souffrant de ses fautes et de la vie, employa son œuvre à se peindre dans ses héros *Childe Harold, Manfred, Lara* et surtout **Don Juan**;
2° **Shelley** (1792-1822), dont la vie fut plus courte, mais plus tourmentée encore que celle de Byron, poète panthéiste, mais lyrique admirable (*Prométhée délivré*, etc.);
3° L'Écossais **Walter Scott** (1771-1832), poète aussi, mais surtout créateur du *roman historique*, qui fait revivre le passé de l'Écosse et de l'Angleterre dans des récits pittoresques et captivants (*Waverley, Rob Roy, Ivanhoe*, etc.).

Littérature anglaise.

Lord Byron, Shelley, Walter Scott.

Sous l'Empire, se dessinent *deux courants littéraires* opposés : **le classique et le romantique**.

Le plus grand nombre des écrivains s'attachent aux formes classiques, qu'ils ne comprennent plus, appliquent des *recettes littéraires*, s'efforcent d'imiter l'*antiquité*, par horreur du *mot propre* ne s'expriment que par *périphrases*, créent des œuvres *froides* et sans vie. Ces défauts sont particulièrement sensibles :

1° **Dans la tragédie**, avec *Joseph Chénier* (*Cyrus, Tibère*); *Raynouard* (*Les Templiers*), *Arnault, Baour-Lormian*, etc., que soutient inutilement le grand acteur *Talma* ;

2° **Dans la poésie épique et héroïque**, où *Luce de Lancival, Fontanes, Népomucène Lemercier*, ne savent que compiler tous les poèmes connus;

3° **Dans la poésie descriptive**, où les pâles disciples de l'abbé Delille, *Esmenard, Aimé Martin, Gudin*, etc., emploient des milliers de vers à exposer la Navigation, la Sphère, l'Astronomie, la Physique;

4° **Dans la comédie même**, qui ne retrouve qu'une partie de sa verve naturelle avec *Picard* (*La Petite Ville*), *Andrieux, Étienne* (*Les Deux Gendres*).

Ce sont **les genres plus humbles**, où les souvenirs classiques sont les moins importuns, qui donnent les œuvres les plus intéressantes : — le **drame**, avec *Duval;* — le **roman**, auquel s'attachent surtout les *femmes* (Mmes de Genlis, de Staël, Cottin, de Charrière, de Krüdener, de Souza, de Rémusat, Guizot, Gay), et qui se recommande par la finesse d'observation, la sensibilité et le style; — la **chanson**, avec *Désaugiers* et les premiers essais de *Béranger;* — la **critique**, avec *Geoffroy, Joseph Chénier, Hoffman, La Harpe* (*Cours de Littérature*).

(en marge : LITTÉRATURE FRANÇAISE sous l'Empire et la Restauration.)

La vraie gloire littéraire de l'Empire est due à deux de ses ennemis. — Napoléon disait avec raison : « *J'ai pour moi la petite littérature et contre moi la grande.* »

Chateaubriand (1768-1848) **est le père véritable du romantisme.** — Après le *Génie du Christianisme, Atala, René*, il donne, sous l'Empire, *Les Martyrs*, magnifique épopée en prose, et *L'Itinéraire de Paris à Jérusalem*. — Il brille par le *coloris* et le *grandiose* de ses *images* empruntées pour la plupart à une *nature nouvelle* vue par lui dans ses voyages, et par l'*intensité de ses sentiments* presque toujours empreints de *mélancolie*.

Mme **de Staël** (1766-1817), fille de Necker, exilée par Napoléon, auteur de deux romans *Corinne, Delphine*, et de l'*Allemagne*, érudite, femme du monde, rappelle de près Montesquieu pour la *profondeur* et Rousseau pour la *passion*.

(en marge : Chateaubriand, Mme de Staël.)

L'évolution, commencée par Chateaubriand, s'accentue sous l'influence des **littératures étrangères**. — A côté de celles du *Midi* (Italie, Espagne), on connut mieux celles du *Nord*. — Sous l'Empire, on s'éprit de la littérature *Celtique*, publiée, arrangée, inventée même par l'Écossais *Macpherson* (Les Poèmes d'Ossian). — Dans son livre *De l'Allemagne*, Mme de Staël, par ses extraits, ses analyses, son enthousiasme, initia les Français à la littérature *germanique*, dont on se mit à lire les chefs-d'œuvre dans le texte ou, à défaut, dans des traductions.

Les grands représentants de la littérature anglaise, *Shakspeare* et *Milton*, furent enfin compris. *Byron* excita un enthousiasme universel. Les romans de *Walter Scott* étaient traduits au fur et à mesure de leur apparition. — *Ducis* traduisit pour la scène française les grandes comédies de Shakspeare : *Hamlet, Othello, Le Roi Lear, Macbeth*.

(en marge : Influences étrangères sur la littérature française.)

<table>
<tr><td>La
critique littéraire.</td><td>

L'émancipation littéraire qui s'accomplissait ne fut pas tout d'abord aidée par **la critique.** — *La Harpe* (1739-1803) ne comprenait pas l'antiquité, ignorait le moyen âge et jugeait avec prévention la littérature moderne. — *Hoffman* (1798-1874) proteste contre l'imitation étrangère. — *Geoffroy* (1743-1814) s'élève contre les tendances romantiques.

Trois hommes inaugurèrent, en 1828, la *critique historique*, qui apprécie les œuvres de l'esprit, non d'après un modèle préconçu, mais d'après le temps et le milieu : — **Sainte-Beuve** (1804-1869), le créateur du genre (*Poésie française au XVIᵉ siècle, les Lundis*); — **Saint-Marc Girardin** (1801-1873), qui applique aux œuvres littéraires la méthode d'observation en comparant les types dramatiques choisis dans les œuvres anciennes et modernes, françaises ou étrangères, pour en dégager les lois supérieures de l'art (*Cours de Littérature dramatique*); — **Villemain** (1790-1870), dont le *Cours de Littérature* expose le rapport entre les institutions politiques et les œuvres littéraires.

</td></tr>
<tr><td>Le Romantisme.
———
Ses caractères.</td><td>

C'est sous l'influence de toutes ces causes que naquit **le romantisme.** — A la différence de la littérature classique complètement *impersonnelle*, il pose en principe que *toute œuvre d'art* doit être l'expression de tout ce qu'il y a de plus *intime* dans son auteur. — Au lieu de chercher, comme les classiques, à établir un *rapport harmonieux* entre les qualités indispensables à une œuvre parfaite, il s'attache à *développer* l'une d'elles, par exemple la *couleur*, la *passion*, au détriment de toutes les autres. — Son genre préféré est le lyrisme, où le *moi* du poète trouve sa manifestation la plus naturelle.

Dans l'application, il se distingue du genre classique par : 1° le **choix des sujets** : préférence donnée au *moyen âge* sur l'antiquité, au *christianisme* sur le paganisme classique, à l'*histoire nationale et moderne* sur l'histoire grecque ou romaine; — 2° la **composition** : il dégage les œuvres dramatiques des liens des *trois unités* de temps, de lieu et même d'action, imposées par la théorie classique; — 3° la **confusion des genres** comique et tragique, qui amène la substitution du *drame* à la tragédie; — 4° la **versification** : il impose des *rimes riches*, proscrit la césure, accepte l'*enjambement*; — 5° le **style**, moins épuré, plus coloré, admettant *toutes sortes de mots* et non plus seulement les expressions nobles, comme celui des pseudo-classiques.

Tous ces caractères ne se retrouvent pas d'ailleurs au même degré chez tous les écrivains.

</td></tr>
<tr><td>Chateaubriand,
Lamartine,
Victor Hugo.</td><td>

Le premier grand romantique est Chateaubriand (1768-1848), dont la *prose* est de la plus éclatante poésie.

Lamartine (1790-1869), d'abord et surtout *poète* (*Méditations, Harmonies*), puis *historien* (*Les Girondins*) et *homme politique*, se rattache aux classiques par une forme harmonieuse et douce, mais appartient aux romantiques par une inspiration *mélancolique* et *toute personnelle*.

Victor Hugo (1802-1885) est **le coryphée** de la nouvelle école; il en publia le manifeste dans la préface de *Cromwell* et en défendit la cause par des manifestations tumultueuses au Théâtre Français dans les « *batailles d'Hernani* ». — Poète, auteur dramatique, romancier, il est avant tout, par la vivacité de ses *couleurs*, l'éclat de ses *images*, l'*exubérance de sa personnalité*, **le plus grand de tous les lyriques**. — Son œuvre colossale contient la plus vaste production poétique qui ait jamais existé. **Son théâtre**, tout de drames (*Hernani, Ruy Blas, Le Roi s'amuse*, etc.) est *inférieur* comme conception dramatique; mais ses **recueils poétiques** (*Orientales, Feuilles d'Automne, Contemplations, Légende des Siècles*) sont autant de chefs-d'œuvre.

</td></tr>
</table>

<table>
<tr>
<td>

**Alfred de Musset,
Alfred de Vigny,
Barbier, Béranger,
Casimir Delavigne**

</td>
<td>

Alfred de Musset (1810-1857), qui rappelle Byron, n'est pas un grand producteur de vers comme Victor Hugo, mais l'atteint et le dépasse par la *sincérité du sentiment* et la *hauteur de l'inspiration* dans quelques pièces exquises (*Les Nuits, L'Espoir en Dieu*).

Loin de Lamartine et de Musset, mais encore très haut, **Alfred de Vigny** (1797-1863), surtout poète, a du *naturel*, de la *sensibilité*, une certaine *profondeur philosophique*, mais une distinction un peu *froide* (*Éloa, Moïse, Samson, Les Destinées*, etc.).

Citons encore : — **Barbier**, l'auteur des *Iambes; ***Béranger**, le chansonnier ennemi de la Restauration; **Casimir Delavigne**, le plus classique des romantiques dans ses poésies et ses tragédies (*Les Messéniennes, Louis XI, Les Enfants d'Édouard*, etc.).

</td>
</tr>
<tr>
<td>

**Alexandre Dumas,
George Sand,
Prosper Mérimée.**

</td>
<td>

Le roman d'aventures est illustré par **Alexandre Dumas**; — le roman de *sentiment* par une femme de génie, **George Sand** ; — la *nouvelle*, par **Prosper Mérimée**.

Les caractères propres de l'École romantique ne pouvaient guère se manifester dans la comédie. — Plus tard cependant on aura les *Comédies et Proverbes* d'**Alfred de Musset**.

</td>
</tr>
</table>

DÉVELOPPEMENT DE L'ÉRUDITION. RÉNOVATION DES CONNAISSANCES SUR L'ORIENT, L'ANTIQUITÉ CLASSIQUE, LE MOYEN AGE. L'ARCHÉOLOGIE ET LES GRANDES DÉCOUVERTES. L'HISTOIRE.

<table>
<tr>
<td>

**Développement
de l'érudition.**

</td>
<td>

L'érudition, magnifiquement représentée aux XVIIe et XVIIIe siècles, continue *ses progrès* au XIXe. — **De nouveaux domaines** (*Orient*) sont défrichés ; **les anciens** (*Antiquité, Moyen Age*) sont explorés avec un esprit tout différent.

De nouveaux instruments de science, qui constituent eux-mêmes des sciences distinctes (*épigraphie, archéologie, langues orientales*), permettent d'atteindre de plus complets résultats. — **Le présent** (*la Révolution*) voit le passé (*Républiques antiques, communes du moyen âge*) sous un jour plus vrai.

</td>
</tr>
<tr>
<td>

L'orientalisme.

</td>
<td>

L'orientalisme est créé de toutes pièces. — **Les hiéroglyphes égyptiens** sont déchiffrés par *Champollion* (1791-1832). — L'Anglais *Rawlinson* (né en 1810) crée les épigraphies *assyrienne* et *babylonienne*. — *Anquetil-Duperron* (1731-1805) et *Eugène Burnouf* (1801-1852) traduisent les livres sacrés de l'ancienne **Perse**. *Sacy* (1758-1838) révèle le *Perse* du moyen âge. — *Chezy* (1773-1832) fait connaître la langue sacrée de l'**Inde**, le *sanscrit*, et Eugène Burnouf, sa sœur, le *pali*.

La littérature chinoise est abordée par *Abel Rémusat* (1788-1832) et *Stanislas Julien* (1799-1873); — celle du **Japon**, par *Abel Rémusat*.

</td>
</tr>
<tr>
<td>

**L'antiquité
classique.**

</td>
<td>

L'antiquité classique, tant étudiée depuis le moyen âge, est encore mieux appréciée grâce aux Allemands *Niebuhr* (1776-1831), puis *Mommsen* (né en 1817) (*Histoire Romaine*); — à l'Anglais *Grote* (1794-1871) (*Histoire Grecque*); — **aux Français** *Boissonade* (1774-1857), *Hase* (1780-1864), *Victor Le Clerc* (1789-1865), qui, en même temps que l'Allemagne, publient d'excellentes éditions des textes classiques.

De nouveaux manuscrits sont découverts grâce à *Raoul Rochette* (1789-1854) et *Brunet de Presles* (1809-1875) (*Colonies Grecques*); — le *De Republica* de Cicéron perdu depuis le XIIe siècle est retrouvé par *Angelo Maï* (1782-1854), les *Institutes de Gaïus* par *Niebuhr*.

</td>
</tr>
</table>

Le moyen âge.

Le moyen âge est l'objet de nouveaux travaux. — La Restauration fonde, en 1821, l'*École des Chartes*. — Les *grandes collections* des Bénédictins sont continuées sous les auspices de l'Institut (Historiens de France, Histoire littéraire de la France, Histoire des Croisades), ainsi que le *Recueil des Ordonnances*.

La mise au jour de *documents inconnus* augmente le patrimoine scientifique (*Chanson de Roland, Chronique de Richer*). — L'Allemagne est le centre d'un travail d'érudition encore plus intense (*Monumenta Germaniæ*, etc.).

L'archéologie.

De tous les moyens d'investigation mis à la disposition de la science, le plus puissant et le mieux employé a été l'**archéologie**.—Au XVIIIᵉ siècle, la découverte de *Pompéi* et d'*Herculanum* avait fait pénétrer les Modernes dans la vie intime des Anciens. — Les *marbres d'Égine*, acquis par la Glyptothèque de Munich, sont mis au jour en 1811. — La ville de Phigalie, en 1815, abandonne à l'Angleterre les débris du *temple d'Apollon*. — Un diplomate français, le *comte de Marcellus*, exhume, en 1821, l'admirable *Vénus de Milo*, un des plus beaux ornements du Louvre.

L'expédition française de la Morée commence les fouilles d'*Olympie*. — A partir de 1827, la *nécropole étrusque* de Vulci ouvre à la science un trésor céramique immense. — Plus tard, l'*Assyrie*, grâce à *Botta* (1802-1870), l'*Égypte*, fouillée par *Mariette* (1821-1881), livrent leurs richesses enfouies. — On recherche les *antiquités préhistoriques* depuis *Boucher de Perthes* (1788-1868), les *antiquités américaines*, etc.

L'Histoire.

L'immense progrès des études historiques est l'une des grandes gloires intellectuelles du XIXᵉ siècle. — L'histoire a cessé d'être une simple *curiosité* pour devenir une *science*, tout en restant un *art*. — En rompant avec le passé, la Révolution a inspiré le désir de le mieux connaître.

Le Moyen Age est apprécié désormais plus équitablement, une plus grande part est donnée aux *institutions* et une moindre aux faits; le *développement intime* des peuples est étudié de préférence aux événements politiques. — L'histoire *moderne* et l'histoire *contemporaine* ne restent plus dans l'oubli. Dans tous ces domaines, la **critique des sources** est perfectionnée. — A l'histoire s'ajoute désormais le *préhistorique*. On s'efforce de faire revivre le passé. *L'histoire devient « une résurrection »*.

Tandis que l'école descriptive avec *De Barante* (*Histoire des ducs de Bourgogne*) s'attache surtout à la couleur locale et fait pour ainsi dire œuvre de chroniqueur, l'école *philosophique* substitue aux faits un exposé dogmatique et dégage de l'histoire de véritables lois. La combinaison des deux méthodes se révèle chez les meilleurs historiens.

**Augustin Thierry,
Guizot. Quinet,
Michelet,
Henri Martin,
Thiers.**

Augustin Thierry (1795-1856), dans des tableaux d'une saisissante réalité, peint le moyen âge, retrace les progrès du *Tiers État* et démontre, avec un peu d'exagération toutefois, l'importance des *nationalités* (*Récits des Temps Mérovingiens, Conquête de l'Angleterre, Lettres sur l'Histoire de France*).

Guizot (1787-1874), chef de l'école philosophique, expose les *causes générales* sous l'empire desquelles se déroule la série des événements, et cherche à expliquer, par le développement des institutions politiques, la formation des sociétés modernes (*Civilisation en France, Civilisation en Europe, Mémoires pour servir à l'Histoire de mon temps*, etc.).

La philosophie de l'histoire est représentée par *Edgar Quinet* (1803-1875), sa poésie par *Michelet* (1798-1874) (*Histoire de France*), **le labeur consciencieux** par *Henri Martin* (1810-1883). — **Thiers** (1797-1877) est l'historien du *Consulat et de l'Empire*.

20.

RENAISSANCE DE L'ESPRIT CLASSIQUE DANS L'ART PENDANT LA RÉVOLUTION ET L'EMPIRE.
LE ROMANTISME DANS L'ART. — LA MUSIQUE SYMPHONIQUE ET DRAMATIQUE.

RENAISSANCE DE L'ESPRIT CLASSIQUE DANS L'ART.

Après les grâces et les gentillesses affectées du XVIIIe siècle (*Watteau, Boucher*), on s'éprend de nouveau des *anciens* et on abandonne la préoccupation du *joli* pour la recherche du *beau*. — Déjà la découverte d'Herculanum et de Pompéi avait ranimé le *goût de l'Antiquité*. De même qu'on voulait posséder les *vertus civiques* et militaires des Grecs et des Romains, on imitera leurs *œuvres d'art* et leurs *monuments*.

L'architecture.

Dans l'architecture, — *Percier* (1764-1838) et *Fontaine* (1762-1853), *Raymond* (1742-1811) et *Chalgrin* (1739-1811), etc., élèvent des temples grecs (*La Madeleine*), des arcs de triomphe (*Arc du Carrousel, Arc de l'Étoile*), des colonnes comme celles de Trajan et de Marc-Aurèle à Rome (*Colonne de la Place Vendôme*), des palais semblables au théâtre de Marcellus (*Palais du roi de Rome,* depuis Cour des Comptes).
Le genre dit colossal est emprunté à la *décadence grecque* et à l'*empire romain*.

La sculpture.

En sculpture, on ne conçoit rien en dehors de l'*appareil antique* (*Michallet, Moite, Giraudet*). — Un *général d'artillerie* est représenté nu ou habillé en Romain. — Ce *travers* est aussi celui de grands artistes étrangers (*Thorwaldsen, Canova*).

La peinture.

En peinture, les figures sont la copie des statues classiques. — **David** (1748-1825) est le chef incontesté de la *nouvelle École* (*Les Sabines, Le Serment des Horaces, Léonidas*). Il fut à Napoléon ce que Lebrun avait été à Louis XIV (*Le Sacre, Le Couronnement des Aigles*). — La plupart de ses disciples, outrant ses défauts, ne furent guère que des peintres d'académies : *Regnauld, Girodet, Guérin, Lethière*.
Rompent toutefois avec ce genre conventionnel : *Prud'hon* (1758-1823), par ses gracieuses et poétiques figures de femmes et d'enfants ; — *Gros* (1771-1835), dans la représentation tout à la fois réaliste et théâtrale des scènes contemporaines (*Pestiférés de Jaffa, Eylau*) ; — enfin David lui-même, quand il se remet en présence de la nature dans ses portraits ou dans son *Marat* et même dans plusieurs de ses toiles officielles (*Le Sacre*).

LE ROMANTISME : Dans les arts.

Les caractères du romantisme peuvent se retrouver, mais inégalement, dans les différents arts. — Aussi la révolution littéraire a-t-elle laissé des traces presque *nulles* dans l'architecture, *restreintes* dans la sculpture, *considérables* dans la peinture.
L'architecture ne se ressentit des nouvelles théories que par le genre, nouveau chez les artistes, des monuments *romans* ou *gothiques*.

Dans la sculpture.

La sculpture romantique préfère le *caractère* à la beauté idéale, que recherchait surtout l'autre école ; elle reproduit les *mouvements tourmentés* plutôt que les *attitudes calmes* ; elle ne fuit plus l'expression des *réalités modernes*.
Ses représentants principaux sont, en France : **Rude** (1784-1855), qui préfère la *force* à la beauté, l'*action fougueuse* à l'immobilité plastique (*La Marseillaise* de l'Arc de l'Étoile) ; — **Pradier** (1786-1852), plein de *pureté* et de *grâce* (*Psyché*) ; — **David d'Angers** (1789-1856), dont l'œuvre, qui reproduit presque tous ses contemporains, est romantique surtout par ses *types* et ses *draperies*.

La peinture fut transformée par le romantisme. — Au lieu des bas-reliefs antiques peints par les élèves de David, elle produit, sous les pinceaux des grands maîtres de l'époque, des œuvres modernes pleines de *chaleur*, de *fougue* et de *vie*.

Géricault (1791-1824) rompt avec l'école académique par le *Naufrage de la Méduse*, *Le Cuirassier blessé*, d'un effet dramatique tout nouveau.

Eugène Delacroix (1798-1863), le *chef* de la nouvelle école, admirable *coloriste*, dessinateur incorrect, demande ses inspirations au *moyen âge* et aux *temps modernes* de préférence à *l'antiquité* et exécute ses conceptions avec une *fougue* et une intensité d'expression extraordinaires (*Les Croisés à Constantinople*, *Massacre de Scio*, *La Barque du Dante*, etc.).

Au-dessous de ces deux maîtres : — **Carle Vernet** (1758-1836) et surtout son fils **Horace Vernet** (1789-1863) reproduisent dans de grandes toiles des *scènes militaires* ; — **Granet** (1775-1849) peint des *intérieurs monastiques* ; — **Ary Scheffer** (1795-1858) et **Paul Delaroche** (1797-1856) traitent en classiques des sujets romantiques ; — **Charlet** (1792-1845) et **Raffet** (1804-1860) donnent dans leurs dessins et leurs lithographies *l'histoire épisodique* des guerres de la Révolution et de l'Empire. — Seul, **Ingres** (1780-1867) reste fidèle à la *tradition classique*, mais en la relevant par la *pureté* de son dessin, la conception *idéale et poétique*, quoique *un peu froide*, de ses sujets (*Apothéose d'Homère*, *Œdipe*, *La Source*, *Odalisques*, etc.) ; il est apprécié de nos jours, surtout pour ses *portraits* et ses *dessins*.

La musique subit la même *transformation* que la littérature et les arts plastiques. — Sous l'Empire, **la symphonie**, qui n'est pas destinée au théâtre, et la **musique dramatique** (opéra, opéra-comique) avaient pris, de même que les arts du dessin, un *caractère plus mâle*, plus *énergique*, plus *classique* qu'au XVIIIe siècle. — C'est celui que font remarquer dans leurs œuvres **les maîtres français** : *Méhul* (1763-1817), *Chérubini* (1760-1842), *Lesueur* (1763-1837), *Grétry* (1741-1813) ; et **les étrangers** qui sont appelés en France : l'Autrichien **Mozart** (1756-1791) et les Italiens *Spontini* (1774-1851), *Paisiello* (1741-1816), *Zingarelli* (1752-1837).

Avec la renaissance romantique, *la couleur*, comme dans la peinture, prévaut sur le dessin ; les sons ne sont plus seulement destinés à charmer l'oreille, mais provoquent une *émotion profonde* en éveillant les sentiments les plus intimes de l'âme. La musique devient un *langage*. — **Cette révolution est facilitée** par l'amélioration des *instruments*, et, dans l'opéra et l'opéra-comique, par la merveilleuse entente du *livret* porté à la perfection par **Scribe** (1791-1861). — L'étranger et la France concourent à ce résultat.

La musique allemande est, à cette époque, représentée surtout par des symphonistes : Beethoven (1770-1827), *le plus grand de tous* ; — *Schubert* (1797-1828), mélodiste incomparable ; — *Mendelssohn* (1809-1847) ; — *Weber* (1786-1826) ; — *Chopin* (1810-1849), français par son père, mais allemand par son éducation.

La musique italienne produit les opéras et les opéras-comiques, ainsi que la musique religieuse : de **Rossini** (1792-1868) (*Le Barbier de Séville*, *Guillaume Tell*, *Stabat*, etc.) ; — de *Bellini* (1805-1835) (*Norma*) ; — de **Donizetti** (1798-1848) (*Lucie de Lammermoor*, *La Favorite*).

La race juive révèle ses aptitudes musicales avec trois grands maîtres : deux Allemands : **Meyerbeer** (1791-1864) (*Robert le Diable*, *les Huguenots*, *le Prophète*, *l'Africaine*), et **Mendelssohn** (1809-1847) (*Symphonies*, *Oratorios*, etc.), — et un Français, **Halévy** (1799-1862) (*La Juive*, *Charles VI*).

**Musiciens français
et étrangers.
(Suite.)**

Les maîtres français s'attachent surtout à la musique *dramatique*. Citons : *Boieldieu* (1775-1834) (*la Dame Blanche*, etc.); — *Auber* (1782-1871) (*la Muette de Portici*, *Fra Diavolo*, etc.); — *Hérold* (1791-1833) (*le Pré aux Clercs*, *le Châlet*); — enfin *Berlioz* (1803-1869), le *grand symphoniste* français, génie d'abord contesté, comme le peintre Delacroix, à qui il n'a été rendu qu'une tardive justice.

Plusieurs maîtres étrangers, tels que *Rossini* et *Meyerbeer*, appartiennent d'ailleurs à la France par leur éducation musicale

DÉVELOPPEMENT DES SCIENCES EXACTES, PHYSIQUES ET NATURELLES. APPLICATIONS : LA VAPEUR, L'ÉLECTRICITÉ. PROGRÈS DE L'INDUSTRIE

Le mouvement scientifique du XVIIIe siècle s'accélère au XIXe siècle, et de nouveaux et merveilleux progrès sont accomplis.

**Développement
des sciences
exactes.**

I° DANS LES SCIENCES EXACTES. — Les mathématiques sont cultivées par *Cauchy* (1789-1857), *Dupin* (1784-1873), *Poncelet* (1788-1867), *Sturm* (1803-1855), *Michel Chasles* (1793-1880).

L'astronomie s'enrichit de *nouvelles découvertes* avec les Allemands *Encke*, *Galle*, *Struve*, les Français Arago (1786-1853) et surtout Leverrier (1811-1877). — Les variations de la lune, le mouvement du soleil vers la constellation d'*Hercule*, les bandes de l'anneau de *Saturne* sont mieux connus. — On découvre encore de *petites planètes*, des satellites aux grandes. Toutefois, ce n'est qu'en 1845 que Leverrier trouve par le calcul la grande planète *Neptune*.

**Développement
des sciences
physiques :

1° En France.**

II° DANS LES SCIENCES PHYSIQUES. — Le perfectionnement des instruments anciens, la création de nouveaux instruments (*galvanomètre*, *hygromètre*, *psychromètre*, *aérostats*, *piles de Volta*, *de Cruikshank*, *de Wollaston*, *alcoolomètre*, *chloromètre*, *alcalimètre*), une application plus rigoureuse des méthodes, amènent d'incessants progrès.

En physique, — Malus (1775-1812) constate la *polarisation de la lumière*; — Arago distingue les *couleurs complémentaires* ; — Gay-Lussac (1778-1850) et Thénard (1777-1857) prouvent l'existence d'un *spectre chimique* superposé au spectre lumineux; — Rumford (1753-1814) observe que le mouvement se transforme en *chaleur*; — Galvani, par sa fameuse expérience sur les grenouilles, fait apparaître l'*électricité galvanique*, dont l'identité avec l'*électricité statique* devait être établie par Volta. — La *vitesse du son* est mesurée avec plus de précision. — Fresnel (1788-1827) étudie la *nature de la lumière*; — Chevreul (1786-1889) analyse les *couleurs*; — le Danois Œrsted (1777-1851) démontre le principe de l'*électro-magnétisme*; — Ampère (1775-1836) établit les *lois* qui portent son nom ; — Arago constate l'*aimantation de l'acier* par le courant électrique.

En chimie, — continuant et développant les admirables découvertes de Lavoisier, Berthollet (1748-1822) formule *les lois* qui portent son nom; — Vauquelin (1763-1829) dégage le *chrome* du plomb spathique de Sibérie et perfectionne la *chimie organique*; — Gay-Lussac isole le *bore*, étudie l'*iode*, découvert par Courtois (1777-1838), établit, d'après ses expériences sur les gaz, la *loi des volumes*; — Thénard emploie le bleu dit *bleu de Thénard* et fabrique l'*eau oxygénée*; — Balard (1802-1876) découvre un nouveau corps simple, *le brome*.

Développement des sciences physiques :

2° A l'étranger.

A l'étranger, — l'*Anglais* **Humphrey Davy** (1778-1829) fait connaître les propriétés du *protoxyde d'azote* ou gaz hilarant, isole, au moyen de la pile, plusieurs *corps simples* contenus dans des bases jusque-là irréductibles (*sodium, calcium, baryum, strontium*), essaye de dégager le *fluor*, constate, en même temps que Gay-Lussac, la nature de l'*iode*, et imagine la *lampe des mineurs;* — **Wollaston** (1766-1828), son compatriote, enrichit du *palladium* et du *rhodium* la liste des métaux, par l'emploi des mêmes procédés; — **Dalton** (1766-1844), également Anglais, jette les bases de la *théorie atomique* et pose la loi des *proportions multiples;* — le Suédois **Berzelius** (1779-1848), en exprimant par des lettres et des chiffres les indications de la *nomenclature chimique*, dote la science d'une langue écrite indispensable, et émet l'hypothèse féconde que chaque molécule a deux pôles électrisés diversement; — plus tard l'Allemand **Wœhler** (1800-1882) découvre l'*aluminium*.

Des composés ou des alliages nouveaux apparaissent : la chimie organique s'enrichit de substances jusque-là ignorées, *acide butyrique, chloroforme*, etc. — Les plantes fournissent les alcalis et alcaloïdes organiques (*narcotine, morphine, caféine*, etc. — De nouvelles *couleurs de teinture* sont trouvées.

Développement des sciences naturelles.

III° **Dans les Sciences naturelles.** — **Les ouvrages des naturalistes** se multiplient (Voyage de circumnavigation de l'*Astrolabe* commandée par *Dumont d'Urville*, etc.). — **Cuvier** (1769-1832), le plus grand *zoologiste* du siècle, créateur de la **paléontologie** et de l'**anatomie comparée**, restitue, d'après les *fossiles de Montmartre*, les espèces disparues (*Discours sur les révolutions du globe, Recherches sur les ossements fossiles*). — **Lamarck** (1744-1829) établit les *dégradations progressives* des organes. — **Étienne Geoffroy Saint-Hilaire** (1772-1844) formule la théorie de l'*unité de composition organique.* — **Lacépède** (1756-1825) continue l'exposé de l'*histoire naturelle* commencé par Buffon.

En botanique, — **Candolle** (1778-1841) rectifie la *classification* de Laurent de Jussieu (1748-1830).

En géologie et minéralogie, — l'Allemand **Werner** (1750-1817) cherche à concilier les deux écoles *vulcanienne* et *neptunienne;* — les Français **Brongniart** (1770-1847) et **Cuvier** mettent en évidence l'existence *des terrains tertiaires et quaternaires.* — **Haüy** (1743-1822), **Beudant** (1787-1850) et **Brongniart** perfectionnent la *classification des minéraux.* — **Élie de Beaumont** (1798-1874) commence (1826) la *carte géologique* de la France.

Applications de la science :

La science du XIX° siècle se distingue encore de celle du XVIII°, demeurée *toute spéculative*, par ses *applications pratiques* qui devaient transformer la surface du globe. **Deux surtout** ont produit des effets incalculables : la **vapeur** et l'**électricité**.

I° La vapeur.

La vapeur. — Les premières applications de la vapeur à la navigation et à la traction terrestres eurent lieu aux États-Unis et en Angleterre, pays de la *houille*. — **Evans et Vivian**, perfectionnant l'engin créé par **James Watt** (1736-1819), construisent des machines à *haute pression.* — **Seguin** (1786-1875) imagine, en 1828, la *chaudière à système tubulaire;* désormais on possède :

1° **Les machines industrielles à vapeur,** dont l'emploi s'étend même à l'*agriculture;* — elles donnent une extension immense à l'industrie; — la substitution des *moyens mécaniques* aux seules *forces humaines* permet, en multipliant la *production*, devenue plus rapide et plus économique, de satisfaire à toutes les exigences de la *consommation* et à tous les besoins de l'existence;

I° LA VAPEUR.
(Suite.)

2° **La navigation à vapeur**, d'abord tentée en France par **Papin** (1647-1710), réalisée en Amérique par **Fulton** (1764-1815), essayée en France de nouveau, en 1816, par **Jouffroy d'Abbans** (1751-1832). — Le premier bateau à vapeur traverse *la Manche* en 1816, *l'Océan* en 1819. — Un *service régulier de transatlantiques* sera établi entre la France et l'Amérique en 1840. — Le perfectionnement de *l'hélice*, déjà inventée en 1803, accélérera les progrès du nouveau mode de navigation, qui remplacera de plus en plus la *navigation à voiles;*

3° **Les chemins de fer**, dont la création remonte à 1804, époque où **Trevithick** et **Vivian** firent à la machine un *chemin* sur des *rails de fer*. — En 1812, **Stephenson** (1781-1848) ébaucha la *première locomotive*, qui ne fut vraiment trouvée qu'en 1829. L'année suivante fonctionna le *premier chemin de fer anglais*. — La première ligne française, de *Paris* à *Saint-Germain*, fut inaugurée en 1837 pour les *voyageurs*. Jusqu'alors, les voitures attelées aux locomotives n'avaient porté que des *marchandises*. — Malgré l'opposition de *Thiers* et d'*Arago*, la loi de 1842 décida la construction des *grandes lignes françaises*.

II° L'ÉLECTICITÉ.

L'ÉLECTRICITÉ.. — La pile électrique est employée aux communications, en 1811, par **Sommering** avec *autant de fils* que de lettres et de chiffres; — en 1838, par l'Américain **Morse** avec *un seul fil*. Le télégraphe électrique ne date vraiment que de cette année-là. La première ligne télégraphique est établie en 1839 en *Angleterre*, en 1844 aux *États-Unis*, en 1845 seulement, en *France*. — La télégraphie électrique prendra plus tard d'importants développements.

Autres applications scientifiques.

La science reçut encore d'autres applications pratiques, parmi lesquelles il faut citer l'*éclairage au gaz* (1818), la *lampe du mineur* (1825), les *puits artésiens* (1833), le *daguerréotype* (1829), la *photographie sur verre*, enfin la **photographie sur papier**.

PROGRÈS DE L'INDUSTRIE.

1° Sous l'Empire.

2° Sous la Restauration.

3° Sous la monarchie de Juillet.

L'industrie fit des progrès immenses, grâce aux *applications continuelles* de la science, à la suppression graduelle dans toute l'Europe de *réglementations surannées*, et à d'heureuses institutions, telles que les *expositions nationales*, qui devaient bientôt devenir *internationales* et *universelles.*

1° **Sous l'Empire** furent inventés les *scies sans fin*, les *lampes dites Carcel*, la *fabrication mécanique du papier*, la *fabrication du sucre de betteraves* pour suppléer au sucre de canne dont le blocus arrêtait l'importation; enfin un *style nouveau de mobilier*, le *style empire*, continuation du style Louis XVI. — **Richard-Lenoir** (1765-1839) développe l'*industrie du coton et de la laine*. — **Philippe de Girard** (1775-1845) invente la *machine à filer le lin*. — **Jacquard** (1752-1834) trouve la *machine à tisser* et le *métier à la Jacquard*. — **Érard** (1752-1831) construit les *premiers pianos à queue* et à double clavier. — Toutefois, c'est en Angleterre qu'a lieu l'avènement des machines, dû à **deux admirables inventions** : la *machine à vapeur* de Watt et la *machine à filer* d'Arkwright; — leurs *conséquences sociales* devaient être aussi considérables que leurs résultats économiques.

2° **Sous la Restauration** se développent les *hauts fourneaux à hautes cheminées*, d'un effet si imprévu dans le paysage; les grandes usines, les industries nouvelles de *châles de cachemire*, du *papier de paille*, etc.

3° **Sous la monarchie de Juillet**, outre le développement considérable de l'industrie *métallurgique* surexcitée par la multiplication des objets en fer, apparaîtront le *tissage mécanique*, l'emploi multiplié du *caoutchouc*, la *lampe à modérateur*, la *dorure* et l'*argenture par la pile*, les *allumettes à friction*, la *chaux hydraulique* ou artificielle, etc.

3° LOUIS-PHILIPPE.

LA NOUVELLE CHARTE. PRINCIPAUX ORATEURS ET HOMMES D'ÉTAT.
LES PARTIS; LES SOCIÉTÉS SECRÈTES.

LOUIS-PHILIPPE Ier, ROI DES FRANÇAIS (1830-1848).

Le nouveau roi, Louis-Philippe Ier, se recommandait du principe de la Royauté par sa *naissance* et de la Révolution par son *passé*. — Appartenant à la *branche cadette* des Bourbons, il avait combattu à *Valmy* et à *Jemmapes* aux côtés de Dumouriez. — Sous la Restauration, il avait toujours paru, par son *silence calculé*, blâmer la politique rétrograde des ministres. — **Nommé roi** par la Chambre des Députés, il ne tenait la couronne ni *d'un droit propre*, comme Charles X, ni *de la Nation*, comme l'Empereur. — L'impossibilité de s'appuyer sur les légitimistes ou la classe populaire le conduisait à chercher un appui dans la *classe moyenne*.
Sa politique devait avoir forcément pour objet : — **à l'extérieur**, la *paix* nécessaire au commerce; **à l'intérieur**, la *prépondérance de la bourgeoisie*. — Son avènement cependant mit fin au conflit entre les principes *absolutistes* et les idées *libérales*. Le premier des Capétiens, il négligea de se faire *sacrer*. — N'étant encore que *lieutenant général*, il avait solennellement déclaré que la Charte allait devenir désormais *une vérité*. — Le **régime parlementaire** devait recevoir sous son règne de nouveaux perfectionnements.

La nouvelle Charte.

La Charte de 1830 n'est que la *Charte de* 1814 amendée sur quelques points dans un sens plus libéral, soit immédiatement, soit par des lois postérieures :
1° **Le roi n'octroie plus la Charte, mais l'accepte**; ce qui manifeste la substitution de la *volonté nationale* au dogme du *droit divin*.
2° **L'article 14**, dont Charles X avait abusé pour faire les ordonnances, est *supprimé*.
3° **La religion catholique** n'est plus la *religion de l'État*, mais celle de la *majorité des Français*.
4° **La censure** était abolie.
5° **Le droit électoral** fut élargi d'abord par l'abaissement de l'*âge légal*, puis par la diminution du *cens*, réduit de 300 francs à 200 francs.
6° **La pairie** cessa d'être *héréditaire* en 1831.
7° **La durée de la Chambre des Députés** fut réduite à *cinq ans* avec renouvellement *intégral*.

PRINCIPAUX ORATEURS ET HOMMES D'ÉTAT.

Les hommes qui allaient prêter leur appui au nouveau gouvernement, dans les ministères, ou le combattre dans l'opposition, appartenaient, les uns à la précédente génération politique, les autres à une génération nouvelle. C'étaient :

La Fayette, Jacques Laffitte.

La Fayette (1757-1834), le héros de l'Amérique et le champion populaire du parti libéral, de nouveau *commandant de la garde nationale*, bientôt écarté à cause de ses idées et rejeté dans l'opposition.
Jacques Laffitte (1767-1844), célèbre *financier*, président du Conseil au début de la nouvelle monarchie, que sa popularité fit d'abord appeler au pouvoir comme *utile*, puis écarter comme *suspect*.

Casimir Périer.	**Casimir Périer** (1777-1832), *banquier* devenu homme politique et ministre de Louis-Philippe, d'un caractère *impérieux*, défendit contre l'opposition **la politique de résistance** par une *parole brève aux apostrophes foudroyantes, aux boutades redoutées.* — L'ambassadeur de Russie ayant osé lui dire : « *L'empereur, mon maître, ne veut pas…* », il lui répondit avec emportement : « *Dites à votre maître que la France n'a pas d'ordre à recevoir, et que, Casimir Périer vivant, elle ne prendra conseil, pour agir, que d'elle-même et de son honneur.* » **Il fut enlevé subitement par le choléra** (1832) au grand soulagement du roi, qui redoutait autant son *humeur* qu'il se félicitait de ses *services*.
Molé, Guizot.	**Molé** (1781-1855), d'une antique famille de *magistrats*, pair de France, partisan du principe de *non-intervention*, fut renversé du pouvoir par une regrettable *coalition* de Guizot, Thiers et Odilon Barrot. **Guizot** (1787-1874), attaché d'abord à la royauté de Louis XVIII, qu'il avait suivi à *Gand*, rejeté dans l'opposition par le Gouvernement de Charles X, l'un des 221, célèbre professeur, *grand historien*, fut le continuateur de Casimir Périer dans la politique de résistance. — *Ministre impopulaire* dans la seconde partie du règne de Louis-Philippe (1840-1848), il conduisait la Chambre par son éloquence chaleureuse, sa logique serrée, son attitude hautaine.
Thiers, Odilon Barrot.	**Thiers** (1797-1877), rival de Guizot, natif d'Aix, d'une famille obscure, vint tout jeune à Paris, fonda *le National*, dut sa fortune à la Révolution de 1830 qui le fit *secrétaire d'État* et *ministre*; il fut chef du *Centre gauche*, comme Guizot l'était du *Centre droit*. — C'était un orateur d'*affaires*, d'une *lucidité* merveilleuse, très familier avec les chiffres, pourvu de connaissances techniques, qui obtenait par la force de ses *raisons* et la *clarté* de ses arguments les résultats que Guizot devait à ses dons supérieurs. **Odilon Barrot** (1791-1873), chef de la *gauche dynastique*, d'une conviction raide, devait, sans le vouloir, renverser la monarchie de Juillet par l'imprudente campagne des *banquets*.
De Broglie, Villemain, Cousin.	**De Broglie** (1785-1870), gendre de Mme de Staël, ministre libéral, apportait aux affaires *le tact supérieur d'un homme du monde et la dignité d'un grand seigneur*. **Villemain** (1790-1870), *grand critique et grand professeur*, pair de France, Ministre de l'Instruction publique, avait une *éloquence tout académique*. **Cousin** (1792-1867), dont la carrière fut la même que celle de Villemain, était le chef unique de l'*enseignement philosophique* en France; il parlait comme il écrivait, d'un style châtié, noble et véhément tout à la fois.
Berryer, De Montalembert.	**Berryer** (1790-1868), *avocat incomparable*, infatigable défenseur de la légitimité et de la royauté déchue, en imposait l'apologie à ses auditeurs par la force de son caractère, la pureté de ses convictions, la noblesse de son éloquence, qui élevait toujours le débat à la *hauteur sereine des principes* et au-dessus des passions, et que servait, outre un magnifique organe, une prestance majestueuse. **Le comte de Montalembert** (1810-1870) fut le défenseur du catholicisme avec le dominicain *Lacordaire*, son ami, orateur plein de feu, passionné, un peu déclamatoire.
Lamartine.	**Lamartine** (1790-1869), *aussi grand orateur que grand poète*, mettait dans ses discours l'harmonie et les grandes images de ses vers; il fut un moment *l'homme le plus populaire de France*; successivement légitimiste, puis républicain, jamais orléaniste.

Ledru-Rollin.

Ledru-Rollin (1808-1875), avocat, *jurisconsulte*, fondateur de *La Réforme*, battit constamment en brèche le gouvernement de Louis-Philippe; — orateur du parti *républicain et socialiste*, il irritait la Chambre, mais passionnait les masses populaires par ses *déclamations* pleines de *lieux communs*, mais aussi de *pathétiques accents*.

Autres orateurs.

Au-dessous de ces personnages, il convient de mentionner **Duvergier de Hauranne**, membre de l'opposition dynastique, appuyant ses constantes demandes de réformes de *prophétiques avertissements*; — **Rémusat**, fils du grand orientaliste, dont la bonne grâce avait quelque chose de railleur; — **Dupin aîné**, l'un des 221, d'une *verve commune*, mais dont les plaisanteries épaisses déconcertaient souvent des adversaires au talent plus calme, et dont « *les gros lazzi marchaient sur l'éloquence ailée avec leurs gros souliers* »; — enfin **Dufaure**, avec sa dialectique et ses *boutades*.

Les différents ministères sous Louis-Philippe.

Les différents ministères du gouvernement de Louis-Philippe se recrutèrent parmi ces hommes politiques. — Plusieurs de ces *combinaisons ministérielles* ne se distinguent entre elles que par leur chef ou par quelques-uns seulement de leurs membres.
Dans la première partie du règne, les difficultés de la situation amènent une assez grande *instabilité ministérielle*. — A partir de 1840, au contraire, il n'y eut dans le cabinet aucun changement considérable.

**1°
Ministère du 11 août 1830, devenu Ministère Laffitte.**

Procès des ministres de Charles X

Sac de l'archevêché de Paris.

Le ministère du 11 août 1830, constitué immédiatement après la Révolution de Juillet, comprenait, à côté d'hommes attachés aux idées conservatrices, comme *de Broglie, Casimir Périer, Guizot, Molé*, des libéraux d'opinion plus avancée, tels que *Dupont de l'Eure* et *Laffitte*.
Remanié dans un sens plus libéral encore, le 3 *novembre*, par la substitution aux principaux ministres conservateurs de *La Fayette, Montalivet, Argoult* et des généraux *Soult* et *Sébastiani*, il devint le **Ministère Laffitte**, ainsi désigné du nom de son président.
— Ce premier ministère n'était, dans la pensée du roi, qu'une **transaction** entre le principe de la *Révolution* qui l'avait porté au trône, et le principe *monarchique et conservateur* qu'il représentait. — Deux graves questions rendaient la situation difficile :
1° **Le procès des ministres de Charles X,** pour lesquels les passions politiques exigeaient un châtiment sans pitié, et dont le roi voulait sauver la vie. — Traduits devant la *Chambre des Pairs*, ils furent condamnés à la mort civile et à une *détention perpétuelle*, qu'une grâce vint abréger quelques années plus tard;
2° **Le sac de l'archevêché de Paris,** provoqué par une manifestation imprudente des *légitimistes* dans l'église de Saint-Germain-l'Auxerrois (14 février 1831), et que le Gouvernement ne put ou n'osa réprimer. — **Une réaction** en faveur d'une *politique plus conforme aux idées d'ordre* amena la retraite de *La Fayette*, de *Dupont de l'Eure* et de *Laffitte*.

**2°
Ministère Casimir Périer.**

Le ministère Casimir Périer (13 mars 1831) comprenait les membres les plus modérés du précédent Cabinet; il se donna pour programme, sous l'impulsion vigoureuse de son chef, *la paix au dehors et la répression énergique des mouvements intérieurs*.
L'intervention en Belgique, l'*occupation d'Ancône* en Italie, une première insurrection à Lyon et deux complots à Paris (des *Tours Notre-Dame* et de la *rue des Prouvaires*) en remplirent la courte durée. — Il fut désorganisé par la mort prématurée de son président, emporté, le 16 mai 1832, par le *choléra*, qui exerçait alors d'affreux ravages.

21.

**3
Ministère
du 11 octobre 1832.

Guizot, Thiers
et de Broglie.**

Dans le ministère du 11 octobre 1832 figurèrent l'un à côté de l'autre **Guizot, Thiers et de Broglie.** — Interrompu un instant par le *ministère dit des trois jours* (10 novembre 1834), il demeura aux affaires, sans modifications importantes, pendant quatre années. — Il réprima la tentative de la *duchesse de Berry* en Vendée, combattit de nouvelles *insurrections* à Lyon et à Paris (affaire de la *rue Transnonain*, en 1834), fit faire le procès aux *Saint-Simoniens*, et chercha à empêcher, par les célèbres *lois de Septembre* 1835 contre la Presse, des *attentats* contre la personne du roi.

La rivalité de Guizot et de Thiers, qui aspiraient l'un et l'autre à la première place, en amena la dislocation. — Après la retraite de Guizot et du duc de Broglie en 1836, **Thiers** demeura un instant maître de la situation jusqu'au moment où *la hardiesse* de sa politique extérieure obligea le roi à se séparer de lui.

**4°
Ministère Molé.**

Le **ministère Molé,** constitué le 6 septembre 1836 et transformé le 15 avril 1837, se signala par des mesures de *conciliation,* mais succomba, en 1839, devant une coalition des deux centres (*centre gauche* et *centre droit*), dirigée par Thiers, Guizot et Odilon Barrot, et qui fut un fait grave et blâmable, dont les adversaires du parlementarisme se prévalent encore de nos jours.

**5°
Ministère Soult
et
Ministère Thiers.**

Le **ministère Soult,** *du 12 mai* 1839, timide et indécis, fut bientôt remplacé, le 1er *mars* 1840, par le **ministère Thiers.** — Une nouvelle divergence sur la politique extérieure entre le roi, *partisan de la paix,* et Thiers, qui montrait des *velléités belliqueuses,* amena la démission du premier ministre. — Un de ses principaux actes avait été la construction des *fortifications de Paris.*

**6°
Ministère Guizot
(1840-1848).**

Le **ministère Guizot,** constitué le 29 octobre 1840, un des plus longs et des plus mémorables qu'ait produits le régime parlementaire, ne fut renversé que par la **Révolution de 1848.**

Sa politique, d'accord avec celle du roi, s'efforça d'assurer le maintien de la *paix* et combattit l'action *socialiste;* mais l'*opposition,* excitée par des ambitions rivales, l'accusa de sacrifier la dignité de la France aux prétentions des autres puissances (*Droit de visite, affaire Pritchard*), les intérêts nationaux aux préoccupations dynastiques (*mariages espagnols*), et les classes populaires à la bourgeoisie (*opposition à la réforme électorale*).

Son impopularité, contre laquelle se raidissait l'*esprit hautain* de son chef, devint la principale cause de la Révolution de Février.

Les Partis :

Ce qui rendait la tâche difficile au Gouvernement de Louis-Philippe, composé cependant d'hommes distingués, c'étaient LES PARTIS entre lesquels la France était divisée.

**1° Les
Constitutionnels.**

1° Les **constitutionnels** ou orléanistes, partisans du régime nouveau, *industriels, commerçants,* amis de la *paix* au dedans comme au dehors, défendaient le Gouvernement par leurs *votes,* mais rectifiaient quelquefois une *docilité servile* par une *attitude frondeuse;* — à la Chambre ils formaient les *satisfaits* ou *ventrus.*

2° Les Légitimistes.

2° Les **légitimistes,** ou partisans de la **branche aînée,** pour qui le *duc de Bordeaux,* plus tard *comte de Chambord, Henri de France,* était le roi véritable, et Louis-Philippe un usurpateur; — sans influence par *leurs principes,* ils en exerçaient une très grande, surtout dans les campagnes, *par leur situation personnelle et leur fortune;* — un soulèvement dans l'Ouest, tenté par la **duchesse de Berry,** avec quelques-uns d'entre eux, fut réprimé sans difficulté.

3° **Les Républicains.**	**3° Les républicains**, joués en 1830, réclamaient des *réformes sociales* et *politiques*, l'intervention de l'État au profit des malheureux, *l'abaissement du cens électoral* et une adjonction plus complète des *capacités*; beaucoup même demandaient **le suffrage universel**. — Ils comptaient parmi eux les exaltés, les humanitaires, la jeunesse des écoles, les ouvriers des villes, des enthousiastes, des déclassés, toujours prêts à courir aux armes et à élever des barricades; — à ce parti sont imputables les *insurrections* qui ensanglantèrent le règne de Louis-Philippe, et à quelques-uns de ses membres les nombreux *attentats* contre la vie du roi ou de sa famille (attentats de *Bergeron*, d'*Alibaud*, de *Darmès*, et surtout de *Fieschi*, dont la machine infernale tua 19 personnes sans atteindre le roi).
4° **Les Bonapartistes.**	**4° Les bonapartistes**, faibles tant qu'ils n'eurent pour représentant que le *duc de Reichstadt*, fils de Napoléon Ier, devinrent plus hardis lorsque sa mort fit passer ses droits au prince **Louis-Napoléon**, *neveu de l'Empereur*. — Forts des souvenirs de l'épopée impériale, ravivés par *Victor Hugo* et *Béranger* et par le retour solennel des cendres de Napoléon, ils réclamaient *l'appel à la Nation*, une attitude plus belliqueuse à *l'extérieur*, un système politique moins exclusif à *l'intérieur*. — Les tentatives du prétendant à *Strasbourg* (1836) et à *Boulogne* (1840) échouèrent d'ailleurs misérablement.
Les **sociétés secrètes.**	**Exclus du pays légal** par l'élévation du cens, les membres les plus ardents des partis avancés (républicains, socialistes) se réfugiaient dans les **sociétés secrètes**. — Le *carbonarisme* disparut quand la haine contre les Bourbons se fut calmée par leur expulsion. **La franc-maçonnerie** n'exerçait pas alors une grande influence; mais d'autres associations se formèrent : celles des *Amis du Peuple*, des *Amis de l'Égalité*, de l'*Union de Juillet*, des *Droits de l'Homme*, de l'*Action*, des *Saisons*, des *Familles*. — En vain le Gouvernement aggrava-t-il par la loi du 10 avril 1834 les rigueurs de la législation impériale; en dépit des poursuites judiciaires, **ces associations**, jusqu'à la fin du règne, fournirent un *contingent* toujours prêt à l'émeute et à l'insurrection.

EFFET PRODUIT PAR LA RÉVOLUTION DE 1830 EN EUROPE : BELGIQUE, POLOGNE, ESPAGNE.

LA RÉVOLUTION **DE 1830** **ET L'EUROPE.**	**La Révolution de Juillet**, malgré le caractère pacifique de la nouvelle royauté, eut un contre-coup retentissant dans toute l'Europe, où cet exemple fit soulever tous les peuples opprimés dans **leur liberté** par le *despotisme*, dans **leur indépendance** par *l'occupation étrangère*.
1° Belgique.	**Le royaume des Pays-Bas**, formé par la réunion des *Pays-Bas belges* et des *Provinces-Unies de Hollande*, était une *création artificielle* de la diplomatie; car la *langue*, la *religion* et les *mœurs* séparaient les deux peuples réunis. **La Belgique**, qui n'avait pas dans les *États* la représentation à laquelle sa *population* lui donnait droit, et où le gouvernement de **Guillaume Ier** avait froissé tout à la fois le parti *libéral* et le parti *catholique*, se considérait comme *sacrifiée* dans cet arrangement. — A la nouvelle des Journées de Juillet, **une insurrection** éclata à Bruxelles, et les Hollandais vaincus furent obligés de se retirer.

Le congrès national, que convoqua le Gouvernement provisoire sorti de la Révolution, hésitait entre une Belgique *indépendante* et une *réunion à la France*; mais le royaume des Pays-Bas, constitué *sous la garantie des puissances*, ne pouvait être démembré que *de leur consentement.*

1° Belgique.
(*Suite.*)

La conférence de Londres, provoquée par le roi Guillaume, consacra, contre son attente, la séparation, en laissant à la Hollande une partie du *Luxembourg* et du *Limbourg* avec *Maestricht.* — Sur le refus de Guillaume d'y adhérer, une flotte *anglo-française* bloqua l'Escaut, et une **armée française**, commandée par le général *Gérard*, força la *citadelle d'Anvers,* où les Hollandais tenaient encore, à capituler. — L'érection de la Belgique en **royaume neutre**, au profit de *Léopold de Saxe-Cobourg,* assurait à la France une *barrière* sur sa frontière mutilée du Nord.

2° Pologne.

Quoique pourvue d'une constitution qui lui laissait dans l'empire moscovite une grande autonomie, **la Pologne** sentait toujours peser sur elle le joug des Russes. — **Une insurrection** les chassa de *Varsovie,* et la diète déclara la Pologne **indépendante** (janvier 1831); — mais après les victoires de *Grochow* et d'*Iganie*, remportées par les Polonais sur les Russes, leur défaite à *Ostrolenka,* aggravée par leurs divisions, amena la chute de Varsovie.

Traitée en pays conquis, la Pologne fut privée de sa Constitution, et, cessant de former un royaume, fut réduite à l'état de **province russe.**

3° Espagne.

La Révolution en Espagne fut aidée par l'absolutiste *Ferdinand VII.* — Au mépris de la *loi salique,* dont les Bourbons avaient fait la règle de succession au trône, il désigna, pour lui succéder, sous la régence de la reine *Christine,* sa **fille Isabelle** au détriment de son frère **don Carlos.** — A sa mort (1833), le pays fut déchiré en deux partis : les *Christinos* ou partisans d'Isabelle, et les *Carlistes* ou partisans de don Carlos. Chacun d'eux prit pour drapeau un régime politique différent, les Carlistes *l'absolutisme royal,* et les Christinos le système *constitutionnel,* auquel la régente dut se rallier par le statut royal de 1834, puis, sous la pression des événements, par la *constitution plus libérale* de 1837.

Malgré la valeur des chefs *Zumalacarreguy* et *Cabrera,* et le *dévouement* des provinces basques, qui défendaient leur autonomie en même temps que la cause de don Carlos, **les Carlistes** furent vaincus par *Espartero,* duc de la Victoire. — Les *libéraux* vainqueurs se divisèrent alors en *progressistes* et en *modérés* ou *conservateurs.* — La régente fut remplacée (1840) par **Espartero,** qui tomba à son tour sous le mécontentement excité par sa mauvaise politique; la jeune reine Isabelle, proclamée majeure, fit rappeler **Marie-Christine** (1843).

4° Autres contrées de l'Europe.

Les effets de la Révolution française de 1830 se firent encore sentir :

1° En **Portugal,** où *dom Miguel,* qui avait usurpé la couronne sur sa nièce, *dona Maria,* fille de son frère aîné, *dom Pedro,* et dont le parti se confondait avec celui de l'absolutisme, fut renversé après une *guerre civile* acharnée (1834);

2° En **Italie,** où de nouvelles *insurrections* amenèrent, à Modène et dans les États pontificaux, une nouvelle *intervention* des Autrichiens, suivie, à titre de protestation, d'une *occupation d'Ancône* par la France;

3° En **Allemagne** et en **Angleterre,** qu'agitèrent des troubles promptement réprimés.

LA QUESTION D'ORIENT; CARACTÈRES DE LA POLITIQUE EXTÉRIEURE DE LOUIS-PHILIPPE. CONQUÊTE DE L'ALGÉRIE.

LA QUESTION D'ORIENT :

Ses causes.

La question d'Orient a pour causes la *présence des Turcs en Europe* et les *compétitions* auxquelles *leur expulsion* donnerait lieu. Elle a été amenée par :

1° **Le démembrement** inévitable de l'Empire Ottoman, dont aspiraient à se séparer les peuples assujettis (*Serbie, Principautés danubiennes, Égypte*);

2° **L'ambition de la Russie,** qui cherche *une issue libre sur la Méditerranée* par la domination de la mer Noire et la conquête de Constantinople;

3° **L'intervention des autres puissances** intéressées à maintenir l'*équilibre européen.*

Traités d'Ackermann (1826) et d'Andrinople (1829).

Profitant de l'insurrection grecque, l'empereur *Nicolas* imposa à la Porte, en 1826, le traité **d'Ackermann,** qui stipulait en faveur de la Russie la *libre navigation du Danube,* l'établissement d'un *Conseil d'État national dans les Provinces danubiennes* et enfin *l'évacuation de la Serbie par les Turcs.*

Ces stipulations furent en partie confirmées par le **traité d'Andrinople,** où la Russie obtint même l'*embouchure du Danube* (1829).

Révolte de Méhémet-Ali, vice-roi d'Égypte

Traité d'Unkiar-Skelessi.

Mais la question se réveille par la révolte de **Méhémet-Ali** en Égypte. — Nommé *pacha* en 1806, Méhémet-Ali détruisit les *Mamelucks,* dont la domination s'était substituée à celle du sultan, procéda, grâce au concours d'Européens, à la *réorganisation* du pays et parvint à s'y rendre *indépendant* sous la suzeraineté nominale de la Porte, avec le titre de **vice-roi.**

Voulant agrandir son État, Méhémet-Ali se révolta, en 1832, contre le sultan, et, vainqueur à *Konieh,* obtint, par la médiation de la France et de l'Angleterre, au traité de **Kutaieh** la cession du district d'*Adana* et de toute la *Syrie,* qui portait sa domination jusqu'au *Taurus.*

La Russie profita des embarras du sultan pour lui faire accepter le **traité d'Unkiar-Skelessi,** par lequel la Porte, malgré les protestations de l'Angleterre et de la France, se plaçait sous sa *protection* et fermait *les Dardanelles* aux bâtiments de guerre étrangers (1833).

Nouveau conflit entre la Porte et l'Égypte.

———

Intervention des grandes puissances.

Un nouveau conflit éclata, en 1839, entre le sultan *Mahmoud,* qui voulait reprendre ses provinces, et *Méhémet-Ali,* qui aspirait à rendre sa domination héréditaire. — Les *Égyptiens* furent encore vainqueurs à *Nezib,* et un traître leur livra la flotte turque; ce qui mit Constantinople à leur merci.

Cette fois, les puissances européennes intervinrent pour ne pas laisser la Russie résoudre *seule* à son avantage la **Question d'Orient.** — Mais elles n'étaient point d'accord entre elles. La *Russie* et l'*Angleterre,* auxquelles se joignirent la *Prusse* et l'*Autriche,* redoutaient la formation en Orient d'une puissante monarchie nouvelle, avec un souverain comme Méhémet-Ali.— La *France,* au contraire, aurait voulu appuyer celui-ci, parce qu'elle le jugeait plus en état que la Porte de défendre une domination, au maintien de laquelle elle était intéressée.

Les **quatre puissances**, poussées par le ministre anglais *Palmerston*, signèrent entre elles et avec la *Porte*, à l'insu du Gouvernement français, le **Traité de Londres** ou de la **Quadruple Alliance**, par lequel elles mettaient la France hors du *concert Européen* en réglant sans elle le conflit. — **Méhémet** obtenait la possession *héréditaire* de l'Égypte; mais il devait *restituer toutes ses conquêtes asiatiques*, y compris la *Syrie*, et rendre la *flotte turque*; il n'avait que dix jours pour s'exécuter. — Sur son refus, la flotte anglaise, en bombardant les ports syriens et en menaçant Alexandrie, le contraignit à se soumettre.

La **France**, qui avait eu des velléités de résistance avec **Thiers**, revint à sa *politique pacifique* avec **Guizot** en s'inclinant devant les *faits accomplis*. — Le concert européen fut rétabli par la **convention des détroits** du 13 juillet 1841, qui suivit la soumission de Méhémet-Ali. — Par ce traité, la Turquie obtenait le droit d'interdire l'entrée du Bosphore aux *bâtiments de guerre de toutes les nations*, y compris ceux de la Russie; ce qui enlevait implicitement à cette dernière puissance le bénéfice du traité d'Unkiar-Skelessi.

La politique de l'Angleterre triomphait : l'intégrité de l'empire ottoman était maintenue; la Russie n'avait pu réaliser ses espérances; le vice-roi d'Égypte était humilié; la politique française avait subi un échec.

L'**expédition de 1830** avait donné à la France Alger, mais il fallait ou bien abandonner cette conquête, ce qui rendait le pays à la barbarie musulmane, ou bien l'étendre à toute l'Algérie, c'est-à-dire à la région comprise entre la Tunisie à l'Est et le Maroc à l'Ouest. — Pour donner à la France une *annexe précieuse* et ne point paraître tout sacrifier à la paix, le Gouvernement de Louis-Philippe, après quelques hésitations, se décida à accomplir l'**occupation de l'Algérie**.

La France eut à lutter, pour mener à bien cette entreprise, contre :

1° **L'opposition diplomatique de l'Angleterre**, qui redoutait de voir, à la suite de cette conquête, la Méditerranée occidentale devenir un *lac français*;

2° **La nature du pays**, montueux, très chaud en été, froid en hiver dans certaines régions, sans routes, très facile à défendre par les populations indigènes ;

3° **Le caractère de ces populations**, *musulmanes*, belliqueuses, décidées à combattre jusqu'à la mort pour leur indépendance. — C'étaient : — 1° **dans les villes**, une population très mêlée, composée de *Turcs*, de *Maures*, de *Berbères*, d'anciens renégats, de Juifs, et commandée par des *beys*, qui étaient placés sous la souveraineté nominale de la Porte; — 2° au Sud et à l'Ouest, **dans les plaines**, les *Arabes nomades*, amenés dans le pays par les grandes invasions du VIIe et du VIIIe siècles; — 3° à l'Est, **dans les montagnes**, les *Kabyles sédentaires*, de race berbère, les plus anciens habitants du pays, descendants de ces Numides qui formaient le noyau des armées d'Annibal et firent un instant trembler Rome avec Jugurtha;

4° **L'hostilité du Maroc**, que nos armées inquiétaient, sans cependant le menacer, et qui finit par soutenir la cause d'Abd-el-Kader.

Le défaut d'entente entre nos ennemis, qui ne surent pas unir leurs forces, facilita la conquête; — mais la France eut néanmoins une guerre, longue et redoutable, à soutenir contre *Abd-el-Kader*, émir ou chef de Mascara, contre le bey de Constantine et contre l'empereur du Maroc.

1°
Débuts
de la conquête
(1830-1834).

De 1830 à 1834, la France chercha surtout à occuper quelques villes (Oran, Bône, Bougie), et à organiser les moyens de poursuivre la conquête par différentes créations militaires (*spahis* ou cavaliers indigènes, *turcos* ou tirailleurs indigènes, *zouaves*, bureaux arabes). Les possessions françaises dans le nord de l'Afrique furent soumises au *pouvoir militaire*; et le général *Drouet d'Erlon* fut le **premier gouverneur** de l'Algérie.

2°
Lutte
avec Abd-el-Kader,
émir de Mascara.
———
Traité de la Tafna.

Ceux des indigènes que les progrès de la France inquiétaient, et qu'excitait le *fanatisme musulman*, se placèrent sous la conduite d'**Abd-el-Kader**, auquel ils donnaient le nom de *marabout* et le titre d'*émir*; Mascara était sa résidence. — Le gouverneur d'Oran entra en négociations avec l'émir et signa un traité, qui fut désavoué par le Gouvernement (1834).

Dans une expédition dirigée contre Abd-el-Kader, les troupes françaises furent écrasées sur les bords de *la Macta* par la supériorité du nombre (26 juin 1835); mais elles reprirent l'*offensive*, entrèrent à Mascara, abandonnée par les Arabes, et défendirent victorieusement Tlemcen, que la victoire de *la Sikkah* (1836) délivra de toute attaque. — Par le traité de *la Tafna* (1837), Abd-el-Kader reconnut la souveraineté de la France, qui rendit à l'émir une partie des territoires contestés.

3°
Siège et prise
de Constantine.

Mais il n'y avait aucune sécurité pour nos conquêtes de l'*Ouest* tant que **Constantine** resterait libre sous son bey à l'*Est*. — Un premier siège (novembre 1836) échoua par la force de la place et l'insuffisance des moyens d'attaque. L'armée dut effectuer la célèbre *retraite de Constantine*. — Ce ne fut qu'après avoir conclu avec Abd-el-Kader le *traité de la Tafna*, que le nouveau gouverneur, le **général Damrémont**, libre de toute inquiétude à l'Ouest, put reporter ses forces contre Constantine, dont la prise, après un assaut mémorable, lui coûta la vie (13 octobre 1837).

4°
Nouvelle lutte
avec Abd-el-Kader.
———
Prise de la Smala.

Abd-el-Kader, inquiet de nos progrès, rompit le traité et recommença la guerre, d'abord contre le maréchal *Valée*, puis contre le général *Bugeaud*, successivement nommés gouverneurs de l'Algérie. — Elle fut illustrée, du côté des Français, par l'héroïque **défense de Mazagran** (février 1840), le combat du *col de la Mouzaïa*, la prise de la *Smala* ou camp mobile d'Abd-el-Kader, qui fut contraint à s'enfuir au Maroc (16 mai 1843).

5°
Guerre
avec le Maroc.
———
Bataille de l'Isly.

L'empereur du Maroc, *Abd-er-Rhaman*, dont Abd-el-Kader enflammait les sujets contre nous, en faisant prêcher la guerre sainte, se mit en état d'hostilités avec la France. Le **maréchal Bugeaud** remporta sur son armée la mémorable victoire de l'**Isly** (13 août 1844); toutefois, ce succès ne nous valut aucun dédommagement territorial, ni même pécuniaire. « *La France*, disait le *Journal des Débats*, *est assez riche pour payer sa gloire.* »

6°
Dernières
tentatives et
soumission
d'Abd-el-Kader.

Privé des secours du Maroc, Abd-el-Kader souleva les Kabyles et recommença une nouvelle guerre d'un caractère de plus en plus impitoyable, marquée par les exploits du prophète *Bou-Maza*, l'affaire des *grottes du Dahra*, où le colonel *Pélissier* fit enfumer 500 à 600 Arabes qui s'y étaient retranchés, et l'échec de *Sidi-Brahim*. — Enfin, traqué de tous les côtés, *Abd-el-Kader* dut faire sa **soumission** entre les mains du *duc d'Aumale*, successeur de Bugeaud, démissionnaire. L'Algérie était définitivement et entièrement conquise, à l'exception de *la Kabylie*, dont les Français ne se rendirent complètement maîtres qu'en 1851 et 1857.

4° RÉVOLUTION DE 1848.

CAUSES DE LA RÉVOLUTION EN FRANCE. LA QUESTION ÉLECTORALE.
LA RÉPUBLIQUE DE 1848. CONTRE-COUP EN EUROPE.

La Monarchie de Juillet, dont l'avènement avait été un gage à la Révolution, devait tomber par une *révolution semblable* à celle qui emporta le gouvernement de Charles X. — Cette catastrophe est due à des **causes multiples et variées** :

1° **L'origine même de la nouvelle monarchie**, qui la privait tout à la fois du droit que donnent une *possession séculaire* et le *prestige des armes;* elle représentait non **un principe**, mais **des intérêts**. — Si beaucoup trouvaient *leur affaire* à la défendre, presque personne ne s'en faisait *un devoir*.

2° **Les partis hostiles**, qui ne manquaient pas au sein de la nation. — La monarchie de Juillet avait en effet contre elle : — 1° presque **tous les grands propriétaires légitimistes**, qui ne pardonnaient pas à Louis-Philippe ce qu'ils appelaient son *usurpation;* — 2° les **survivants de l'Empire**, toujours épris de *gloire militaire*, et pour qui Louis-Philippe n'était qu'un *partisan à outrance de la paix;* — 3° les **ouvriers des villes**, aigris par la *misère* et le *chômage*, et attendant un soulagement à leurs maux de l'application des *doctrines socialistes*, qui rencontraient dans l'existence d'un gouvernement monarchique un insurmontable obstacle.

3° **La désunion et l'égoïsme borné des partisans du Gouvernement**, qui diminuaient sa force. — De 1830 à 1840, de *fréquents changements de ministères*, amenés par les *rivalités parlementaires*, affaiblirent l'autorité. — De 1840 à 1848, **le ministère Guizot**, en qui s'incarnait l'esprit de résistance, eut pour ennemis les plus violents quelques-uns des amis de la royauté nouvelle, qui, pour monter plus facilement à l'assaut du pouvoir, *n'hésitaient point à l'ébranler*.

Les passions tournèrent même contre le roi quelques-unes de ses incontestables *qualités*. — Son économie fut taxée *d'avarice;* son amour de la paix, de *pusillanimité;* son observation des règles du régime parlementaire, de tentative de *gouvernement personnel*.

Les journaux, les orateurs à la tribune exagérèrent quelques incidents malheureux, comme *l'indemnité Pritchard*, *l'affaire de la rue Transnonain*, *l'affaire Teste et Cubières*, etc. — Ceux qui, par leur conviction ou leur intérêt, tenaient le plus à la conservation du Gouvernement, estimaient cependant qu'il fallait lui *donner une leçon*.

Beaucoup d'esprits cultivés et raisonnables pensaient d'ailleurs, avec les partis avancés, que la plupart des vices réels et supposés du Gouvernement de Juillet tenaient aux **défauts du système électoral**. — Il fallait, en effet, *pour être électeur*, payer 200 francs de contributions et avoir 25 ans; *pour être élu*, payer 500 francs de contributions et être âgé de 30 ans. — De plus, les électeurs étaient répartis de telle sorte dans les collèges électoraux, que quelques-unes des circonscriptions en comptaient *vingt fois plus* que d'autres, sans avoir droit à une plus forte représentation. — Enfin un très grand nombre de députés étaient en même temps *fonctionnaires* : ce qui leur ôtait toute indépendance à l'égard du ministre dont ils relevaient. — Il résultait de ce système que :

Marginal notes:

CAUSES DE LA RÉVOLUTION DE 1848.

Origine de la monarchie de Juillet.

Partis hostiles.

Affaiblissement de l'autorité.

Attaques contre la personne du roi.

LA QUESTION ÉLECTORALE.

Défauts du système en vigueur.

LA QUESTION ÉLECTORALE. *(Suite.)*

1° Sur **35 000 000** d'habitants, seulement **200 000**, et à la fin du règne **247 000**, composaient ce qu'on appelait *le pays légal*, c'est-à-dire prenaient part au vote ;

2° **Les citoyens chez lesquels les diplômes ou la position** révélaient un esprit cultivé, tels que les *professeurs*, les *médecins*, les *avocats*, les *membres de l'Institut*, étaient exclus des listes s'ils ne possédaient point le cens nécessaire. — A ceux qui s'en plaignaient, M. Guizot répondait : « *Enrichissez-vous* » ; il ajoutait, il est vrai : « *par le travail* ». Mais la malignité publique ne retenait que la première partie du conseil ;

3° **Des transactions, souvent blâmables**, intervenaient entre les députés et les ministres, qui pouvaient ainsi se procurer une *majorité factice*.

Demandes de réforme.

Résistance du Gouvernement.

Les partisans de la réforme demandaient donc : 1° *l'abaissement du cens* ; 2° *l'admission des capacités* ; 3° *la moralisation du suffrage* par le remaniement des circonscriptions et la réduction du nombre des députés-fonctionnaires.

Le Gouvernement et *son ministre* s'abstenaient de proposer la réforme, parce qu'ils craignaient que l'opinion des nouveaux électeurs ne leur fût pas favorable. — *La majorité* n'en voulait point, afin de conserver son monopole politique.

Une vive agitation régnait dans le pays et avait son écho dans les débats parlementaires. — A l'ouverture de la session de 1847, le roi annonça son intention de ne pas céder, et se plaignit des *passions ennemies ou aveugles* qui s'agitaient. — Dans la discussion de l'adresse, **Duvergier de Hauranne**, en présence du parti pris de la Chambre, s'écria : « *Nous ne venons pas plaider ici devant la majorité contre le ministère ; nous venons plaider devant le pays contre le ministère et contre la majorité.* »

Interdiction des banquets.

Des partisans de la réforme, appartenant au *XIIe arrondissement* de Paris (aujourd'hui le *V^e*), formèrent le projet de se réunir dans **un banquet** pour manifester leurs sentiments. — Le ministère déclara qu'il l'empêcherait même par la force.

Quatre-vingt-sept députés de l'opposition, qui trouvaient cette défense illégale comme attentatoire à la *liberté de réunion*, promirent d'y assister. — L'attitude obstinée du Gouvernement leur fit toutefois craindre une *collision*, et la plupart revinrent sur leur décision. — La manifestation n'en fut pas moins définitivement fixée au 22 février 1848. Ce fut la première des **trois journées de Février**, qui devaient renverser le trône de Louis-Philippe, comme, en 1830, les *trois journées de Juillet* avaient emporté celui de Charles X.

RÉVOLUTION DE 1848.

Les trois journées de Février.

1re Journée, 22 février. — Une foule énorme circule dans les rues. Toute l'armée de Paris est sur pied. On crie : *Vive la Réforme!* et on chante *la Marseillaise*. — La Chambre est en séance ; Odilon Barrot y propose la *mise en accusation* du ministère.

2e Journée, 23 février. — Une fusillade éclate sur quelques points ; la foule crie : *A bas Guizot!* — La garde nationale prend parti pour les manifestants, au lieu de les dissiper. La troupe hésite. — **Guizot** donne sa *démission*, et le roi charge **Molé** de former un nouveau cabinet. — Tout semblait fini, lorsque, au boulevard des Capucines, où se trouvait alors le ministère des Affaires étrangères, un bataillon du 14e de ligne, entendant un coup de feu parti on ne sait d'où, *tire, sans ordre*, sur une bande de manifestants et de curieux. — Cinquante-deux personnes tombent, et on relève **vingt-trois cadavres**. Cinq de ces cadavres sont aussitôt enlevés, placés sur un chariot, promenés dans Paris à la lumière des torches, et aux cris de : *Vengeance! on égorge le peuple.* — La foule crie : *Aux armes!* Les barricades s'élèvent de tous côtés.

22.

3e Journée, 24 février. — Dès le matin du 24, l'émeute était devenue une révolution. — A la place de Molé, le roi fait appeler **Thiers**, qui exige le concours d'**Odilon Barrot**. — Mais déjà le cri de *Vive la République!* retentit partout. **La garde nationale** refuse d'obéir à **Bugeaud**, que le roi vient de nommer commandant en chef de la garde nationale et de l'armée. — Le *général Bedeau* se trouve arrêté sur les boulevards, devant une forte barricade, et ses soldats mettent la crosse en l'air. — **Le roi**, pour ranimer le courage de ses défenseurs, monte à cheval et parcourt la place du Carrousel; mais la garde nationale l'accueille aux cris de *Vive la Réforme!* — En butte à des conseils contradictoires, **Louis-Philippe** abdique en faveur de son petit-fils, *le comte de Paris*, fils du duc d'Orléans, qui était mort d'une chute de voiture en 1842; puis, protégé par une faible escorte de cuirassiers, il quitte les Tuileries envahies de tous côtés.

Il ne restait plus d'autre pouvoir que la Chambre des Députés. — La *duchesse d'Orléans* s'y présente avec son fils, dans l'espoir d'obtenir *la régence* pour elle et la couronne pour le comte de Paris; mais le peuple envahit la Chambre, se mêle aux députés, et prend leur place. — Sur la proposition de Ledru-Rollin et de Lamartine, **un Gouvernement provisoire** est formé par acclamation populaire. Il comprend, outre *Lamartine* et *Ledru-Rollin*, *Dupont (de l'Eure)*, *Arago*, *Crémieux*, *Garnier-Pagès*, *Marie*. — Les membres du Gouvernement provisoire se rendent à l'**Hôtel de Ville**, où le peuple leur adjoint *Louis Blanc*, *Ferdinand Flocon*, *Armand Marrast* et l'ouvrier *Albert*.

La République est immédiatement proclamée. — Une *Assemblée Constituante* est convoquée. Elle sera nommée par le **suffrage universel**, au *scrutin de liste*; tout Français, âgé de 21 ans et ayant 6 mois de domicile, était électeur. — Une ère de bonheur et de fraternité semblait se lever pour la France; des *arbres de liberté* étaient bénis par le clergé.

Ces illusions furent de courte durée. La situation du Gouvernement provisoire, comme celle de la France, était pleine de périls et d'incertitude. — D'un côté, les adhésions sincères ou intéressées lui arrivaient de toutes parts. **Le prince Louis-Napoléon** écrivait de Londres : « *J'accours pour me ranger sous le drapeau de la République.* » — Mais, d'un autre côté, tout trafic était arrêté; **les ouvriers**, sans travail et en armes, ne pouvaient supporter longtemps les effets de la crise : « *Nous avons trois mois de misère à mettre au service de la République* », avaient-ils dit; tout faisait craindre qu'on ne pût atteindre même cette redoutable échéance. — Les représentants des **partis avancés**, *Blanqui*, *Barbès*, *Raspail*, *Proudhon*, s'agitaient pour la révolution sociale avec le *drapeau rouge* comme emblème. — **Lamartine** eut le courage de leur résister : « *Le drapeau rouge, je ne l'adopterai jamais*, dit-il à la foule massée sur la place de l'Hôtel de Ville; *car le drapeau tricolore a fait le tour du monde avec vos libertés et vos gloires, tandis que le drapeau rouge n'a fait que le tour du Champ de Mars traîné dans le sang du peuple.* »

Les premiers actes du Gouvernement provisoire furent, les uns, la mise en pratique des principes libéraux, les autres, des mesures de circonstance. — D'abord il déclare la *presse libre*, reconnaît le *droit de réunion et d'association*, abolit l'*esclavage* dans les colonies. — Puis il constitue au Luxembourg une *Commission ouvrière* chargée d'organiser le travail, d'établir des **ateliers nationaux** pour occuper les ouvriers. — Afin de subvenir aux nécessités du Trésor, il ajoute l'impôt des 45 *centimes* au principal des quatre contributions directes.

L'Assemblée Constituante, convoquée pour le 9 avril, ne fut élue que le 23, et se réunit le 4 mai. — La majorité appartenait au parti *républicain modéré*.

Son premier soin fut de proclamer à nouveau la République et de nommer une **Commission exécutive**, composée d'*Arago, Garnier-Pagès, Marie, Lamartine* et *Ledru-Rollin*, à la place du Gouvernement provisoire. — A peine l'Assemblée avait-elle commencé ses travaux, que son existence fut mise en péril.

Le 15 mai, une foule immense tenta de faire une révolution nouvelle; sous prétexte de présenter une pétition en faveur de la **Pologne**, elle envahit la salle des délibérations, proclama la dissolution de la Chambre et constitua un Gouvernement provisoire. — Mais la *garde nationale* et la *garde mobile*, recrutée parmi les jeunes ouvriers, rassemblées à la hâte, chassèrent les envahisseurs et ramenèrent les représentants.

L'Assemblée Constituante (4 mai 1848-27 mai 1849). Journée du 15 mai.

C'est des ateliers nationaux qu'étaient sortis les *manifestants*; ils furent dissous par un décret du 21 juin. — Leur suppression provoqua une formidable insurrection.

La Commission exécutive donna sa démission, et le **général Cavaignac** fut investi de pleins pouvoirs. L'*état de siège* fut proclamé. — Une lutte horrible, que l'armée, la garde nationale et la garde mobile soutinrent contre les insurgés pendant les journées des 23, 24, 25 et 26 juin, ensanglanta la capitale. — Elle coûta la vie aux généraux *Bréa, Duvivier, Négrier, Damesme*, et à l'*archevêque de Paris*, qui s'était généreusement offert aux coups des insurgés pour les exhorter à la paix : « *Que mon sang*, avait dit **Mgr Affre** en mourant, *soit le dernier versé!* » — Le lendemain les émeutiers, retranchés dans le *faubourg Saint-Antoine*, étaient forcés de mettre bas les armes; onze mille furent faits prisonniers, et un grand nombre déportés.

Le général Cavaignac conserva le Gouvernement avec un *ministère républicain*.

Les Journées de Juin 1848.

La Constitution, votée le 12 novembre 1848, ne réunissait pas toutes les conditions nécessaires à un gouvernement parlementaire. — Elle maintenait la République et le suffrage universel; mais elle créait **un Président**, nommé pour quatre ans directement par les électeurs, et une *Chambre unique*, appelée **Assemblée Législative**, élue pour trois ans. — Le Président de la République ne pouvait pas *dissoudre* l'Assemblée; l'Assemblée ne pouvait *destituer* le Président; si un conflit s'élevait entre les deux pouvoirs rivaux, il était donc insoluble.

Cette situation fut encore aggravée par le choix des électeurs, qui donnèrent la *présidence*, le 10 décembre 1848, au prince **Louis-Napoléon Bonaparte**, et la *majorité* dans l'Assemblée législative aux *Légitimistes* et aux *Orléanistes*.

Constitution de 1848. Louis-Napoléon Bonaparte président de la République.

La Révolution de 1848, de même que celle de 1830, eut son *contre-coup* en dehors de la France.

1° En Italie. — Un mouvement insurrectionnel ou national se produisit dans toute la Péninsule. — Une insurrection à *Naples* contraignit **Ferdinand II** à accorder une Constitution à ses sujets (11 février 1848). — **Charles-Albert**, roi de *Sardaigne* et du *Piémont*, et **Léopold II**, grand-duc de *Toscane*, suivirent son exemple (février et mars 1848). — A **Rome**, **Pie IX**, successeur de *Grégoire XVI* (1846), dont l'avènement avait ravivé des espérances, accorda aux Romains une Constitution (15 mars 1848). — A Milan et à *Venise*, la population se souleva contre les Autrichiens (mars 1848), au cri de « *Fuori i Barbari!* » hors d'ici les Barbares!

Contre-coup de la Révolution de 1848 en Europe. 1° En Italie.

2° En Autriche. — *M. de Metternich* fut renversé, quand la nouvelle de la Révolution française parvint à Vienne. L'empereur dut promettre la convocation d'une *Assemblée Constituante*, qui se réunit le 22 juillet. — Les *Tchèques* de Bohême se soulevèrent pour obtenir la convocation d'un Congrès. L'empereur promit une Constitution aux *Magyars* de la Hongrie.

3° En Allemagne. — Le *grand-duc de Bade*, les souverains de *Hesse-Darmstadt, Hesse Électorale, Wurtemberg*, durent accorder une Constitution nouvelle à leurs sujets.— Le roi de Prusse, **Frédéric-Guillaume IV**, qui avait formellement déclaré *qu'il n'y aurait jamais une feuille de papier entre son peuple et lui*, fut contraint de convoquer une Assemblée Constituante. — Le vieux *roi de Bavière*, **Louis**, abdiqua en faveur de son fils *Maximilien*. — L'Allemagne tout entière chercha en même temps à avoir sa *représentation nationale* à la place de la **Diète**, qui n'était qu'une réunion de diplomates. — Le 31 mars 1848, une Assemblée, composée de tous ceux qui faisaient ou avaient fait partie de Chambres de députés en Allemagne, se réunit à **Francfort**. — Elle créa un *Parlement germanique*, dont le suffrage universel fut la base. La nouvelle Assemblée proclama l'archiduc *Jean* vicaire général de l'Empire, et la Diète fut déclarée dissoute, comme désormais *inutile*.

4° Le mouvement se fit sentir jusqu'aux Principautés Danubiennes, où les *Roumains* cherchèrent à s'affranchir de l'autorité des *Turcs* et de la protection des *Russes*.

Aucune de ces révolutions ne réussit, du moins immédiatement, parce que :

1° Les princes menacés se prêtèrent un *mutuel appui* (intervention de la France en faveur du Souverain Pontife ; intervention de la Russie en faveur de l'Autriche contre les Hongrois) ;

2° Les peuples, au contraire, dont les uns combattaient pour leur indépendance, les autres pour leur liberté, ne *surent pas s'entendre* ;

3° La France, sur laquelle ils croyaient pouvoir compter, refusa de se lancer dans cette aventure. — Le parti radical aurait voulu qu'on soutînt par les armes la *cause de la Révolution* dans tous les pays, mais **Lamartine**, *ministre des Affaires étrangères* du Gouvernement provisoire, pour rassurer l'Europe et éviter la guerre, envoya aux puissances un *manifeste pacifique*.

En Italie, où la cause de la révolution se confondait avec celle de *l'indépendance*, elle eut pour adversaires les souverains et l'étranger.

Charles-Albert, *roi de Sardaigne et du Piémont*, dont l'ambition entendait faire tourner les événements à son profit, espérait chasser les Autrichiens et devenir *roi d'Italie*. — *Parme, Modène*, la *Lombardie* et *Venise* votèrent leur annexion au Piémont. — Le parlement insurrectionnel de *Palerme* voulut remplacer en Sicile **Ferdinand II** par le *duc de Gênes*, fils de Charles-Albert ; les troupes napolitaines devaient se joindre aux troupes *piémontaises*. — Mais les autres princes ne pouvaient se prêter à des projets dont le résultat eût été de les *déposséder*. Ferdinand II, vainqueur de l'insurrection, rappela ses troupes.

En vain les révolutionnaires, après l'assassinat par une main inconnue du ministre de Pie IX, le *comte Rossi*, contraignirent-ils le pape à quitter Rome et à se réfugier à *Gaëte*, dans le royaume de Naples ; la *proclamation de la République* dans les États de l'Église ne fit qu'ajouter une nouvelle cause de discorde à celles qui divisaient l'Italie. — La Révolution italienne fut détruite par **l'intervention de l'étranger**.

<table>
<tr>
<td>

**Défaite
et abdication
de Charles-Albert,
roi de Sardaigne.**

</td>
<td>

Après quelques succès (victoire de *Goïto*), **Charles-Albert** fut forcé de lever le siège de Mantoue; battu à *Custozza* (25 juillet 1848) par le maréchal *Radetzki*, il dut accepter l'*armistice de Milan*. — Une nouvelle prise d'armes ne fut pas plus heureuse. Pour n'être point débordé par la Révolution, qui voulait continuer la lutte, Charles-Albert dénonça l'armistice; mais il fut écrasé à *Novare* (23 mars 1849) par les Autrichiens.

La cause de l'indépendance tomba en même temps que celle de la liberté. — Le duc de *Modène* était déjà rentré dans ses États. Les souverains de *Parme* et de *Florence* furent rétablis par les Autrichiens. — *Ferdinand II*, libre de ses mouvements, écrasa l'insurrection sicilienne. — *La Lombardie* retomba sous le joug de l'Autriche. — Charles-Albert abdiqua en faveur de son fils **Victor-Emmanuel**; toutefois *le Piémont* conserva sa Constitution.

</td>
</tr>
<tr>
<td>

**Intervention
des Français
à Rome.**

**Les Autrichiens
à Venise.**

</td>
<td>

A Rome, ce furent les Français qui *restaurèrent* l'ancien état de choses. — De *Gaëte*, **Pie IX** avait fait appel aux puissances catholiques. Le Gouvernement français, qui ne pouvait abandonner les *intérêts religieux* de ses nationaux et qui ne voulait pas laisser **l'Autriche** *disposer seule* de l'Italie, envoya une armée, commandée par le *général Oudinot*, au secours du souverain pontife. — **La République romaine** avait confié le pouvoir à un triumvirat, composé de *Mazzini*, *Armellini* et *Saffi*, qui, avec l'appui de *Garibaldi*, étaient décidés à se défendre énergiquement; mais, après une résistance d'un mois, la ville dut capituler. Le pape y rentra le 4 avril 1849.

Venise seule, retranchée dans ses *lagunes*, héroïquement défendue par le président *Manin* et le général *Ullo*, tenait toujours. — Elle tomba à son tour le 22 avril 1849, et rentra sous la domination autrichienne. — La restauration du passé était complète en Italie.

</td>
</tr>
<tr>
<td>

**Troubles
en Autriche.**

———

**Abdication
de Ferdinand Ier.**

</td>
<td>

A Vienne, trois soulèvements successifs avaient eu lieu : — *le premier,* pour obtenir une Constitution et faire tomber Metternich; *le second,* parce que la Constitution accordée parut insuffisamment libérale; *le troisième,* parce que les habitants voulaient s'opposer au départ des troupes envoyées contre les Hongrois (6 octobre 1848).

L'empereur Ferdinand Ier dut quitter *trois fois* sa capitale; il y rentra les deux premières fois, après avoir accordé ce qu'on exigeait; la troisième, après un siège en règle et un bombardement. — Pour que ses promesses ne fussent pas un obstacle au rétablissement du pouvoir absolu, l'empereur Ferdinand Ier *abdiqua* en faveur de son neveu **François-Joseph.** La Constitution fut abolie.

</td>
</tr>
<tr>
<td>

**Soulèvement
de la Hongrie.**

</td>
<td>

En Hongrie, la Constitution particulière que *les Magyars* avaient obtenue ne devait pas avoir meilleur sort. — Elle ne faisait aucune part aux peuples, autrefois sujets de la Hongrie, tombés avec elle sous la domination autrichienne. — Les **Serbes** et les **Croates** se révoltèrent contre les Hongrois, comme ceux-ci s'étaient révoltés contre les Autrichiens; et l'Autriche, qui les avait d'abord excités en secret, les soutint ensuite ouvertement.

Les Hongrois se soulevèrent immédiatement, aussi ardents à défendre leur liberté qu'à étouffer celle des autres (septembre 1848). **Kossuth** fut nommé dictateur. — La *Diète de Debreczin* proclama la déchéance des Habsbourg et l'indépendance de la Hongrie (14 avril 1849). La patrie fut déclarée en danger. Un immense enthousiasme s'empara de toute la nation. — Après avoir battu les Serbes et les Croates, les Hongrois, un instant tenus en échec, reprirent l'offensive sous la conduite de *Georgey*, *Dembinski*, etc.

</td>
</tr>
</table>

Défaite des Hongrois grâce à l'intervention des Russes.

C'est alors que l'Autriche, désespérant de triompher seule de l'insurrection, appela à son aide la Russie, qui craignait que le soulèvement des Hongrois ne fût imité par les *Polonais*. 200 000 Russes envahirent la Hongrie. — Attaqués à l'est par *Paskewitch*, à l'ouest par le généralissime autrichien *Haynau*, **les Hongrois** furent battus partout, et leur général en chef, *Georgey*, qui avait remplacé Kossuth comme dictateur, fut contraint de capituler à *Vilagos* le 13 août 1849.

La Hongrie perdit les restes de son indépendance; de sanglantes exécutions satisfirent la vengeance des vainqueurs. — Une *Constitution centralisatrice*, du 4 mars 1849, en contradiction avec les aspirations nationales, fut remise en vigueur.

ALLEMAGNE.
—
Nouvelle Constitution en Prusse.

La Constituante que *Frédéric-Guillaume* avait été contraint de réunir en Prusse n'avait pas encore terminé ses travaux, que le roi voulut la transporter de Berlin à Brandebourg. — Sur son refus, et à la suite de troubles que ce conflit provoqua, elle fut *dissoute*, et ses membres dispersés par force (5 décembre 1848). — Toutefois, mieux inspiré plus tard, *Frédéric-Guillaume* octroya, le 6 février 1850, **une Constitution** à la Prusse.

La nouvelle Constitution établissait *deux Chambres*, qui partageaient avec le roi le pouvoir législatif : **celle des Seigneurs,** composée de membres à vie et *héréditaires;* **celle des Députés** ou membres *élus* par le suffrage universel à deux degrés. — C'est cette Constitution qui régit encore la Prusse aujourd'hui.

Dispersion du Parlement de Francfort.

Le Parlement allemand, qui avait terminé ses séances, offrit le 2 avril 1849, la *couronne impériale* à Frédéric-Guillaume. — Mais le **roi de Prusse** refusa une couronne qui l'aurait mis sous la dépendance de la *révolution allemande;* et l'Autriche froissée rappela ses députés. — Ce fut le signal de troubles sanglants qui éclatèrent à Dresde, à Munich, à Nuremberg, à Wurtzbourg, à Bade.

Les troupes prussiennes dispersèrent le Parlement, qui s'était déclaré en permanence, et se chargèrent de réprimer la révolte. — *La Diète fut rétablie.*

Les Principautés Danubiennes.

Dans les Principautés Danubiennes, les *Russes* et les *Turcs* s'entendirent pour étouffer l'insurrection; et l'occupation du pays par leurs troupes lui imposa deux *hospodars* nommés par le sultan.

5° CHANGEMENTS SURVENUS DANS LE GOUVERNEMENT DE LA FRANCE DEPUIS 1848.

LA CONSTITUTION DE 1852 ET LE SECOND EMPIRE. — LA RÉPUBLIQUE.
LOIS CONSTITUTIONNELLES DE 1875.

Vices de la Constitution de 1848.

Les vices de la Constitution de 1848 ne tardèrent pas à produire leur effet.— D'abord le **Prince-Président** et l'**Assemblée Législative,** qui avait succédé à la Constituante le 27 mai 1849, *marchèrent d'accord;* — les deux pouvoirs, *exécutif* et *législatif,* s'entendirent pour réprimer l'esprit révolutionnaire, qui venait de se manifester dans de si terribles événements, et qui était une source perpétuelle d'inquiétude pour le pays.— A cette politique sont dus :

Expédition de Rome.

1° **L'expédition de Rome**, qui aboutit au rétablissement du *pouvoir temporel du pape*. — Réclamée par les catholiques et les monarchistes, elle fut attaquée par les républicains. — **Ledru-Rollin** demanda à la tribune la mise en accusation du ministère, et, sur le refus de la Chambre, essaya de soulever le peuple; mais la *manifestation du 13 Juin* 1849 échoua. — Ledru-Rollin et quelques membres de la gauche, qui étaient allés siéger insurrectionnellement au *Conservatoire des Arts et Métiers*, n'échappèrent à une arrestation que par la fuite.

La loi du 15 mars 1850 sur l'enseignement.

2° **La loi du 15 mars 1850 sur l'enseignement**, dite *loi Falloux*, qui supprimait le *monopole* de l'Université, en matière d'enseignement secondaire, et que les libéraux flétrissaient du nom d'*expédition de Rome à l'intérieur*. — Cette loi ouvrait l'accès des *grades* aux élèves des écoles libres aussi bien qu'à ceux des établissements officiels, et favorisait, en vue du développement de l'enseignement primaire, la remise de la direction des écoles communales, surtout des écoles de filles, à des *membres de congrégations enseignantes*. — Soutenue par les royalistes au nom de la liberté, elle fut combattue par une partie des républicains à cause du profit qu'en devait plus particulièrement tirer l'*enseignement catholique*.

Loi électorale du 31 mai 1850.

3° **La loi électorale du 31 mai 1850.** — Elle fut provoquée par les élections socialistes de *Flotte* et d'*Eugène Sue* (l'auteur des *Mystères de Paris* et du *Juif Errant*). — Tout en maintenant le principe du suffrage universel, elle subordonna le droit de vote au *domicile* prouvé par l'inscription sur le rôle de la *contribution personnelle* ou de la prestation en nature; ce qui enlevait le vote à la population flottante des grandes villes, « à *la vile multitude*, disait Thiers, *qui a perdu toutes les républiques* ».

Dissentiments entre le Président et l'Assemblée.

Les deux pouvoirs, d'accord sur ces mesures, se divisèrent lorsqu'il s'agit d'en recueillir les fruits. — L'Assemblée, composée en majorité de **légitimistes** et d'**orléanistes**, aurait voulu la restauration de la monarchie, même au prix d'une *révolution nouvelle*.— Le **Prince-Président**, hanté par le souvenir de son oncle, cherchait à se maintenir au pouvoir, même, au besoin, par un *coup d'État*. — Des deux côtés on se prépara à la lutte. Le **Président** renvoya son ministre *Odilon Barrot*, trop tiède pour ses intérêts; parcourut les départements, afin d'y rencontrer des ovations; encouragea des cris séditieux, comme ceux de *Vive l'Empereur!* poussés par les troupes à la *revue de Satory*, et destitua le **général Changarnier**, plus dévoué au *Palais-Bourbon* qu'à l'*Élysée*. — Enfin, pour déconsidérer l'Assemblée, le Président lui proposa une réforme de la *loi du 31 mai*, qu'elle eut l'imprudence de repousser.

Mouvement en faveur d'une restauration impériale.

Des pétitions se signalent de tous côtés pour demander la *revision de la Constitution*, qui défendait la réélection du Président sortant. — « *Lorsque j'ai voulu faire le bien* », disait le prince à Dijon, « *améliorer le sort des populations, l'Assemblée m'a refusé son concours.... Quels que soient les devoirs que le pays m'impose, il me trouvera décidé à suivre sa volonté.* »

L'Assemblée fit ce qu'elle pouvait pour résister au mouvement, mais sans grande illusion. « *L'Empire est fait* », dit Thiers. — Le général Changarnier essaya de la rassurer en lui garantissant la fidélité de l'armée. « *Mandataires de la France* », dit-il, « *délibérez en paix.* » — L'Assemblée ne put s'entendre sur la proposition des questeurs qui lui demandaient de donner à son président le droit de requérir directement la force armée. « *L'armée est à nous* », disaient les républicains, « *et il n'y a pas de danger.* »

Le **2 décembre 1851**, des affiches apposées sur les murs de Paris apprirent aux citoyens l'accomplissement du **coup d'État**. — Les principaux complices en étaient, outre le Président, son frère utérin *M. de Morny*, les *généraux de Saint-Arnaud et Magnan*, le *commandant Fleury, Fialin de Persigny*. — Pendant la nuit, un grand nombre de représentants avaient été arrêtés et renfermés à *Mazas* ou au *Mont-Valérien*.

Coup d'État (2 décembre 1851).

Résistance des départements.

Le **Prince-Président** déclarait l'*Assemblée dissoute*, le *suffrage universel rétabli*, et convoquait le peuple français dans ses comices pour accepter ou rejeter les bases d'une Constitution nouvelle. — Le concours de l'*armée*, le mécontentement des *ouvriers* contre l'Assemblée, les craintes de la *bourgeoisie*, que l'échec du Président aurait remis en présence des *révolutionnaires* victorieux, assurèrent le succès de cette tentative. — En vain quelques représentants essayèrent de soulever le peuple; les tentatives d'émeutes furent vite réprimées (mort de *Baudin*, 3 décembre).

La **résistance fut plus longue dans les départements**, dont 32 durent être mis en *état de siège*. — Des **Commissions mixtes**, composées de *militaires* et de *magistrats*, y proscrivirent plus de 10 000 personnes, dont le seul crime était d'avoir défendu la Constitution violée, ainsi que la loi elle-même leur en faisait un devoir. — **Le plébiscite du 20 décembre 1851** ratifia le *fait accompli*, par plus de 7 millions de *oui* contre 646 000 *non*.

La Constitution du 14 janvier 1852, élaborée par le Président en vertu des pouvoirs qu'il s'était fait donner, était copiée sur la *Constitution consulaire* du 22 frimaire An VIII. — Elle supprimait le *régime parlementaire*, tout en proclamant la *souveraineté nationale*. — A côté du Président de la République, élu pour dix ans, elle établissait **un Conseil d'État**, *nommé par le Président*, **un Corps Législatif**, élu par le *suffrage universel*, sans scrutin de liste, à raison d'un député par 35 000 électeurs, et **un Sénat**, composé des *cardinaux*, des *maréchaux* et de membres *désignés par le Président*. — Mais le Président n'était responsable que devant le peuple, auquel il se réservait le droit d'en appeler par un **plébiscite**. — Les *ministres* ne dépendaient que de lui. Ce n'étaient plus eux, mais des *conseillers d'État*, qui se présentaient devant les Chambres, où un vote d'opposition n'avait plus le pouvoir de les faire tomber.

La Constitution de 1852.

Les **lois**, dont l'*initiative* n'appartenait qu'au Président seul, étaient élaborées par le Conseil d'État; le Corps Législatif ne pouvait que les *approuver* ou les *rejeter en bloc*, sans y introduire d'*amendement*. — Le rôle du Sénat se bornait à vérifier si elles étaient *conformes* aux principes constitutionnels. — **Le budget** devait, dans les mêmes conditions, être voté *par ministère*. — De plus, comme si un Corps Législatif, dont les attributions avaient été ainsi réduites, était encore redoutable, la Constitution le mettait à la discrétion du chef de l'État, auquel le *scrutin uninominal d'arrondissement* et les **candidatures officielles** fournissaient le moyen de peser sur le choix des électeurs.

Le **Président de la République nommait** le *président* et les *membres* composant le *bureau du Corps Législatif*, dont les séances ne recevaient qu'une *publicité très restreinte*. — C'est lui qui réunissait la *Haute Cour de Justice*, dont la Constitution de 1852 maintenait le principe, et qui devait juger les crimes contre la sûreté de l'État. — Enfin, pour que le chef de l'État ne fût pas gêné par la Constitution dont il voulait se servir, *la revision en demeurait toujours possible* au moyen d'une entente entre le Président et le Sénat, et de la ratification plébiscitaire pour les cas où le changement porterait sur un point essentiel.

Pouvoirs du Président.

En résumé, *c'est au Président que tous les pouvoirs revenaient.* — La Constitution de 1852, comme celle de l'An VIII, tout en paraissant établir des garanties au profit de la nation, organisait en réalité **le pouvoir absolu** au profit de l'autorité exécutive. — Cette autorité était confiée *pour dix ans* au prince **Louis-Napoléon Bonaparte.**

Tous les décrets, rendus par le Prince-Président depuis le 2 décembre, date du coup d'État, jusqu'à la réunion des grands corps de l'État prévus dans la Constitution, devaient avoir *force de loi.* — C'est dans cet intervalle qu'un **décret-loi** (22 janvier 1852) confisqua, au profit de l'État, les *biens de la famille d'Orléans,* que Louis-Philippe avait abandonnés à ses enfants avant d'accepter la couronne.

L'EMPIRE.

NAPOLÉON III (1852-1870).

Un simple changement dans la dénomination du *pouvoir exécutif* suffit pour transformer en *institutions monarchiques* cette Constitution, qui n'était *républicaine que de nom.* — **Le sénatus-consulte du 7 novembre 1852,** sanctionné par le *plébiscite du 21 novembre,* rétablit l'Empire au profit de Louis-Napoléon Bonaparte, qui prit le nom de **NAPOLÉON III.**

MODIFICATIONS A LA CONSTITUTION IMPÉRIALE.

L'adresse.

Le droit d'interpellation.

L'Empire libéral.

Un régime aussi absolu était trop manifestement en contradiction avec la *souveraineté nationale,* dont il se prévalait, pour durer sans modifications. — Avant sa chute, l'Empire en subit **trois principales,** qui tendirent toutes à le rapprocher du *système parlementaire,* dont il différait si essentiellement à son début et par son principe :

1° **En 1860,** un décret impérial autorisa, comme sous le régime parlementaire, le Sénat et le Corps Législatif à voter tous les ans, en réponse au *discours de la couronne,* une adresse, dans la discussion de laquelle les Chambres pouvaient passer en revue toutes les grandes questions de la politique. — Des ministres spéciaux, appelés *ministres sans portefeuille,* venaient soutenir devant les Chambres les propositions du Gouvernement, tout en demeurant d'ailleurs irresponsables vis-à-vis d'elles.

2° **En 1867,** le droit d'interpellation, c'est-à-dire le droit de questionner le Gouvernement et d'émettre un *vote d'approbation* ou de *blâme* sur ses explications, fut restitué aux Chambres par décret impérial. — Le soin de venir représenter le Gouvernement put être confié à des *ministres avec portefeuille,* c'est-à-dire chargés d'un service public.

3° **Les sénatus-consultes du 8 septembre 1869 et du 20 avril 1870,** tous deux ratifiés par le *plébiscite du 8 mai* 1870, achevèrent de constituer l'Empire libéral. — L'*initiative des lois* appartenait concurremment à l'Empereur, au Sénat et au Corps Législatif. — Le Corps Législatif recouvrait le droit de nommer son *président* et son *bureau.* — Le budget était voté par *chapitres.* Les ministres, qui pouvaient être mis en accusation par le Sénat, devenaient ainsi *responsables* et formaient un *Conseil.*

Les plébiscites laissaient toutefois subsister une différence essentielle entre ce régime et le régime parlementaire. — L'Empereur pouvait toujours par ce moyen en appeler de la représentation nationale *au peuple,* et faire prévaloir sa *volonté personnelle.*

LA TROISIÈME RÉPUBLIQUE (4 septembre 1870).

De nouveaux changements constitutionnels furent la conséquence de la *chute de l'Empire* et du *rétablissement de la République.*

Le 4 septembre 1870, à la nouvelle du *désastre de Sedan,* la population de Paris envahit le Corps Législatif. — **Au Gouvernement de la Défense nationale** fut confié le soin de repousser l'invasion allemande et de convoquer une *Constituante,* chargée de statuer définitivement sur les nouvelles institutions de la France. — Ce Gouvernement exerça souverainement les pouvoirs exécutif et législatif jusqu'à la réunion à *Bordeaux* d'une **Assemblée Nationale,** le 13 février 1871.

23.

L'ASSEMBLÉE
NATIONALE.

———

THIERS,
chef du pouvoir
exécutif.

L'**Assemblée Nationale de 1871** avait pour mission de *faire la paix* et de donner une *Constitution à la France*. — Par la force des choses, de même que la Constituante de 1848, elle réunit entre ses mains **tous les pouvoirs** : *constituant, législatif, exécutif*. Elle délégua le pouvoir exécutif à **Thiers**, que désignait aux suffrages son élection dans *22 départements*. — Après avoir réglé les conditions de la paix par le *traité de Francfort* (10 mai 1871), et triomphé de la terrible insurrection de **la Commune** (mars-mai 1871), l'Assemblée commença la seconde partie de sa tâche.

Elle était composée en majorité de monarchistes; mais leur division en *légitimistes*, *orléanistes* et *bonapartistes* les réduisait à l'impuissance. — Quand les orléanistes eurent réalisé enfin la fusion avec les légitimistes, les scrupules du *comte de Chambord*, qui voulait maintenir le drapeau blanc, détruisirent les effets de leur réconciliation.—C'est cette situation qui explique la *lenteur de l'Assemblée* et le caractère de son œuvre.

THIERS,
Président
de la République.

LE MARÉCHAL
DE MAC-MAHON
et le Septennat.

1° Le 13 août 1871, les divers partis votèrent une Constitution provisoire, dite *Constitution Rivet*, du nom du député qui en avait fait la proposition. — Le chef du pouvoir exécutif prit le titre de **Président de la République française**. Il était, de même que les ministres, *responsable* devant l'Assemblée. — Une loi du 13 mars 1873 eut pour but de réduire son *rôle personnel*, dont **Thiers** abusait, et décida qu'il ne pourrait plus prendre la parole qu'après en avoir préalablement averti l'Assemblée par un *message*.

2° Le 24 mai 1873, Thiers fut renversé et remplacé, dans les mêmes conditions, par le **maréchal de Mac-Mahon**, qu'un acte postérieur de la même année éleva au pouvoir pour sept ans; ce qui fit donner à cet arrangement le nom de **Septennat**.

3° L'impossibilité d'une restauration monarchique devenant chaque jour plus manifeste, l'Assemblée céda à la pression de l'opinion publique, et vota, sur la proposition de M. *Wallon*, la *Constitution républicaine de 1875*.

LOIS CONSTITU-
TIONNELLES
DE 1875.

La Constitution de 1875 se compose de trois lois : deux sont datées des *24* et *25 février*, la troisième du *30 novembre*.— Elle semble la meilleure des Constitutions républicaines, de même que la Charte de 1814 paraissait la meilleure des Constitutions monarchiques. — Elle consacre le retour au régime parlementaire ou *gouvernement de cabinet*.

Trois éléments essentiels la constituent : le *Président de la République*, le *Sénat*, la *Chambre des Députés*.

Le Président est désigné pour 7 ans par les membres des deux Chambres réunies en *Congrès*, et non pas élu par le suffrage direct des électeurs comme en 1848.

La Chambre des Députés est élue par le *suffrage universel direct*, *au scrutin individuel*. — Sont électeurs tous les Français âgés de 21 ans et jouissant de leurs droits politiques. — Pour être éligible comme député, il faut être Français et avoir 25 ans.

Le Sénat, composé de 300 *membres*, comprenait, aux termes de la loi du 25 février 1875 : 1° des sénateurs inamovibles, au nombre de 75, désignés par l'Assemblée nationale, qui chercha ainsi à laisser derrière elle une représentation de ses idées; 2° **225 membres** élus par un *corps spécial* d'électeurs, composé, dans chaque département, des *députés*, des *conseillers généraux*, des *conseillers d'arrondissement* et des *délégués des conseils municipaux* à raison de deux par commune. — Comme les *électeurs sénatoriaux* tiennent leur qualité du suffrage universel direct ou de corps élus par le suffrage universel local, l'élection du Sénat a bien encore le suffrage universel pour base, mais se fait à *deux degrés*.

Le Président, *chef du pouvoir exécutif*, a en principe tous les pouvoirs d'un *monarque constitutionnel.* Toutefois il est responsable, en cas de *haute trahison.* — Il ne peut dissoudre la Chambre des Députés sans le *consentement* du Sénat. — Il n'a pas la *sanction des lois* et doit *promulguer* celles qui ont été votées par les deux Chambres. — Conformément aux principes du régime parlementaire, il ne gouverne qu'avec le concours de ministres, *personnellement* et *solidairement* responsables devant les Chambres.

Les deux Chambres ont en principe des attributions identiques. — Elles *votent* les lois, dont elles ont l'*initiative* avec le Président de la République, et dont la première discussion peut avoir lieu devant l'une ou l'autre. — Toutefois les *lois de finances* doivent *d'abord* être portées devant la Chambre des Députés.

Le Sénat peut être constitué en *Haute Cour de Justice*, comme la Chambre des Pairs sous la monarchie constitutionnelle, pour juger des crimes contre la sûreté de l'État.

La Constitution peut être revisée par le *Congrès* formé des membres de la Chambre des Députés et du Sénat, et réuni à cet effet conformément au vote préalable de chacun de ces deux corps pris séparément. — Le *parti monarchique* espérait se ménager ainsi le moyen de revenir sur son œuvre et de changer la forme républicaine, si les circonstances s'y prêtaient. — Depuis son établissement, *la Constitution de* 1875 a continué à fonctionner régulièrement.

Un conflit entre le maréchal de Mac-Mahon et la Chambre des Députés amena, en 1877, le *ministère du 16 mai* et la *dissolution* de la Chambre. — Les électeurs renvoyèrent une *majorité républicaine plus forte* que la précédente. Le chef reconnu de la majorité, **Gambetta**, disait, dans un discours retentissant prononcé à *Lille*, que le Président devait « *se soumettre ou se démettre* ». — Le maréchal s'inclina, après quelques hésitations, devant cette manifestation de la volonté nationale, et donna sa *démission* (30 janvier 1879).

Jules Grévy le remplaça et fut *réélu* à l'expiration des sept premières années de sa présidence (28 décembre 1885); — mais la seconde période de sa présidence fut interrompue prématurément; devant un blâme indirect de la Chambre des Députés pour des *raisons personnelles* (*Wilson*, son gendre) J. Grévy dut donner sa démission (2 déc. 1887). — Le *Congrès* nomma alors **M. Sadi-Carnot**, petit-fils de « *l'organisateur de la victoire* » (3 décembre 1887); il était arrivé presque à la fin de son septennat quand il périt. *assassiné* à Lyon par un fanatique italien, *Caserio* (24 juin 1894). — **M. Casimir-Périer**, son successeur à la présidence, bientôt *lassé des attaques* dirigées contre lui et *fatigué du pouvoir*, donna sa démission (15 janvier 1895). — **M. Félix Faure** le remplaça.

Quelques modifications ont été apportées aux *lois constitutionnelles de* 1875 :

1° **En 1879** (19 juin), le siège du Gouvernement, qui avait été fixé à *Versailles* en 1871. fut transporté à **Paris**;

2° **En 1884**, les *membres des familles ayant régné sur la France* furent déclarés inéligibles à la présidence de la République. — Le Congrès (août 1884) décida que la forme **républicaine du Gouvernement** ne pourrait être l'objet d'une proposition de *revision*. — En même temps, l'institution de *sénateurs inamovibles* fut supprimée en principe; un *tirage au sort* détermine le département où doit être élu le remplaçant d'un sénateur inamovible décédé, et, après la disparition des sénateurs inamovibles, chaque département doit avoir *un nombre de sénateurs en rapport avec sa population.*

3° **En 1885**, le *scrutin de liste* fut momentanément appliqué à l'élection des Députés.

Le Boulangisme.

Le péril le plus sérieux de la Constitution a été amené par la propagande faite sous le nom du général Boulanger (mort à Ixelles, 1891), en faveur de la *revision*, idée qui lui avait rallié un grand nombre de partisans de diverses nuances politiques (1886-1891).

L'alliance Franco-Russe.

Grâce à son travail et à son énergie, *la France s'est relevée de ses désastres.* — Elle n'est plus maintenant isolée en Europe, où elle a repris sa suprématie séculaire; en face de la *Triple Alliance*, l'Alliance Franco-Russe, ébauchée à *Cronstadt* (juillet 1891), affermie à *Toulon* (octobre 1893), vient d'être hautement proclamée. — Le czar **Nicolas II**, dans son *voyage triomphal à Paris* (octobre 1896) et après la revue de Châlons, a déclaré qu'il existait entre les deux nations des *liens indissolubles*, une *inaltérable amitié*, un *profond sentiment de confraternité d'armes.*

6° LA POLITIQUE EXTÉRIEURE.

FORMATION DE L'UNITÉ ITALIENNE; GUERRE DE 1859. LE ROYAUME D'ITALIE.

Le principe des nationalités.

Sous le second Empire, l'Europe a été troublée par des *guerres* et bouleversée par des *remaniements territoriaux*, dont la France a été tout à la fois l'*auteur* et la *victime*. — Avant son avènement, **Napoléon III** pour dissiper les craintes qu'éveillait le souvenir de son oncle, avait dit : « *L'Empire, c'est la paix.* » Mais la force des choses l'emporta sur sa volonté et sur ses *idées humanitaires*.

Le principe des nationalités, qui tend à soumettre les peuples *de même race* à *un même gouvernement*, a été la cause principale des modifications politiques de certaines régions de l'Europe. — C'était une réaction *contre l'arbitraire* avec lequel les monarques de la Sainte-Alliance avaient *disposé* des peuples au Congrès de Vienne. — Toutefois ceux qui s'en prévalurent oublièrent, volontairement ou non, que ce n'est pas seulement l'origine commune, mais aussi *la communauté des idées, des intérêts et des volontés*, qui constitue les nations. — Ce principe, dont Napoléon III se fit l'*imprudent champion*, amena, avant le démembrement de la France, à laquelle a été enlevée en 1871 l'*Alsace-Lorraine*, la formation de l'unité de l'Italie et de l'unité de l'Allemagne.

L'UNITÉ ITALIENNE.

—

L'Autriche, le Piémont et la France.

L'Italie presque tout entière se trouvait, après 1815, dans *la dépendance des Autrichiens*. — Non seulement ils possédaient, en vertu des traités, la *Lombardie* et la *Vénétie*; — mais, par application du principe de l'intervention, ils occupaient, d'une manière presque permanente, *Plaisance*, *Ferrare*, *Bologne*, — et étendaient leur influence sur *Modène*, sur *Florence*, sur *Naples*, dont les gouvernements, d'ancien régime, ne se soutenaient que par leur appui, et enfin même, dans une certaine mesure, sur *Rome*.

Seul le Piémont, franchement *constitutionnel*, depuis qu'il avait eu l'habileté de tourner vers lui les cœurs de l'Italie, se posait en *antagoniste* de l'Autriche. — Celle-ci se trouvait dans la nécessité ou de *reculer* devant ce petit État, composé d'une partie restreinte de l'Italie continentale et du royaume de Sardaigne, ou de lui *imposer* le sort des autres États italiens. — La question que soulevait ce conflit était donc celle de l'*asservissement* ou de l'*indépendance* de l'Italie tout entière. — Valait-il mieux pour la France laisser subsister et même s'étendre la domination autrichienne, toujours contestée et *précaire*, ou aider à la formation, sous l'ambitieuse *Maison de Savoie*, d'un royaume italien, dont l'*intérêt*, en opposition avec le nôtre, devait bien vite faire taire la *reconnaissance*?

Napoléon III ne vit pas le péril. Circonvenu par l'habile *ministre piémontais* Cavour, qui avait négocié le mariage du *Prince Napoléon*, cousin de l'Empereur, avec la princesse *Clotilde*, fille de Victor-Emmanuel (31 janvier 1859), poussé par l'opinion publique favorable à la cause du Piémont, peut-être aussi lié par des engagements secrets, contractés, dit-on, pendant sa jeunesse aventureuse, envers les *patriotes italiens*, il se décida à jeter dans la balance le poids des armes françaises. — *L'Angleterre*, que Cavour avait su intéresser à sa cause en envoyant une petite armée sarde devant Sébastopol, laissa faire la France. — Peut-être cependant la diplomatie eût-elle évité une rupture, sans la témérité de **l'Autriche**, qui, pour amener le Piémont à désarmer, lui envoya un *ultimatum*.

Le Gouvernement français déclara qu'il considérerait le passage de la *frontière sarde* par les Autrichiens comme une attaque contre la France. — L'Autriche n'en fit pas moins franchir *le Tessin* à son armée (29 avril 1859). *C'était la guerre.*

Les souverains se mirent eux-mêmes à la tête de leurs armées : **Napoléon III** commandait les Français ; **Victor-Emmanuel**, les Piémontais et les Sardes ; **l'empereur François-Joseph**, après les défaites du maréchal *Giulay*, les Autrichiens.

Les Autrichiens furent au début vaincus, le 20 mai 1859, à **Montebello**, par le général *Forey* ; le 30 mai à **Palestro**, par *Victor-Emmanuel* ; près des lacs, par le chef de partisans *Garibaldi*. — La fortune parut leur revenir un instant à *Buffalora*, où ils résistèrent d'abord victorieusement à la *garde impériale*, mais l'arrivée du **général de Mac-Mahon**, accouru au canon, comme Desaix à Marengo, décida de la bataille par la prise de **Magenta** (4 juin). — Mac-Mahon fut proclamé sur le champ de bataille *maréchal de France et duc de Magenta.*

Napoléon et Victor-Emmanuel firent leur entrée à Milan (8 juin) au milieu des acclamations d'une population enthousiaste, et le même jour *Benedeck* fut délogé de Melegnano par *Baraguey-d'Hilliers* lancé à la poursuite de l'ennemi, pendant que *Garibaldi* entrait à Bergame. — L'empereur **François-Joseph**, arrivé alors sur le théâtre de la guerre, tenta un coup décisif.

L'armée autrichienne suspendit sa retraite, repassa le *Mincio*, couronna les hauteurs de **Solferino** et s'y déploya sur un terrain dont elle avait fait autrefois son champ de manœuvre. — Une bataille terrible, de 4 heures du matin à 8 heures du soir, s'engagea entre les 170 000 hommes de l'ennemi et les 145 000 Franco-Sardes. — Les Autrichiens, *culbutés* de toutes leurs positions, ne purent effectuer *leur retraite* que grâce à un violent orage qui arrêta les vainqueurs (24 juin).

Les préliminaires de Villafranca, établis, le 11 juillet 1859, à la suite d'une entrevue entre Napoléon III et François-Joseph, confirmés le 10 novembre par le traité de Zurich, rétablirent la paix.

1° L'empereur d'Autriche cédait *la Lombardie* à l'empereur des Français, qui la *remettait* à Victor-Emmanuel ;

2° Les princes italiens, dépossédés par les insurrections qu'avait fait éclater la guerre, devaient être *rétablis* ;

3° L'Italie formera une *confédération* sous la présidence honoraire du pape ;

4° La Vénétie, laissée à l'Autriche, fera néanmoins partie de cette confédération.

L'arrêt subit de nos troupes était dû à *l'attitude menaçante* de l'Allemagne et à *la révolution* qui éclatait partout dans la péninsule.

<table>
<tr><td style="vertical-align:top; width:18%">

**Formation
du Royaume
d'Italie
(1859-1870).**

</td><td>

Les victoires des Français avaient été pour les Italiens le signal d'une révolte contre leurs gouvernements absolutistes ou étrangers. — Ils voulaient ne former, tous ensemble, qu'*un seul État constitutionnel* par leur réunion au Piémont.

L'unité italienne, à jamais impossible sans l'intervention française, fut rapidement réalisée en **quatre phases successives.** marquées par : — 1° *la constitution en un seul État de l'Italie du nord* (1859-1860); — 2° *la formation d'un royaume d'Italie avec l'Italie du sud, sous Victor-Emmanuel* (1860-1861); — 3° *l'annexion de la Vénétie* (1866); — 4° *l'occupation de Rome comme capitale* (1870).

</td></tr>

<tr><td style="vertical-align:top">

**1°
Annexion
de l'Italie du nord
au Piémont
(1859-1860).**

</td><td>

La révolution victorieuse avait déjà, pendant la guerre, chassé le grand-duc *Léopold* de la Toscane (27 avril); *la régente* du duché de **Parme** (8 juin); *Francois V d'Este* du duché de **Modène** (11 juin); le *cardinal Mileti*, de **Bologne** et des **Légations**, où il représentait le pape. — Au mépris des préliminaires de Villafranca, qui stipulaient la *restauration des princes dépossédés*, et, malgré les efforts de la France, tous ces États, aux mois d'août et de septembre, votaient leur annexion au Piémont.

Napoléon III, entraîné par les événements qu'il avait eu l'imprudence de déchaîner, obtint du moins une *compensation* pour la France. — Le traité de **Turin** (mars 1860), par lequel il reconnaissait les faits accomplis, stipulait au profit de la France l'annexion de la **Savoie,** cet *antique berceau* de la famille royale italienne, et **du comté de Nice.** — Les populations consultées *ratifièrent* avec enthousiasme la mesure dont elles étaient l'objet.

</td></tr>

<tr><td style="vertical-align:top">

**2°
Annexion
de l'Italie du sud.**

**Conquête
du royaume
de Naples
(1860).**
——
**Invasion des États
pontificaux
(1860-1861).**
——
**Victor-Emmanuel
roi d'Italie.**

</td><td>

L'État de **Victor-Emmanuel** s'augmentait, quelques mois après, de toute *l'Italie méridionale,* par l'extension dans le midi de la révolution commencée dans le nord. — Deux souverains furent victimes de cet accroissement.

Dans le **royaume de Naples,** *François II* venait de succéder à son père Ferdinand II, dont il partageait l'impopularité, sans avoir exercé sa tyrannie. — Une révolte éclata en **Sicile** et y amena **Garibaldi,** qui, parti de Gênes avec 1 000 *volontaires,* débarqua heureusement à *Marsala* et, au bout de trois mois, se rendit maître de toute l'île avec la complicité des populations. — François II essaya inutilement de désarmer la révolution en rétablissant la Constitution de 1848. Le mouvement passa de la Sicile à *Naples* avec *les Mille,* et, au bout d'un mois, le malheureux souverain, chassé de Naples, s'enfuyait à *Gaëte,* où il résista jusqu'en février 1861. — **Victor-Emmanuel** fut proclamé *roi de Naples* à sa place.

A **Rome,** le Gouvernement **pontifical** était exposé aux mêmes dangers. — Sous prétexte de le défendre, **Cavour** fit envahir le territoire romain et attaquer l'armée pontificale à *Castelfidardo,* où le général piémontais *Cialdini,* grâce à la supériorité du nombre, battit (18 septembre 1860) le général *Lamoricière,* qui dut capituler dans Ancône, où il s'était réfugié. — *L'Ombrie* et *les Marches* furent alors réunies au Piémont, comme *la Romagne* l'avait été quelque temps auparavant.

Victor-Emmanuel fut proclamé **roi d'Italie,** le 18 février 1861, dans le Parlement Italien, qui, réuni à **Turin,** *légalisa* l'œuvre révolutionnaire — Le nouveau royaume *fut reconnu* presque aussitôt par **l'Angleterre,** heureuse du rival que la France s'était créé à elle-même, puis successivement par les autres États de l'Europe; **Napoléon III** dut suivre leur exemple. — **Florence** remplaça Turin comme *capitale;* c'était une étape vers **Rome.**

</td></tr>
</table>

<table>
<tr><td>3°
Annexion
de la Vénétie
(1866).</td><td>

Venise restait à l'Autriche, contre laquelle la Révolution n'osait se mesurer. Ce fut *la politique* qui la donna au nouveau royaume. — En prévision du *conflit violent* qui menaçait d'éclater entre la Prusse et l'Autriche, le Gouvernement de **Victor-Emmanuel** fit *alliance* avec **la Prusse**, et *attaqua*, en 1866, **l'Autriche** en Italie, pendant que la Prusse envahissait la Bohême. — **Battus** sur terre à *Custozza* et sur mer à *Lissa*, les Italiens obtinrent cependant, *grâce aux victoires de la Prusse*, ce qu'ils convoitaient.

Au traité de Nikolsbourg, signé le 22 juillet 1866, l'Autriche abandonnait à **Napoléon III**, qui avait offert sa *médiation*, la Vénétie, que le Gouvernement français remit aux Italiens. — L'alliance italienne, en *détournant* une partie des forces de l'Autriche, avait *facilité* le succès de la Prusse et *préparé* indirectement nos *défaites futures de 1870*.

</td></tr>
<tr><td>4°
Occupation
de Rome,
capitale
du royaume
(1870).</td><td>

Le Saint Père, privé d'abord de *la Romagne*, puis de *l'Ombrie* et des *Marches*, ne conservait plus, de tous les États de l'Eglise, que **Rome** et son territoire. — Le nouveau royaume y tendait comme à sa *capitale historique et naturelle;* mais les Etats catholiques ne pouvaient laisser dépouiller complètement, au mépris des traités, la pape de sa **souveraineté temporelle**, nécessaire à l'exercice indépendant de son autorité spirituelle. — **Napoléon III**, pour ne pas s'aliéner les catholiques français, maintint un corps d'armée français à Rome. — Le Gouvernement italien, placé entre la France et la Révolution, qui voulait lui donner Rome à tout prix, pratiqua une *politique contradictoire et équivoque*.

En 1862, *Garibaldi*, ayant voulu marcher sur Rome, fut arrêté à *Aspromonte* par les troupes italiennes.

Le 15 septembre 1864, une *convention* entre Victor-Emmanuel et Napoléon III décida : 1° que les troupes françaises *évacueraient* le territoire romain ; 2° que le Gouvernement italien n'emploierait pas la force pour renverser la *souveraineté temporelle* du Saint-Siège et ne la laisserait pas renverser par une force extérieure. — En même temps, *Florence* remplaça Turin comme capitale.

En 1867, les garibaldiens marchèrent de nouveau sur Rome, et Napoléon III envoya contre eux deux divisions commandées par le *général de Failly*, qui leur infligea une défaite complète à *Mentana*, où « *les chassepots firent merveille* ».

En 1870, le 19 septembre, l'Italie, qui avait promis de respecter le pouvoir temporel, profita des *premières défaites* de la France pour entrer dans Rome de *vive force*.

Un plébiscite, auquel une partie de la population *s'abstint* de prendre part, consacra immédiatement l'acte qui venait de s'accomplir. — La *ville des papes* devint la **capitale de l'Italie**. Une *loi*, dite *des garanties*, régla la situation du **pape**, toujours souverain du **Vatican**, inviolable, et pourvu d'une *liste civile*, dont il n'a jamais rien voulu toucher.

</td></tr>
<tr><td>Constitution
italienne.</td><td>

La Constitution du royaume d'Italie n'est que le *statut piémontais de 1848*, étendu successivement aux pays annexés. — Elle établit le **régime parlementaire** avec *un roi* et *deux Chambres : le Sénat*, composé de membres désignés par le roi, et *la Chambre des Députés*, élue pour cinq ans. — Les ministres sont *responsables*.

La base de cette Constitution est l'*égalité de tous les citoyens* devant le loi, la *liberté des cultes et de la presse;* — mais la condition de savoir *lire* et *écrire* pour être électeur exclut encore du *pays légal* une partie considérable de la population.

</td></tr>
</table>

<table>
<tr>
<td rowspan="4">Ambition de l'Italie.</td>
<td>

Le royaume d'Italie, nouveau venu entre les Etats de l'Europe, aspira, à peine constitué, au rang des grandes puissances.

A l'intérieur, sous le roi **Victor-Emmanuel**, puis sous son fils, **Humbert Ier**, qui lui succéda en 1878, le gouvernement italien s'efforça, mais sans succès, d'exercer une pression sur le souverain pontife, **Pie IX**, et sur **Léon XIII**, son successeur, pour les amener à reconnaître le nouveau royaume.

A l'extérieur, particulièrement avec le ministre **Crispi**, il chercha à s'étendre en Europe et même en dehors de l'Europe. — Le parti remuant de l'*Italia irredenta* réclame le *Trentin* et *Trieste* comme *terres italiennes*.

En Afrique, les Italiens, après avoir fondé, sous le nom d'*Erythrée*, un établissement dans la mer Rouge, sur la baie d'*Assab* et à *Massaouah*, ont été arrêtés dans leur expansion et battus par **Ménélik**, négus ou empereur d'Éthiopie. — Jaloux de l'établissement du protectorat français en *Tunisie*, les Italiens convoitent la *Tripolitaine*.

</td>
</tr>
</table>

<table>
<tr>
<td rowspan="2">La Triple Alliance.</td>
<td>

Comme la France est un obstacle à leur ambition, la rivalité chez les Italiens ne tarda pas à se changer en *inimitié*. — Après plusieurs entrevues entre le roi Humbert et l'*empereur d'Allemagne*, une triple alliance (*la Triplice*) se forma entre l'*Allemagne*, l'*Autriche* et l'*Italie*, en apparence pour maintenir la paix, en réalité pour arrêter toute revendication de la France.

Mais l'Italie, que personne ne menace, paye cher son ambition : — *les finances* y sont en mauvais état; la *confiscation des biens de l'Église* n'a été qu'une ressource temporaire; la *misère* y est le résultat d'*impôts excessifs* pour les dépenses militaires et navales qu'entraîne la triple alliance, et d'une *mauvaise politique économique*, qui lui a fait engager la *guerre des tarifs douaniers*. — Une *banqueroute de l'État* s'annonce comme imminente, et le *socialisme* fait tous les jours des progrès effrayants.

</td>
</tr>
</table>

FORMATION DE L'UNITÉ ALLEMANDE : GUERRE ITALO-PRUSSIENNE CONTRE L'AUTRICHE.
NOUVELLE CONSTITUTION DE L'ALLEMAGNE, DE L'AUTRICHE-HONGRIE.

<table>
<tr>
<td rowspan="5">Tendances
unitaires
de l'Allemagne.</td>
<td>

L'Allemagne, depuis 1815, aspirait à l'*unité* avec la même ardeur que l'Italie. — Cependant sa situation était sensiblement différente.

1° Aucun des peuples de race allemande ne se trouvait malgré lui sous une domination étrangère; — car, si l'Alsace et la Lorraine faisaient partie de la France, une *possession séculaire* avait consacré cet état de choses, et les Alsaciens, Allemands d'origine, étaient depuis longtemps *Français de cœur*. — Seule une partie du **Sleswig-Holstein**, appartenant au Danemark, aspirait à s'en séparer.

2° Un commencement de satisfaction était donné à cette tendance par la *confédération germanique*, qui établissait un lien, quoique assez lâche, entre les différents États allemands.

3° Chacun de ces États, tout en désirant une Allemagne moins divisée, entendait bien cependant conserver son *autonomie*, et aucun ne songeait à *se fondre* dans un État plus puissant.

4° Les puissances étrangères pour la plupart, et en particulier la France, bien loin d'être favorables à la formation d'un *État unitaire* en Allemagne, ne trouvaient dans cette tendance qu'*un sujet d'inquiétude*.

</td>
</tr>
</table>

L'unité ne pouvait s'accomplir que si l'un des États allemands parvenait à grouper autour de lui la plupart des autres. — Mais, tandis qu'en Italie les circonstances attribuaient ce rôle à la seule Maison de Savoie, **deux États**, en Allemagne, y prétendaient : *l'Autriche et la Prusse*.

La formation de l'unité allemande était donc appelée, avant de s'accomplir, à franchir deux crises redoutables et pleines d'inconnu : 1° *un conflit entre la Prusse et l'Autriche*, qui devaient se disputer l'hégémonie allemande; 2° *une guerre avec la France*, qui ne pouvait laisser un puissant État se former sur ses flancs sans essayer d'y mettre obstacle. — Les forces et par suite *les chances* de l'Autriche et de la Prusse étaient à peu près égales.

L'Autriche avait pour elle le prestige de son passé glorieux, une *population plus considérable*, des territoires plus étendus et moins disséminés. — **La Prusse** possédait une *organisation militaire supérieure*, due à ses premiers efforts pour se relever des désastres que Napoléon Ier lui avait infligés; son armée, divisée en *armée active*, *landwehr* et *landsturm*, où passait toute la partie mâle de la population, était seule alors, en Europe, armée du *fusil à tir rapide*.

La monarchie prussienne était composée presque tout entière d'Allemands, tandis que l'Autriche réunissait sous une même dénomination, outre des Allemands, des *Magyars* (Hongrie), des *Tchèques* (Bohême), des *Roumains* (Transylvanie), des *Italiens* (Vénétie, Trentin), et des *Slaves* (Carniole, etc.).

Un régime constitutionnel était pratiqué dans les deux pays, en Prusse depuis 1850, en Autriche depuis 1861; mais il y fonctionnait mal. — **En Prusse**, les Chambres, hostiles aux armements, qu'elles supposaient dirigés contre la nation, refusaient les crédits, et le Gouvernement *passait outre* (1861). — **En Autriche**, les populations diverses de la monarchie, hostiles les unes aux autres, refusaient d'envoyer leurs députés dans les mêmes assemblées.

Le génie d'un homme d'État, plein de ressources et sans scrupules, **le comte de Bismarck**, auquel le roi *Guillaume Ier* accordait toute sa confiance, devait assurer la *suprématie de la Prusse*.

La question des duchés fut l'occasion du conflit entre la Prusse et l'Autriche. — Les trois duchés de *Sleswig*, de *Holstein* et de *Lauenbourg*, étaient rattachés au Danemark. — Le Holstein et le Lauenbourg, dont la population était en majorité allemande, faisaient partie de la Confédération germanique; il n'en était pas de même du *Sleswig*, habité surtout par des Danois; cependant il avait toujours été réuni au Holstein, dont il était une annexe.

A la mort du roi Frédéric VII (1863), un différend, que la diplomatie avait essayé vainement de prévenir, éclata entre le *Danemark* et la *Diète germanique*. — 1° L'héritier légitime des duchés était-il le nouveau roi de Danemark, *Christian IX*, parent éloigné de Frédéric VII, ou bien le *duc d'Augustenbourg*? — 2° **Le Danemark** avait-il le droit, comme il l'affirmait par ses actes, de s'incorporer le Sleswig et de placer le Holstein sous la direction supérieure du *ministère danois*?

Devant l'énergie du Danemark à maintenir ses prétentions, la Diète prononça l'*exécution fédérale*, c'est-à-dire l'occupation du territoire; — et une armée, composée en majeure partie de Saxons et de Hanovriens, envahit le *Lauenbourg* et le *Holstein*, mais s'arrêta à la frontière du *Sleswig*, que les Danois étaient décidés à défendre.

24.

Prétentions
de l'Autriche
et de la Prusse
à la suprématie.

La question
des duchés.
———
Le Holstein
et le Lauenbourg
occupés
par les troupes
fédérales.

<table>
<tr>
<td>Intervention
de la Prusse
et de l'Autriche
(1864.)</td>
<td>Ce fut dans ces circonstances qu'intervinrent à la fois : — 1° la Prusse, qui cherchait dans un succès facile une diversion à ses embarras constitutionnels et un titre à la faveur des populations allemandes; — 2° l'Autriche, qui espérait être plus à même d'arrêter la Prusse en s'associant à son entreprise.
Les Danois résistèrent héroïquement à des forces bien supérieures en nombre; mais, écrasés à Flensbourg par les Autrichiens, ils furent contraints par les Prussiens à se retirer de Duppel et de l'île d'Alsen, et durent accepter un armistice, à la suite duquel ils abandonnaient à l'Autriche et à la Prusse les trois duchés de Holstein, de Lauenbourg et de Sleswig, avec l'île d'Alsen (traité du 30 octobre 1864).</td>
</tr>
<tr>
<td>Traité de Gastein.

Partage des duchés</td>
<td>Au lieu de remettre les duchés au duc d'Augustenbourg, dans l'intérêt duquel elles avaient attaqué le Danemark, la Prusse et l'Autriche se les partagèrent par le traité de Gastein, le 14 août 1865.
Le Lauenbourg revenait en toute propriété à la Prusse moyennant une indemnité à l'Autriche; — le Holstein devait être administré par l'Autriche; le Sleswig, par la Prusse.</td>
</tr>
<tr>
<td>Guerre entre
l'Autriche
et la Prusse.</td>
<td>Les deux puissances ne purent s'entendre sur le sens précis de cette convention, et une guerre entre elles devint imminente. — La Prusse avait contre elle l'Allemagne, qu'indignaient ses entreprises belliqueuses; mais elle fit alliance avec l'Italie, qui cherchait à dépouiller l'Autriche de la Vénétie; et M. de Bismarck sut obtenir, dans l'entrevue de Biarritz, la neutralité de la France.
La Diète, à la demande de l'Autriche, décida la mobilisation de l'armée fédérale; mais le représentant de la Prusse déclara aussitôt que son pays ne faisait plus désormais partie de la Confédération germanique, et les hostilités commencèrent.</td>
</tr>
<tr>
<td>Batailles
de Custozza
et de Lissa.

Bataille de Sadowa.

Défaite des États
confédérés.</td>
<td>Les opérations de la guerre eurent lieu sur trois points à la fois :
1° En Italie, où les Autrichiens battirent à Custozza l'armée italienne, commandée par le roi, et défirent à Lissa, avec une flotte à voiles, les cuirassés de l'amiral Persano; mais les défaites de l'Italie eurent du moins pour résultat de détourner de ce côté 170 000 Autrichiens.
2° C'est en Bohême que furent portés les coups décisifs. — Deux armées prussiennes, s'avançant l'une par l'Oder, l'autre par l'Elbe, se réunirent, conformément au plan du général de Moltke, et, malgré les efforts des Autrichiens pour s'opposer à leur concentration, elles remportèrent une victoire complète sur le feld-maréchal Benedeck à Sadowa. — La Moravie fut envahie, et Vienne menacée.
3° Dans l'Allemagne occidentale, les généraux Manteuffel et Vogel de Falkenstein défirent les Hanovriens, les Hessois et les Bavarois et entrèrent dans la ville libre de Francfort.</td>
</tr>
<tr>
<td>Préliminaires
de Nikolsbourg.

Paix de Prague
(1866).</td>
<td>L'Autriche, écrasée par ces revers, signa les Préliminaires de Nikolsbourg, confirmés par la paix de Prague, le 24 août 1866. — Ils avaient pour objet des cessions de territoire et la réorganisation de l'Allemagne.
1° L'Italie obtenait la Vénétie, abandonnée par l'Autriche à la France, pour qu'elle en fît remise à Victor-Emmanuel.
2° La Prusse acquérait le Sleswig-Holstein, sur lequel l'Autriche abandonnait ses prétentions, le Hanovre, la Hesse-Cassel, le duché de Nassau et la ville libre de Francfort, occupés par ses armées et pour lesquels le traité ne réservait rien.</td>
</tr>
</table>

Paix de Prague.
(Suite.)

3° **La Confédération germanique était dissoute.** — L'Autriche consentait à ce que les affaires de l'Allemagne fussent réglées désormais *sans sa participation*. — Ceux des Etats de l'Allemagne du Nord, dont la Prusse n'avait pas annexé le territoire, devaient former sous sa direction une *confédération nouvelle*.— Les **États de l'Allemagne du Sud** : *Bavière, Wurtemberg, Bade*, concluaient avec la Prusse, par des articles secrets, une alliance offensive et défensive. — L'Allemagne formait désormais, à l'exception des possessions allemandes de l'Autriche, **un seul État** sous l'hégémonie de la Prusse.

Nouvelle Constitution de l'Autriche-Hongrie.

L'**Autriche**, *chassée* de l'Italie, *exclue* de l'Allemagne, *amoindrie* politiquement et moralement, chercha de nouvelles forces dans une meilleure organisation intérieure.— Déjà l'empereur **François-Joseph**, élevé au trône par l'abdication de *son oncle* Ferdinand IV, après avoir déclaré, par une *patente* du 26 février 1861, tous les citoyens *égaux devant la loi*, et avoir aboli les *droits féodaux*, avait accordé **une Constitution** à ses Etats. **Le pouvoir législatif** était confié à *deux Chambres*, l'une désignée par l'empereur, l'autre nommée par les Diètes provinciales; et les ministres étaient responsables; — mais cette Constitution ne put jamais être appliquée, parce qu'elle ne tenait pas assez compte des **différences de nationalité** entre les divers peuples de la monarchie. — Une *nouvelle Constitution*, mieux conçue, fut promulguée en 1867, sur les conseils du **comte de Beust**, *Saxon* et *protestant*, devenu premier ministre de la Cour de Vienne.

Le dualisme.
———
L'Autriche-Hongrie.

L'antagonisme des Hongrois avait toujours été pour la monarchie autrichienne la principale cause de sa *faiblesse*; — afin de le faire cesser, François-Joseph accorda à la Hongrie une *autonomie* aussi complète que possible, et **le dualisme** fut substitué à *l'unité*.
La monarchie fut désormais divisée en deux parties, séparées par *la Leitha*, affluent du Danube : **l'Autriche** ou *pays Cisleithan*, et **la Hongrie** ou *pays Transleithan*. — A l'empire d'Autriche fut alors substituée **l'Autriche-Hongrie**, comprenant deux Etats rattachés par une union réelle, dans laquelle le souverain, *roi en Hongrie*, n'est plus *empereur* qu'en Autriche. — Chacune de ces deux parties a sa **Constitution distincte**, avec deux Chambres, une *Chambre Haute* et une *Chambre des Députés*, ainsi qu'un **ministère différent**. Il n'y a de commun entre elles, indépendamment du souverain, que les *douanes*, *l'armée active* et les *finances*. — Les *résolutions communes* sont prises par un **Parlement spécial**, composé de 60 *membres* du Parlement autrichien et de 60 *membres* du Parlement hongrois, auprès duquel intervient un ministère commun, qui se réunit alternativement à **Vienne** et à **Buda-Pesth**.
Mais cette Constitution n'accorde rien aux autres nationalités que renferme l'Empire, et les *Tchèques* de Bohême, jaloux de la Hongrie, réclament une autonomie semblable à celle des *Magyars*.

Accroissement de l'Autriche en Orient.

L'Autriche, suivant une politique qui puisse donner satisfaction à la plus grande partie de ses peuples, dont **le Danube** est le véritable *lien*, ne regarde plus désormais vers l'Allemagne, mais **vers l'Orient**.
Une réconciliation avec M. de Bismarck lui a déjà valu l'occupation de *la Bosnie* et de *l'Herzégovine* (1878-1879); — elle jette les yeux sur *Thessalonique* et même sur *Constantinople*, où elle rencontre les prétentions rivales de **la Russie**.

GUERRE DE 1870-1871; L'INVASION, LE SIÈGE DE PARIS; LA LUTTE EN PROVINCE. L'EMPIRE ALLEMAND. LES STIPULATIONS DU TRAITÉ DE FRANCFORT.

Raisons de la non-intervention de la France dans le conflit austro-prussien.

La France était battue aussi bien que l'Autriche sur le champ de bataille de *Sadowa*, parce que la formation d'un puissant État, à la place de *l'Allemagne divisée*, devenait pour elle un *danger perpétuel*. — Plusieurs raisons avaient empêché **Napoléon III** d'intervenir dans la lutte :

1° **M. de Bismarck**, dans l'entrevue de *Biarritz*, lui avait fait vaguement espérer pour la France, si la Prusse s'agrandissait, des *compensations*, qui furent ensuite refusées;

2° **L'empereur** ne croyait pas à une victoire de la Prusse, surtout *aussi complète*, et se proposait, une fois les deux adversaires affaiblis l'un par l'autre, d'intervenir comme *arbitre* et d'imposer sa volonté à tous deux en se réservant la *rive gauche du Rhin*;

3° **L'armée française**, désorganisée par l'imprudente *expédition du Mexique*, était *hors d'état* d'entrer immédiatement en campagne.

Danger de l'unité allemande pour la France.

Tentatives inutiles de Napoléon III pour obtenir des compensations à l'agrandissement de la Prusse.

Symptômes d'une guerre entre la Prusse et la France.

Profondément atteint dans son prestige, le *Gouvernement impérial* essaya d'abord de faire illusion à l'opinion publique. — A un discours accusateur de **Thiers**, au *Corps Législatif*, dans lequel l'orateur concluait ainsi : « *Il ne reste plus une faute à commettre* », le ministre **Rouher** répondait : « *Il n'y a pas eu une seule faute de commise* »; et il ajoutait, ignorant les dispositions secrètes qui faisaient du *roi* **Guillaume** le *commandant en chef des forces militaires* de tous les États allemands du **Sud** aussi bien que du **Nord** : « *L'Allemagne est partagée en trois tronçons qui ne se rejoindront jamais.* » — Quelques jours après, les *journaux allemands* donnaient un cruel démenti à cette affirmation en publiant le **texte des traités**.

Des compensations furent cherchées par Napoléon III; mais à toutes ses démarches M. de Bismarck opposa un *refus* ou fit naître un *obstacle*.

1° **L'empereur voulut** d'abord obtenir le *Palatinat bavarois* et la *Hesse rhénane*; la Prusse répondit par un *non possumus* absolu;

2° Il songea un instant à annexer la *Belgique neutre* : c'eût été une atteinte au droit des gens, qui eût provoqué une guerre immédiate avec l'Angleterre;

3° Il négocia avec le roi de **Hollande**, souverain personnel du *Luxembourg*, la cession de ce duché pour une somme de 90 millions. Ce n'était pas un pays allemand, et il cessait de faire partie de la Confédération germanique, puisque celle-ci venait d'être détruite par la Prusse. — Ici encore, **M. de Bismarck** refusa son *consentement*, et Napoléon III ne put obtenir de la Conférence de Londres que la *neutralisation du Luxembourg*.

La guerre devenait inévitable entre la France et la Prusse; elle était d'ailleurs également désirée des deux côtés. — Le Gouvernement français espérait venger ses déboires et faire **diversion à l'extérieur**, par une campagne victorieuse, à *l'opposition* qui le menaçait à l'intérieur. — M. de Bismarck, *mieux instruit* que le ministère français lui-même de la **faiblesse de notre armée** *malgré les apparences*, jugeait le moment favorable pour une victoire de la Prusse.

<table>
<tr><td>

**Candidature
Hohenzollern
au trône d'Espagne.**

**Déclaration
de guerre
par la France.**

</td><td>

La candidature du prince Hohenzollern au trône d'Espagne fournit *l'occasion cherchée*. — L'Espagne, qui avait chassé *la reine Isabelle*, en 1868, et qui renonçait à se constituer en république, offrit la couronne au prince *Léopold de Hohenzollern*, **cousin du roi de Prusse et** *major dans le 1er régiment de ses gardes à pied*. — Le Gouvernement français déclara qu'il considérait cette candidature comme **dangereuse pour les intérêts** et l'honneur de la France. — Afin de ne pas mettre les torts de son côté, le roi de Prusse obtint le *désistement de son cousin*.

Tout semblait terminé et apaisé; malheureusement, le ministre des Affaires étrangères en France, M. *de Grammont*, fit demander au roi de Prusse l'assurance qu'il n'autoriserait pas à nouveau cette candidature; **une méprise sur la réponse du roi,** *provoquée intentionnellement* par M. de Bismarck, fit évanouir tout espoir du maintien de la paix. — Le 19 juillet 1870, **la France déclara la guerre à la Prusse.**

</td></tr>
<tr><td>

**Causes
de supériorité
de la Prusse.**

——

**Causes d'infériorité
de la France.**

</td><td>

Les forces des deux adversaires étaient très inégales. — La Prusse avait une armée bien *supérieure en nombre*, grâce à son système de recrutement militaire, admirablement organisée, dirigée par un stratégiste incomparable, le **maréchal de Moltke,** et commandée par des généraux de premier ordre, tels que le *prince Frédéric-Charles* et le *Prince Royal de Prusse*. — En excitant l'Allemagne contre *l'ennemi héréditaire*, elle s'assura la *fidélité des États allemands du Sud*, qui consentirent à oublier leurs griefs de 1866, et, contrairement à l'opinion publique en France, **joignirent leurs forces** aux troupes prussiennes conformément aux traités.

La France avait une *armée d'élite*, supérieure par la *qualité*, mais trop faible en *nombre*, insuffisamment pourvue d'armes, de vivres, d'outils, de chevaux, d'éclaireurs, etc. — Aux craintes exprimées par l'opposition et aux patriotiques avertissements de Thiers, **le maréchal Lebœuf** avait répondu : « *Nous sommes prêts, archiprêts; quand la guerre devrait durer un an, il ne nous manquera pas un bouton de guêtre.* » Mais ces ressources si vantées n'existaient que sur le papier. — La nouvelle loi militaire, présentée par le **maréchal Niel** en 1867, et qui créait une *garde mobile* à côté de l'armée régulière, avait à peine, depuis l'année 1868, où elle avait été votée, reçu un commencement d'exécution.

Le concours de l'Autriche et de l'Italie fit défaut à la France; nos *premiers revers* dissipèrent chez ces deux puissances toute pensée *d'intervention*. — D'autre part, dans l'état où étaient alors les partis avancés en France, toute défaite devait avoir pour contre-coup à l'intérieur *une révolution à Paris*; — gêné par cette situation, le Gouvernement impérial trouvait à la fois l'ennemi devant et derrière; aux *événements militaires* devaient se mêler des **convulsions civiles.**

</td></tr>
<tr><td>

**Positions
des belligérants.**

</td><td>

L'armée française ne comptait, au début, que 200 000 *hommes;* divisée en huit corps d'armée (1er maréchal de Mac-Mahon; 2e général Frossard; 3e maréchal Bazaine; 4e général Ladmirault; 5e général de Failly; 6e maréchal Canrobert; 7e général Félix Douay; 8e garde impériale), elle était échelonnée le long du Rhin et de la frontière du Nord, sur une ligne de près de 80 *lieues*. — L'empereur en avait le *commandement nominal*.

Trois armées prussiennes, formant une masse de 338 000 *hommes*, avec 170 000 hommes de renfort à portée, sans parler de la landwehr, et commandées par le général *Steinmetz*, le prince *Frédéric-Charles* et le *Prince Royal de Prusse*, s'avancèrent sur la France de *Coblentz, Mayence* et *Spire*.

</td></tr>
</table>

Premiers revers
à Wissembourg,
Reichshoffen
et Forbach.

Dès le 4 août, les *Allemands* prennent l'offensive à l'est des Vosges. — Le général *Abel Douay* est battu à **Wissembourg**; le 6 août, *Mac-Mahon* est vaincu à **Wœrth**, **Frœschwiller** et à **Reichshoffen**, où les *cuirassiers français* se font tuer dans une charge héroïque pour couvrir la retraite. Le même jour, le général *Frossard* est vaincu à **Forbach**. — *De Failly* et **Bazaine**, qui n'avaient point pris part à la lutte, sont contraints de suivre la retraite, le premier vers **Châlons** avec *Mac-Mahon*, le second sous **Metz**, où il se laissa enfermer par le prince Frédéric-Charles. — L'Alsace était perdue, **Strasbourg** assiégé et bombardé. Le Prince Royal *marchait sur Paris*.

Ministère
du général
comte de Palikao.

À la nouvelle de ces désastres, une émotion extraordinaire s'empare de la capitale. — Le Corps Législatif se réunit, et, dans une séance d'une *incroyable violence*, le ministère **Ollivier**, qui avait accepté *d'un cœur léger la responsabilité* de la guerre, est renversé. L'impératrice, régente pendant l'absence de l'empereur, charge le général **comte de Palikao** de former un *nouveau ministère*. — **Trochu** est nommé gouverneur de Paris, et **Bazaine**, populaire parce qu'il était mal en cour, reçoit le *commandement en chef*, à la place de l'empereur.

Marche de
l'armée de Châlons

Deux armées restaient à la France : — 1° **celle de Metz** (2e, 3e, 4e, 6e corps et garde impériale), commandée par *Bazaine* et composée de vieux soldats, qui, malgré les glorieux combats de *Borny*, de *Rezonville* et de *Gravelotte* (14-16 août), fut bloquée par le prince Frédéric-Charles, mais qui retenait toute une armée prussienne; — 2° **celle de Châlons** (1er, 5e, 7e corps, et 12e corps créé à Châlons), avec *Mac-Mahon* et l'empereur, réunie à la hâte, mais forte encore de 120 000 hommes et parfaitement *libre de ses mouvements*. Deux partis étaient à prendre : l'armée de Châlons devait **se replier sur Paris**, pour s'opposer à la marche du Prince Royal, ou bien **se diriger sur Metz**, pour débloquer Bazaine. — Le premier parti eût entraîné une *révolution à Paris*, et l'impératrice s'y opposait. Le second était possible, parce que l'armée de Châlons n'avait alors devant elle que le **Prince de Saxe**, dont les troupes étaient fort inférieures en nombre; — mais il fallait se hâter; car, à l'annonce de ce mouvement, le Prince Royal, remontant vers le nord, viendrait *prendre en queue* l'armée de secours. Malheureusement, les 25, 26, 27 août, *la marche fut lente*; le maréchal de **Mac-Mahon**, sur des *instructions contradictoires*, hésita et revint sur ses pas. — Le 30 août, le *général de Failly* laisse surprendre son corps à **Beaumont** par l'armée du Prince de Saxe. Toute l'armée française, dans un horrible désordre, s'entassa autour de **Sedan**, avec l'espoir de se retirer par *Mézières*. — Pendant ce temps, le Prince Royal de Prusse, informé de notre mouvement par *l'indiscrétion d'un journal*, avait abandonné la direction de Paris et s'était porté sur l'armée de Châlons.

Bataille
de Sedan.

L'armée française, attaquée *en tête* par le Prince de Saxe, *en queue* par le Prince Royal, fut rejetée sur **Sedan**, au milieu d'un terrain *en cuvette* dominé par des hauteurs que couronnait l'ennemi (1er septembre). Le maréchal de **Mac-Mahon** est blessé d'un éclat d'obus, dès le début de la bataille. — Le commandement passe d'abord au **général Ducrot**, puis, sur un nouvel ordre, au **général de Wimpfen**, qui *change* les dispositions de son prédécesseur. — En vain, *l'infanterie de marine* arrête un instant les Bavarois à **Bazeilles**; en vain, le *général Margueritte* se fait tuer en chargeant à la tête de ses *chasseurs d'Afrique*; le succès n'était plus possible.

Capitulation de Sedan.

Napoléon III, qui avait cherché volontairement la mort en s'exposant au feu le plus violent de l'ennemi, n'osa sacrifier encore les vies nécessaires pour tenter un passage à la pointe de l'épée, et *fit arborer le drapeau blanc*. — Le 2 septembre, **la capitulation de Sedan** livra à l'ennemi, outre *l'empereur des Français*, un *maréchal de France*, 39 *généraux*, 86 000 hommes, 10 000 chevaux, 650 pièces d'artillerie.

Le 4 septembre.

LA TROISIÈME RÉPUBLIQUE.

Le Gouvernement de la Défense nationale.

Vaine tentative pour obtenir la paix.

L'empire ne pouvait survivre à ce désastre. — Dès qu'il fut connu à Paris dans la nuit du 3 septembre, la Chambre, réunie à la hâte, écouta quelques propositions tendant à faire organiser *un Gouvernement*; — mais le lendemain, **4 septembre**, le peuple envahit le *Palais-Bourbon* et proclama la **République**.

Un Gouvernement de la Défense nationale fut constitué avec les députés de Paris : *Emmanuel Arago, Crémieux, Jules Favre, Jules Ferry, Gambetta, Garnier-Pagès, Glais-Bizoin, Eug. Pelletan, Ernest Picard, Rochefort, Jules Simon*, à l'exception de *Thiers*. — Ils prirent pour président le **général Trochu**, et pour ministres le général *Leflo* à la Guerre, l'amiral *Fourichon* à la Marine, *Dorian* aux Travaux publics, *Gambetta* à l'Intérieur. *Jules Favre* se réserva les Affaires étrangères.

Une délégation, composée de *Crémieux, Glais-Bizoin*, amiral *Fourichon*, auxquels s'adjoignit, un mois plus tard, **Gambetta**, échappé de Paris en ballon, alla s'établir à **Tours**, afin que l'*investissement* prochain de Paris ne séparât point le Gouvernement des *départements*.

Le Gouvernement de la Défense nationale chercha d'abord à obtenir *la paix*. — **Thiers** fut envoyé en Europe pour intéresser les divers Gouvernements au sort de la France, et **Jules Favre** eut une entrevue à **Ferrières** avec M. de Bismarck. — Il offrit, au nom de la **France**, le payement des *frais de la guerre*; mais l'ennemi exigeait déjà la cession de l'**Alsace** et de la **Lorraine**. — « *Nous n'abandonnerons* », avait déclaré **Jules Favre**, « *ni un pouce de notre territoire, ni une pierre de nos forteresses.* » Il fallait continuer la lutte.

Situation des forces militaires de la France.

Le Gouvernement de la Défense nationale opposait aux armées prussiennes :

1° **A Paris**, la population armée, composée de plus de 500 000 hommes (*débris* de l'armée régulière, *gardes mobiles* des départements, *gardes nationaux* de la ville), qui était décidée à résister jusqu'au bout;

2° **A Metz**, l'armée de *Bazaine*, qui, toujours bloquée, retenait, avec l'armée du prince *Frédéric-Charles*, une partie considérable des forces prussiennes;

3° Les armées de province, fiévreusement réunies par **Gambetta** et *M. de Freycinet*, pleines d'inexpérience, mais aussi de bonne volonté et de patriotisme.

Les chefs ne surent pas, malheureusement, *utiliser les éléments sérieux* qu'ils avaient à leur disposition.

Reddition de Metz.

A Metz, Bazaine, dont l'armée, qui comprenait l'élite des forces françaises et la *garde impériale*, avait tenu tête à l'ennemi à **Borny, Rezonville** et **Mars-la-Tour**, **Gravelotte** et **Saint-Privat**, recule après chaque succès vers Metz, se laisse investir de plus en plus étroitement, engage avec l'ennemi des *négociations ténébreuses*, et, réduit à se *rendre*, *faute de vivres*, livre aux Allemands, le 27 octobre, la ville et les forts, 3 maréchaux, 6 000 officiers, 173 000 soldats, tous les chevaux, ses canons, ses munitions et ses drapeaux.

La lutte dans les départements.

Dans les départements, grâce à l'activité des généraux, quelques succès furent d'abord obtenus; mais les *troupes improvisées* qu'ils commandaient ne purent entrer sérieusement en ligne avant que la capitulation de Metz eût rendu libre une partie des armées prussiennes : — aussi, après d'heureux combats, furent-elles écrasées *sous le nombre.*

L'armée de la Loire, commandée par **d'Aurelles de Paladines,** gagne la bataille de **Coulmiers** (9 novembre); mais, après une lutte acharnée et indécise à *Beaune-la-Rolande,* elle est défaite et coupée en deux à *Patay* (2 décembre). — Une moitié, sous **Chanzy,** défend héroïquement la région de l'Ouest, mais est vaincue au *Mans* (janvier 1871). — L'autre moitié, sous **Bourbaki,** se porte vers l'Est pour débloquer *Belfort,* mais est repoussée après le sanglant combat de *Villersexel* (9 janvier); *oubliée* par **Jules Favre** dans l'armistice qui arrête les hostilités, elle est obligée de se réfugier en Suisse.

Dans le Nord, une armée, commandée par **Faidherbe,** gagne les batailles de **Pont-Noyelles** et de **Bapaume** (23 décembre, 3 janvier), mais perd la bataille de *Saint-Quentin* (19 janvier 1871).

L'armée des Vosges, dont les *corps francs* sont commandés par *Garibaldi,* venu au secours de la France républicaine, remporte des succès isolés, qui sont sans effet sur le résultat de la guerre.

Belfort fit, sous son gouverneur, le colonel *Denfert-Rochereau,* une résistance héroïque et victorieuse.

Résistance de Paris.

Capitulation.

Armistice.

Paris, pendant ce temps, résistait à la *faim,* au *froid,* à l'*ennemi,* au *bombardement,* dans l'espoir de donner aux *armées de secours* le temps de venir le délivrer; — mais là aussi tous les efforts demeurent inutiles par l'*irrésolution* du général **Trochu,** qui n'ose risquer une bataille, par l'*indiscipline* et l'*inexpérience* de la garnison, composée presque tout entière de gardes nationaux, et enfin par les *éléments révolutionnaires* qu'elle renfermait. — A la nouvelle de la capitulation de Metz (31 octobre 1870), **le Gouvernement de la défense nationale** faillit être renversé par une *insurrection.*

Le général Ducrot livra (30 novembre) la terrible bataille de **Champigny,** sans parvenir à faire une *sortie.* — Le 19 janvier 1871, la bataille de *Montretout* ou de **Buzenval** coûte la vie, sans résultat, à un grand nombre de gardes nationaux, parmi lesquels le peintre *Henri Regnault* et l'explorateur *Gustave Lambert.* — Il n'y avait plus de vivres.

Le général Trochu, qui avait déclaré que *le gouverneur de Paris ne capitulerait point,* **donna sa démission** pour ne point paraître manquer à sa parole. — Le 25 janvier, la ville dut *mettre bas les armes.* C'était la fin de la résistance, si héroïquement opposée par la France. — **Un armistice** fut conclu pour permettre à une *Assemblée Nationale* de se réunir et de traiter de la paix.

RÉSULTATS DE LA GUERRE.

La défaite de la France eut pour conséquences : — 1° une *transformation nouvelle* de l'Allemagne, — 2° une *insurrection formidable* à Paris, — 3° la conclusion d'une *paix désastreuse.*

1° Rétablissement de l'Empire d'Allemagne.

L'Allemagne, qui venait de vaincre, n'était guère encore qu'une *confédération;* le prestige de ses armes permit à son chef, **le roi de Prusse,** de la transformer **en Empire fédéral.** — Le 18 janvier 1871, pendant le siège de Paris, dans la *Galerie des Glaces* du palais de Versailles, encore tout plein des splendeurs de Louis XIV, une assemblée de princes et de souverains allemands, venus à la suite du roi de Prusse, proclama le rétablissement de **l'Empire d'Allemagne.**

**1°
Rétablissement
de l'Empire
d'Allemagne.
(*Suite.*)**

Une Constitution nouvelle, promulguée le 16 avril suivant, régla sur des bases plus solides les rapports des divers Etats de l'Allemagne. — La *dignité impériale* est héréditaire dans la personne du **roi de Prusse**. — L'empereur partage le *pouvoir législatif* avec **deux Chambres** : *le Reichstag*, élu au suffrage universel, et *le Bundesrath*, ou assemblée fédérale, composé de délégués des différents Etats, mais dans lequel la Prusse a la prépondérance par le nombre de voix dont elle dispose (17 sur 58).
Un chancelier d'Empire, nommé par l'empereur, l'assiste dans le Gouvernement. — Les lois sur les personnes et les biens, les relations extérieures, le commerce, l'organisation des tribunaux, l'armée, les finances, les douanes, les postes, etc., sont déclarées *matières fédérales*. — **Chaque État** ne conserve ses *lois particulières* que sur les points qui ne sont pas réservés au pouvoir central ou qu'il n'a pas encore réglés. — Un *Tribunal supérieur d'Empire* assure l'interprétation uniforme de toutes les lois communes.

**2°
Guerre civile
en France.
———
La Commune.
———
Second siége
de Paris.**

Une guerre civile à Paris s'ajouta aux horreurs de la *guerre étrangère*. — Les éléments révolutionnaires, que renfermait la population parisienne, profitèrent de ce que la **garde nationale** avait conservé ses *armes*, aux termes de l'armistice, pour se soulever contre l'Assemblée nouvellement élue et réunie à **Bordeaux**. — En vue de ce mouvement, des bataillons de la garde nationale *s'étaient fédérés* et avaient nommé un **Comité central**. — Le prétexte de l'insurrection fut *l'enlèvement des canons* que le Gouvernement voulut reprendre à la garde nationale sur la butte de **Montmartre**. — **Thiers**, chef du pouvoir exécutif, et les ministres se retirèrent à Versailles (18 mars).
Un second siège de Paris commença. — La lutte dura *deux mois* : l'armée, reconstituée à Versailles avec les troupes revenues d'Allemagne, parvint enfin à pénétrer *par une brèche* dans Paris; mais les **fédérés** résistèrent pied à pied pendant une semaine, derrière *les barricades*. — Avant d'avoir pu être complètement débusqués, **ils incendièrent** les *Tuileries*, la *Cour des Comptes*, le *Ministère des Finances*, le *Palais-Royal*, un grand nombre de maisons, **massacrèrent** l'*archevêque de Paris*, des *prêtres*, des *gendarmes*, et d'autres personnes, qu'ils avaient arrêtées comme *otages*. — Les **Conseils de guerre** réunis pour juger les insurgés durent prononcer de nombreuses condamnations aux *travaux forcés* et à la *déportation*.

**3°
Traité de Francfort
(10 mai 1871).
———
Perte de territoire.
———
Payement
de cinq milliards.**

Les conditions de la paix furent fixées par le **traité de Francfort**. — Thiers et M. de Bismarck en débattirent *les bases* à Versailles. L'Assemblée Nationale les *ratifia* le 1er mars 1871.
La France cédait à l'Allemagne, qui la revendiquait au nom du principe des nationalités, la partie de son territoire peuplée d'habitants de race germanique, mais *français de cœur et de volonté*. — Ce territoire, qui forme aujourd'hui l'**Alsace-Lorraine**, comprenait le département du *Bas-Rhin* tout entier, celui du *Haut-Rhin*, moins le territoire de *Belfort*, les trois quarts du département de la *Moselle*, un tiers du département de la *Meurthe* et deux cantons (*Saales* et *Schirmeck*) du département des *Vosges*. — L'Alsace-Lorraine ne devint pas une *province prussienne*, mais constitua un *pays d'Empire* soumis à un régime spécial.
La France devait, en outre, payer aux **Prussiens** une indemnité de guerre de 5 *milliards*; et jusqu'à l'entier acquittement de cette somme, les départements du nord resteraient *occupés*. — Le succès d'un *premier emprunt* de 3 milliards et d'heureuses négociations avancèrent le terme de cette occupation. **Thiers**, qui en eut le mérite, fut, dans une séance solennelle de l'Assemblée Nationale, proclamé *le libérateur du territoire*.

25.

LA QUESTION D'ORIENT : GUERRES DE CRIMÉE ET DES BALKANS. LE PANSLAVISME.

Guerre entre la Russie et la Turquie.

En Orient, la Russie, quoique gênée dans sa *marche lente* sur **Constantinople** par les autres puissances européennes, n'avait perdu aucune de ses ambitions. — En 1853, la situation parut favorable au **czar Nicolas** pour reprendre avec une vigueur nouvelle la politique traditionnelle de ses prédécesseurs. — A plusieurs reprises, il fit des ouvertures à l'ambassadeur d'Angleterre, *sir Hamilton Seymour*, sur la manière de partager la succession du *malade*, ainsi qu'il appelait l'Empire turc.

La question des Lieux saints fut le *prétexte* dont s'empara le czar pour attaquer la Porte. — Les *moines latins* de Palestine, protégés par **la France**, et les *moines grecs*, protégés par **la Russie**, se disputaient la possession des églises de *Bethléem* et de *Jérusalem*. — Le 5 mai 1853, le *prince Mentchikoff* vint à Constantinople exiger du sultan qu'il reconnût l'empereur de Russie comme *protecteur* des chrétiens grecs de l'Empire Ottoman. — Sur le refus de la Porte, les Russes envahirent les **Principautés danubiennes** (*Moldavie, Valachie*) et détruisirent à *Sinope* l'escadre turque de la mer Noire.

L'Angleterre, la France, la Sardaigne, alliées de la Turquie.

L'Angleterre, à laquelle ses intérêts en Orient commandent de défendre l'Empire turc contre les Russes, mais qui ne peut rien faire sans une *alliance continentale*, jeta alors les yeux sur la France, dont le souverain, **Napoléon III**, cherchait, pour les débuts de son règne, le prestige d'une guerre heureuse. — Le 10 avril 1854, la France et l'Angleterre conclurent une *alliance offensive et défensive* pour protéger l'Empire Ottoman contre les Russes. — Le petit État sarde y accéda plus tard (17 février 1855).

La Russie comptait sur la **Prusse**, dont le roi était l'oncle du czar, et sur l'**Autriche**, qu'elle avait sauvée des Hongrois; — mais ces deux puissances restèrent *neutres*, et elle se trouva seule à combattre les alliés.

Hostilités : 1° dans la mer Baltique. 2° Sur le Danube. 3° En Crimée.

Les opérations militaires eurent lieu :

1° **Dans la mer Baltique**, — où une flotte anglo-française bloqua les ports russes et où le *général Baraguey d'Hilliers* força la citadelle de *Bomarsund* à capituler;

2° **Sur le Danube**, — où les Russes, arrêtés longtemps par les Turcs devant *Silistrie*, se retirèrent à l'approche des troupes anglo-françaises débarquées à *Varna*; et les *Principautés* neutralisées furent occupées provisoirement par les Autrichiens;

3° **En Crimée**, — où l'effort principal de la guerre se porta autour de la forteresse russe de **Sébastopol**, qui commandait la mer Noire et qui était une menace perpétuelle pour Constantinople. — Les alliés débarquèrent à *Eupatoria* (14 septembre 1854), où ils remportèrent la victoire de l'**Alma**, et commencèrent le siège célèbre de Sébastopol.

Siège et prise de Sébastopol (1855).

Les **Russes**, dirigés par le grand ingénieur **Totleben**, avaient couvert la ville de formidables ouvrages en terre, dont le plus important reçut le nom de *Tour Malakoff*. — Les Anglais étaient commandés par **Lord Raglan**; les Français, d'abord par le **général Canrobert**, qui avait remplacé le maréchal Saint-Arnaud, mort du choléra, puis par le **général Pélissier**.

Une armée russe de secours tenait la campagne et inquiétait sans relâche les assiégeants. — Deux séries d'opérations, les unes *dans la campagne*, les autres *contre la citadelle* même, durent être menées parallèlement, au milieu des rigueurs d'une saison hivernale.

Siège et prise de Sébastopol.
(Suite.)

1° **Les Russes**, qui essayaient de dégager la ville, furent refoulés — à *Balaklava*, par une charge fameuse de la cavalerie anglaise (25 octobre 1854); — à *Inkermann*, où les zouaves du général *Bosquet* sauvèrent les Anglais d'une destruction certaine (5 novembre); — à *Eupatoria*, par les Turcs, sous la conduite d'*Omer-Pacha*, dont ils voulaient empêcher le débarquement (17 février 1855); — enfin au *Pont de Tratkir*, par les Sardes et les Français (16 août 1855).

2° **Les alliés**, de leur côté, continuant leurs travaux d'approche, dirigeaient leurs efforts contre la **Tour Malakoff**; — après un *premier assaut*, repoussé avec des pertes considérables (18 juin 1855), ils parvinrent à s'en emparer dans une lutte épouvantable de cinq heures (8 septembre 1855). La division *Mac-Mahon* planta la première le drapeau tricolore sur la tour. « *J'y suis, j'y reste* », avait dit son chef. — **Les Russes** évacuèrent la ville en faisant *sauter* ou en *incendiant* les arsenaux et les casernes.

Traité de Paris (30 mars 1856).

Le **czar Alexandre II**, qui venait de succéder à Nicolas (mort le 2 mars 1855), demanda alors à traiter. — La paix fut conclue à **Paris** le 30 mars 1856.

1° L'**indépendance et l'intégralité de la Turquie** étaient placées sous la *garantie générale* des puissances européennes.

2° **La Russie** renonçait au *protectorat des Principautés danubiennes*, qui restaient sous la souveraineté de la Porte et conservaient leurs privilèges, dont les puissances se portaient garantes.

3° **La mer Noire était neutralisée**, c'est-à-dire ouverte seulement aux *bâtiments de commerce*, et interdite aux *navires de guerre* de toutes les puissances, y compris **la Russie**, surtout visée dans cette clause.

4° **La neutralité du Danube** était également établie; — la Russie dut renoncer aux *bouches du fleuve*, et céder *Ismaïl* et *Kilia* à la Moldavie.

5° **Enfin on arrêta les bases d'un** *droit maritime uniforme*; — la **course** fut abolie, et, si les navires de commerce, quoique propriété privée, purent toujours être capturés, ce ne fut plus que par des navires de guerre. — Le *pavillon neutre couvre la marchandise ennemie*, excepté la *contrebande de guerre*.

Causes d'une nouvelle guerre en Orient.

Le **traité de Paris**, pas plus que les précédents, ne réglait définitivement la question d'Orient, *toujours ouverte* à raison de deux causes :

1° **La Russie avait ajourné**, mais non abdiqué ses prétentions. — Pendant la *guerre franco-allemande* de 1870, elle provoqua à **Londres**, pour faire reviser le traité de Paris, une *conférence*, qui consentit à supprimer l'article d'après lequel la mer Noire était interdite à la *marine militaire* des puissances riveraines.

2° **La détestable administration turque** continuait à rendre intolérable la situation des *chrétiens de l'Empire Ottoman*. — En Syrie, les *Maronites* furent massacrés par les *Druses* et sauvés seulement par le secours de la France (1860), qui envoya un corps d'armée de plus de 6 000 hommes. — Les insulaires de *Candie*, révoltés contre les Turcs, furent châtiés de la manière la plus impitoyable (1866-1867). — En 1875, les chrétiens de l'*Herzégovine* et de la *Bosnie* étaient accablés d'exactions, qui les forcèrent à se soulever. — Les *Bulgares* étaient, de leur côté, l'objet des plus épouvantables traitements (1876).

La Russie, qui conservait toujours la *volonté d'intervenir*, en avait ainsi incessamment le *prétexte*.

Coalition de la Russie, de la Serbie, du Monténégro et de la Roumanie contre l'Empire Ottoman.

Une conjuration tacite de la *Russie*, de la *Serbie* et du *Monténégro*, puis de la *Roumanie*, contre la Porte éclata en 1876. Le *sort affreux* fait aux Bulgares en fut l'occasion. — Mais les coalisés rencontrèrent une vigueur de résistance à laquelle ils ne s'attendaient pas de la part des Turcs.

Au début, les Monténégrins seuls remportèrent quelques avantages; — les Serbes furent vaincus dans plusieurs combats, à *Novi-Bazar*, *Ak-Palanka*, *Zaïtschar*, *Yavor*, etc., et durent demander la paix. — La Russie, qui déclara alors la guerre à la Porte, le 23 avril 1877, n'éprouva au commencement que des revers, en Asie à *Kars*, en Europe à *Plewna*.

La nomination de Totleben, le héros de Sébastopol, au commandement de l'armée russe changea la face des choses. — *Kars* fut enfin emporté; *Plewna*, où s'étaient entassés *Mouktar-Pacha* et 40 000 soldats turcs, succomba le 10 décembre 1877. — L'armée turque de *Chipka* dut également mettre bas les armes. Les Russes occupèrent *Andrinople* et s'avancèrent jusque devant *Constantinople*.

Traité de San-Stefano.

Le traité de San-Stefano mit fin aux hostilités (1878).

1° La Russie se faisait céder, — en Asie, *Kars*, *Bayazid* et *Batoum*; — en Europe, *la Dobrudja*, qu'elle voulait donner à la Roumanie en échange de la *Bessarabie roumaine*;

2° La Roumanie (*Moldavie* et *Valachie*) et la Serbie, de *vassales* de la Turquie, devenaient *indépendantes*;

3° Avec la province turque de Bulgarie, était formée une *Principauté nouvelle*, rattachée encore à la Porte par les liens de vassalité, mais placée sous la protection de la Russie.

4° Le Monténégro recevait des *agrandissements*.

Congrès de Berlin.

———

Modification des clauses du traité de San-Stefano.

Le Congrès de Berlin (1878), suivi du *traité* du même nom, modifia profondément, dans l'intérêt de l'Europe, les dispositions du traité de San-Stefano.

1° La part de la Russie fut réduite : — en Asie, au lieu de Kars, Bayazid et Batoum, elle n'eut que *Kars* et *Batoum*, et encore à la condition, d'ailleurs supprimée plus tard, que cette dernière ville serait un *port franc*.

2° La nouvelle Principauté de Bulgarie, créée avec un morceau de l'Empire Ottoman, et dont la Russie comptait bien se faire un fort *avant-poste* contre la Turquie, fut soustraite à son influence et diminuée; — d'abord il fut décidé qu'elle formerait bien une principauté *vassale* de la Porte, mais *indépendante* de tout protectorat étranger; — puis on en détacha une partie, située au sud des Balkans, qui, sous le nom de *Roumélie orientale*, devait demeurer une province de l'Empire Ottoman, avec un gouverneur chrétien et sans troupes ottomanes.

3° De nouvelles parties de l'Empire turc furent arrachées et attribuées à des puissances qui, sans avoir participé à la guerre, réclamaient néanmoins leur *part du butin*. — L'Angleterre eut l'île de *Chypre* pour prix de la protection qu'elle prétendait fournir à l'Empire turc. — L'*Autriche* fut autorisée à occuper la Bosnie et l'Herzégovine. — La *Grèce*, comme rectification de frontière, obtint la Thessalie.

Les clauses qui dégageaient de leur vassalité envers la Porte les *Principautés danubiennes* (Roumanie) et *la Serbie*, et qui accordaient des agrandissements au *Monténégro*, furent maintenues.

Un véritable démembrement de l'Empire turc se trouvait ainsi consacré par le traité de Berlin, *œuvre de M. de Bismarck*.

<table>
<tr><td>

**Tentatives
de groupement
des États slaves.**

</td><td>

Le **principe des nationalités** a produit à côté du **Pangermanisme**, dont s'est inspiré *l'Allemagne*, le **Panslavisme**, sur lequel s'appuie *la Russie*. — Les **Panslavistes** rêvent l'*union de toutes les nations slaves* sous l'égide de l'une d'entre elles; et **la Russie**, dont les habitants sont en majeure partie de race slave, est naturellement appelée à remplir ce rôle.

Les **peuples slaves**, libres ou placés sous une autorité étrangère, dont les panslavistes voudraient l'émancipation, sont : — les *Tchèques de Bohême*, les peuples de *Bosnie*, d'*Herzégovine*, de *Croatie*, de *Dalmatie*, d'*Istrie*, qui font partie de la monarchie austro-hongroise; — puis, parmi les sujets de l'Empire Ottoman, les *Bulgares*, bien qu'ils portent le nom d'un peuple finnois; — enfin, mais constitués en États libres, les *Serbes* et les *Monténégrins*.

</td></tr>
<tr><td>

**Tendances
panslavistes
de la Russie.**

</td><td>

C'est de cette idée que s'inspirent principalement *la politique* et *l'opinion publique* en Russie.

1° **A l'intérieur**, le czar **Alexandre III**, successeur de son père Alexandre II (1881), s'est efforcé de *russifier* les provinces allemandes et baltiques de son empire, habitées surtout par des Allemands; — il a imposé l'usage exclusif de la *langue russe* dans les écoles et les tribunaux, substitué le *code russe* au code allemand, prescrit qu'aucune terre ne pourrait y être possédée par des *étrangers*.

2° **A l'extérieur**, le czar cherche à s'attacher les peuples de la *péninsule des Balkans*, que leur nationalité slave recommande à sa sollicitude, et leur accorde sa protection, en même temps qu'il les retient sous sa dépendance. — Le prince de Bulgarie, *Alexandre de Battenberg*, qui avait cherché à s'émanciper, a été obligé de signer son abdication (1886). — Des rapports étroits existent entre la Russie et le *Monténégro*. — La Russie combat en *Serbie* l'influence d'autres puissances.

3° **Dans les relations internationales**, la Russie, malgré des rapprochements passagers, est en *conflit d'intérêts*, non seulement avec l'*Angleterre*, qui veut l'écarter de Constantinople et de la Méditerranée, mais avec l'*Empire Allemand* par *antipathie de race*, et avec l'*Autriche*, dont l'empire contient plusieurs peuples slaves, impatients d'alléger ou de secouer leur joug.

4° **L'opinion publique** s'est manifestée par des journaux, par des brochures, par des discours politiques, par la propagande de panslavistes décidés, tels que le général *Shobeleff*, le publiciste *Aksakof*, le journaliste *Katkoff*, etc.

</td></tr>
</table>

L'ANGLETERRE ET LA RUSSIE EN ASIE.

<table>
<tr><td>

**Établissements
européens en Asie.**

</td><td>

Les **Européens**, à l'étroit dans l'Europe, ont cherché de *nouveaux territoires* dans l'Asie. — Les **Portugais** au XVI° siècle, puis les **Français** au XVIII° siècle y fondèrent les premiers établissements.

De nos jours, la majeure partie de l'Asie se partage entre *deux peuples*, les derniers venus dans cette conquête, mais dont la domination s'est accrue avec une rapidité incroyable : — 1° **la Russie**, pour qui ses possessions asiatiques ne sont que la *continuation orientale* de son immense empire européen; — 2° **l'Angleterre**, qui, bien que séparée de l'Asie par les mers, se la rattache au moyen de ses *flottes innombrables*.

</td></tr>
</table>

**I°
Possessions
anglaises.**

La domination anglaise en Asie comprend :

1° L'Inde, qui forme un magnifique empire et une vaste colonie d'exploitation;

2° Une partie considérable de l'Indo-Chine, annexe géographique et prolongation de l'Empire indien, qui ouvre à l'Angleterre la *route par terre* de la Chine;

3° Des postes isolés, qui gardent les approches de ces possessions, ou servent à la flotte anglaise de *stations navales* et de *ports d'abri* ou de *ravitaillement*.

**Achèvement
de la
Conquête de l'Inde.**

**Révolte des Cipayes
(1857).**

**Nouvelle
organisation
de l'Empire
des Indes.**

La conquête de l'Inde était à peu près terminée à la fin du XVIIIe siècle; — elle a été complétée au XIXe par l'acquisition du *Sind*, à l'embouchure de *l'Indus* (1843), et du *Penjab*, où fut détruit l'Empire des *Seikhs* (capitale *Lahore*), après une guerre de trois ans (1846-1849). — La population, composée de **Brahmanes** et de **Mahométans**, est trop divisée pour opposer une résistance sérieuse aux progrès de la domination étrangère; et une armée de 150 000 hommes, comptant un tiers à peine d'Européens, suffit pour garder un pays de 287 *millions d'habitants*.

Mais une insurrection formidable des cipayes ou soldats indigènes, instruits et armés à l'européenne, auxquels l'administration anglaise avait remis des *cartouches enduites de graisse de vache*, animal sacré sur les bords du Gange, faillit faire perdre aux Anglais leur précieuse conquête (1857). — Les rebelles, excités par *Nana-Sahib*, prirent pour roi un vieillard, descendant d'*Aureng-Zeb*, se rendirent maîtres de *Delhi* et de *Lucknow*, dans l'Oude, et déshonorèrent leur cause par d'atroces cruautés. — **Les Anglais**, qui avaient été pris au dépourvu, furent secondés par les *Seikhs*, ennemis jurés des Brahmanes, et par quelques contingents restés fidèles; ils reprirent l'offensive et parvinrent à écraser l'insurrection.

Après la suppression de la Compagnie des Indes (1858), le Gouvernement anglais prit en mains l'administration directe du pays, qui est confiée à **un gouverneur**, nommé par le ministre de l'Inde, et assisté d'*un Conseil* de 15 membres. — Les indigènes furent mis sur le même pied que les Européens. — En 1876, *la reine de la Grande-Bretagne* prit le titre d'**Impératrice des Indes**.

**Progrès des Anglais
en Indo-Chine.**

En Indo-Chine, les Anglais ont acquis :

1° la Birmanie, dont la conquête commença en 1824 (*le Pegou*, l'embouchure de l'Iraouaddy), — fut continuée en 1852 (*Rangoun, Martaban*), — et achevée en 1885 par la dépossession du roi *Thibo*, souverain de la Birmanie, restée jusque-là indépendante;

2° Malacca (1825) et les points les plus importants de la côte sud le long de la presqu'île : *Poulo-Pinang*, *Wellesley*, mais surtout *Singapour*.

**Autres possessions
anglaises en Asie.**

Les principaux postes qui défendent militairement ou complètent commercialement les grandes possessions asiatiques des Anglais sont : — sur la côte méridionale de l'Arabie, *Aden* (1839), non loin de l'entrée de la mer Rouge, à l'entrée même de cette mer, l'*île Périm*, et *Hong-Kong*, acquis de la Chine à la suite de la guerre de l'opium (1840-1842). — La station de *Port-Hamilton*, dans la mer de Corée, qu'ils avaient acquise en 1885, a été abandonnée par eux en 1887.

L'Angleterre, de même d'ailleurs que les autres nations européennes et l'Amérique, a obtenu l'accès des ports les plus importants de la *Chine* et du *Japon*; — mais, en ouvrant ces pays à leur commerce, les Européens se créent peut-être pour l'avenir de puissants rivaux industriels.

A la fin du XVI° siècle, le cosaque *Yermak,* franchissant la passe de l'Onral, commença, au profit des czars, la conquête de **la Sibérie.** — Depuis cette époque, non seulement la domination russe s'est étendue à tout ce pays, mais presque tout le nord de l'Asie et une partie du centre sont venus s'y ajouter.

Au XIX° siècle, la Russie s'est annexé : — 1° le *pays du Caucase,* ce qui lui permet de tourner l'Empire Ottoman, qu'elle menace en Europe, sur le Danube; — 2° le *Turkestan,* dont la possession lui fraye une route vers l'Inde; — 3°, dans l'extrême Orient, les *régions septentrionales de la Chine,* par lesquelles elle se ménage un accès dans le Céleste Empire.

La conquête de la région caucasique, commencée sous Pierre le Grand, a englobé successivement, au XIX° siècle : — 1° *la Géorgie,* sous Paul Ier (1801); — 2° le *Daghestan* et le *Schirvan,* avec les ports de *Derbent* et de *Bakou,* arrachés à la Perse par le traité de *Gulistan* (1814); — 3° *Erivan* et une partie de *l'Arménie perse* jusqu'à l'Aras, obtenus du même pays par le traité de *Tourkmantschaï* (1828). — En vain les *Circassiens du Caucase* opposèrent-ils à la domination moscovite une résistance opiniâtre, sous leur vaillant chef *Schamyl;* la Russie en triompha par les exécutions et par les déportations de tribus entières, et son autorité y est aujourd'hui reconnue.

Dans l'extrême Orient, la Russie a enlevé à la prétention ou à la possession de la Chine : 1° la partie septentrionale du *bassin de l'Amour* (1858), puis le territoire au sud de l'embouchure de ce fleuve (1860); elle y fonda bientôt *Nicolaïef* et *Alexandrowsk;* — 2° la partie de la *Dzoungarie* à droite du fleuve *Ili* (1878); — 3° la partie de l'*île Sakhalian,* cédée par le Japon (1860); — 4° la *grande île de Quelpaërt,* au sud des *îles Sodo* dans la mer de Corée (1885).

Dans le Turkestan et les régions avoisinantes, pays de steppes, habité en partie par des *nomades,* mais susceptible d'améliorations par une administration européenne, la Russie a soumis à sa domination, soit directement par une *annexion* pure et simple, soit indirectement en se les rattachant par des liens étroits de *vassalité :* — 1° **Khiva,** rendu tributaire en 1853; — 2° **Khokand,** tributaire en 1864, annexé en 1876 sous le nom de province de *Fergâna;* — 3° les villes de **Turkestan,** *Tchemkent, Aulié-Ata,* conquises la même année; — 4° **Khodjend** et **Samarkand,** l'ancienne capitale de *Tamerlan,* conquises en 1866; — 5° **Boukhara,** dont le *khan* se reconnut vassal du czar en 1868; — 6° **Zarafchan, Falgar, Magian,** annexées en 1870; — 7° toute la rive droite de l'Amou-Daria, cédée par le khan de Khiva en 1873; — 8° au delà de la Caspienne, **Géok-Tépé,** conquis par *Skobeleff* en 1881; — 9° **Merv,** annexé en 1884; — 10° enfin **Sarakhs,** cédé par la Perse (avril 1884).

Pour relier toutes ces provinces, la Russie a commencé en 1880 le **chemin de fer transcaspien,** qui, partant d'*Ouzous-Ada,* en face de *Bakou,* sur la mer Caspienne, a atteint *Merv* en 1886, puis *Boukhara,* et enfin *Samarkand* en 1888.

Les deux immenses Empires Anglais et Russe, qui comprennent en partie, le premier l'Asie du Sud, le second l'Asie du Nord, ne peuvent ainsi continuer à s'*étendre indéfiniment* sans arriver à se rencontrer. — Actuellement ils ne sont plus séparés dans l'Asie centrale que par la *Perse* et l'*Afghanistan,* et chacun d'eux, en prévision d'**un conflit,** *lointain* peut-être, mais *certain,* cherche à étendre sur ces pays son *autorité* ou son *influence.*

II°
POSSESSIONS
RUSSES.

Conquête
des provinces
du Caucase.

Progrès
de la Russie
du côté de la Chine.

Conquêtes
des Russes
dans le Turkestan.

La politique
des Russes
et des Anglais
dans l'Asie centrale.

La politique des Russes et des Anglais en Perse, en Afghanistan.

La ville forte de Hérat, entre la Perse et l'Afghanistan, dont la possession a une grande importance pour attaquer ou défendre l'Inde, *fut assiégée*, à l'instigation de **la Russie**, par la Perse en 1856, et *prise*, avec l'encouragement de l'Angleterre, par le sultan de Kaboul en 1863. — **La Perse**, à la discrétion de la Russie, est subordonnée à sa politique.

Pour s'assurer le concours de l'Afghanistan, *la frontière scientifique de l'Inde*, **les Anglais**, après une désastreuse expédition en 1842, en recommencèrent une autre avec plus de succès en 1878, et parvinrent à imposer au pays leur créature, *Abder-Rhaman*, dont ils s'assurèrent la fidélité par une pension considérable.

En 1885, pendant qu'il était procédé en commun à *une délimitation de la frontière afghane*, si importante pour les deux empires, **les Russes** furent accusés par **les Anglais** de manquer de loyauté, ce qui faillit amener entre les deux peuples un *conflit armé*, que la diplomatie empêcha à grand' peine.

7° L'ANGLETERRE.

PRINCIPAUX HOMMES D'ÉTAT ET GRANDES RÉFORMES AU XIXᵉ SIÈCLE. L'IRLANDE.

Le régime parlementaire en Angleterre.

Les Tories et les Whigs.

Depuis la chute des Stuarts, avec lesquels tomba définitivement la cause de l'*absolutisme royal*, **l'Angleterre**, quoique résolument attachée à la monarchie, réalise complètement le *gouvernement représentatif*. — **Mais, au commencement du XIXᵉ siècle**, ses représentants n'étaient encore que ceux de l'*oligarchie foncière*, auxquels ne tardèrent pas à s'ajouter ceux de la *grande industrie*.

A l'extérieur, ils assurèrent la *grandeur de l'Angleterre* au profit du pays tout entier; — à l'intérieur, ils dirigèrent la conduite du Gouvernement au profit exclusif de leur *caste* et au détriment de la *partie moyenne* et *inférieure* de la population. — Aussi la nation, sans écarter l'*aristocratie* du pouvoir, la contraignit-elle de faire une place aux *autres influences légitimes*.

Aucun homme politique en Angleterre ne se posa en *ennemi irréconciliable* des réformes. — Mais, selon que, d'après leur intérêt ou leur conviction, ils en voulaient la réalisation *partielle* ou *complète*, *lente* ou *rapide*, les Anglais demeurèrent divisés en *deux grands partis*, sans compter les partis secondaires sur les questions relativement accessoires : — 1° LES TORIES **ou conservateurs**, qui cherchaient à *atténuer* le mouvement libéral; — 2° LES WHIGS **ou libéraux**, dont les tendances, au contraire, étaient de l'*accentuer*.

PRINCIPAUX HOMMES D'ÉTAT :

Fox.

William Pitt.

Sous les divers souverains qui ont régné en Angleterre au XIXᵉ siècle : **George III** (1760-1820); **George IV** (1820-1830); **Guillaume IV** (1830-1837); **Victoria** (1837 à nos jours), — voici les *principaux hommes d'État* de l'un et l'autre parti :

Fox (1749-1806), riche, éloquent, joua un rôle important dans le Parlement d'Angleterre, malgré les écarts d'une *vie dissipée*; — il se plaça à la tête du *parti whig* et se montra partisan de la *paix avec la France*, pour laquelle sa mort fut un malheur.

William Pitt (1759-1806), second fils du premier Pitt ou *lord Chatam*, fut ministre à 23 ans; — aussi éloquent et habile que son père, il fut, comme lui, le *constant ennemi de la France* et fomenta contre elle les *trois premières coalitions* (1791-1792-1803).

Lord Castlereagh, marquis de Londonderry (1769-1822), l'un des plus acharnés *tories*, opprima l'Irlande, excita l'Europe contre Napoléon en 1813 et 1814, sacrifia la Pologne, Gênes, la Saxe, la Belgique dans le *Congrès de Vienne*, et se rendit odieux par sa *politique anti-libérale*. — Il se suicida au moment où il allait se rendre au *Congrès de Vérone*, pour y plaider la cause de l'absolutisme.

Huskisson (1770-1830), disciple d'*Adam Smith*, et partisan de la *liberté économique*, pratiqua comme ministre ou député une politique décidée en faveur du *libre échange*.

George Canning (1770-1827), d'abord *whig*, puis *tory*, revint enfin aux *idées libérales* et signala son ministère par plusieurs mesures en faveur de *la liberté commerciale*, des *catholiques d'Irlande*, intervint en faveur de la *Grèce*, et détacha son pays de la *Sainte-Alliance*.

Sir Robert Peel (1788-1850), fils d'un riche filateur, entra très jeune à la Chambre des Communes, fut plusieurs fois ministre, resta parmi les *tories*, mais se montra libéral en administration en même temps que conservateur en politique; — il fit abolir le *bill du test* et l'*acte de corporation*, rétablit l'impôt sur le revenu ou *income-tax*, supprima les prohibitions qui pesaient sur les céréales, fit voter l'*émancipation des catholiques d'Irlande*.

Wellington (1769-1852), le *vainqueur de Waterloo*, est aussi un homme politique. — Il fut ministre plénipotentiaire aux congrès d'Aix-la-Chapelle et de Vérone, puis lord de la Trésorerie; — *chef du parti tory*, il se signala constamment par sa répugnance pour les idées libérales, et, malgré ses services, se rendit *impopulaire*.

Daniel O'Connel (1775-1847), le *grand agitateur*, le *libérateur de l'Irlande*, était gratifié de tous les dons de l'orateur : taille imposante, éloquence hardie, style plein d'images; il obtint comme avocat, puis comme homme politique, les plus éclatants succès. — L'objet constant de sa vie fut d'**affranchir l'Irlande**, sa patrie, de l'*oppression légale* qui pesait sur elle; mais il n'employa à cet effet que des *moyens pacifiques*: agitation, discours, écrits, associations; — élu une première fois à la Chambre des Communes d'Angleterre, il en fut repoussé *comme catholique*; mais, après l'abolition de l'*acte du test*, à laquelle il contribua puissamment, il put siéger et obtint l'abrogation de lois vexatoires établies contre les Irlandais.

O'Connell, poursuivi pour avoir réclamé le *rappel de l'union*, qui rattache politiquement et administrativement l'Irlande à l'Angleterre, fut acquitté par la Chambre des Lords après un débat fameux, grâce à l'autorité de sa personne et au prestige de son talent aussi bien qu'à la justice de sa cause; — il mourut en Italie, où il avait essayé de refaire ses forces épuisées, en laissant le souvenir d'un *grand patriote* et du *premier libérateur de son pays*.

Lord Grey (1764-1845), qui fit d'abord partie de la Chambre des Communes, puis de la Chambre des Lords, deux fois *ministre dirigeant*, fut l'un des membres les plus remarquables du *parti whig* et provoqua l'adoption d'un grand nombre d'innovations libérales, telles que l'*émancipation des catholiques*, la *réforme parlementaire*, l'*affranchissement des esclaves* (1834).

Lord Melbourne (1779-1848), comme le précédent, membre de la Chambre des Communes, puis de la Chambre des Lords, figura également parmi les *whigs* et concourut aux mesures dont ils se firent les initiateurs.

26.

Lord vicomte Palmerston (1784-1865), d'abord *tory*, puis *whig*, se fit surtout remarquer, comme *ministre des Affaires étrangères*, par sa vive hostilité contre la France; — malgré ses talents, sa politique fut entraînée à des actes où l'*humeur* le guida plus que le *jugement*, comme, par exemple, — le traité de la *quadruple alliance* de 1840, qui faillit amener une guerre européenne, la rupture de l'*entente cordiale* à propos des mariages espagnols, l'appui donné à la *révolution italienne*, la résistance au percement de l'*isthme de Suez*.

Lord John Russell (1792-1878), de la même famille que le célèbre *whig* décapité sous Charles II, fut, à l'exemple de son parent, un champion des *idées libérales*, au triomphe desquelles il concourut comme membre de la Chambre des Communes, puis de la Chambre des Lords, et comme *ministre*; — il attacha son nom à la grande réforme qui assurait la *liberté commerciale* et signa en 1860 le traité de commerce avec la France.

Richard Cobden (1804-1865), *économiste* et *manufacturier*, défendit à la Chambre des Communes les principes de la *liberté commerciale*, la politique de paix et l'emploi de l'*arbitrage* dans les relations internationales; — c'est en partie par ses efforts que fut conclu le *traité libre échangiste* de 1860 entre l'Angleterre et la France, qui était un triomphe nouveau de ses théories.

Bradlaugh (1833-1891), *socialiste radical*, joua un rôle par ses doctrines *athéistes*, qui scandalisaient les Anglais et lui fermèrent longtemps l'entrée de la Chambre des Communes, parce qu'il refusait de prêter le *serment religieux*; — il y fut cependant admis quelque temps avant sa mort par suite d'un changement exprès dans la *formule consacrée*.

Lord Derby (1799-1869) figura dans plusieurs ministères *tories*, dont l'un fut illustré par l'*abolition de l'esclavage* en 1834, et l'autre par la pacification de l'Inde (1859).

Benjamin Disraëli (1805-1881), plus tard *Lord Beaconsfield*, d'origine *juive* et espagnole, se fit remarquer comme *écrivain* par plusieurs romans, puis comme orateur, quand il devint membre de la Chambre des Communes, et comme homme politique dans plusieurs ministères. — *Tory* décidé, après avoir débuté comme *whig*, il suivit une *politique entreprenante*, dont les avantages ne parurent pas toujours compenser les frais et les dangers, en faisant conférer à la reine le titre d'*Impératrice des Indes*, en occupant *Chypre*, en envoyant des expéditions dans l'*Afghanistan* et l'*Afrique centrale*. — Il fut le rival de M. Gladstone, dont la politique était le contre-pied de la sienne.

Lord Salisbury, né en 1830, descendant de *Lord Burghley*, le ministre d'Élisabeth, pair d'Angleterre, est le représentant attitré du *parti conservateur* ou *tory*, comme M. Gladstone l'est du *parti libéral*. — Comme membre du Parlement et de l'opposition conservatrice, **il combattit** toutes les mesures proposées par son illustre rival : la *réforme électorale*, l'*abolition en Irlande de l'Église établie*, le *bill de tenure*, le *home-rule*. — **Comme ministre**, en 1878, en 1885, de 1886 à 1892, en 1896, il marqua son passage aux affaires : à l'intérieur, par des *bills de coercition* contre l'Irlande; à l'extérieur, par une *politique entreprenante*, hostile à la Russie, favorable aux idées annexionnistes, qui valut à l'Angleterre l'*annexion de la Birmanie* et la *consolidation de son établissement en Égypte*.

Parnell (1846-1891), *anglais et protestant*, se fit cependant, comme O'Connell, le défenseur de l'Irlande catholique, dont on l'appela *le roi sans couronne*, à cause de l'influence sans bornes qu'il y exerça. — Elu député à la Chambre des Communes, il poursuivit le *home-rule* ou la reconnaissance au profit de l'Irlande de l'indépendance politique, par l'établissement d'une *ligue agraire*, dont les membres devaient refuser les *fermages*, par les secours qu'il sut obtenir des *Irlandais établis aux États-Unis* et par une tactique parlementaire qui, en portant d'un côté ou de l'autre les voix des députés irlandais selon la convenance de son parti, le rendait *maître de la situation* et lui faisait obtenir des concessions de ses adversaires. — Malgré une *scandaleuse intrigue domestique*, qui lui fit perdre son rôle sans lui enlever sa *popularité*, l'Irlande, dont il avait été l'intrépide défenseur, lui célébra des funérailles magnifiques.

Parnell.

GLADSTONE, né en 1809 d'une riche famille de *négociants écossais*, est l'un des plus illustres citoyens de l'Angleterre contemporaine. — *Lettré* imbu de la littérature classique, *orateur* plein de vigueur et d'adresse, *protestant convaincu*, mais *tolérant*, il fut avant tout **un homme politique** dans la plus belle acception du terme. — Entré dans la carrière en 1832, grâce à la protection des *tories*, il n'en fut pas moins à la Chambre des Communes, comme au Ministère, le constant champion des *idées libérales*. — **Le principe** dont se sont inspirés tous ses actes est que la prospérité d'un pays résulte du *libre et légitime développement de ses facultés*, et non, comme le prétendaient ses deux grands adversaires politiques, *Disraëli*, puis *Lord Salisbury*, d'une *forte action de l'État* tant à l'intérieur qu'à l'extérieur. — En conséquence, M. Gladstone a soutenu par sa parole comme *député*, ou appuyé par ses actes comme *ministre* :

1° **Dans le domaine économique**, la politique du *libre échange*, *l'économie dans les finances de l'État*, le *renouvellement des traités de commerce*;

2° **A l'intérieur**, *l'émancipation des Juifs*, admis enfin à la Chambre des Communes, *l'abolition de l'Eglise privilégiée d'Irlande*, la *réforme électorale* de 1884, la *suppression de la vénalité des grades dans l'armée*; enfin, pour donner une solution définitive à l'inquiétante et irritante question irlandaise, d'accord avec Parnell, la *loi agraire*, puis le *home-rule*, en faveur duquel il fit passer aux Communes (1893) un bill rejeté peu après par la Chambre des Lords ;

3° **A l'extérieur enfin**, une politique de *neutralité* et *d'abstention*, ennemie des expéditions hasardeuses et des alliances compromettantes. — C'est ainsi qu'il se montra à l'égard de la France et de la Russie *moins agressif* que la plupart de ses compatriotes; ne soutint pas les Turcs, dont les atrocités en *Bulgarie* révoltaient la conscience de son parti; consentit à payer aux Etats-Unis, conformément à la décision d'un tribunal arbitral, 77 500 000 francs pour indemnité des ravages causés pendant la guerre de Sécession par le *corsaire l'Alabama*; enfin abandonna les revendications injustes de la Grande-Bretagne sur le *pays des Boërs* ou colonie hollandaise du sud de l'Afrique.

Mais les traditions séculaires de l'Angleterre s'imposèrent souvent à la volonté du ministre, et, malgré son *amour pour la paix*, M. Gladstone ordonna *l'occupation de l'Égypte*, dont il promit d'ailleurs l'évacuation sans cesse ajournée, et en 1885 fit une opposition énergique à la *marche des Russes sur Hérat*. — En dépit de l'opposition soulevée par quelques-uns de ses actes, le surnom de **great old man**, que la reconnaissance de ses partisans a donné à M. Gladstone, a été consacré par l'*admiration de ses adversaires*.

M. GLADSTONE.

Sa politique.

John Bright (1811-1889), *grand manufacturier*, entra dans la vie politique en 1847, comme député de Manchester, plus tard de Birmingham, déploya une brillante éloquence et, en sa double qualité de *quaker et d'industriel*, soutint les mêmes idées de paix et de réformes que M. Gladstone, dont il devint le collègue au ministère, mais avec un radicalisme et une intransigeance qui firent de lui le *champion des revendications populaires*. — Non seulement **il défendit** la *liberté commerciale*, l'*amélioration du sort de l'Irlande*, la *politique de paix*; mais **il combattit** la *guerre contre la Russie*, refusa de voter les *dépenses militaires*, **réclama** le *suffrage universel* et **poursuivit** la *suppression de la Chambre des Lords*. - *L'un des chefs du parti avancé* en Angleterre, son avènement au pouvoir manifesta d'une manière éclatante les changements apportés dans les idées anglaises depuis le commencement du siècle.

Chamberlain, né en 1836, d'une famille de *négociants*, prit part aux affaires publiques sans cesser de s'occuper de commerce. — Partisan d'une politique *ultra-radicale*, il représenta la partie avancée du *cabinet Gladstone* en 1880 et 1886, mais se sépara de son chef sur la question du *home-rule*; depuis, il créa le parti des *libéraux unionistes*, qui votèrent avec les conservateurs, et entra dans le *cabinet Salisbury*.

Sir Charles Dilke, né en 1843, aborda, après un voyage autour du monde, la vie politique comme membre des Communes, et fit partie, en 1880, du cabinet Gladstone en qualité de *sous-secrétaire d'État aux Affaires étrangères*. — Par une **politique très originale**, qui contraste avec les idées de la plupart de ses compatriotes, sir Ch. Dilke se montre *ami de la France*, affiche des *tendances républicaines* et réclame une *évacuation immédiate de l'Égypte*.

Les grandes réformes ont eu pour objet en Angleterre, pendant le XIXᵉ siècle : — **1° le système électoral; — 2° la liberté des échanges internationaux; — 3° l'émancipation des catholiques; — 4° l'affranchissement de l'Irlande.**

La réforme du système électoral était rendue nécessaire par les *modifications insensibles* que le temps y avait introduites. — Les membres de la Chambre des Communes, *principal organe de la Constitution*, étaient nommés dans **les comtés**, circonscriptions administratives, judiciaires et politiques, renfermant les *électeurs de campagne*, et par **les bourgs**, *agglomérations urbaines* plus ou moins considérables. — Beaucoup de ces bourgs s'étaient dépeuplés, sans perdre leur droit à élire un député, tandis que de nouveaux centres industriels et commerciaux s'étaient développés, sans avoir acquis aucun droit d'élection; on appelait les premiers *rotten-boroughs* ou **bourgs pourris**.

La réforme demandée avait pour but : 1° une *répartition plus équitable du droit électoral* entre les différentes parties du royaume; 2° l'*abaissement des conditions de cens* imposées aux citoyens pour être électeurs. — Elle fut accomplie par **trois bills de 1832**, 1867 et 1884; le dernier conduisit l'Angleterre *presque au suffrage universel*.

1° Le bill de 1832, présenté par les **whigs** *Lord Grey et Lord John Russell*, fut adopté après deux ans de résistance de la part de la Chambre des Lords. — Le nombre des députés à élire dans chaque partie de l'Angleterre, de l'Écosse et de l'Irlande était *proportionné à l'impôt des terres et à celui des maisons*. — **Étaient électeurs**, *dans les comtés*, tous les propriétaires de biens rapportant 10 liv. sterling (250 francs) par an, et tous les fermiers ayant des baux de 60 ans; — *dans les villes* ou *bourgs*, ceux qui payaient la taxe des portes et fenêtres et qui avaient un loyer de 10 liv. sterling; — ce système était beaucoup plus libéral que celui qui prévalut en France jusqu'en 1848.

Bills de 1867, de 1884.

2° **L'acte de réforme de 1867** fut imposé par l'opinion publique au ministère conservateur *Derby* et *Disraëli*. — 33 membres furent enlevés aux *bourgs anglais* au profit soit des villes, soit de l'Ecosse et de l'Irlande. — **Le droit électoral** fut reconnu *dans les comtés* à tout propriétaire foncier et à tout fermier ou principal locataire de maison payant un loyer de 12 liv. sterl. (300 francs); — *dans les villes*, à tout principal locataire payant depuis 6 mois les impôts de la paroisse et à tout sous-locataire ayant un an de résidence et payant un loyer annuel d'au moins 250 francs. — Le nombre des électeurs passa de 1 364 000 à *2 448 000*.

3° **Le bill de 1884** est l'œuvre du ministère libéral *Gladstone*; — l'agitation du pays força *les Lords* à l'accepter, et le ministère suivant, composé de *tories*, le compléta en 1885. — Le bill de 1884 donne le droit de vote à *la majorité des paysans*. — Le bill de 1885 remplace les comtés et les bourgs par des *arrondissements électoraux* à peu près égaux, nommant chacun un député.

Deux millions nouveaux d'électeurs furent ainsi ajoutés au *corps électoral*. — Le vote a cessé d'être *public*. — Mais ce système diffère encore du suffrage universel par le *vote multiple* accordé aux propriétaires *terriens*, par les conditions sévères de *résidence* et par une représentation spéciale maintenue au profit des *Universités*.

2° Liberté des échanges internationaux.

La liberté des échanges internationaux fut accordée parallèlement à la réforme électorale. — Comme toutes les nations de l'Europe, l'Angleterre **garantissait contre la concurrence étrangère**, au moyen de droits protecteurs ou prohibitifs : 1° *l'industrie agricole*, dans l'intérêt des grands propriétaires entre lesquels est divisé le sol des trois royaumes; 2° *sa marine* et son *industrie*.

Huskisson prépara le bill proposé par **Canning** en 1823, pour établir dans l'importation des céréales le régime des droits gradués d'après une *échelle mobile* ascendante et descendante, *en raison inverse* du prix des céréales indigènes.

Sir Robert Peel, quoique *tory* et longtemps défenseur des lois protectionnistes sur les céréales, fit adopter, en 1842, un bill qui les modifia dans un sens libéral, et, en 1846, sous l'influence de **Richard Cobden** et de *l'école de Manchester*, infatigables promoteurs de la liberté du commerce, un autre bill qui les abolissait complètement et établissait une *franchise* à peu près entière pour les denrées alimentaires.

L'acte de navigation de Cromwell, qui créait un *monopole* à la marine anglaise, fut aboli en 1849. — Par suite de mesures de plus en plus larges, les produits étrangers furent admis en Angleterre à des conditions très favorables.

Ces principes reçurent une consécration solennelle dans les **traités de 1860**, passés entre l'Angleterre et la France. — Quelles qu'aient été depuis les variations dans la politique commerciale des pays étrangers, **l'Angleterre** est toujours restée *le pays libre échangiste* par excellence.

3° L'émancipation des catholiques.

L'émancipation des catholiques, victimes d'une intolérable oppression depuis la Réforme, fut en partie accomplie en 1829, par l'abolition, grâce aux efforts de *Robert Peel*, de **l'acte du test**, c'est-à-dire de *l'épreuve*, voté en 1673, et d'après lequel tous les officiers et fonctionnaires anglais devaient déclarer par écrit qu'ils ne croyaient pas à la *transsubstantiation*; les Irlandais se trouvaient de ce fait *exclus des fonctions publiques*.

L'Irlande était catholique, et sa population, d'origine *celte*, n'avait jamais pu se soumettre à la suprématie de l'Angleterre, qui faisait peser sur elle un **joug écrasant**.

Les confiscations, accomplies sous Cromwell et sous Guillaume III, *avaient ruiné* ses habitants au profit des Anglais qui y possédaient presque tout le sol. — Une *législation* injuste établissait entre *l'île sœur* et la Grande-Bretagne une inégalité choquante.

3° Émancipation des catholiques. *(Suite.)*

Les Irlandais avaient trois griefs principaux contre l'Angleterre : — **1° le Parlement irlandais**, créé en 1782, avait été **supprimé** en 1800; il y avait bien des *pairs* et *députés irlandais* au Parlement d'Angleterre, mais ils n'y constituaient qu'une minorité impuissante à protéger leur pays; — **2° catholiques**, les Irlandais devaient payer, indépendamment de leurs prêtres, *l'Église établie*, c'est-à-dire l'Eglise anglicane instituée en Irlande pour une très petite minorité de protestants; — **3° le régime économique de l'Irlande**, où les grands domaines étaient divisés en une infinité de petites fermes, livrait les *tenanciers* à la discrétion du *propriétaire*, qui, au moindre retard dans le payement des loyers, les expulsait impitoyablement sans leur tenir compte des *améliorations* faites au sol.

4° Affranchissement de l'Irlande.

Lutte des Irlandais.

O'Connell; Parnell; les fenians.

Les Irlandais ont eu recours à différents moyens pour secouer cette oppression :
1° L'insurrection, comme en 1796; — l'Angleterre la réprima avec une *barbarie odieuse*;
2° L'émigration en Amérique, qui *dépeuple* le pays et le livre aux Anglais;
3° L'agitation légale qu'employèrent successivement, d'abord au commencement du siècle **O'Connell**, *le grand agitateur*, fondateur de *l'association catholique*, qui parvint à arracher à l'intolérance britannique l'abolition de *l'acte du test* (1829); — puis, de nos jours, *Dillon, Davitt* et surtout **Parnell**, *le roi sans couronne* de l'Irlande. — Parnell imposa des concessions aux ministres en faisant, à la tête des députés irlandais, de l'obstruction aux mesures d'intérêt général réclamées du *Parlement*;
4° Enfin la terreur, que les **fenians** (Irlandais du parti extrême) essayent de produire par le *boycottage* (refus de toute relation sociale avec les représentants du propriétaire), et malheureusement aussi par *l'explosion*, *l'incendie* et *l'assassinat*.

Réformes obtenues.

En dépit de ces excès qui compromettent sa cause, l'Irlande a dû déjà à ses persévérants efforts des *réformes importantes* :
1° L'Église établie, cette charge injuste imposée à l'Irlande catholique, a été *supprimée* sous le ministère Gladstone;
2° Une loi agraire a institué une *Cour spéciale* ayant pour mission de *concilier* les propriétaires avec les fermiers;
3° M. Gladstone, converti à la politique du *home-rule*, a lutté pour l'adoption d'un bill, qui résoudrait la question irlandaise en organisant *l'autonomie* de l'Irlande.

8° LE NOUVEAU MONDE.

FORMATION DES PRINCIPAUX ÉTATS DE L'AMÉRIQUE DU SUD. EXTENSION DES ÉTATS-UNIS DE L'AMÉRIQUE DU NORD.

Les colonies espagnoles de l'Amérique du Sud.

Les colonies espagnoles, qui, moins le Brésil, *colonie portugaise*, comprenaient presque *toute l'Amérique du Sud* et *l'Amérique Centrale*, devaient, à l'exemple des colonies anglaises de l'Amérique du Nord, se détacher de leur métropole, pour se constituer en **États séparés**. — Victimes du système mercantile, elles étaient pour **la mère patrie** un simple *objet d'exploitation* et supportaient les *charges* de l'association sans en avoir les *bénéfices*.

Causes de mécontentement.

> Les habitants qui n'étaient point venus d'Espagne, fussent-ils nés de parents espagnols, étaient, du moment qu'ils étaient nés aux colonies, *exclus* de tous les emplois publics au profit des Européens.
>
> Quand l'Espagne essaya de se donner une Constitution, les colonies ne furent pas admises à envoyer des députés aux *cortès* de Madrid.
>
> Il était interdit aux colonies d'*acheter* ou de *vendre* à tout autre pays qu'à la *métropole.*

DÉMEMBREMENT de l'empire colonial espagnol.

> Malgré ces griefs, leur *premier mouvement* fut en faveur de **Ferdinand VII**, quand il eut été dépouillé de son trône par **Napoléon.** — Mais la *Cour de Madrid* leur refusa l'*autonomie* qu'elles demandaient en retour de leur fidélité, et les poussa ainsi à conquérir par les armes leur **indépendance.** — Il en résulta une **guerre**, atroce de part et d'autre, à la suite de laquelle l'*immense empire espagnol* de l'Amérique se **démembra.**
>
> Il se forma un grand nombre de républiques, *petites* par la population, composées d'un mélange inégal d'indigènes et d'Européens, mais *immenses* par l'étendue; — *pauvres* en capital acquis, mais *riches* en ressources naturelles. — Voici les **principaux États** sortis des colonies espagnoles :

**I°
Le Mexique.**

Iturbide, Juarez, Bazaine, Maximilien, Porfirio Diaz.

> Au **Mexique**, les *premiers champions* de l'indépendance furent : le *curé* **Hidalgo**, promoteur du soulèvement, le *prêtre* **Morelos**, qui lui succéda (1811), et **Xavier Mina** (1817). Vaincus, ils périrent *fusillés.* — Tout semblait pacifié, quand le meilleur général royaliste, le *créole* **Iturbide**, se retourna contre les Espagnols. Des *cortès*, convoquées à *Mexico*, proclamèrent l'**indépendance du Mexique** en 1822. — **Iturbide**, qui se fit nommer *empereur*, fut obligé d'abdiquer l'année suivante; puis, sur une nouvelle tentative, il fut fusillé, et le Mexique se constitua définitivement en **république** (1823). — Mais le Mexique n'était pas au bout de ses épreuves : la *dictature* de **Santa-Anna** le tint à plusieurs reprises sous un joug abrutissant.
>
> **Napoléon III**, prétextant certains griefs de la France, prit parti contre le **Président Juarez** (1861) et envoya une expédition française, successivement commandée par *de Lorencez*, *Forey* et **Bazaine**, imposer comme empereur au Mexique l'*archiduc d'Autriche* **Maximilien.** — Après la retraite des troupes françaises, Maximilien fut vaincu, pris et fusillé à *Queretaro* par les Mexicains soulevés (19 juin 1867).
>
> Le Président est élu au Mexique tous les quatre ans. — Le *Président actuel* est le **général Porfirio Diaz**, réélu à dater du 1ᵉʳ décembre 1892.

**II°
Vénézuéla.
Colombie.
Équateur.**

Bolivar.

> Sous le nom de **Colombie** les Espagnols avaient réuni administrativement le *territoire* où se trouvent aujourd'hui le **Vénézuéla**, la **Nouvelle-Grenade** et l'**Équateur.** — Ces trois pays durent leur indépendance à **Bolivar**, le *Washington* de l'Amérique du Sud, qui soutint sans faiblir une guerre de 12 ans contre les oppresseurs de sa patrie américaine (1811-1823).
>
> Le pays, **rendu indépendant**, ne forma d'abord qu'un seul État, la *République de Colombie*, avec une Constitution calquée sur celle des États-Unis; — puis il fut divisé, en 1830, en *trois républiques différentes* : — l'**Équateur**, avec *Quito* pour capitale; — la *Nouvelle-Grenade*, avec *Bogota* pour capitale, qui a retenu le nom commun autrefois à toute la confédération et forme actuellement **la Colombie** proprement dite; — enfin le **Vénézuéla**, dont la capitale est *Caracas.*
>
> Les **Présidents actuels** (1896) de ces trois États sont : dans l'Équateur, *Herrera*; — dans la Colombie, *Caro*; — dans le Vénézuéla, le *général Crespo.*

III⁰
Amérique centrale

Le **Guatémala**, sous la domination espagnole, était une *province* de la vice-royauté de Mexico ; — elle se constitua, le 1er juillet 1823, en **république indépendante** et fut reconnue par le Mexique.

Dans l'**Amérique centrale**, se sont en outre successivement formées les *républiques* de **Nicaragua**, de **San-Salvador**, de **Honduras**, de **Costa-Rica**.

IV⁰
La République
Argentine.

La **République Argentine ou du Rio de la Plata** comprend une partie de l'ancienne vice-royauté de Buenos-Ayres ou de la Plata, qui se révolta en 1810. — Elle se composait de plusieurs provinces, dont la principale est **Buenos-Ayres**.

Dès le principe, il y eut dans la confédération *deux partis* : 1⁰ les **fédéralistes**, qui réclamaient l'égalité complète des provinces ; 2⁰ les **unitaires**, qui voulaient centraliser le gouvernement à Buenos-Ayres, au profit de cette ville. — La forme fédéraliste prévalut avec la sanglante *dictature de Rosas* et fut consacrée, malgré la chute du tyran, par la *convention* de 1852. — **Buenos-Ayres**, qui était un moment sortie de la confédération, y rentra en 1860.

Le président en 1896 est *José Uriburu*.

V⁰
Uruguay.

L'**Uruguay**, dont la principale ville est **Montevideo**, est une ancienne dépendance de la vice-royauté de Buenos-Ayres ; — conquis par le Brésil, il fut repris par la République Argentine, et finalement, en 1828, grâce à la médiation de l'Angleterre, érigé en État distinct, sous le nom de *République Cisplatine* ou *Bande Orientale*, puis de l'*Uruguay*.

Président en 1896 : *Idiarte Borda*.

VI⁰
Paraguay.

Le **Paraguay**, autre dépendance de la vice-royauté de Buenos-Ayres, fut organisé au XVIII⁰ siècle par **les Jésuites**. — Au sortir de la domination espagnole, il tomba sous la dictature du **docteur Francia** (1811-1840), qui le tint dans un *isolement* aussi complet que ses premiers maîtres. — Pendant la présidence de **Francisco Lopez**, la *population mâle* a été presque complètement anéantie dans la guerre soutenue héroïquement contre le Brésil, l'Uruguay et la République Argentine (1864-1870).

Président en 1896 : *général Egusquiza*.

VII⁰
Bolivie.

La **Bolivie** ou *Haut-Pérou*, qui faisait également partie de la vice-royauté de Buenos-Ayres, est une sorte de *Suisse américaine*, isolée de la mer et toute en montagne ; — elle fut délivrée des Espagnols par les succès de **Bolivar**, dont le pays prit le nom par reconnaissance, et fut constituée en *république indépendante* en 1825.

Président en 1896 : *M. Severo F. Alonso*.

VIII⁰
Chili. Pérou.

Le **Chili et le Pérou** eurent plus longtemps à lutter contre les Espagnols que les États de la Plata. — **Le Chili**, aidé par la République Argentine, devint *indépendant* en 1818. — **Le Pérou**, où les royalistes gardèrent plus longtemps la supériorité, ne forma qu'en 1824 une *république séparée*; **Bolivar** en devint *président à vie*.

Alliés en 1864-1868 pour faire une nouvelle guerre à l'Espagne, le Chili et le Pérou se *brouillèrent* à l'occasion de la Bolivie. Le *Chili* soutint contre le *Pérou* et la *Bolivie* une lutte acharnée, dans laquelle il fut *vainqueur* (1879-1883); — mais ce pays vient lui-même d'être déchiré par une terrible *guerre civile* entre son président **Balmaceda** et le **Congrès**, l'un et l'autre soutenus par des partisans décidés.

Président du Chili depuis novembre 1896 : *Federico Errazuris*.

Président du Pérou en 1896 : *Piérola*.

**IX°
Brésil.**

Le Brésil, colonie portugaise au milieu des colonies *espagnoles*, se sépara de sa métropole. — Quand la famille royale, qu'y avait jetée l'invasion française, revint en Portugal, le Brésil ne voulut plus reprendre son *ancienne attache*, et, en 1822, se constitua *en empire* avec *dom Pedro I*er, qui fit reconnaître sa fille, *dona Maria*, comme reine de Portugal (1831), et abdiqua en faveur de son fils, **dom Pedro II** (1831-1889).
Ce fut la seule monarchie de l'Amérique jusqu'à 1889, où l'Empire fut remplacé par *la République des États-Unis du Brésil*. — En 1893, éclata entre le président **Peixoto** et *la flotte* une lutte qui se termina par la défaite des insurgés. — **Président** en 1896, le *Docteur Prudente de Moraes Barros*.

**X°
Haïti.
La République
Dominicaine.**

L'île de Saint-Domingue, longtemps partagée entre la France et l'Espagne, a formé *deux républiques noires* : — **Haïti** et la **République Dominicaine**.
1° La république d'Haïti est gouvernée, depuis **Toussaint-Louverture**, par des *présidents* qui aspirent tous à se faire *empereurs*, et dont la tyrannie, *atroce* comme celle de **Dessalines** (1803-1806), ou *grotesque* comme celle de **Soulouque** (1849-1859), amène toujours de nouvelles révolutions. — **Président** en 1896 : *général Simon Sam*.
2° La République Dominicaine, après de longs répits, eut à lutter contre les Espagnols jusqu'en 1864. — **Le Président** est depuis 1887 le *général Ulysse Heureaux*.

**Les États-Unis
de
l'Amérique
du Nord.**

———

**Causes de leur
développement.**

Les États-Unis de l'Amérique du Nord, qui ne se composaient que de **13 États** en 1776, au moment de la proclamation de l'indépendance, en comptent maintenant **45**; — la population, de moins de 4 000 000 *d'habitants* en 1790, dépasse actuellement 62 000 000. — Cette *prodigieuse extension*, sans analogue dans l'histoire du monde, a pour **causes** :
1° L'immense étendue de territoire *inoccupé* et *fertile* ouverte à l'activité des travailleurs;
2° La liberté avec laquelle les immigrants ont été admis, jusqu'à nos jours, à prendre leur part du *sol vierge* au même titre que les anciens nationaux;
3° La liberté, presque complète, laissée aux États dans l'Union, et aux *particuliers* dans chaque État;
4° L'activité incroyable, surexcitée par ces avantages et ces facilités, et qui gagne même presque immédiatement les *étrangers* nouvellement installés dans le pays;
5° L'absence d'armée permanente; ce qui *allège les charges* publiques et n'accapare aucune force productive;
6° La variété des climats, donnant *toutes les productions* et se prêtant aux convenances de chacun;
7° La nature de la population, composée *d'Anglo-Saxons*, *d'Irlandais*, *d'Allemands*, de *Français*, dont la fusion assure les qualités les plus diverses.

**Leur
Constitution.**

Un président, né citoyen des États-Unis, ayant trente-cinq ans d'âge et quatorze ans de résidence, est élu tous les quatre ans par une élection à *deux degrés*; il est rééligible. — Un *vice-président* est élu dans les mêmes conditions.
Le Congrès, auquel appartient le *pouvoir législatif*, siège à **Washington**; il se compose de deux Chambres : — **1° le Sénat,** dont les membres, au nombre de deux par État, sont nommés pour 6 ans par les *Chambres particulières* de chaque État; — **2° la Chambre des Représentants,** composée de 356 membres, élus pour 2 ans par *vote général et direct*, à raison de 1 député par 164 000 habitants.
Président en 1896 : *M. Grover Cleveland*. — *M. Mac-Kinley* lui succédera en 1897.

27.

Le nombre des **États** s'est accru par les *causes suivantes* :

1° **La colonisation de territoires incultes** ou dont la population était *clairsemée* : — c'est ainsi que les terres à l'ouest du **Mississipi** (le **Far-West**), où ne pénétraient encore vers 1830 que des *Indiens* nomades ou quelques chasseurs de buffles, sont maintenant complètement occupées. — Pour qu'un territoire passe de la condition de *district* à celle d'**État** envoyant des représentants au **Congrès** et s'administrant lui-même, il suffit que la *population blanche* y dépasse 50 000 *habitants*;

2° **Le dédoublement d'un État primitif**, quand la population s'est considérablement augmentée : — *le Vermont* s'est détaché du New-York, et *le Maine* du Massachusetts;

3° **L'achat de colonies** appartenant à d'autres États : — ainsi *la Louisiane* a été achetée à la France (1803), *la Floride* à l'Espagne (1820); mais *l'Alaska*, acheté à la Russie en 1867, ne forme encore qu'un territoire;

4° **La conquête à main armée**, — qui a valu aux États-Unis, aux dépens du Mexique, la possession du *Texas*, de *la Nouvelle-Californie* (1846-1848), ainsi que le territoire du *Nouveau-Mexique*.

Tels États de l'Union, comme *l'Orégon, la Californie, le Texas*, sont plus grands que la plupart des États de l'Europe. — **Le sol entier des États-Unis**, 6 fois plus étendu qu'au moment de leur fondation, est 14 *fois plus grand* que l'empire d'Autriche, 52 *fois* plus que la Grande-Bretagne, etc. — Des villes nouvelles se sont subitement formées dans des déserts : **Chicago**, qui n'a guère plus d'un demi-siècle d'existence, comptait déjà environ 1 500 000 *habitants* en 1893.

Un chemin de fer de New-York à San-Francisco relie à travers l'Amérique du Nord les *deux Océans* Atlantique et Pacifique. — Le temps n'est peut-être pas éloigné où **le centre du monde civilisé**, autrefois placé dans le bassin de *la Méditerranée*, maintenant sur les bords de *l'Atlantique*, sera reporté sur ceux du *Pacifique*.

Les mines d'or de la Californie, découvertes en 1848, produisent 500 millions par an.

La prospérité des États-Unis faillit être compromise par un violent conflit entre les **États du Nord**, *protectionnistes* parce qu'ils étaient manufacturiers, hostiles à l'esclavage, *républicains*, c'est-à-dire partisans d'une centralisation plus forte, — et les **États du Sud**, *libre-échangistes*, parce qu'ils étaient agriculteurs, esclavagistes, *démocrates*, autrement dit partisans de la décentralisation, qui laissait une plus grande part à chaque État dans son administration intérieure.

La guerre fut déterminée par l'élection du *président* Lincoln, *anti-esclavagiste*, en 1860. — **Huit États du sud** (*Caroline du Sud, Mississipi, Floride, Alabama, Géorgie, Louisiane, Texas, Tennessee*), puis *la Caroline du Nord et la Virginie* formèrent une *confédération*, séparée de l'Union. — Les partisans du *Nord* conservèrent le nom de **fédéraux** et ceux du *Sud* prirent le nom de **confédérés**. — **Le Nord** l'emportait par sa *population* (26 millions d'hab.), sa *richesse*, sa *marine*; **le Sud** (5 millions seulement d'hab.), par une *plus grande habitude des armes*.

Des généraux habiles se révélèrent de part et d'autre : — **du côté du Nord**, *Mac-Clellan, Sheridan, Butler, Sherman* et surtout **Grant**; — **du côté du Sud**, *Jackson* et principalement **Lee**.

La guerre se poursuivit pendant quatre années (1861-1864). — *Les débuts* furent favorables **au Sud**; mais la chance tourna pendant les *deux dernières années*.

<table>
<tr><td>

**Victoire
des États du Nord.**

**Conséquences
de la guerre.**

</td><td>

L'armée du Sud, rapidement organisée, fut d'abord victorieuse sur les bords de *Bull's-Run* (1861), et continua sa marche en avant sur *Washington*, malgré les succès des fédéraux à *Pittsburg* (1862). — **Mais, en 1863, le Nord** reprit l'avantage à *Gettysburg*; enfin en 1864, la défaite irréparable de Lee, à *Petersburg*, et la prise de *Richmond*, capitale des confédérés, assurèrent la victoire **du Nord.**

Les conséquences de cette guerre furent : — **1°** une **crise industrielle en Europe**, où le Sud bloqué cessa d'exporter *le coton* nécessaire aux manufactures; — **2° l'abolition de** l'esclavage dans l'Union reconstituée; — **3° la substitution du régime protectionniste**, favorable au Nord, à la *liberté de commerce* qui faisait vivre le Sud; — **4° la consolidation,** pour un long temps, de *l'Union américaine.*

</td></tr>
</table>

9° DÉVELOPPEMENT OU TRANSFORMATION DES PRINCIPES DE 1789.

<table>
<tr><td>

**INFLUENCE
DE LA
RÉVOLUTION
FRANÇAISE.**

</td><td>

La Révolution française a été le point de départ d'un *mouvement* qui s'est fait sentir dans le monde entier. — Ceux qui l'ont le plus vivement combattue ont fini par en accepter les **principes.** — Presque partout, à la *souveraineté des rois* a été substituée la **souveraineté des nations**, et les droits de l'*homme* ont prévalu sur ceux du *prince.* — La prédiction de La Fayette, qui annonçait en 1789 que *le drapeau tricolore ferait le tour du monde*, continue à s'accomplir tous les jours sous nos yeux.

Cette grande transformation a eu des conséquences **politiques, sociales, religieuses, économiques,** et s'est fait sentir même dans les domaines, en apparence plus inaccessibles aux passions humaines, de *l'art* et de *la science.*

</td></tr>
<tr><td>

1°
LIBERTÉ
POLITIQUE.

**La souveraineté
nationale.**

**Vote des impôts
et des lois
par des Assemblées.**

</td><td>

La liberté politique, qui est le moyen pour une nation d'assurer *l'exercice de sa souveraineté*, n'a pas cessé d'être invoquée par la France depuis la Révolution et à travers des épreuves de toute sorte : *dictature, révolution, guerres civiles, réaction.* — Ses conquêtes essentielles n'ont jamais été complètement abandonnées.

Le premier et le second Empires eux-mêmes n'ont pu fonder le *despotisme*, qu'ils étaient parvenus à réaliser, qu'au nom de la **souveraineté nationale**, dont Napoléon 1er et Napoléon III se proclamèrent les *représentants responsables.* — Tout en affirmant, dans la **Charte de 1814,** que toute souveraineté *réside dans le roi*, Louis XVIII se déclarait prêt à en *partager l'exercice avec la nation*, ce qui n'était qu'une manière indirecte de reconnaître les droits de celle-ci.

Le vote de l'impôt et de la loi a toujours été laissé à des **assemblées élues** sous les *dix constitutions* qui ont régi la France depuis 1789, quelles qu'aient été les attributions du pouvoir exécutif. — Désormais la lutte, impossible de la part d'un chef d'État contre la nation, ne peut plus se produire qu'*entre les partis.*

</td></tr>
<tr><td>

**Adoption du régime
constitutionnel
dans la plupart des
États de l'Europe.**

</td><td>

Autour de la France et à son exemple, presque tous les peuples de l'Europe ont obtenu de leurs gouvernements ou leur ont arraché des **Constitutions,** qui garantissent *leurs droits.*

L'EUROPE, depuis 1814, époque où l'Angleterre, la France, les Pays-Bas, formaient les seules monarchies vraiment *constitutionnelles*, a vu passer du régime despotique, où la volonté du prince est seule souveraine, au **régime constitutionnel** et parlementaire, avec *deux Chambres* et un *ministère responsable :* — la Suède et la Norvège, en 1814; — le Portugal, en 1826; — l'Espagne, en 1837; — le Piémont, en 1848; — le Danemark, en 1849; — la Prusse, en 1850; — l'Autriche-Hongrie, en 1867; — tous les États secondaires de l'Allemagne, à l'exception du *Mecklembourg*, avant même l'Autriche et la Prusse.

</td></tr>
</table>

Adoption du régime constitutionnel dans la plupart des États de l'Europe. *(Suite.)*

Le régime constitutionnel a été pris par les nouveaux États issus, — du *démembrement* de plus grands empires, comme la **Belgique**, les **États Danubiens** (*Roumanie, Serbie, Bulgarie*) et la **Grèce**, — ou de la *réunion* en un seul État de plusieurs autres plus petits, comme l'**Italie** et l'**Empire d'Allemagne**.

Deux États, la *France unitaire* et la *Suisse fédérative*, sont même érigés en **Républiques**.

Seuls, en Europe, la Russie, soumise au *czar*, et l'**Empire Ottoman**, sont dépourvus de constitution; — mais, dans ces deux États eux-mêmes, le gouvernement est obligé de tenir compte des manifestations diverses de l'*opinion publique*.

Formes de gouvernement en Amérique, en Asie, et dans les autres parties du monde.

En Amérique, y compris le Brésil depuis 1889, tous les États, sans exception, sont des *Républiques*, avec *présidents élus*. — Mais presque toutes, à l'exemple de celle des États-Unis, qu'elles ont prise pour modèle, *diffèrent* de la nôtre à un double point de vue :

1° **Elles sont fédératives** et non *unitaires*, et la seconde Chambre est destinée surtout à représenter les différentes provinces qui les composent;

2° **Elles pratiquent**, non le régime *parlementaire*, mais un *régime constitutionnel*, qui déclare *responsables* moins les ministres que le président lui-même.

En Asie même, si la **Chine** est toujours gouvernée par un *monarque absolu*, souverain spirituel et temporel, le **Japon**, autrefois terre classique du *despotisme*, a reçu une Constitution, à la suite de la *révolution de 1868* (Meiji, ère nouvelle des Japonais), « *qui a fait passer brusquement cet empire, du moyen âge au dix-neuvième siècle* ».

Si les autres parties du globe sont encore soumises au *bon plaisir* d'un maître, l'extension des colonies européennes, qui se substituent de plus en plus aux chefs nègres, asiatiques ou sauvages, y introduit les idées et les pratiques du monde civilisé.

2°

Liberté religieuse.

Liberté des cultes.

Suppression des religions d'État.

Avant la Révolution, l'Europe ne comprenait pas l'*unité politique* sans l'*unité religieuse*, et les sujets devaient pratiquer, sous peine de châtiments ou de déchéances plus ou moins graves, *la religion du prince ou de l'État*.

Les philosophes du XVIII° siècle réclamèrent *la tolérance*, et la Révolution, tout en troublant l'Église catholique par la constitution civile du clergé, proclama *la liberté des cultes*.

En France, tous les cultes sont admis, à condition de respecter les *lois de police* et les *prescriptions de la morale publique*; — et trois sont reconnus (*catholique, réformé, israélite*), c'est-à-dire reçoivent une *subvention* de l'État, qui, en retour, participe à la *désignation* de leurs principaux ministres. — Ce régime a été consacré, pour les Catholiques, par le *Concordat de 1801*; pour les Protestants, par *les articles organiques de 1802*; enfin pour les Juifs par *le décret de 1808*.

Progrès de la tolérance religieuse.

Le principe de la liberté religieuse s'est répandu de la France à peu près partout en Europe. — En **Angleterre**, le *bill du test* a été supprimé, et les Catholiques, puis les Juifs et, avec *Bradlaugh*, les incroyants mêmes, ont été admis au Parlement. — L'Église anglicane a cessé d'être imposée à l'Irlande comme *Église d'État*.

La tolérance religieuse est pratiquée en *Suède*, en *Italie*, en *Allemagne*, en *Autriche*, en *Turquie*, en *Russie*, dans les *deux Amériques*, en *Chine*, au *Japon*. — Quand la principauté de *Roumanie* s'est constituée en royaume, les puissances, à la demande de la France, ont exigé l'*émancipation des Juifs*, bien que leur incapacité antérieure fût plus affaire de race que de religion.

<table>
<tr>
<td>

3°

**RESPECT
DE LA
PERSONNALITÉ
HUMAINE.**

———

**Suppression
de la traite.**

</td>
<td>

Les principes de la Révolution, qui voulaient que tous les hommes eussent les mêmes *droits*, ne pouvaient admettre que les uns fussent pour les autres un *objet de propriété*. — Mais la Révolution n'a fait ici que s'approprier les *idées chrétiennes*; l'affranchissement des classes serviles était préparé depuis longtemps et en partie accompli par l'influence de l'Évangile. — Bien avant la Révolution, l'*esclavage antique*, qui rend l'homme la chose de son maître, avait fait place **au servage**, dans lequel l'homme n'est assujetti qu'à des *corvées* et à des *redevances pécuniaires*.

Cependant la découverte du Nouveau Monde avait fait reparaître dans les colonies un nouvel esclavage, presque aussi dur que l'ancien, dont étaient victimes les *nègres d'Afrique*, transportés en Amérique au moyen de **la traite**.

La traite ou vente des noirs comme esclaves a été supprimée par le *Congrès de Vienne* à l'instigation de l'Angleterre (1815); — les *négriers*, qui continuèrent à se livrer à cet abominable trafic, furent frappés de peines sévères. — Pour en assurer l'application, les différentes puissances se soumirent réciproquement au *droit de visite* sur leurs navires.

</td>
</tr>
<tr>
<td>

**Abolition
de l'esclavage.**

</td>
<td>

L'esclavage des noirs, aboli brusquement dans les colonies françaises par la Convention, dont les bonnes intentions n'aboutirent qu'au massacre des blancs à Saint-Domingue, fut rétabli par le Premier Consul et continua à subsister dans toute l'Amérique, parce que *la main-d'œuvre servile* était la seule qu'on pût trouver pour *les plantations*.

Il fut néanmoins supprimé à la suite d'une longue et courageuse *campagne abolitionniste :* — dans les colonies **anglaises en 1834**, moyennant *indemnité* aux propriétaires; — **dans les colonies françaises** par le *Gouvernement provisoire* de 1848; — **aux États-Unis de l'Amérique du Nord** au milieu de la *guerre de sécession*, en 1862; — **au Brésil**, après des mesures préparatoires, en 1888, par l'empereur *dom Pedro II*.

Une conférence internationale, réunie à Bruxelles, étudia les moyens de faire cesser une nouvelle traite qui s'est établie au sein du *continent noir*, et que le *cardinal Lavigerie*, archevêque d'Alger, avait déjà combattue activement.

</td>
</tr>
<tr>
<td>

**Abolition
du servage.**

</td>
<td>

Le servage, ce débris de l'esclavage antique, avait déjà pris fin presque complètement en France à la veille de la Révolution française. **Louis XVI** en anéantit les derniers vestiges dans ses domaines et invita les seigneurs à suivre son exemple. — **La Révolution** ne fit guère que proclamer un principe que l'application avait précédé.— Depuis longtemps il n'existait plus en Angleterre. **Joseph II** l'abolit en Autriche; il disparut du Danemark au XVIII° siècle, de la Prusse après Iéna.

La dernière contrée qui l'ait conservé est la Russie; — mais **Alexandre II**, par un *ukase* de 1861, rendit d'un seul coup *tous les serfs affranchis et propriétaires*.

</td>
</tr>
<tr>
<td>

4°

**IDÉES
DÉMOCRATIQUES
ET QUESTIONS
SOCIALES.**

———

Suffrage universel.

</td>
<td>

Les principes de la Révolution commandent non seulement de confier l'exercice de la souveraineté à ceux qui en sont *capables*, — mais encore d'en *rendre capables* ceux qui ne le seraient pas, en répandant *l'instruction* et en détruisant les obstacles apportés encore *au travail*.

La participation à la nomination des corps élus est une fonction publique, dont l'exercice doit être subordonné à des *conditions d'aptitude*, de plus en plus largement étendues. — *La pluralité des degrés* imposée sous le premier Empire, *le cens* exigé sous les deux Chartes, ont fait place **au suffrage universel direct**, inauguré en France par la Révolution de 1848, et qui, depuis, est toujours demeuré la base de nos institutions.

</td>
</tr>
</table>

Suffrage universel.
(Suite.)

Le **suffrage universel** a été introduit en *Allemagne* pour la nomination du Reichstag; il vient de l'être en *Belgique*, sauf de légères restrictions.—Les pays qui ne le possèdent pas s'y acheminent insensiblement; et quelques-uns, comme *l'Angleterre*, l'ont presque déjà complètement accepté. — *La Suisse* va plus loin : **le referendum** y permet aux citoyens de se prononcer eux-mêmes, sans l'intermédiaire de députés, sur les projets de lois.

Instruction populaire.

Sous l'ancien régime, l'Eglise avait fait *beaucoup* pour instruire le peuple, l'Etat *presque rien*.—L'Empire donna le **monopole de l'enseignement à l'Université**, qu'il venait de reconstituer (1808); elle l'a perdu successivement, pour *l'instruction primaire* en 1833, pour *l'instruction secondaire* en 1850, pour *l'instruction supérieure* en 1875.

La troisième République rendit *l'enseignement primaire gratuit et obligatoire* (*loi du 28 mars 1882*); — ce principe existait déjà dans d'autres pays, quand il a été introduit en France.

Toutefois l'enseignement reste libre; il peut être donné, sous certaines conditions déterminées par la loi, dans des *établissements privés* aussi bien que dans les *établissements subventionnés par l'État*. — Mais **les écoles primaires publiques**, qui dépendent de l'État, ne peuvent plus être dirigées que par *des maîtres et maîtresses laïques*.

L'armée.
———
Service militaire obligatoire.

Avant le XVIIIᵉ siècle, l'armée française ne se recrutait que par des *engagements volontaires*, à l'exception des *milices provinciales* créées sous Louis XIV. — La Révolution fit de tous les Français des soldats pour défendre la patrie menacée, et Napoléon maintint le principe avec une rigueur inouïe, en organisant la **conscription** dont il fit un si grand abus dans ses guerres continuelles.

Toutefois le tirage au sort créait, au début, *une distinction* entre les citoyens qui devaient partir sous les drapeaux et ceux qui pouvaient rester dans leurs foyers; **le remplacement** permettait même aux riches que le sort n'avait point favorisés, de se substituer un pauvre, à *prix d'argent.*—La loi du 27 juillet 1872, mais surtout **la loi du 15 juillet 1889**, qui nous régit actuellement, supprimèrent ces deux restrictions et firent du *service militaire universel et obligatoire* (de 20 à 45 ans) une réalité absolue.

La Prusse, après Iéna, nous avait devancés dans cette voie. — *L'état de paix armée*, qui accable maintenant l'Europe, y a conduit plus ou moins toutes les nations. — Presque seuls, l'Angleterre et les États-Unis, à raison de leur situation isolée, l'une dans son île, l'autre dans son continent, n'exigent pas *l'impôt du sang* en même temps que les autres charges publiques.

Le socialisme.

Le conflit entre les pauvres et les riches a malheureusement remplacé *l'antagonisme* qui, sous l'ancien régime, existait entre les **privilégiés** et le **tiers état.** — Le développement de la *grande industrie*, la *division du travail*, la *suppression des anciens règlements*, tout en favorisant l'accroissement de la richesse générale, ont cependant exposé les ouvriers aux *chômages* et, sur leurs vieux jours, à la *misère* en cas d'imprévoyance.

Le socialisme demande à l'État de venir en aide aux déshérités de la fortune, aux *prolétaires*, en **augmentant** les *salaires* et en **diminuant** les *profits* de l'entrepreneur et les *loyers* ou les *intérêts* du capitaliste. — Ses sectateurs se divisent sur le moyen à employer pour arriver à ce résultat. **Cabet** préconise le *communisme*; **Fourier**, le remplacement de la commune par le *phalanstère*; **Proudhon**, *l'abolition de l'intérêt*; **Louis Blanc**, le *droit au travail*, etc.

Le socia.isme.
(Suite.)

**Conférence
de Berlin.**

En France, ces revendications ont provoqué les terribles journées de *Juin* 1848 et de *Mai* 1871 (Commune de Paris), et laissent toujours la société sous la menace de nouvelles commotions. — Parmi les autres États, l'*Allemagne* et l'*Italie* sont particulièrement travaillées du même mal.

Le socialisme d'État, *né en Allemagne* avec Bebel et Liebknecht, réclame une stricte réglementation du travail et la substitution de l'État à l'initiative individuelle.

Des essais d'entente internationale ont été faits en vue de régler les *questions ouvrières*. — A l'instigation de *Guillaume II*, empereur d'Allemagne, une **Conférence** se réunit à **Berlin** (16-34 mars 4890). — Composée de *délégués* des grandes nations industrielles, elle examina, mais sans pouvoir leur donner de solutions pratiques, la plupart des revendications ouvrières (durée de la journée de travail; repos hebdomadaire; minimum de salaire; travail des femmes et des enfants; travail souterrain; accidents et mesures de prévoyance).

**Organisation
du travail.**

L'État presque partout s'efforce cependant d'améliorer le *sort des ouvriers* en faisant droit à ce qu'il pouvait y avoir de fondé dans leurs réclamations. — Nulle part il n'a décrété la *charité obligatoire*, vers laquelle tendent au fond les socialistes; mais partout, il a, comme en France, cherché à venir en aide aux *travailleurs manuels*, par la multiplication des **caisses d'épargne**, par la création de **sociétés de secours mutuels** qu'il encourage, par la **réglementation bienveillante** du *travail des femmes et des enfants*. — Il a fait disparaître les obstacles législatifs qui s'opposaient à la formation de sociétés **coopératives** de *crédit*, de *production* ou de *consommation*; et, pour permettre aux ouvriers de sortir de la faiblesse où les fait tomber leur isolement, il a autorisé la formation de **syndicats professionnels**.

Ces mesures n'ont pas produit tout le bien qu'on en espérait; elles ont plutôt provoqué, dans leur première application, de *fâcheux abus*.

**5°
Mouvement
intellectuel.**

**Esprit d'observation
dans la littérature
et dans l'art.**

Au romantisme, sous l'empire duquel l'auteur ou l'artiste demande ses effets à *l'imagination* et poursuit par tous les moyens l'expression de sa *personnalité*, a succédé le **réalisme** ou **naturalisme** qui s'attache à la peinture *fidèle*, *mathématique*, de ce que nous avons tous les jours sous les yeux. — **Cette tendance** n'est pas nouvelle, parce que toute littérature et tout art se sont toujours proposé la *nature* et le *vrai* comme modèles; mais elle a pris un *caractère exclusif* avec une école qui répudie l'idéal comme faux, ne distingue pas le *bien* et le *mal*, le *beau* et le *laid*, sous prétexte qu'ils sont également *vrais*, et s'attache de préférence aux choses *basses*, *vulgaires*, *répugnantes* même, parce qu'elles sont les plus *nombreuses*. — Comme **tout système** qui contient une part de *vérité* et une part d'*erreur*, cette école a obtenu des résultats importants et entraîné des conséquences fâcheuses.

Dans la littérature, l'école naturaliste a surtout inspiré le roman, qui a produit des œuvres puissantes avec *Balzac*, les deux *Goncourt*, *Flaubert*, *Émile Zola*, mais tombe de plus en plus dans la trivialité et même dans l'obscénité.

La peinture réaliste a été inaugurée par *Courbet*, illustrée surtout par les *paysagistes*, et déconsidérée par les extravagances des *impressionnistes*.

En sculpture, une science consommée de l'*anatomie* a remplacé les *à-peu-près* d'autrefois.

L'architecture, en dépit de tant de constructions nouvelles, n'a pu toutefois se dégager de la *copie* des monuments grecs, romains, du moyen âge ou de la Renaissance; — le plus grand architecte du XIX° siècle, **Viollet-le-Duc**, est un *archéologue*.

Le grand mouvement d'érudition, déjà si avancé dans la première moitié du siècle, a continué dans la seconde.

De nouvelles notions ont été acquises : — sur les **âges classiques**, par la découverte de milliers d'*inscriptions grecques et romaines*, par l'exhumation de *figurines de terre cuite* d'un art imprévu et charmant, par les fouilles de *Schliemann* à Troie, à Mycènes et à Tyrinthe, des *Allemands* à Pergame et à Olympie, des *Anglais* à Halicarnasse, des *Français* à Myrina, à Délos et au Ptoion, des *Grecs* à l'Acropole et à Dodone ; — sur le **moyen âge français**, par la publication de textes inédits ou mal édités (*Chanson de Roland*, etc.); — sur l'**antiquité celtique**, par les recherches de d'*Arbois de Jubainville* ; — sur l'Égypte, par les découvertes de *Mariette Bey*, notre plus grand égyptologue après Champollion ; — sur les **antiquités assyriennes, babyloniennes, persiques**, etc., par les travaux ou les missions de *MM. Opport, Renan, Dieulafoy* ; — sur l'**Inde**, par la traduction des *livres sacrés* ou des *anciennes épopées* de ce pays ; — sur les **temps préhistoriques**, par les trouvailles de *Boucher de Perthes*, par l'exploration des *lacs* qui nous a révélé les *cités lacustres*.

De **nombreuses fondations**, dues aux pouvoirs publics, ont aidé aux progrès de l'érudition : *École française d'Athènes*, *École française de Rome*, *Musée Campana*, *Musée préhistorique et Gallo-Romain de Saint-Germain*, sans parler de l'*École des Chartes*, qui remonte à l'époque de la Restauration.

Les **sciences** ont marché, d'un pas encore plus rapide que l'érudition, dans la voie déjà ouverte. — Des **faits nouveaux** n'ont pas cessé de produire des *théories* et même des *sciences nouvelles* ; et l'extension de la science a amené une division de plus en plus grande du travail entre les savants, qui ont dû s'attacher chacun à une *spécialité*.

Dans les sciences exactes, **Mathématiques et Astronomie** : — **Foucault** a donné une nouvelle démonstration du *mouvement de la terre* (1851). — **Janssen** a établi la *composition physique du soleil* (1868); — **Kirchhoff**, **Bunsen** et d'autres savants étrangers en ont fait connaître la nature chimique par le *spectre solaire* ; le même procédé a révélé la nature de certaines étoiles.

La découverte de *comètes périodiques*, de *petites planètes*, de *nouvelles étoiles*, de *nébuleuses*, a enrichi la carte du ciel, qui va être dressée d'une façon très complète, grâce à la *photographie* ; — la *distance* de certaines étoiles à la terre a pu être calculée.

La **Physique** a trouvé : — la *liquéfaction des derniers gaz permanents* ; — la *thermodynamique*, qui établit le rapport entre la chaleur et le mouvement ; — l'*électro-magnétisme* et la *thermo-électricité*, dues, la première, à l'action des courants sur les aimants et réciproquement, la seconde à l'action de la chaleur ; — le **téléphone**, qui *transporte la voix au moyen d'un fil*, et le phonographe, qui *la fixe* en l'enregistrant ; — les *rayons X de Rœntgen*, qui donnent la photographie de l'invisible en traversant les corps opaques ; — l'application de l'électricité, de l'air comprimé, comme *force motrice*, etc.

La **Chimie** a découvert : de nouveaux *corps simples*, obtenus par l'*analyse spectrale* ; — les applications de l'*aluminium* ; — l'isolement du *fluor* ; — la *thermochimie* ; — les composés innombrables de la *chimie organique*, étudiés surtout par **MM. Pasteur** et **Berthelot** ; — des *substances explosibles* d'une effroyable puissance (*acide picrique, dynamite, mélinite*), — une loi très importante, celle de la *dissociation*, trouvée par **Henri Sainte-Claire Deville** (1818-1881); — la *reproduction des couleurs* par la *photographie* ; — l'*éclairage par l'incandescence* de certains métaux (Bec Auër).

<table>
<tr><td>L'érudition.</td></tr>
<tr><td>LES SCIENCES.
1°
Les Mathématiques et l'Astronomie.</td></tr>
<tr><td>2° La Physique.</td></tr>
<tr><td>3° La Chimie.</td></tr>
</table>

4° Les Sciences naturelles.
____
5° Les Sciences médicales.

Les sciences naturelles doivent — à de *nouveaux voyages* de naturalistes la connaissance de *la flore* et de *la faune sous-marines*, d'une forme si extraordinaire ; — aux *travaux de laboratoire*, une notion plus approfondie des *parasites* et la création de l'*embryologie*. — **M. Pasteur** a détruit la théorie de la *génération spontanée*, à laquelle les matérialistes voulaient donner une *portée philosophique*. — L'Anglais **Darwin** (1809-1882) a imaginé le système de l'*évolution* ou du *transformisme*, dont on devait tant abuser.

Les sciences médicales, dont la dépendance à l'égard des autres est si étroite, ont ajouté à leurs acquisitions antérieures, grâce aux progrès de la *physiologie expérimentale* créée, pour ainsi dire, par **Claude Bernard** (1813-1878): — la connaissance plus approfondie des *fonctions du système nerveux*; — celle *des virus*, due à **M. Pasteur**; — celle de l'*hypnotisme*; — l'emploi en chirurgie des *antiseptiques*; — la *sérothérapie*, due au docteur **Behring**; — le *vaccin du croup*, découvert par le docteur **Roux**.

6°
INDUSTRIE ET COMMERCE.
____
Généralisation de l'emploi de la vapeur et de l'électricité.

Le perfectionnement des sciences en facilite de plus en plus l'application ; — et les résultats les plus merveilleux continuent à être produits par :

1° **La vapeur.** — Son emploi comme **moteur** a été étendu aux *plus petites* machines et aux *plus gigantesques*. — Les *moindres ateliers* sont à même d'utiliser cette force moins coûteuse et bien plus énergique que celle de l'homme. — Dans la navigation, on a construit d'**énormes paquebots**, dont le *Léviathan anglais*, commencé en 1861, est demeuré le type. — Il en est résulté, outre la *formation de grandes lignes* de communication maritime, la *substitution du fer au bois* dans la construction des navires. — Pour s'assurer la *quantité de charbon nécesssaire*, l'Angleterre et la France ont dû se ménager **des dépôts** dans toutes les parties du monde, et ce besoin nouveau exerce une grande influence sur la politique coloniale de tous les États.

2° **L'électricité.** — Elle sert : au *transport à distance* de la *force motrice* qui fait marcher les usines et les métiers, à la traction mécanique de tramways ; elle transmet, non plus seulement *la pensée* avec le télégraphe, mais encore *la parole* avec le **téléphone**. — L'emploi de l'**éclairage électrique** s'est généralisé depuis les découvertes de *Jablochkoff* et surtout de l'Américain **Edison**, et l'invention des *lampes électriques* soit à arc voltaïque, soit à incandescence. — Des **câbles télégraphiques** relient à travers les mers et les océans *les points les plus éloignés* du globe terrestre.

Multiplication des voies de communication à travers le monde.
____
1° Chemins de fer.

Les communications, au commencement du siècle encore si *lentes* et si *coûteuses*, ont reçu des améliorations qui suppriment presque les distances.

1° **Des chemins de fer** ont été établis entre tous les points des continents qu'il importait de relier. — En France, l'ancien *réseau* des voies ferrées se complète par le *nouveau réseau*, en voie d'achèvement. **Paris** et les *grandes capitales* de l'Europe sont rattachés par des lignes ininterrompues. — *Deux chemins de fer*, l'un américain, l'autre canadien, rapprochent les **deux Océans Atlantique et Pacifique**. — En Asie, les *chemins de fer transcaucasien* et *transsibérien* atteignent les frontières chinoises. — L'**Inde**, l'**Algérie**, le **Sénégal** français, sont pourvus de *voies ferrées*. — Pour triompher des obstacles qu'opposait la nature, on a percé **des tunnels** sous les plus hautes montagnes, telles que le *mont Cenis* et le *Saint-Gothard*, et jeté des **viaducs** en pierre ou en fer sur les plus grands *estuaires* (l'estuaire du *Forth* en Écosse), sur des *bras de mer* (entre *New-York* et *Brooklyn*), sur des *vallées* larges et profondes (en France, à *Morlaix*, à *Garabit*; sur le bas Danube, à *Tchernovoda*).

28.

2° Bateaux à vapeur.

2° Des lignes de bateaux à vapeur, primitivement à *aubes* ou à *roues*, puis à *hélice*, remplissent sur l'Océan le même rôle que les chemins de fer sur la terre ferme. — Des bateaux vont de *Marseille* à *Alger*; du *Havre* à *New-York*; de *Marseille* à *Yokohama*, au *Japon*, par l'isthme de *Suez*; de *Yokohama* à *San-Francisco*, etc. — **Toutes ces lignes**, rattachées aux chemins de fer continentaux, permettent de faire le tour entier du monde *en moins de 80 jours*. — Des canaux ont été creusés pour *percer* les isthmes et les *ouvrir* aux navires. Le canal de *Suez*, le canal de *Corinthe*, épargnent aux navigateurs des détours considérables. — Peut-être un jour en sera-t-il de même de l'isthme de Panama, dont l'entreprise a échoué pour des causes étrangères aux conditions techniques.

Protection et libre échange.

La liberté des échanges résulte nécessairement de la *multiplicité des communications*; car il est bien inutile de faciliter, par l'établissement de nouvelles voies de terre ou de mer, l'*importation* et l'*exportation* de marchandises, qui seraient arrêtées à la frontière par des tarifs. — Cependant cette conséquence est encore loin d'être admise unanimement, à cause de l'antagonisme entre les *intérêts* et les *principes*. — Sur cette question, deux systèmes opposés sont en présence.

Le libre échange dit : « *Chaque peuple, ayant ses aptitudes variées, déterminées par la race, le climat, l'histoire, l'éducation nationale, doit s'attacher principalement aux productions pour lesquelles il se sent propre et obtenir les autres par voie d'échange avec les nations étrangères.* » — **Laisser faire, laisser passer**, telle est sa véritable devise commerciale.

Le protectionnisme répond : « *Il est préférable qu'un peuple produise lui-même ce qui lui est nécessaire, parce que, autrement, il se rend tributaire de l'étranger, et il suffit alors d'une guerre, d'une coalition commerciale, pour le priver de ce qui lui est indispensable, ou le lui faire payer à des prix ruineux. Il convient donc de réserver le marché national aux marchandises nationales.* »

Il faut cependant remarquer que la protection complète de toutes les industries mènerait à l'*isolement commercial*, et que la protection d'un certain nombre d'entre elles seulement ne saurait leur être accordée qu'aux *dépens des autres*. — C'est ainsi que, en France, des tarifs protecteurs créèrent un privilège au profit de l'*agriculture* sous la Restauration, de la *grande industrie* sous Louis-Philippe. — **Le système protectionniste** a été battu en brèche, en Angleterre par *Adam Smith* et ses disciples, en France, par *J. B. Say, Bastiat, Michel Chevalier*, dont la vigoureuse campagne de presse et d'opinion amena une *réaction libérale*.

Traités de commerce et conventions internationales.

Dans la pratique, le libre échange laisse subsister les *douanes* comme instrument fiscal, et ne se traduit que par un *abaissement*, et non une *suppression* des tarifs (tarif *maximum* et *minimum*). — C'est la base des *traités de commerce*, par lesquels une nation s'engage à dégrever les produits étrangers à charge de *réciprocité* en faveur des siens.

Le régime du libre échange conventionnel a été introduit en France, sous *Napoléon III*, par le traité de 1860 avec l'*Angleterre*, bientôt suivi, de 1861 à 1865, de traités semblables avec la *Belgique*, le *Piémont*, la *Suisse*, la *Suède*, la *Norvège*, la *Hollande*, le *Zollverein* ou union douanière des États allemands, etc. — Depuis 1870, **une réaction favorable** à la protection s'est manifestée d'abord en *Allemagne* et aux *États-Unis*; puis en *France* et dans d'autres pays.

<table>
<tr><td>

Expositions universelles.

</td><td>

Les Expositions universelles, c'est-à-dire de tous les produits, et **internationales**, c'est-à-dire auxquelles sont convoqués tous les producteurs du globe, ont pour résultat d'**amener un échange**, profitable à tous, d'*idées économiques*, de *procédés industriels*, de *relations commerciales*. — La *première idée* en a été émise en France en 1848, et la *première application* en a été faite à **Londres** en 1851. — Cette première Exposition universelle internationale a été suivie d'autres : à **Paris** en 1855, 1867, 1878, 1889; à **Londres** en 1862; à **Vienne** en 1873; à **Philadelphie** en 1876; à **Melbourne** en 1880 et 1888; à **Chicago** en 1893.

Les trois dernières expositions françaises ont été remarquables : — celle de 1867 fut visitée par *la plupart des souverains de l'Europe*, — celle de 1878, par le *Schah de Perse*; — celle de 1889 a été célèbre par le *nombre* des exposants, la *valeur* et la *variété* des produits et les *curiosités* accumulées dans l'immense enceinte du *Champ de Mars*, que dominait **la tour Eiffel**, et sur l'*Esplanade des Invalides* (**28** millions de *visiteurs*).

</td></tr>
</table>

10° EXPANSION DE LA CIVILISATION EUROPÉENNE.

EXPLORATIONS. — COLONIES FRANÇAISES ET EUROPÉENNES DANS LE MONDE.

<table>
<tr><td>

Explorations.

</td><td>

A toutes ses découvertes, le XIXe siècle aura ajouté celle de *la terre*, longtemps ignorée d'une partie de ses habitants, maintenant presque tout entière connue dans *ses moindres détails*. — Cette gloire appartient à *tous les peuples* de l'Europe, qui ont tous eu leur part plus ou moins grande dans l'œuvre commune.

Les régions arctiques ont laissé pénétrer leurs *mystères*, et, si **le pôle nord** présente toujours une insurmontable barrière à la hardiesse des explorateurs, **Nansen** a pu s'avancer *jusqu'au 86° degré* (1896). — *James Ross* a découvert **le pôle magnétique** (1829). Les deux passages qui font communiquer, au Nord, l'Atlantique et le Pacifique, si obstinément cherchés, ont été trouvés enfin : celui du **Nord-Ouest** par *Mac-Clure* (1850), celui du **Nord-Est** par *Nordenshjold* (1878-1879).

L'intérieur des deux Amériques a été exploré par *Machensie, Frémont; Crevaux, Charnay*.

L'Australie a été traversée en tous les sens par *Gray, Kings, Macdonald Stuart*.

L'Asie centrale a été visitée par *Jacquemont, Huc, Garnier, Bonvalot, Henri d'Orléans*.

Mais c'est surtout l'Afrique, *le continent noir et mystérieux*, qui a été le plus fécond en révélations inattendues, grâce à *Livingstone, Speke, Grant, Stanley, de Brazza, Serpa-Pinto, Trivier*, etc. — Ces **hardis explorateurs** ont trouvé les *sources des grands fleuves* (*Niger, Zambèze, Nil, Congo*) et des *lacs* aussi grands que ceux de l'Amérique septentrionale (*Victoria, Albert, Tanganyika, Moero, Bangouelo*, etc.).

</td></tr>
<tr><td>

La COLONISATION.

Ses causes.

</td><td>

Les explorateurs ont ouvert la voie aux colons. — *Trop à l'étroit dans la vieille Europe*, les nations européennes ont tourné les yeux vers ces pays nouveaux et inconnus que les explorateurs déclaraient *riches et fertiles*. — L'*expansion coloniale*, un des faits caractéristiques de la fin du XIXe siècle, a eu des *causes économiques et sociales*.

Désireux de donner des débouchés nouveaux à leur commerce et à leur industrie pour lutter contre la *concurrence internationale*, les divers peuples européens ont cherché à occuper des territoires où ils pourraient *écouler les produits* accumulés dans leurs entrepôts, et trouver les *matières premières* nécessaires à leur industrie.

L'émigration est un des facteurs essentiels de la colonisation. — *La population sans cesse croissante* de l'Europe ne trouvant plus sur son sol les ressources suffisantes pour vivre, va chercher vers des pays jeunes et féconds une vie moins chère et plus facile.

</td></tr>
</table>

Aucune grande nation n'échappe à ce mouvement.

L'Angleterre, qui, *isolée dans son île,* avait profité des conflits européens pour se créer, *aux dépens* des autres États et surtout de la France, un immense empire colonial, cherche, par tous les moyens, à l'augmenter encore en *Asie* et en *Afrique.*

L'Allemagne qui estimait, il y a quinze ans à peine, que « *la plus belle colonie ne valait pas les os d'un grenadier poméranien* », s'empresse de planter son drapeau sur les *territoires vacants* de l'Océanie et de l'Afrique.

L'Italie, après avoir fondé quelques comptoirs sur la mer Rouge, cherche, mais sans succès, à étendre l'**Érythrée** aux dépens de l'*Abyssinie,* et *convoite* la Tripolitaine.

La Russie *s'étend en Asie* jusqu'à la Chine et la Perse.

L'Espagne, le Portugal et la Hollande, *les premiers États colonisateurs,* défendent vigoureusement ou cherchent à étendre celles de leurs possessions qu'ils ont conservées.

La France, enfin, malgré ses blessures à peine fermées et ses charges budgétaires, tend à se créer deux empires : l'un en **Indo-Chine,** l'autre dans l'**Afrique du Nord.**— L'importance sans cesse grandissante de nos colonies a même amené la création d'un *ministère spécial* (avril 1894).

L'Amérique, *à peine découverte,* attira de nombreux émigrants de l'ancien continent. — Longtemps traitée par l'Europe comme une inférieure, elle est devenue *l'égale de sa sœur aînée* et sa *rivale heureuse.* — Les anciennes colonies anglaises, espagnoles et portugaises, révoltées contre la métropole au XVIIIe et au XIXe siècle, y ont constitué de puissants *États indépendants.* — Aussi, en dehors des Antilles, les possessions européennes sont-elles de nos jours peu considérables en Amérique.

La France, dans l'*Amérique du Nord,* n'a conservé d'un empire autrefois considérable (Canada, Louisiane) que les îlots de **Saint-Pierre et Miquelon,** et le *droit de pêche sur les côtes de Terre-Neuve,* droit concédé par l'Angleterre au traité d'Utrecht (1713), mais mal défini et donnant lieu à de nombreuses contestations. — *Aux Antilles,* ses colonies, la **Martinique** et la **Guadeloupe,** sont prospères et fertiles, malgré de fréquents tremblements de terre. — Dans l'*Amérique du Sud,* la **Guyane française** sert de lieu de déportation; riche en épices, et possédant quelques mines d'or, elle est malheureusement très malsaine.

L'Angleterre a acquis le **Canada** au *traité de Paris* (1763), qui terminait la *guerre de Sept ans;* mais, si elle y domine en droit, l'*influence française* y reste considérable, et un *mouvement* s'y produit en faveur de l'*indépendance* (insurrection Riel, 1885; manifeste Mercier, 1893). — Elle possède, en outre, de nombreuses îles *aux Antilles* (Jamaïque, Trinité, Barbades, etc.), le *Honduras anglais* sur le golfe du Mexique et la *Guyane anglaise.*

L'Espagne a perdu la plupart de ses anciennes colonies devenues indépendantes; il ne lui reste que les îles de **Porto-Rico** et de **Cuba.** — Cette dernière vient de se soulever contre la métropole, qui n'a pu encore réprimer l'insurrection (1896).

La Hollande possède la **Guyane hollandaise** et l'île de **Curaçao.** — Le **Danemark** a quelques îles *aux Antilles* (Sainte-Croix, Saint-Thomas).

L'Océanie, encore mal connue, est précieuse pour les Européens par la *multitude de ses îles,* qui, outre leurs *richesses,* offrent, au milieu des *routes navales* du Pacifique, des *ports de refuge* et de ravitaillement.

Expansion coloniale des divers peuples.

I. AMÉRIQUE.

1° Colonies françaises.

2° Colonies des autres pays.

II. OCÉANIE.

Les Anglais s'efforcent de faire de l'**Australie**, pays riche en bestiaux et en mines de houille, d'or et d'argent, un empire aussi florissant que l'*Inde*. — Commencée par l'établissement d'un lieu de déportation à *Botany-Bay* (1788), cette colonie compte aujourd'hui plus de 3 000 000 d'habitants, avec de grandes villes, comme *Melbourne* (490 000 hab.) et *Sydney* (383 000 hab.). — A côté de l'Australie, les possessions océaniennes de l'Angleterre comprennent : la *Tasmanie*; la *Nouvelle-Zélande*, où les Anglais ont dû recourir aux armes (1843-1866) pour établir leur domination; une partie de la *Nouvelle-Guinée* et quelques îles dans le Pacifique.

Les Français possèdent les îles *Marquises* (1842), les îles *Wallis* (1887), les îles *Tahiti* (protectorat en 1843, colonie en 1880), les îles *Pomotou* (1844). — **La Nouvelle-Calédonie**, occupée par la France en 1853, a plus d'importance; elle jouit d'un climat excellent, produit du sucre, du tabac, du coton, et renferme des mines de houille, de cuivre et de nickel; un pénitencier est établi à l'*île des Pins*, en face de *Nouméa*.

Les Espagnols possèdent dans la Malaisie les îles *Philippines*. — Les *Allemands* ont voulu, en 1885, leur contester la possession des *Carolines*; mais le conflit, soumis à l'*arbitrage du Souverain Pontife, Léon XIII*, a été tranché en faveur de l'Espagne.

Les Hollandais ont leurs plus belles colonies en Océanie; les **îles de la Sonde** (*Java*, 22 500 000 hab.; *Sumatra*), les *Moluques*, *Célèbes*, *Bornéo*, dont ils possèdent une partie, produisent du tabac, du coton, du thé, du riz, de l'indigo, etc. Mais c'est une région volcanique (tremblement de terre et éruption de *Krakatoa* (Malaisie) en août 1883).

Les Allemands, *nouveaux venus*, ont, en 1884, planté leur pavillon sur une partie de la *Nouvelle-Guinée* ou *Papouasie*, île immense, mais encore imparfaitement connue.— Ils essayèrent de faire prévaloir leur influence aux *îles Samoa* (1887), mais ils y rencontrèrent la rivalité des Anglais et des Américains, qui en firent maintenir l'*indépendance*.

L'**Asie** renferme encore *deux puissants empires indépendants* :

1° **La Chine**, l'État le plus peuplé du monde (361 000 000 d'habitants), est un pays très civilisé et très lettré, fertile en thé, maïs, café, riche en mines. — Longtemps *fermé aux Européens*, le *Céleste Empire* fut ouvert aux *Anglais*, en 1843, aux *Français*, l'année suivante, et plus tard aux autres nations. — Mais les traités qui établissaient ces droits étaient sans cesse violés; la *France* et l'*Angleterre*, pour les faire respecter, entreprirent la **guerre de Chine** (1859-1860). — *Les troupes anglo-françaises*, sous les ordres des généraux *Grant* et *Cousin-Montauban*, gagnèrent la bataille de **Palikao** (1860), *entrèrent à Pékin*, et forcèrent l'empereur à signer le *traité de Tien-Tsin*. Depuis cette époque, les relations de la Chine avec la France ont été troublées par l'appui que les *Chinois* ont donné aux *Pavillons Noirs du Tonkin* (1885).

2° **Le Japon** (40 700 000 hab.), qui a *ouvert ses ports aux Européens* en 1858, a subi profondément l'influence européenne. — Sous l'impulsion de ces idées nouvelles s'est faite la *révolution de 1868*, qui a préparé l'établissement du *régime constitutionnel* (1889).

Ces deux empires rivaux rêvant chacun la **suprématie en Extrème-Orient**, la guerre devait fatalement éclater entre eux; la *révolution de Corée* (juillet 1894) en fut le signal. — *Les Japonais* coulent plusieurs navires chinois, débarquent en Corée, battent les Chinois à *Yashan*, à *Ping-Yang*, entrent en Mandchourie et s'avancent jusqu'à *Port-Arthur* (20 novembre 1894). De nouveau vainqueur à *Weï-Haï-Weï* (13 février 1895), le maréchal *Yamataga* force les Chinois à accepter le *traité de Simonosaki* (17 avril 1895), qui donne au Japon *Formose et les îles Pescadores*.

II.
OCÉANIE.
(Suite.)

1° **Établissements anglais.**

2° **Établissements français.**

3° **Établissements espagnols, hollandais et allemands.**

III.
ASIE.

Influence européenne en Chine et au Japon.

Chine et Japon.

Guerre sino-japonaise (1894-1895).

L'Indo-Chine, vaste presqu'île située à *la rencontre des routes commerciales* de l'Inde, de l'Océanie et de l'Extrême-Orient, est partagée entre **l'influence anglaise** dans *la partie occidentale*, qui, par ses mœurs, se rattache à la péninsule *hindoue*, et **l'influence française** dans *la partie orientale*, de race, de langue et de civilisation *chinoises*.

La Cochinchine fut le premier jalon de la domination française en Indo-Chine. — La ville de Saïgon et la *Basse-Cochinchine* furent cédées à la France, en 1862, par le souverain de l'Annam ; en 1867, la France obtenait *trois nouvelles provinces*.

Cherchant la route commerciale de Chine, *Doudart de Lagrée*, en 1866, remonte le *Mékong*, qu'il trouve peu praticable. — Plus heureux, le lieutenant **Francis Garnier**, sur les indications d'un négociant français, *M. Dupuis*, rencontre une route facile vers le *Yunnan* par le *Song-Koï* ou *Fleuve Rouge*, qui se jette dans le *golfe du Tonkin*. Après s'être emparé *d'Hanoï*, Garnier est massacré (1873), et le delta du *Song Koï* doit être évacué.

Le Tonkin, *province de l'Annam*, est ouvert à notre influence depuis un traité de 1874. — Mais notre commerce y est sans cesse inquiété par les pirates, dont les plus redoutables sont les *Pavillons Noirs* ; — envoyé contre eux, le *commandant Rivière* périt sous les murs *d'Hanoï* (1883).

L'amiral Courbet *bombarde* alors *Hué*, capitale de l'Annam, dont le souverain, par le traité du 23 août 1883, se place sous notre *protectorat* et reconnaît notre domination au Tonkin.

Mais, au Tonkin, la lutte dut s'engager contre les **Pavillons Noirs** et les **Chinois** qui les soutenaient. — Alors commença *la conquête du Delta*, conquête glorieuse mais difficile, sous un climat meurtrier, au milieu de *rizières* rendant les marches pénibles. — Après les succès de l'amiral **Courbet** à *Son-Tay* (16 décembre 1883), des généraux **Millot**, **de Négrier** et **Brière de l'Isle** à *Bac-Ninh*, *Thaï-Nguyen* et *Tuyen-Quan*, la Chine consentit au *traité de Tien-T'sin* (11 mai 1884).

La paix était à peine signée qu'une colonne française est surprise par les Chinois à *Bac-Lé* (23 juin 1884). La France reprend l'offensive. — Tandis que l'escadre **Courbet** bombarde *Fou-Tcheou* (23 août 1884) et attaque *Formose*, les troupes françaises sont victorieuses à *Chu*, à *Dong-Son*, à **Lang-Son**, à *Tuyen-Quan* (conduite héroïque du *commandant Dominé* et du *sergent Bobillot*, mars 1885). — Ces succès, malgré la pénible *retraite de Lang-Son*, obligèrent la Chine à ratifier le **traité de Tien-Tsin** (9 juin 1885), qui reconnaissait **notre protectorat sur l'Annam et le Tonkin.**

Le Cambodge, dès 1863, s'était mis sous notre protection. — La *Cochinchine*, l'*Annam et le Tonkin*, le *Cambodge*, constituent depuis 1887 le **Gouvernement général de l'Indo-Chine**, à la tête duquel est un *résident général civil*.

Le Siam, État indépendant du sud de l'Indo-Chine, ayant (juin 1893) méconnu nos droits sur la frontière du *Mékong*, en envahissant le *Laos*, province de l'Annam, nos canonnières franchirent la *barre du Meï-Nam*, et, après avoir envoyé à la *cour de Bangkok* un ultimatum, la forcèrent à signer le *traité du 1ᵉʳ octobre* 1893, qui reconnaissait le Mékong pour frontière occidentale de nos possessions. — **L'Angleterre**, dont nous allions devenir voisins, proposa la formation d'un *État-Tampon* entre les deux puissances ; mais un accord intervint, délimitant la frontière commune.

Dans l'Inde, il ne reste à la France, de l'empire que Dupleix avait rêvé et commencé au XVIIIᵉ siècle, que quelques comptoirs peu importants (*Pondichéry*, *Mahé*, *Karikal*, *Yanaon*, *Chandernagor*).

C'est surtout l'AFRIQUE qui a attiré les *efforts de l'Europe* par l'*immensité* de ses territoires mal connus et sa *civilisation primitive*, à laquelle il était facile de substituer la nôtre. — Pour **se partager le continent noir** et délimiter les zones d'influence, les *puissances européennes* se sont réunies à Berlin en 1885 sous la présidence du *prince de Bismarck*. — **L'Acte général de Berlin** (1885) fixait les conditions d'*occupation de nouveaux territoires*, établissait des règles de droit international africain, et reconnaissait à la France **un droit de préemption sur l'État libre du Congo**, qu'il venait de créer.

L'**État libre du Congo** remplaçait l'*Association internationale Africaine* dans le *bassin du Congo ou Zaïre*, révélé par les grands voyages de **Livingstone** et de **Stanley**. — Il était déclaré *neutre* et avait pour souverain **Léopold II, roi des Belges**. — *Ses limites* étaient nettement déterminées; mais, désireux d'en faire, en fait, *une colonie belge*, Léopold, avec l'encouragement de l'Angleterre, cherche à en étendre les limites, au sud-ouest, au détriment du *Portugal*, au nord-est dans le *Haut-Oubanghi*, aux dépens de la *France*, qui a dû de nouveau (février 1895), devant les *bruits d'annexion à la Belgique*, faire reconnaître son droit de préemption.

LA **FRANCE**, **dans l'Afrique du Nord**, possède d'immenses territoires, qu'elle cherche à réunir et à fondre en un seul empire colonial, à travers le *Sahara* et la *boucle du Niger*. — Ce sont : 1° l'**Algérie et la Tunisie**; 2° le **Sénégal**; le **Soudan**; la **Guinée**; et la **Côte d'Ivoire**, qui forment le *Gouvernement Général de l'Afrique Occidentale*; 3° le **Bénin**. — **Sa zone d'influence** est limitée, *au sud*, par une ligne allant de *Say*, sur le *Niger*, à *Barroua* sur le *lac Tchad*. — **Sur l'Océan Atlantique**, elle possède la colonie du **Congo Français**; — **dans l'Océan Indien**, elle vient de s'annexer **Madagascar**, et a fondé des comptoirs à *Oboch*, port de ravitaillement, rival d'Aden. — Elle possède aussi l'île de la **Réunion** (ancienne île Bourbon).

L'**Algérie**, conquise de 1830 à 1848, est depuis 1870 complètement pacifiée (insurrection de 1871 ; révoltes locales en 1876, 1879 et 1881, promptement réprimées). — Divisée en *départements* comme ceux de la France continentale, pourvue de chemins de fer, riche en céréales et en vignobles, elle est devenue une *colonie prospère* (en 1891, 4 124 000 hab.).

La **Tunisie**, voisine de l'Algérie, a été placée sous le **protectorat français** par le *traité du Bardo* (1881), à la suite de l'**expédition de Tunisie** (1880-1881), qu'avait amenée l'incursion des *Kroumirs* sur le territoire algérien. — Si le bey de Tunis a conservé *le pouvoir nominal*, l'administration, les postes, les finances, l'armée, etc. sont entre les mains de la France, et le *Résident général français* en est en réalité le premier ministre.

Le **Sahara** sépare l'*Algérie et la Tunisie* de *Tombouctou* et du *lac Tchad*. — En vue de créer à travers le désert une *route commerciale* plus facile et plus sûre que celle des *caravanes*, et même un *chemin de fer transsaharien*, la France y a envoyé des *explorateurs* (missions *Flatters*, *Foureau* et *Méry*) et établi des *postes avancés* (*El Goléah*, *Hassi-Inifelt*). — Mais elle se heurte à des peuplades nomades et sauvages, surtout aux *Touaregs*, qui s'opposent encore à notre extension vers le Sud.

Le **Sénégal**, très ancienne colonie française, s'est beaucoup développé sous l'un de ses gouverneurs, **Faidherbe** (1854-1865), qui battit le *sultan El-Hadj-Omar*. — En 1876, le *colonel Brière de l'Isle* chercha à pénétrer vers le Soudan et le Niger, et construisit le fort de *Bafoulabé* (sur le haut Sénégal). — Les expéditions du *capitaine Galliéni* amenaient, en 1881, le *sultan Ahmadou*, fils d'El-Hadj-Omar, à reconnaître le protectorat de la France sur le Niger, et, en 1883, le *colonel Borgnis-Desbordes* établissait sur ce fleuve le premier poste français à *Bammakou*.

A la suite de nouvelles **campagnes**, faites par les colonnes *Combes* et *Archinard* (1885-1890), toute la rive gauche du Niger reconnut la domination française. — En 1887 et 1889, les lieutenants de vaisseau *Caron* et *Jaime* parvinrent, sur les canonnières du Niger, jusqu'à *Kabara*, port de *Tombouctou*. — En 1890, le **colonel Archinard** battit *Samory* et lui enleva sa capitale *Segou*.

Le Soudan Français fut alors constitué en *gouvernement* par un décret de 1892; il comprend tout le territoire entre le Sénégal et le Niger, des *Kayes* à *Segou*, et le **protectorat du Haut-Niger** (États de *Samory* et de *Tiéba*). Enfin, en **1894**, le *lieutenant de vaisseau Boiteux*, bientôt suivi du *colonel Bonnier*, planta le **drapeau tricolore à Tombouctou**, la *ville sainte*, où les Français se sont maintenus, malgré le désastre de *Dongoï*.

La Guinée, formée de l'ancien gouvernement des *Rivières du Sud*, communique, malgré le *mauvais vouloir* des Anglais de *Sierra-Leone*, avec nos possessions du Sénégal et du Soudan par le pays du *Fouta-Djalon*, sur lequel a été établi notre *protectorat*, à la suite des explorations du *capitaine Brosselard-Faidherbe* (1891).

La Côte d'Ivoire, qui ne comptait au début que les comptoirs de *Grand-Bassam* et d'*Assinie*, comprend, en outre, le *protectorat du pays de Kong*, visité par le **capitaine Binger** (1887-1892), et se trouve reliée au Soudan français par les traités de commerce qu'ont signés Binger et le **commandant Monteil** (1891-1892); mais il faut toujours lutter au nord contre les *bandes de Samory* (insuccès de l'expédition *Monteil*, **1896**).

Le Bénin, qui ne comprenait autrefois que quelques comptoirs (*Porto-Novo* et *Kotonou*) s'est accru du **royaume du Dahomey** à la suite de la brillante campagne du **général Dodds**. Partie de Kotonou en août 1892, la colonne Dodds, après les victorieux combats de *Dogba*, *Tohoué* et *Kana*, entra à **Abomey**, capitale du **roi Behanzin** (novembre **1892**). Celui-ci dut bientôt se soumettre et fut relégué à la Martinique.

Le Congo Français, qui a eu pour origine la *colonie du Gabon* (*Libreville*, *Cap Lopez*, *Embouchures de l'Ogôoué*), a dû son extension rapide à l'activité de **M. Savorgnan de Brazza**, qui fonda *Franceville*, puis *Brazzaville* sur le *Congo*.

De hardis explorateurs (*Crampel*, *Mizon*, *Dybowski*, *Maistre*), partis du Congo pour chercher la route du lac Tchad, se sont heurtés dans l'*Adamaoua* aux prétentions du *Cameroun allemand*. — Mais le traité franco-allemand du 6 février 1894 a fixé les limites orientales du Cameroun et reconnu à la France le *libre accès* du lac Tchad.

Madagascar est depuis 1896 **colonie française**. — *La France* avait depuis longtemps des *droits* sur Madagascar; mais ces droits étaient *mal définis*, et les *traités* qui les garantissaient souvent *violés*. — Une *expédition* (1885) du *contre-amiral Pierre*, en y établissant notre *protectorat* (1886), avait amené quelques années de tranquillité. — Mais les *agissements des Hovas*, obéissant à *l'influence anglaise*, amenèrent, en octobre 1894, la guerre à la suite de *l'ultimatum* posé par M. *le Myre de Villers*.

La division navale prend *Tamatave*, bombarde *Farafate* et s'empare de *Majunga*.

Le corps expéditionnaire, sous les ordres du *général Duchesne*, enlève successivement *Marovay*, *Maevatanana*, *Suberbieville*, et force les Hovas à battre en retraite à **Tsaroatra** (29 juin **1895**), puis à *Andriba*. — Mais, après ces premiers succès, la fatigue et le manque de vivres déciment les troupes. — Une *colonne volante* continue seule la marche vers l'*Emyrne* et s'empare de *Tananarive* (30 septembre **1895**). — La *reine Ranavalo* dut alors *signer la paix* et *accepter les conditions* de la France.

<table>
<tr><td style="vertical-align:top; width:25%">

Possessions
anglaises
en Afrique.

Égypte.

Gambie et Niger.

Colonie du Cap.
Sud-Africain.

Est-Africain.

</td><td style="vertical-align:top">

Au Nord, L'Angleterre est en fait la véritable maîtresse de l'Égypte, bien que sa situation n'y soit pas *reconnue par les grandes puissances*, et qu'elle doive l'évacuer.

L'Égypte, gouvernée par un *khédive* ou vice-roi, est une *province autonome* sous la dépendance de *l'Empire Ottoman*. — Sa *situation financière* embarrassée et sa *décadence* amenèrent, en 1879, *l'ingérence des puissances européennes*, et principalement de l'Angleterre, séduite par la richesse du sol et la position de l'Égypte sur la route des Indes. — En 1882, des essais d'indépendance (*L'Égypte aux Égyptiens*) et le massacre d'Européens provoquèrent le bombardement d'Alexandrie par la flotte anglaise. — Par suite de la non-intervention de la *France*, l'Angleterre a mis la main sur l'administration égyptienne, ne laissant au khédive qu'une *souveraineté nominale*.

Sur la Côte de Guinée, les Anglais occupent la Gambie et les colonies de Sierra-Leone et de *Lagos*, qui gênent notre expansion au Soudan. — Les Bouches du Niger, région que la *Royal Niger Company* a rendue très prospère, sont sous son protectorat et lui ouvrent la route du lac Tchad, où elle se heurte aux stations françaises du *Haut-Bénoué*.

La Colonie du Cap est la principale des possessions africaines de l'Angleterre. — Créée en 1815, elle s'est successivement agrandie *sur la côte et au nord*. — Sur la côte, elle s'est annexé *Natal* et le *Zoulouland*, à la suite de guerres longues et meurtrières (mort du *Prince Impérial*, fils de Napoléon III). — Au Nord, tantôt empiétant sur la *colonie portugaise du Zambèze* (conflit anglo-portugais, 1889-1892), tantôt concluant des traités avec les peuplades indigènes, elle s'est acquis le *pays des Matabélés* (insurrection de 1896), et a atteint les bords du *lac Tanganyika* (Sud-Africain Anglais).

Dans la région des grands lacs, où le Nil prend sa source, la *Compagnie anglaise de l'Est-Africain*, soutenue par son Gouvernement, pénètre *au cœur même de l'Afrique* et par l'Ouganda sert de *trait d'union* entre la Colonie du Cap et la vallée du Nil.

</td></tr>
<tr><td style="vertical-align:top">

Ambition
de l'Angleterre.

Convention
anglo-congolaise
dénoncée (1894).

</td><td style="vertical-align:top">

L'Angleterre, en effet, *souveraine en Égypte, maîtresse des grands lacs, prépondérante dans l'Afrique australe*, a l'ambition de se créer à travers le centre de l'Afrique un vaste chemin, et même une ligne télégraphique qui relie Le Cap à Alexandrie. — Pour atteindre ce but, elle n'a souci *ni du droit international africain, ni des droits antérieurs des autres pays*.

Pour se rendre maîtresse du cours du Nil, elle a fait, au *Soudan Égyptien*, une première tentative, qui a été arrêtée par la *révolte du Mahdi*, resté vainqueur de Gordon (1885). — Elle vient de forcer le *Gouvernement égyptien* à entreprendre une seconde campagne (1896); mais *l'opposition de la France et de la Russie* à laisser prélever les frais de l'expédition sur la *caisse de réserve de la dette égyptienne* tient les *troupes anglo-égyptiennes* arrêtées à Dongolah.

Pour relier ses possessions du Nord et du Sud, l'Angleterre avait signé une convention (12 mai 1894) avec l'*État libre du Congo*. — Elle donnait à celui-ci la *province équatoriale*, fermant ainsi la vallée du Nil à la France, qui avait cependant sur ces pays des droits reconnus par l'acte de Berlin. — En échange, l'*État du Congo* cédait aux Anglais une bande de 25 kilomètres de large entre les *lacs Tanganyika et Albert-Édouard*, sorte de corridor qui eût assuré la communication du *Sud-Africain* avec l'*Est-Africain*, réalisant ainsi le *rêve de l'Angleterre*.

Mais la France, dont la *zone d'influence* était ainsi méconnue au *Bahr-el-Gazal*, et dont le *droit de préemption* était violé, protesta contre la *Convention anglo-congolaise*; soutenue par les puissances signataires de l'acte de Berlin, elle en obtint l'*annulation* avec le maintien du *statu quo* (traité franco-congolais, 14 août 1894).

</td></tr>
</table>

Le Transvaal.

Au Transvaal, pays indépendant, voisin du Cap, habité par les *Boërs,* anciens colons hollandais, des **mines d'or** ont été découvertes, qui amenèrent à *Prétoria* et à *Johannesburg* une foule d'étrangers et d'aventuriers. — Le docteur anglais *Jameson,* de la *Chartered Company,* envahit à main armée le Transvaal, en faveur des *Uitlanders.* Battu par les milices du président *Krüger,* il fut désavoué par l'Angleterre.

Possessions des autres États.

Établissements allemands, italiens, portugais, espagnols.

Maroc.

Les Allemands se sont établis au *Togoland,* au **Cameroun** (golfe de Guinée), où ils se rencontrent avec la France, dans le **Sud-Ouest Africain,** où leur port principal est *Angra-Pequena,* et dans l'**Afrique Orientale,** de *Zanzibar* (cédé à l'Angleterre en 1890) jusqu'aux lacs *Tanganyika* et *Victoria Nyanza.*

Les Italiens, établis sur la mer Rouge à *Massaouah,* ont fondé, dans le voisinage, des établissements réunis sous le nom d'**Erythrée.** Ils possèdent aussi quelques points sur la *côte des Somalis.* — Leur ambition était d'établir leur *protectorat sur l'Abyssinie.* Mais, après quelques succès à *Kassala* et à *Adigrat* (juillet 1894), le *général Baratieri* se fit battre à **Adaoua** (mai 1896) par le négus **Ménélik,** empereur d'Ethiopie

Les Portugais possèdent, dans l'*Afrique Occidentale,* les îles *Açores, Madère* et du *Cap-Vert,* l'*Angola,* et, dans l'*Afrique Orientale,* le *Mozambique* ou *Colonie du Zambèze,* où ils sont en conflit avec les *Anglais* du Sud-Africain.

Les Espagnols ont les *îles Canaries* et quelques ports au *Maroc (Ceuta, Melilla)*; mais ces possessions sont inquiétées sans cesse par les indigènes. — *L'attaque de Melilla* par les *Kabyles du Riff* (octobre 1893) a amené une *expédition espagnole* et l'ambassade du *maréchal Martinez Campos,* qui a obtenu satisfaction du Maroc.

L'indépendance du Maroc trouve sa garantie dans *la jalousie* des puissances qui auraient intérêt à acquérir son territoire. — La **France** y voit le complément de ses possessions algériennes; l'Espagne voudrait y étendre ses possessions actuelles, et l'**Angleterre** le considère comme un pendant à *Gibraltar* et la *clef de la Méditerranée occidentale.*

Distribution des langues européennes a la surface du globe.

L'Europe aura bientôt achevé de *conquérir le globe,* comme **Rome** avait conquis presque *tout le monde connu des anciens,* et le jour n'est pas éloigné où les cinq parties du monde seront sous la dépendance de *l'une d'entre elles.*

Mais cette conquête, parfois violente, est souvent aussi *pacifique* et s'opère par la communication de la *langue,* des *idées* et de la *civilisation de l'Europe,* aussi bien que par l'établissement à *main armée* de colonies.

Chaque peuple de l'Europe a transporté hors de chez lui *sa langue* par ses *conquêtes,* par l'établissement de *colonies,* par son *influence,* et par les *États nouveaux* à la formation desquels il a contribué. — On parle :

Français en *France,* dans l'*Alsace-Lorraine,* en *Belgique,* dans le *Luxembourg,* dans une partie de la *Suisse,* dans le *val d'Aoste* en Italie, au *Canada,* à la *Louisiane,* dans nos *colonies d'Algérie* et du *Sénégal,* à la *Réunion,* à *Pondichéry,* à la *Nouvelle-Calédonie,* aux *Antilles,* en *Russie* chez les classes éclairées;

Anglais dans la *Grande-Bretagne* et dans toutes les parties de l'immense empire britannique : *Hindoustan, Australie, Tasmanie, Nouvelle-Zélande, Guinée anglaise, Cap,* vallée du *Saint-Laurent, Jamaïque,* enfin dans les *États-Unis d'Amérique;*

Allemand, dans l'*empire d'Allemagne,* dans une partie de l'*Autriche-Hongrie,* de la *Russie,* de la *Suisse;*

Espagnol, en *Espagne,* aux *Canaries,* aux *Philippines,* à *Cuba,* à *Porto-Rico,* à *Saint-Domingue,* dans l'*Amérique Centrale* et dans l'*Amérique du Sud,* sauf le Brésil;

<table>
<tr>
<td>

**Distribution
des langues
européennes
à la surface
du globe.**
(Suite.)

</td>
<td>

Portugais, en *Portugal*; dans l'Afrique, au *Congo*, au *Mozambique*, aux *Açores*; dans l'Asie, à *Goa*; enfin au *Brésil*;

Russe, dans l'immense étendue de la *Russie d'Europe* et de la *Russie d'Asie*;

Italien, en *Italie*, dans une partie de la *Suisse* et de l'*Autriche-Hongrie*, et en *Corse*;

Hollandais, dans les *Pays-Bas*, à *Java*, à *Bornéo*, à *Sumatra*, aux *Moluques*, à *Curaçao*;

Les langues Suédoise, Danoise, Roumaine, Grecque, ne sont parlées que dans les territoires respectifs de la *Suède* et de la *Norvège*, du *Danemark*, de la *Roumanie*, de la *Grèce*.

</td>
</tr>
</table>

11° RÉSUMÉ DU ROLE DE LA FRANCE DANS L'HISTOIRE POLITIQUE, SOCIALE ET INTELLECTUELLE DEPUIS 1789.

<table>
<tr>
<td>

**RÔLE
DE LA FRANCE.**

1° Dans l'histoire politique.

2° Dans l'histoire sociale.

3° Dans l'histoire intellectuelle.

</td>
<td>

La Révolution française de 1789 a eu dans toute l'Europe un *immense retentissement.* Réalisant le mot de *La Fayette, le drapeau tricolore a fait le tour du monde,* tant par la *conquête guerrière* que par l'*échange pacifique des idées.* — Nos révolutions de 1830 et de 1848 ont eu leur *contre-coup* chez les autres peuples. — Même vaincue et mutilée, la France, après *Waterloo* ou *Sedan*, reprend son rang à la tête des nations et ne cesse d'exercer sur le monde entier *l'influence de son génie et de ses idées.*

1° Dans la politique extérieure, — la France républicaine s'entoure d'une ceinture de *républiques sœurs* (*Batave, Cisalpine, Helvétique, Ligurienne, Romaine, Parthénopéenne*); — la France impériale, d'un cordon d'*Etats vassaux,* dont les souverains sont pris dans la famille de son chef (*Hollande, Italie, Naples, Espagne, Westphalie*). — La France libérale, au nom du *principe des nationalités,* délivre les Grecs à *Navarin,* assiste les Belges à *Anvers,* arrache les Italiens au joug de l'Autriche, par les victoires de *Magenta* et de *Solferino.*

2° Au point de vue social, la *transformation intérieure* que la France éprouve dans ses Institutions se communique rapidement de proche en proche. — Si, seule, elle est une République unitaire démocratique, les pays où le régime parlementaire est pratiqué sincèrement ne sont que de *véritables républiques sous une forme monarchique.* — Les principes de 1789 sont partout admis; partout sont proclamées la liberté politique et religieuse, l'égalité de tous les citoyens devant l'impôt et la loi, la souveraineté nationale. — C'est la France qui, *la première,* a établi le suffrage universel, provoqué *l'abolition de l'esclavage,* tenté de donner aux *questions sociales* une solution légale.

3° Dans le domaine intellectuel, la France continue à *occuper le premier rang.* Sa langue est restée la *langue diplomatique.* En littérature, c'est en France que le *romantisme* reçoit sa véritable impulsion, et que naît le *réalisme,* qui lui succède; ses *romans* sont traduits en toutes les langues, et son *théâtre* joué sur toutes les scènes de l'univers.— En peinture et en sculpture, les autres pays n'ont aucun nom à opposer à ceux de l'école française.— Dans les sciences, les noms de ses savants sont universellement connus.— De tous les points du globe, les *étrangers* viennent, comme à la meilleure source, puiser en France le savoir et y étudier le droit, la médecine, les sciences et les lettres.

La France, douée du génie de l'action, est *expansive* et *sympathique.* — Toujours prête à *soutenir les causes justes et libérales,* elle s'assimile volontiers les idées des autres, comme elle leur communique les siennes. — Sa *sociabilité* et ses *mœurs aimables* attirent chez elles les étrangers, et c'est sur sa capitale, Paris, que se règlent, comme sur le meilleur modèle, les idées, les modes et les goûts.

</td>
</tr>
</table>

PARIS. — TYPOGRAPHIE DELALAIN, RUE DE LA SORBONNE, 1 ET 3.